富媒体 智能化

高等教育财经类核心课程系列教材
高等院校应用技能型精品规划教材
高等院校教育教学改革融合创新型教材

国际金融学（学科通用型）

International Finance

李 贺 ◎ 主 编

视频版 · 课程思政

上海财经大学出版社

图书在版编目(CIP)数据

国际金融学/李贺主编. —上海:上海财经大学出版社,2023.4
高等教育财经类核心课程系列教材
高等院校应用技能型精品规划教材
高等院校教育教学改革融合创新型教材
ISBN 978-7-5642-4140-7/F·4140

Ⅰ.①国… Ⅱ.①李… Ⅲ.①国际金融学-高等学校-教材
Ⅳ.①F831

中国国家版本馆 CIP 数据核字(2023)第 048448 号

□ 责任编辑 施春杰
□ 封面设计 贺加贝

国际金融学

(学科通用型)

李 贺 主编

上海财经大学出版社出版发行
(上海市中山北一路 369 号 邮编 200083)
网 址:http://www.sufep.com
电子邮箱:webmaster@sufep.com
全国新华书店经销
上海景条印刷有限公司印刷装订
2023 年 4 月第 1 版 2023 年 4 月第 1 次印刷

787mm×1092mm 1/16 17 印张 468 千字
印数:0 001—3 000 定价:49.00 元

前　言

国际金融学是金融学、金融工程等财经类专业的核心必修课，是一门涵盖面很广的学科，且与现实的经济活动密切相关，既有实务性又有可操作性。它以国际货币关系、国际金融活动及其运行规律、国际金融交易和相关业务为研究对象，并以此来探讨国家之间的经济和金融往来关系。国际金融学教材注重理论联系实际，以培养学生应用能力、实践能力和创新能力为目标，采用以做促学、做学合一的方式，依照“原理先行、实务跟进、案例同步、实训到位”的原则，结合“以能力为本位、以就业为导向”的思想理念，在注重培养学生金融业务实践应用能力的同时，结合最新的金融政策改革与实践编写而成。教材以习近平新时代中国特色社会主义思想为指导，践行社会主义核心价值观，立足国际金融发展新阶段、新理念、新格局和新形态，我们对教材进行了全面的高质量编写。

教材把知识要素、技能要素、素质要素和思政要素落实到具体教学内容中，在结构安排上，采用“项目引领、任务驱动、实操技能”的编写方式，力求结构严谨、层次分明；在教材表述上，力求语言平实凝练、通俗易懂，规避烦琐的复杂理论知识，以实践应用为核心；在内容安排上，考虑到高等院校财经大类专业不同层次的不同需求，每一个项目都设有“知识目标”“技能目标”“素质目标”“思政目标”“课程思政”“思政反思”“做中学”“学中做”“知识链接”；课后编排了“应知考核”（包括单项选择题、多项选择题、简述题、计算题）、“应会考核”（包括观念应用、技能应用、案例分析）、“项目实训”（包括实训项目、实训情境、实训任务和实训报告），其中，应知考核和应会考核结合每个项目的具体工作技能要领编写而成，以使读者在学习每一个项目内容时做到有的放矢，增强学习效果。

为迎合高等院校教育教学改革融合创新，培养应用技能型人才的需要，本教材力求体现以下特色：

（1）内容全面，体系规范。教材以具体工作过程展开编写，涉及国际金融业务中最基本和最核心的内容，进行了深入细致的讲解，图文并茂。本教材对实践应用的具体方法做了系统而全面的介绍，以便读者进行比较、分析，增强提出问题、发现问题、分析问题和解决问题的能力。

（2）结构新颖，栏目丰富。为便于读者学习，本教材力求在结构上有所突破，激发读者的学习兴趣和学习热情，项目中配有“知识目标”“技能目标”“素质目标”“思政目标”“课程思政”“思政反思”“知识链接”“动漫视频”“提示”“注意”等栏目；课后编排了单项选择题、多项选择题、简述题、计算题、观念应用、技能应用、案例分析、项目实训，以呼应本教材实践性和应用性特色。

（3）与时俱进，紧跟政策。本教材及时反映当前金融改革与实践的最新成果，将学术研究领域前沿专题引入教材，并融入所涉及的项目及任务内容中，做到了与国家的相关政策规定和具体实务操作同步，内容所涉及的政策调整截至出版前当月。

(4)学练结合,学以致用。鉴于本课程实践应用性较强的特点,为了便于学生及时复习所学的知识,提高学习效率,增强学习信心,本教材在内容中安排了应知考核、应会考核、项目实训等栏目,主要引导学生"学中做"和"做中学",以做促学、做学合一,一边学理论,一边将其加以应用,充分体现应用型财经类人才的培养目标,遵循"以应用为目的,以够用为原则",实现理实一体化。

(5)产教融合,书证融通。本教材能满足读者对国际金融学知识学习的基本需要,夯实学生可持续发展基础,鼓励院校学生在获得学历证书的同时,积极取得多类职业技能等级证书,拓展就业创业本领,缓解结构性就业矛盾。本教材与经济师考试大纲(金融专业)、技能大赛相衔接,做到考证对接、书证融通、双证融合。

(6)理实一体,素能共育。本教材在强化应用技能型教育特色的同时,特别注重学生人文素养的培养。我们力求在内容上有所突破,在注重培养的同时,把社会主义核心价值观教育融入教材内容,以课程思政工作全过程营造全员育人环境,全面提升人文素质;培养和提高学生在特定业务情境中对问题的分析能力,从而强化学生的职业道德素养。

(7)校企合作,接近实际。为培养应用技能型人才,践行知行合一,本教材由企业单位的一线工作人员共同开发。教材以校企行合作单位共建为依托,把实践教学作为深化教学改革的关键环节,推动校企行共建该课程。为此,教材对接了最新的职业标准、行业标准和岗位规范,内容以职业岗位"工作过程"中所需的知识、技能、素质、思政等元素为主。

(8)职业技能,提升能力。本教材配合新形势需要,把握金融行业发展前沿,以全国高等院校技能大赛为导向,注重基础知识和实操技能的结合,做到岗课赛证融通,目的是提高学生整体素质和综合职业技能,特别是创新能力和实践应用能力,使学生掌握专业知识技能,突出培养学生的实践操作能力,注重实用性与知识性并重。

(9)教辅资源,配备齐全。为了配合课堂教学,我们精心设计和制作了教学资源(含有教师课件、参考答案、教学大纲、实训素材、教师教案、配套习题、模拟试卷、课程标准、学习指南与习题指导等)并实现网上运行。鉴于篇幅的限制,我们制作了全书相关附件的二维码,实现线上线下的融合。

本教材由李贺主编,校企金融企业单位长期从事一线实践的赵昂、秦基伟、仉宏大给予点评、指导和参与编写。王海涛、王玉春、李洪福、李虹、武岩5人负责全书教学资源包的制作。本教材既适合国际经济与贸易、国际商务、跨境电商、金融学、金融工程、工商管理、金融科技等财经类专业方向的应用技能型高等院校使用,同时也适用于行业培训、职业技能大赛、从事国际交流和对外金融的从业人员自学等。

本教材在编写过程中参阅了参考文献中作者的教材、论文和著作,同时,本教材的出版还得到了校企行合作单位和出版单位的大力支持,谨此一并表示衷心的感谢!由于编写时间仓促,加之编者水平有限,本教材难免存在一些不足之处,恳请读者批评指正,以便我们不断地更新、改进与完善。

编　者

2023年1月

目　录

项目一

国际收支与国际收支平衡表

○ **知识目标**

理解:国际收支的概念;国际收支平衡与不平衡的判断标准;我国的国际收支。

熟悉:国际收支不平衡的原因;国际收支不平衡的经济影响。

掌握:国际收支平衡表的项目设计及编制原理;国际收支自动调节机制与政策调节措施。

○ **技能目标**

能够根据国际经济交易学会编制国际收支平衡表;结合我国国际收支现状进行分析,提出适合我国的国际收支调节对策,并运用国际收支调节理论解决现实经济生活中的国际收支失衡问题。

○ **素质目标**

能够运用所学知识研究相关案例,培养和提高在特定业务情境中分析与解决问题的能力;能够解读国际收支平衡表和分析一般宏观经济问题,分析行为的善恶,并对自己的职业生涯进行规划。

○ **思政目标**

能够正确地理解"不忘初心"的核心要义和精神实质;树立正确的世界观、人生观和价值观,做到学思用贯通、知信行统一;通过国际收支与国际收支平衡表知识,开启金融相关工作岗位职业生涯。

○ **课程思政**

2022 年我国国际收支基本平衡

国家外汇管理局 2023 年 2 月 10 日公布的国际收支平衡表初步数据显示,2022 年我国国际收支基本平衡。2022 年,我国经常账户顺差 4 175 亿美元,仅次于 2008 年的历史最高值,较 2021 年增长 32%,顺差规模与同期国内生产总值(GDP)之比为 2.3%,继续处于合理均衡区间;直接投资延续净流入,跨境资本流动总体理性有序。其中,货物贸易顺差 6 856 亿美元,服务贸易逆差 943 亿美元,初次收入逆差 1 942 亿美元,二次收入顺差 205 亿美元。资本和金融账户中,直接投资顺差 323 亿美元,储备资产增加 1 000 亿美元。

2022 年我国国际收支状况有三个特点:①货物贸易顺差及进出口规模均创历史新高。2022 年,我国货物贸易保持增长。国际收支口径的货物贸易顺差 6 856 亿美元,较 2021 年增长 22%,顺差规模创历史新高。其中,货物贸易出口 3.4 万亿美元,增长 5%;进口 2.7 万亿美元,增长 1%,进出口规模亦创历史新高。②服务贸易逆差收窄。2022 年,我国服务贸易逆差 943 亿美元,逆差规模较 2021 年下降 6%。其中,知识产权使用费逆差收窄 11%,电信计算机信息服务、其他商业服务呈现顺差且分别增长 66%和 23%,反映了我国货物和服务贸易深度融合及数字贸易加快发展,带动高技术服务贸易提档升级。此外,旅行逆差 1 076 亿美元,增长 14%,主要是赴境外留学等支出缓慢回升。③直接投资延续净流入。2022 年,直接投资净流入 323 亿美元。其中,我国对外直接投资净流出 1 580 亿美元，企业“走出去”总体平稳有序；来华直接投资净流入 1 903 亿美元，体现了我国在产业链供应链、全国统一大市场等方面优势对国际长期资本依然保持较强的吸引力。

展望 2023 年，尽管外部环境仍存在较多不确定性因素，但我国经济韧性强、潜力大、活力足，长期向好的基本面不会改变，随着稳经济一揽子政策和接续措施效果持续显现，经济运行回升态势进一步巩固，有利于我国国际收支继续保持基本平衡。

资料来源：人民网，http://finance.people.com.cn/n1/2023/0210/c1004－32621588.html。

○ **思政反思**

请问：什么是国际收支？如果国际收支不平衡如何调节？如何看待国际收支与世界经济格局的关系，结合实际谈谈您的感想。古语云：“不积跬步，无以至千里；不积小流，无以成江海。”为此，要时刻注意提高自身综合素养，不断以新知识、新理论充实自己，学海无涯，笃定前行。以积极向上的世界观、人生观、价值观指导自己的工作和学习，本分做人，踏实做事。

○ **知识精讲**

任务一　国际收支概述

一、国际收支的概念

国际收支（Balance of Payments，BOP）是国际金融学中最重要、使用频率最高的核心概念之一，源于世界各国之间经济、政治、文化等方面的往来活动，其含义也随着各国经济交往的扩大而不断丰富和发展。

（一）早期的国际收支

随着国际经济交易的变化与发展，国际收支被赋予不同的内涵。早期的国际收支概念出现在 17 世纪初重商主义时代，当时最主要的国际经济交易是对外贸易，并由此产生了国际结算清偿与金银货币的收付。重商主义者认为，贸易顺差可以聚集金银，经常维持出口超过进口是国家致富的永恒原则。因此，国际收支被表述为一国对外贸易的差额。

【提示】早期的国际收支概念一直沿用到金本位制崩溃，该期间，由于一些主要国家的贸易收支始终处于顺差状态，所以国际收支问题并未引起太多重视。

（二）狭义的国际收支

第一次世界大战后，国际经济与金融交往不断扩大，出现了大规模短期资本流动和巨额战争赔款，人们开始把国与国之间的债权债务关系以及由此产生的清偿问题列为国际收支的内容。由于各国货币制度不同，国际结算大多以外汇票据作为主要工具，构成了外汇的收入和支付。国际收支的概念演化为一个国家在一定时期内由于政治、经济、文化等各种对外交往而发生的，且必须立即结清的、来自其他国家的货币收入总额与付给其他国家的货币支出总额的对比，简而言之，就是一国的外汇收支，这是狭义的国际收支概念。这一概念具有两个特点：①以支付为基础，即只有现金支付的国际经济交易才能计入国际收支；②外汇的收支必须立刻结清。

（三）广义的国际收支

第二次世界大战结束后，国际经济活动的内涵、外延有了新的发展，对外贸易已不能涵盖全部的国际经济交易，诸如政府之间的无偿援助、赔偿、私人侨汇、资本的大规模国际流动等频繁发生，极大地丰富了国际经济交易的内容。另外，虽然国际收支的绝大部分要通过外汇进行，而且外汇收支的盈余或亏损所形成的国家外汇储备的增减变化对一国具有重要意义，但并非所有的国际经济交易都表现为外汇的收与支，例如易货贸易、补偿贸易、无偿援助和私人捐赠中的实物部分、清算支付协定下的记账、以实物进行的国际直接投资等，而这些在国与国之间的往来中时有发生，影响越来越大。

目前，世界各国广泛采用广义的国际收支概念，即国际收支是指一个经济体在一定时期内其居民与国外非居民之间的以货币形式表示的全部经济交易的系统记录。它反映了一国对外经济往来的全部货币价值总和，包括货物、服务和收入、对世界其他地方的金融债权和债务的交易以及无偿转移项目。

为了进一步统一和明确国际收支的概念，国际货币基金组织（International Monetary Fund，IMF）在《国际收支手册》第五版（1993 年）中对国际收支做出如下解释："国际收支是指一个经济体在一定时期内（通常为 1 年）全部对外经济往来的系统的货币记录。它包括：①一个经济体与世界其他经济体之间商品、劳务和收益的交易；②该经济体持有的货币黄金、特别提款权的所有权变动与其他变动，以及这个经济体对世界其他经济体的债权、债务的变化；③无偿转移，以及从会计意义上讲，需要对上述不能相互抵消的交易和变化加以平衡的对应记录。"

二、国际收支的特征

要正确理解广义的国际收支概念及国际货币基金组织对国际收支的定义，必须把握其基本特征：

（一）国际收支记录的是居民与非居民之间交易

居民是一个经济概念，划分居民与非居民的主要依据是居住地和居住时间。区分居住地，并不以国籍或者法律规定为标准，而是以交易者的经济利益中心（Center of Economic Interest）所在地，即从事生产、消费等经济活动和交易的所在地作为划分标准，并且从事相关活动的期限需在 1 年以上。按照该原则，IMF 作了如下规定：

（1）企业、非营利机构和政府等法人，属所在国居民。例如，美国通用汽车公司在巴西的子公司就属于巴西的居民而非美国的居民。

（2）自然人，无论其国籍如何，只要在所在国从事 1 年以上的经济活动与交易，即为所在国的居民。例如，逗留期在 1 年以上的留学生和旅游者属所在国居民。同理，移民属于工作所在国的居民。

（3）外交人员、驻外军事人员永远都是所在国的非居民，是派出国的居民。

（4）国际机构，例如，联合国、IMF、世界贸易组织、世界银行等是所有国家的非居民。

【提示】居民（Resident），是指在一个国家的经济领土内居住达一年或一年以上的具有一个经济利益中心的机构单位，否则为非居民（Non-Resident）。

【注意】居民与非居民概念的划分，主要在国际收支申报和外汇管制两个方面体现出来。正确地统计国际收支状况，就是系统记录不同国家或地区之间的全部经济交易活动，而不是居民之间的国内经济交易活动。

（二）国际收支以经济交易为基础

国际收支不是以外汇收支为基础，而是以经济交易为基础的，有些交易可能不涉及货币支付，但也要折成货币进行记录。

【注意】经济交易，是指经济价值从一个经济实体向另一个经济实体的转移。

根据转移的内容和方向，经济交易可以分成以下四类：

（1）交换。交换是一个交易者向另一个交易者提供了具有一定经济价值的实际资源，并从对方那里得到价值相等的回报。包括：①商品、服务与商品、服务之间的交换，如易货贸易、补偿贸易等；②金融资产与商品、服务的交换，如进出口贸易等；③金融资产与金融资产的交换，如货币资本借贷、货币或商品的直接投资、有价证券投资及无形资产（如专利权、版权）的转让买卖等。

(2)转移。转移是一个交易者向另一个交易者提供了具有一定经济价值的实际资源、资产,但是没有任何补偿。包括:①商品、服务由一方向另一方无偿转移,如无偿的物资捐赠、技术援助等;②金融资产由一方向另一方无偿转移,如债权国对债务国给予债务注销。

(3)移居。移居是指一个人把住所从一个经济体搬迁到另一个经济体的行为。移居后,其原有的资产负债关系随之转移,从而使得两个经济体的对外资产、负债关系均发生变化。

(4)根据推论存在的交易。有些居民与非居民之间的交易并没有发生实际资源的流动,但是可以根据推论确定交易的存在,这也需要在国际收支中予以记录。

(三)国际收支是一个流量指标

国际收支是对一定时期内(一般是一年)交易的总计。国际收支不同于作为存量概念的国际投资头寸。国际投资头寸反映了一定时点上的经济体对世界其他地方的资产与负债的价值和构成,这一存量的变化主要是由国际收支中的各种交易引起的,有时也可能是因为汇率、价格变化或其他调整引起的计价变化所造成的,而后一点通常是不在国际收支中反映出来的。

【提示】国际收支概念中"一定时期"的界定说明国际收支是一个流量指标。流量指标是时期指标,与存量指标不同,存量指标是时点指标。

【注意】流量的变化可引致存量的变化,而存量的变化则可归结为流量的变化。

【知识链接1—1】 国际借贷与国际收支

国际借贷是指一个国家或地区在一定日期对外资产和对外负债的汇总记录,它反映的是某一时点上一国居民对外债权债务的综合情况。国际借贷与国际收支既有联系,又有区别。

二者的联系表现在:在非现金结算条件下,国家之间的经济交往总是先形成债权债务关系,如商品、劳务和资本的输出、输入等,两国在未进行结算前,输出国形成对外债权,输入国形成对外债务,这种关系就是国际借贷关系。国际借贷关系一经结算即告消失,但在结算过程中却引起国际收支的发生,债权国会得到外汇收入,债务国会支出外汇,这就分别形成两个国家的国际收支。可见,国际借贷是产生国际收支的直接原因。但有时,国际收支又反作用于国际借贷,因为国际收支的某些变化会引起国际借贷活动的展开。

二者的区别表现在:①国际借贷表示一个国家在一定日期对外债权债务的综合情况;而国际收支则表示一个国家在一定时期对外全部经济交易的综合情况。②国际借贷是个静态的概念,表示的是一种存量(余额);国际收支是个动态的概念,表示的是一种流量(发生额)。③国际借贷只包括形成债权债务关系的经济交易,范围小;国际收支则包括一切对外发生的经济交易,范围大。

国际借贷关系用国际投资头寸账户反映;国际收支关系用国际收支平衡表反映。国际投资头寸(IIP)表是显示某一时点上价值的报表,包括一个经济体的居民对非居民的债权或作为储备资产持有的金块等金融资产,以及一个经济体的居民对非居民的负债;而完整的国际投资头寸报表反映了不同时点的状况,即有一个期初值(在期间开始时的值)和一个期末值(在期间结束时的值)。国际收支平衡表是特定时期内居民与非居民之间的经济交易汇总表。

任务二 国际收支平衡表

一、国际收支平衡表的概念

一国国际收支的具体内容反映在该国的国际收支平衡表中。国际收支平衡表是国家之间经济、金融联系的账面表现,它反映了一国在国际经济中的地位和实力情况。

【注意】国际收支和国际收支平衡表是国际金融学研究的基础和主线。

国际收支平衡表(Balance of Payments Statement,BPS),又称国际收支账户,是系统地记录一国一定时期(年度、半年或季度)内各种国际经济交易项目及其金额的一种统计报表,它集中反映了一国国际收支的总貌和具体构成。

动漫视频

国际收支平衡表

【提示】国际收支平衡表的货币单位是国际收支平衡表编制国的货币。

国际收支平衡表是按照会计学的复式簿记原理(每个项目都有相等金额的借方记录和贷方记录),以某一特定的货币为计量单位,采用简明的表格形式,将一个国家在某一特定时期内与世界上其他国家间发生的经济交易反映出来,它所包含的内容十分繁杂,其账户或项目一般应根据国际经济交易的内容与范围,按照经济分析的需要来设置。

【注意】由于各国对外交易的内容与范围不尽相同,经济分析的需要也不完全一样,因而编制的国际收支平衡表也有所不同。

二、国际收支平衡表的账户结构和内容

(一)国际收支平衡表的账户结构

国际收支平衡表的账户结构,从纵向看属于"T"形,俗称"丁字形账户",分为借方和贷方两栏或两项;从横向看由"借"与"贷"栏目下的具体项目构成,记载了各种性质的国际收支内容。

(二)国际收支平衡表的内容

商品和服务的进出口和从外国获得的净要素收入这些经济行为——称之为经常账户中的经济行为——都对应着一国对外资产负债的相应变化,也就是一笔贸易流量对应着一笔金融流量。因此,可以运用复式记账法的基本原理,将整个国际收支划分为反映商品、服务进出口及净要素支付等实际资源流动的账户——经常账户(Current Account),和反映资产所有权流动的账户——资本与金融账户(Capital and Financial Account),使同一行为在不同的账户中被记录两次,从而较为完整与科学地反映出一国国际收支的状况。

IMF 发布的《国际收支手册》是世界各国编制国际收支平衡表的指导性框架工具,也是各国分析判断国际经济地位的基本数据参考。国际货币基金组织于 1993 年出版了《国际收支手册》第五版,对编制这一报表所采用的概念、准则、惯例、分类方法以及标准构成都作了统一的说明。《国际收支手册》第五版与以前四个版本不同的方面主要表现在:国际收支与国内宏观账户之间的联系更加密切,并保持了高度的协调一致,强调了国际收支统计对经济决策的作用。《国际收支手册》第五版主要有以下五个特点:一是扩大了概念框架的范围,使其包括国际收支的流量(交易)以及对外金融资产、负债的存量(国际投资头寸);二是第一次将经常转移与资本转移区别开来,对原来国际收支平衡表中的资本账户进行了重新定义,改为资本与金融账户;三是在经常账户内明确区分了国际服务交易和收入交易;四是扩大了服务交易的组成部分;五是对金融账户进行了重新分类,扩大了非股本证券投资的范围,使其包括长期和短期有价证券。

为了规范成员国国际收支平衡表的编制,国际货币基金组织用专门的《国际收支手册》提出,建议各国在编制国际收支平衡表时使用的概念和规则;国际货币基金组织定期发表有关各成员国国际收支情况的《国际收支统计年报》。2008 年 12 月更名出版的《国际收支和国际投资头寸手册》(第六版)为最新版本,对国际收支账户的标准构成作出了最新规定,不同于原有的账户设置;同时,强调国际投资头寸账户统计的重要性。其中,国际收支内的不同账户根据提供和获得经济资源的性质加以区分,即包括经常账户(货物和服务账户、初次收入账户、二次收入账户)、资本账户、金融账户、净误差与遗漏四大类,如表 1—1 所示。

国际收支和国际投资头寸手册(第六版)

表 1—1　　**国际收支平衡表**　　单位：

国际收支	贷方	借方	差额
1. 经常账户			
经常账户差额（+顺差；−逆差）			
1. A 货物和服务			
货物和服务差额（+顺差；−逆差）			
1. A. a 货物			
货物贸易差额（+顺差；−逆差）			
1. A. a. 1 国际收支口径的一般商品			
1. A. a. 2 转手买卖下的货物净出口			
1. A. a. 3 非货币黄金			
1. A. b 服务			
服务贸易差额（+顺差；−逆差）			
1. A. b. 1 对他人拥有的实物投入的制造服务(加工服务)			
1. A. b. 2 别处未涵盖的维护和维修服务			
1. A. b. 3 运输			
1. A. b. 4 旅行			
1. A. b. 5 建设			
1. A. b. 6 保险和养老金服务			
1. A. b. 7 金融服务			
1. A. b. 8 别处未涵盖的知识产权使用费			
1. A. b. 9 电信、计算机和信息服务			
1. A. b. 10 其他商业服务			
1. A. b. 11 个人、文化和娱乐服务			
1. A. b. 12 别处未涵盖的政府货物和服务			
1. B 初次收入			
初次收入差额(+顺差；- 逆差)			
1. B. 1 雇员报酬			
1. B. 2 投资收益			
1. B. 2. 1 直接投资			
1. B. 2. 1. 1 股权和投资基金份额收益			
1. B. 2. 1. 2 利息			
1. B. 2. 2 证券投资			
1. B. 2. 2. 1 股权和投资基金份额的投资收益			
1. B. 2. 2. 2 利息			
1. B. 2. 3 其他投资			
1. B. 2. 3. 1 准公司收益提取			
1. B. 2. 3. 2 利息			
1. B. 2. 3. 3 归属于保险、养老金计划和标准化担保投保人的投资收益			
1. B. 2. 4 储备资产			
1. B. 2. 4. 1 股权和投资基金份额收益			
1. B. 2. 4. 2 利息			
1. B. 3 其他初次收入			
1. B. 3. 1 生产税和进口税			
1. B. 3. 2 补贴			
1. B. 3. 3 租金			
货物、服务和初次收入差额（+顺差；−逆差）			

续表

国际收支	贷方	借方	差额
1.C 二次收入			
二次收入差额(+顺差;-逆差)			
1.C.1 广义政府			
1.C.1.1 对所得、财富等征收的经常性税收			
1.C.1.2 社会保障缴款			
1.C.1.3 社会福利			
1.C.1.4 经常性国际合作			
1.C.1.5 广义政府的其他经常转移			
1.C.2 金融公司、非金融公司、住户和为住户服务的非营利机构			
1.C.2.1 个人转移(居民和非居民住户间的经常转移)			
1.C.2.2 其他经常转移			
1.C.3 养老金权益变化调整			
2.资本账户			
资本账户差额(+顺差;-逆差)			
2.1 非生产、非金融资产的取得(借记)/处置(贷记)总额			
2.2 资本转移			
2.2.1 广义政府			
2.2.1.1 债务减免			
2.2.1.2 其他资本转移			
2.2.2 金融公司、非金融公司、住户和为住户服务的非营利机构			
2.2.2.1 债务减免			
2.2.2.2 其他资本转移			
净贷出(+)/净借入(-)(经常账户和资本账户差额)			
3.金融账户	金融资产的净获得	负债的净产生	
净贷出(+)/净借入(-)(金融账户)			
3.1 直接投资			
3.1.1 股权和投资基金份额			
3.1.2 债务工具			
3.2 证券投资			
3.2.1 股权和投资基金份额			
3.2.2 债务证券			
3.3 金融衍生工具(储备除外)和雇员认股权			
3.3.1 中央银行			
3.3.2 存款性公司,中央银行除外			
3.3.3 广义政府			
3.3.4 其他部门			
3.4 其他投资			
3.4.1 其他股权			
3.4.2 货币和存款			
3.4.3 贷款			
3.4.4 保险、养老金和标准化担保计划			
3.4.5 贸易信贷和预付款			
3.4.6 其他应收/应付款——其他			
3.4.7 特别提款权			
3.5 储备资产			

续表

国际收支	贷方	借方	差额
3.5.1 货币黄金			
3.5.2 特别提款权			
3.5.3 在国际货币基金组织的储备头寸			
3.5.4 其他储备资产			
资产/负债总计			
	贷方	借方	差额
4. 净误差与遗漏净额			

但 1993 年出版的《国际收支手册》(第五版)中确立的国际收支平衡表的项目构成及内涵仍具有一定的现实意义,新旧版本之间内容存在着一定的联系。《国际收支手册》(第五版)关于国际收支平衡表的结构设计如表 1—2 所示,主要包括经常账户(货物和服务、投资收益、经常转移)、资本和金融账户、误差与遗漏账户三大类。

表 1—2　　国际收支平衡表　　单位

项　目	差额	贷方(+)	借方(-)
Ⅰ. 经常账户			
A. 货物和服务			
a. 货物			
1. 一般商品			
2. 用于加工的货物			
3. 货物修理			
4. 各种运输工具在港口购买的货物			
5. 非货币黄金			
b. 服务			
1. 运输			
2. 旅游			
3. 通信服务			
4. 建筑服务			
5. 保险服务			
6. 金融服务			
7. 计算机和信息服务			
8. 专有权使用费和特许费			
9. 其他商业服务			
10. 个人、文化和娱乐服务			
11. 别处未提及的政府服务			
B. 收入			
a. 职工报酬			
b. 投资收入			
1. 直接投资			
2. 证券投资			
3. 其他投资			
C. 经常转移			
a. 各级政府			
b. 其他部门			
1. 工人的汇款			

续表

项　目	差额	贷方(+)	借方(－)
2. 其他转移			
Ⅱ. 资本和金融账户			
A. 资本账户			
a. 资本转移			
1. 各级政府			
2. 其他部门			
b. 非生产、非金融资产的收买/放弃			
B. 金融账户			
a. 直接投资			
1. 国外			
2. 在报告经济体内			
b. 证券投资			
1. 资产			
2. 负债			
c. 其他投资			
1. 资产			
2. 负债			
d. 储备资产			
1. 货币性黄金			
2. 特别提款权			
3. 在基金组织的储备头寸			
4. 外汇储备			
5. 其他债权			
Ⅲ. 误差与遗漏账户			

【提示】在作为国际收支基础的复式记账会计制度下，每笔交易的记录由两个分录组成，贷方分录合计金额与借方分录合计金额相等。

《国际收支手册》(第五版）中 BPS 的账户设置和内容：

动漫视频

经常账户

1. 经常账户(Current Account，也译为“经常项目”或“往来账户”）

经常账户是指对实际资源在国际上的流动行为进行记录的账户，它包括以下项目：货物、服务、收益和经常转移。

【注意】经常账户是本国与外国进行经济交易而经常发生的会计项目，是国际收支平衡表中最基本、最重要的项目。

(1)货物(Goods)

货物是经常项目乃至整个国际收支平衡表中最重要的项目，记录一国商品的进口和出口。其中，借方记录进口总额，贷方记录出口总额，商品进出口的差额称为贸易差额，即有形贸易收支(Balance of Visible Trade)。在国际进出口业务惯例中，出口国以离岸价格(Free on Board，FOB)来核算其金额，而进口国则以包括成本、保险费和运费在内的价格(到岸价格，CIF)来核算。如果进出口的核算价格不统一，就会带来一些问题，比如使得世界总的进口规模大于出口规模，事实上，两者应该是相等的。为了统一进口与出口的计价，IMF 建议进出口均采用离岸价格来计价，保险费和运费另列入服务收支。在“货物”项目下，包括一般商品、用于加工的货物、货物修理、各种运输工具在港口购买的货物，以及非货币性黄金。

①一般商品，包括机电产品、农产品、汽车、电子和纺织产品等；

②用于加工的货物，即运到国外进行加工的货物的出口和运到国内进行加工的货物的进口；

③货物的修理，即向非居民支付的或从非居民得到的运输工具修理费；

④各种运输工具停靠港口期间采购的货物，包括居民/非居民从岸上采购的燃料和物资等；

⑤非货币性黄金，即不作为官方储备资产的所有黄金的进出口，等同于一般商品。

(2)服务(Services)

服务是经常项目中的第二大项目。相对于商品的有形贸易来说，服务贸易是无形贸易(Invisible Trade)，主要记录劳务的输出和输入。贷方记录劳务的输出，即本国为外国提供的各种劳务数额；借方记录劳务的输入，即本国利用外国的各种劳务数额。服务贸易的内容非常广泛，主要包括运输、旅游、通信、建筑、保险、金融、电子计算机和信息服务、专有权使用费和特许费、个人服务、文化和娱乐服务以及其他商业服务等。

运输是指一经济体居民向另一经济体居民所提供的，涉及客运、货运、备有机组人员的运输工具的租金和其他辅助性服务(如货物装卸、保管、包装，为运输工具提供的牵引、领航、导航等)。但有些相关活动没有包括在内，如包括在保险项目下面的货物保险等。

旅游不是一项具体的服务，而是旅游者消费的一整套服务，包括非居民旅游者因公或因私在另一经济体停留不足一年的时间里从该经济体所获得的货物和服务。学生和病人不论在外时间多长都被视为旅游者，其他一些人员如军事人员、使馆工作人员和非居民工人都不是旅游者。但非居民工人的支出包括在旅游项目下，军事人员和使馆工作人员的开支包括在政府服务项目下。

(3)收益(Income，或译为“收入”)

收益记录因生产要素在国际上流动而引起的要素报酬收支。国际上的生产要素流动包括劳工的输出、输入和资本的输出、输入，因而该项目相应下设“职工报酬”和“投资收益”两个细目，分别记录劳动力要素跨国服务的对等报酬和资本跨国服务的对等报酬。

①职工报酬，即支付给非居民工人的职工报酬，包括个人在非居民经济体中为该经济体居民工作所得到的现金或实物形式的工资、薪水和福利。受雇在国外工作的季节工人、边境工人和工作时间不超过1年的短期工人，以及在外国使领馆、国际组织驻本国机构工作的工人等的工资和其他福利，记入贷方；同理，受雇在本国工作的外国季节工人、边境工人、短期工人、在本国驻外使领馆工作的工人应得报酬则记入借方。

【提示】由于侨民已经是其所在国的居民，因此他向其原属国的汇款不能列入收入一项，而是计入经常性转移。

②投资收益(入)，即居民与非居民之间有关金融资产与负债的收入和支出，包括直接投资、证券投资和其他投资所得的收入和支出以及储备资产的收入。本国居民因拥有外国企业直接投资资本所有权、证券和债权(长短期贷款和存款)所得股利、利润和利息收入记入贷方；非居民因拥有本国直接投资资本所有权、证券和债权所得股利、利润和利息记入借方。

【注意】这里只记录跨国投资的收入，而不记录跨国投资值。跨国投资值的变化应记录在资本与金融账户的金融项目中的各个对应项。

(4)经常转移(Current Transfers)

经常转移是指商品、劳务或金融资产在居民与非居民之间转移后，并未得到补偿与回报的转移，因而也被称为无偿转移(Unrequited Transfers)或单方面转移(Unilateral Transfers)。它包括所有非资本转移项目的转移，具体有：政府间的无偿转移(如战争赔款、政府援助、政府向国际组织定期交纳的费用以及国际组织作为一项政策向各国政府定期提供的转移)和私人的无偿转移(如侨汇、捐赠、继承、资助性汇款、退休金等)。从本国向外国的无偿转移记入借方，从外国向本国的无偿转移则记入贷方。

2. 资本和金融账户(项目)(Capital and Financial Account)

资本和金融账户是指对资产所有权在国际上流动行为进行记录的账户,它包括资本账户和金融账户两大部分。

(1)资本账户(Capital Account)

资本账户反映资产在居民与非居民之间的转移。资产从居民向非居民转移会增加居民的对外债权,减少居民的对外债务,而资产从非居民向居民转移则恰恰相反。因此,此账户表明本国在一定时期内资产与负债的增减变化。

与经常账户以借方总额和贷方总额的记录方法不同,资本账户是按净额(即借贷差额)来记入借方和贷方的。债权或资产的净减少,以及债务或负债的净增加,记为贷方项目;债权或资产的净增加,以及债务或负债的净减少,记为借方项目。资本账户包括资本转移和非生产、非金融资产的收购/出售。

①资本转移(Capital Transfer),是指固定资产所有权的无偿转移、同固定资产收买或放弃相联系的或以其为条件的资金转移、债权人不索取任何回报而取消的债务等,因而主要记录投资捐赠和债务注销。投资捐赠可以是实物形式,也可以是现金形式。债务注销是指债权国放弃债权,而不要求债务国给予回报。

资本账户下的资本转移与经常账户下的经常转移完全不同。经常转移指的是所有非资本转移项目,包括商品、劳务、金融资产的单方面转移,且该项目经常发生,规模较小,并直接影响捐助者与受援者的可支配收入和消费,所以记录在经常账户下;而资本转移不经常发生,但规模较大,也不直接影响捐助者与受援者的可支配收入和消费,记录在资本和金融账户下,主要记录的是投资捐赠(如非居民遗产税的征收、交通设备的捐赠等)和债务注销。

②非生产、非金融资产的收买或放弃,记录不是由生产创造出来的有形资产(土地和地下资产)和无形资产(专利、版权、商标、经销权等)的收购或出售。

无形资产在资本账户中引起的收支与在经常账户中的服务项目下引起的收支有所不同。经常账户中的服务项目下记录的无形资产,是无形资产的运用所引起的收支;而在资本项目下记录的无形资产,是无形资产所有权的买卖所引起的收支。

(2)金融账户(Financial Account)

金融账户反映居民与非居民之间投资与借贷的增减变化。同资本账户一样,金融账户也是按净额记录的。居民对非居民的投资和提供的信贷的净增加记入借方,非居民对居民的投资和提供的信贷的净增加则记入贷方。金融项目按照投资类型或功能可分为直接投资、证券投资、其他投资和储备资产。

①直接投资(Direct Investment),反映跨国投资者的永久性权益,即拥有控股权或经营管理权的投资。直接投资者对在外国投资的企业拥有10%或10%以上的普通股或投票权,从而对该企业的管理拥有有效发言权。直接投资项下包括股本资本、利润收益的再投资和其他资产投资等。

②证券投资(Portfolio Investment),也称间接投资,它是跨越国界的股本证券和债务证券的投资。股本证券包括股票、参股或其他类似文件(如美国的存股证)等。债务证券包括以下几类:一是中长期债券、无抵押品的公司债券等;二是货币市场工具,或称可转让的债务工具,如短期国库券、商业票据、银行承兑汇票、可转让的大额存单等;三是衍生金融工具,如各种金融期权、期货等。

直接投资与证券投资不同。直接投资是为形成对外国企业的生产经营有直接影响力的投资,能够控制企业的经营管理;而证券投资是对外国金融资产的投资,是一种纯粹的金融行为,不能控制企业的经营管理。影响直接投资与证券投资的因素也有很大差异。直接投资着眼于长期利益,因此区位优势(如低工资、劳动力密集、市场潜力大)等长期因素是其重要影响因素;而证券投资着眼于短期利益，因此，利率等短期因素是其重要影响因素。

③其他投资(Other Investment)，是指直接投资和证券投资之外的金融交易，包括贷款、预付款、金融租赁项目下的货物、货币和存款(指居民持有外币和非居民持有本币)等。

④储备资产(Reserve Assets)，是指一国金融当局持有的储备资产(亦称官方储备、国际储备)及对外债权，包括黄金储备、外汇储备、在基金组织的储备头寸、特别提款权以及官方对外持有的债权债务等。该项目有时单独列项，起到最终使国际收支平衡表平衡的作用。一国国际收支中经常账户的差额和资本与金融账户(不包括储备资产)的差额所形成的总差额经常会出现不平衡，需要用储备资产来调节。如果总差额为顺差，则官方储备增加，其中主要是外汇储备增加；或者将顺差余额贷放给外国，从而使官方对外短期债权增加；或者以此顺差余额偿还官方的对外债务，从而使官方短期负债减少。资产增加、负债减少计入借方。如果总差额为逆差，则官方储备减少，其中主要是外汇储备减少；或者索回原来中央银行贷放给外国官方的贷款加以弥补，从而使官方短期债权减少；或者向外国中央银行借入外汇资金加以弥补，从而使官方短期债务增加。资产减少、负债增加记入贷方。

【注意】国际收支平衡表中的各项都是流量概念，揭示的是在某个既定时间内各个指标的变化。因此，无法在某一时期的国际收支平衡表中找到截至该时期该国外汇储备的存量，只能找到当年的储备资产的变化。

3. 误差与遗漏账户(Errors and Omissions)

这是一种人为设置的抵销账户，用来抵销编制报表时出现的净的借方或贷方余额。原则上，国际收支平衡表按复式记账法，借方与贷方总额应当是相等的，差额为零。但实际上，一国的国际收支平衡表不可避免地会出现净的借方余额或净的贷方余额，很难达到平衡。这个余额是统计资料有误差和遗漏而造成的。造成统计资料有误差的主要原因是：①技术原因，表现为统计资料不完整、统计数字重复计算和漏算、资料本身缺乏真实性和准确性。比如，统计资料有的来自海关，有的来自银行，有的来自官方主管机构，难免造成错算和漏算，有的数据是估算出来的。②投机或安全原因。比如，当事人故意瞒报或虚报统计数据、商品走私、以隐蔽形式进行的资本外逃等。

为此，需要人为地在平衡表中设置一个单独的“误差与遗漏”项目，以使差额为零。误差与遗漏账户的数字是总差额(经常账户和不包括储备资产的资本与金融账户所形成的差额)与官方储备实际收付数字之差。若总差额是顺差，则会引起官方储备增加(以负号记)。当两者余额为正时，在错误与遗漏项目下的借方列入此余额；当两者余额为负时，在错误与遗漏项目下的贷方列入此余额。若总差额是逆差，则会引起官方储备减少(以正号记)。同样，当两者余额为正时，在错误与遗漏项目下的借方列入此余额；当两者余额为负时，在错误与遗漏项目下的贷方列入此余额。总之，当官方统计结果是贷方数字大于借方数字时，即外汇收入大于支出时，就在净误差与遗漏项下的借方列出与余额相等的数字；反之，当官方统计结果是存在借方余额，则在净误差与遗漏的贷方列出与余额相等的数字。

【提示】一国国际收支中的误差与遗漏必须是有限度的。国际公认的合理范围是净误差与遗漏占同期货物进出口额的比重一般不宜超过±5%。

《国际收支和国际投资头寸手册》(第六版)中BPS的账户设置和内容：

1. 经常账户

经常账户显示居民与非居民之间的货物、服务、初次收入和二次收入的流量。

(1)货物和服务。其中，货物包括一般商品贸易、转口商品贸易、非货币黄金。服务包括加工贸易服务，维护和维修服务，运输，旅行，建设，保险与养老金服务，金融服务，知识产权使用费，通信、计算机和信息服务，其他商业服务，个人文化、娱乐服务和政府服务。将“加工贸易”和“维修服务”

从商品项目下转移到服务项目下是一处明显的修订。此外，承运人在港口购买的货物列入一般商品，而不是货物项下的一个单独项目，也是一个新的变化。

(2)初次收入。初次收入账户显示的是居民与非居民机构单位之间的初次收入流量，包括雇员报酬、投资收益、其他初次收入。显示作为允许另一实体暂时使用劳动力、金融资源或非生产非金融资产的回报，即应付和应收的金额。

(3)二次收入。二次收入账户表示居民与非居民之间的经常转移，即一方提供用于当前目的的资源，但该方没有得到任何直接的经济价值回报，包括政府、金融公司、非金融公司、家庭及服务家庭的非营利组织、养老金权益变化的调整。各种不同类型的经常转移记入本账户，表明其在经济体间收入分配过程中的作用，显示收入的再分配。转移可以为现金或实物。资本转移列示于资本账户中。初次收入影响国民收入，二次收入与初次收入共同影响国民可支配总收入。资本转移不影响可支配收入，因此，记入资本账户。

上述账户的差额称为经常账户差额，显示的是出口和应收收入之和与进口和应付收入之和之间的差额(出口和进口指货物和服务，收入指初次收入和二次收入)。

2. 资本账户

资本账户显示的是居民与非居民之间非生产非金融资产和资本转移的贷方分录和借方分录。它记录非生产非金融资产的取得和处置，例如，向使馆出售的土地，租赁和许可的出售，以及资本转移。也就是，一方提供用于资本目的的资源，但该方没有得到任何直接经济价值回报。

3. 金融账户

金融账户显示金融资产和负债的获得和处置净额，即特定时期金融资产的净获得和负债的净发生。其包括：①直接投资；②证券投资；③金融衍生品(除官方储备外)和员工股票期权；④其他投资；⑤储备资产。

经常账户差额和资本账户差额之和为该经济体与世界其他地方之间的净贷款(顺差)和净借款(逆差)。换言之，金融账户反映的是对非居民的净贷款和净借款是如何获得资金的；金融账户加上其他变化账户，说明了期初与期末之间国际投资头寸的变化。

经常账户与资本账户按全值列示交易，金融账户则按净额分别列示金融资产和负债交易(即资产的获得减去资产的减少，而不是资产减负债)。

4. 净误差与遗漏

这是作为残差项推算的，可按从金融账户推算的净贷款/净借款，减去从经常和资本账户中推算的净贷款/净借款来推算。因此，误差与遗漏净额为正值时，将显示的总趋势是：①经常和资本账户中的贷项值过低；和/或②经常和资本账户中的借项值过高；和/或③金融账户中的资产净增加值过高；和/或④金融账户中净负债值过低。

误差与遗漏净值为负数时，这些趋势则相反。

从2015年起，国家外汇管理局按照国际货币基金组织最新国际标准《国际收支和国际投资头寸手册》(第六版)编制和发布国际收支平衡表。与之前相比，主要变化：①将储备资产纳入金融账户统计，并在金融账户下增设“非储备性质的金融账户”，与原金融项目包含的内容基本一致；②项目归属变化，如将经常账户下的转手买卖从原服务贸易调整至货物贸易统计，将加工服务(包括来料加工和出料加工)从原货物贸易调整至服务贸易等；③项目名称和细项分类有所调整，如将经常项目、资本项目和金融项目等重新命名为经常账户、资本账户和金融账户，将收益和经常转移重新命名为初次收入和二次收入等；④借方项目用负值表示。

2022年上半年中国国际收支平衡表(初步数)，如表1—3所示。

2022年上半年，我国经常账户顺差10 960亿元，其中，货物贸易顺差20 845亿元，服务贸易逆差 2 457 亿元，初次收入逆差 8 119 亿元，二次收入顺差 692 亿元。资本和金融账户中，直接投资顺差 4 776 亿元，储备资产增加 1 259 亿元。

按美元计值，2022 年上半年，我国经常账户顺差 1 691 亿美元，其中，货物贸易顺差 3 207 亿美元，服务贸易逆差 378 亿美元，初次收入逆差 1 244 亿美元，二次收入顺差 107 亿美元。资本和金融账户中，直接投资顺差 749 亿美元，储备资产增加 204 亿美元。

按 SDR 计值，2022 年上半年，我国经常账户顺差 1 234 亿 SDR，其中，货物贸易顺差 2 345 亿 SDR，服务贸易逆差 276 亿 SDR。资本和金融账户中，直接投资顺差 540 亿 SDR，储备资产增加 142 亿 SDR。

表 1－3　　2022 年上半年中国国际收支平衡表（初步数）

项　目	行次	亿元	亿美元	亿 SDR
1. 经常账户	1	10 960	1 691	1 234
贷方	2	125 490	19 356	14 129
借方	3	－114 530	－17 665	－12 895
1. A 货物和服务	4	18 388	2 829	2 069
贷方	5	118 862	18 333	13 383
借方	6	－100 474	－15 504	－11 314
1. A. a 货物	7	20 845	3 207	2 345
贷方	8	106 591	16 437	12 001
借方	9	－85 746	－13 230	－9 656
1. A. b 服务	10	－2 457	－378	－276
贷方	11	12 271	1 896	1 382
借方	12	－14 729	－2 274	－1 659
1. A. b. 1 加工服务	13	424	65	48
贷方	14	451	70	51
借方	15	－27	－4	－3
1. A. b. 2 维护和维修服务	16	116	18	13
贷方	17	242	37	27
借方	18	－126	－19	－14
1. A. b. 3 运输	19	－150	－22	－17
贷方	20	5 172	799	582
借方	21	－5 322	－821	－599
1. A. b. 4 旅行	22	－3 353	－519	－378
贷方	23	292	45	33
借方	24	－3 644	－564	－410
1. A. b. 5 建设	25	183	28	21
贷方	26	431	67	49
借方	27	－249	－39	－28
1. A. b. 6 保险和养老金服务	28	－579	－89	－65
贷方	29	136	21	15
借方	30	－715	－110	－81
1. A. b. 7 金融服务	31	34	5	4

续表

项　目	行次	亿元	亿美元	亿 SDR
贷方	32	158	24	18
借方	33	−124	−19	−14
1. A. b. 8 知识产权使用费	34	−1 034	−159	−116
贷方	35	405	63	46
借方	36	−1 439	−222	−162
1. A. b. 9 电信、计算机和信息服务	37	589	91	66
贷方	38	1 869	289	211
借方	39	−1 280	−198	−144
1. A. b. 10 其他商业服务	40	1 399	217	158
贷方	41	3 006	464	338
借方	42	−1 607	−248	−181
1. A. b. 11 个人、文化和娱乐服务	43	−25	−4	−3
贷方	44	46	7	5
借方	45	−70	−11	−8
1. A. b. 12 别处未提及的政府货物和服务	46	−62	−9	−7
贷方	47	64	10	7
借方	48	−126	−19	−14
1. B 初次收入	49	−8 119	−1244	−913
贷方	50	5 021	775	565
借方	51	−13 141	−2 019	−1478
1. C 二次收入	52	692	107	78
贷方	53	1 606	248	181
借方	54	−914	−141	−103
2. 资本和金融账户(含当季净误差与遗漏)	55	−10 979	−1 695	−1 238
2. 1 资本账户	56	−13	−2	−2
贷方	57	8	1	1
借方	58	−21	−3	−2
2. 2 金融账户(含当季净误差与遗漏)	59	−10 965	−1 693	−1 236
2. 2. 1 非储备性质的金融账户(含当季净误差与遗漏)	60	−9 707	−1 489	−1 094
其中:2. 2. 1. 1 直接投资	61	4 776	749	540
2. 2. 1. 1. 1 直接投资资产	62	−4 822	−747	−544
2. 2. 1. 1. 2 直接投资负债	63	9 598	1 496	1 084
2. 2. 2 储备资产	64	−1 259	−204	−142
2. 2. 2. 1 货币黄金	65	0	0	0
2. 2. 2. 2 特别提款权	66	72	11	8
2. 2. 2. 3 在国际货币基金组织的储备头寸	67	47	7	5
2. 2. 2. 4 外汇储备	68	−1 378	−222	−156
2. 2. 2. 5 其他储备资产	69	0	0	0
3. 净误差与遗漏	70	18	4	4

注:(1)根据《国际收支和国际投资头寸手册》(第六版)编制。

(2)“贷方”按正值列示,“借方”按负值列示,差额等于“贷方”加上“借方”。本表除标注“贷方”和“借方”的项目外,其他项目均指差额。

(3)以人民币计值的国际收支平衡表的折算方法为:当季以美元计值的国际收支平衡表,通过当季人民币对美元平均汇率中间价折算。季度SDR计值的国际收支平衡表数据,由当季以美元计值的国际收支平衡表,通过当季SDR对美元平均汇率折算得到。

(4)2022年上半年初步数为一季度平衡表正式数与二季度平衡表初步数累加得到。其中,2022年二季度初步数的资本和金融账户因含净误差与遗漏,与经常账户差额金额相等,符号相反。二季度初步数的金融账户、非储备性质的金融账户同样含净误差与遗漏。2022年一季度正式数的资本和金融账户、金融账户和非储备性质的金融账户均不含净误差与遗漏,净误差与遗漏项目单独列示。

(5)本表计数采用四舍五入原则。

三、国际收支平衡表的编制

从微观上看,记入国际收支平衡表的每笔交易都是一国居民单位与他国居民单位之间发生的具体经济往来。从宏观上看,国际收支平衡表中的会计主体是国家,而不是该国的任一经济单位。编制国际收支平衡表的主要目的,是要使一个经济实体的中央银行全面了解自身的对外经济交易活动和地位,以制定正确的国内外经济政策和货币政策;是要使国际货币基金组织和世界银行等国际性金融机构全面了解各国或地区的对外经济交易活动和国际资本、国际贸易特征,以便协调各国的经济政策和货币政策,促进国际货币合作,维持汇率的稳定。

【注意】国际收支平衡表是以一个国家为整体,反映该国与整个外部世界的交易情况。

(一)国际收支平衡表的编制原理

国际收支平衡表是按照“有借必有贷、借贷必相等”的复式簿记原理来编制的,分别在借方和贷方记录单个交易作为构成会计体系的基础。国际收支中每笔交易的记录均由两个金额相等但方向相反的分录组成,反映了每笔交换的流入和流出,即对于每笔交易,各方都记录一个与之相应的贷方分录和借方分录。这是因为,绝大多数交易都是商品、劳务或金融资产的双向转移,即以提供或取得一种经济价值的资产换取另一种经济价值的资产的交易。不过,也有些国际经济往来不是用于交换,而是基于特殊原因而发生的单方面转移,如甲国向乙国捐赠救灾物资,这一行为形成了甲国的商品出口,应记录在其国际收支平衡表“货物”项下“出口”的贷方。但这种官方捐赠是一种无偿转移交易,不能自动成双,不像真正的出口那样能带来对等的收入,为此需要设置一个抵销账户(如经常转移)来达到平衡,因此,甲国还要记录在“经常转移”项下“官方转移”的借方。对乙国而言,与甲国相反,视同进口,获得经济价值资产,但没有放弃或丧失相应的经济价值资产,因此记录在其国际收支平衡表“货物”项下“进口”的借方和“经常转移”项下“官方转移”的贷方。这样,每一笔国际经济交易都会产生金额相同的一项借方记录和一项贷方记录。

【提示】从理论上说,国际收支平衡表的借方总额与贷方总额是相等的,国际收支平衡表也由此而得名。

(二)国际收支平衡表的记账规则

按照复式簿记的惯例,凡是收入项目以及资产(本国对外金融资产)的减少和负债(外国在本国的金融资产)的增加都记录在贷方,称为正号项目,记为“+”;凡是支出项目以及资产的增加或负债的减少都记录在借方,称为负号项目,记为“-”。换言之,一笔交易的结果如果是收到外国货币,就在贷方记录;相反,如果是向外国支出货币就在借方记录。贷方是一个“加”的概念,它表示外汇的流入;借方是一个“减”的概念,它表示外汇的流出。上述规则可以用下面的等式来反映:

贷方项目(CR.)=外国居民向本国居民支付的交易=引起本国外汇供给的项目(货物和服务出口,应收收入,资产减少或负债增加)

借方项目(DR.)＝本国居民向外国居民支付的交易＝引起本国外汇需求的项目(货物和服务进口,应付收入,资产增加或负债减少)

(三)国际收支平衡表的计价原则

国际收支平衡表采用统一的计价原则,即以市场价格为依据。市场价格是在自愿的基础上买方从卖方手中获取某件物品而支付的货币金额。但是,在易货交易、税收支付、企业的分支机构与母公司间的交易、附属企业的交易、转移等交易中,市场价格可能不存在。在此情形下,习惯做法是利用同等条件下形成的已知市场价格来推算需要的市场价格。

【提示】单方面转移和优惠的政府贷款等非商业性交易的计价,也需假定这类资源是以市场价格卖出的,以市场价格来计价。

【注意】在市场价格不存在的情况下,应按其由生产要素所决定的成本计算或按若销售资源可能得到的款项来计算。对于不在市场上交易的金融项目(主要是不同形式的贷款),则以它的面值作为它的市场价格来计价。

(四)国际收支平衡表的记录时间

一项国际经济交易可能涉及若干个日期,如签约日期、所有权变更日期、货物装运日期、交货日期、结算付款日期等。

【提示】按照国际货币基金组织的规定,在编制国际收支平衡表时,应以商品、劳务和金融资产的所有权变更日期为准。

具体来说,对于货物统计,出口货物所有权的变更时间以出口商把作为实际资产的货物从账上取消并在金融账户记入相应的变化为准。进口货物所有权变更时间以进口商把作为实际资产的货物在账上登记下来并在其金融账户记入相应的变化为准。在理想情况下,双方入账的时间应该一致。实际中,使用反映跨越国境或关税关境的货物实际运动的贸易数据作为货物实际占有和所有权变更的凭证,如果进出口的运输时间很长,货物所有权的变更时间可能与贸易统计数据记录的时间相差很大,这样会导致一国的国际收支统计与有关贸易伙伴国家的统计不对称。在这种情况下,以国际收支数据为根据的世界出口与进口的汇总和比较会失去意义。

服务交易是在服务提供之时登记,这些日期通常与服务产生的日期相一致。在一些情况下,服务费用(运输费、保险费和港口费等)可能提前支付也可能推后支付,届时应在适当的账户中入账。

利息收入应连续不断地入账,以确保资本的提供与资本的成本相一致。红利在其应支付日期记录。股息的记录时间定义为股票除息时间。

金融产品的交易时间以债权人和债务人分别在其账上记下债权和债务的时间为准,如具体日期无法确认,以实际收到日期为准。

(五)国际收支平衡表的编制举例

我们以甲国为例,列举8笔交易来说明国际收支账户的记账方法。

【提示】对具体交易记账方法的分析不仅有助于正确掌握国际收支账户的记账原理,而且有助于理解各账户之间的关系。

【做中学1—1】 甲国企业出口价值100万美元的大豆。

解析:出口伴随着资本流出所形成的海外资产的增加。对出口行为来说,它意味着本国拥有的资源的减少,因此应记入贷方。对资本流出这一行为而言,它意味着本国在海外的资产的增加,因此应记入借方。进一步来看,这一资本流出实际上反映在该企业在海外的存款增加中,而这属于金融账户中的其他投资项目。

因此,这笔交易可记为:

借:在外国银行的存款　　　　100万美元

贷:货物出口 100 万美元

【做中学 1—2】 甲国居民到欧洲旅游,动用了其在德国的存款 10 万美元。

解析:旅游支出记入服务项目的借方,在外国银行的存款减少应记入贷方。

因此,这笔交易可记为:

借:服务进口 10 万美元

贷:在外国银行的存款 10 万美元

【做中学 1—3】 外商以价值 1 000 万美元的设备投入甲国,兴办合资企业。

解析:外商以价值 1 000 万美元的设备投入甲国,使甲国的实际资源增加,反映进口的实际资源增加的项目应记入借方,而兴办合资企业属于金融账户中的直接投资项目的贷方。

因此,这笔交易可记为:

借:货物进口 1 000 万美元

贷:外国对甲国的直接投资 1 000 万美元

【做中学 1—4】 为帮助某国度过金融危机,甲国政府动用外汇储备 100 万美元向其提供无偿援助,另提供相当于 100 万美元的粮食援助。

解析:当一经济体的居民实体向另一非居民实体无偿提供了实际资源或金融产品并未得到补偿与回报时,按照复式记账法原理,需要在另一方进行抵销性记录以达到平衡,也就是需要建立二次收入——转移账户。本国居民对非居民的单方向转移,应记入借方项目。官方储备减少、实际资源的减少都属于贷方项目。

因此,这笔交易可记为:

借:二次收入 200 万美元

贷:官方储备 100 万美元

货物出口 100 万美元

【做中学 1—5】 甲国某企业在海外投资所得利润 150 万美元,其中,75 万美元用于当地的再投资,50 万美元购买当地商品运回国内,25 万美元调回国内结售给政府以换取本国货币。

解析:投资所得应记入经常账户中初次收入——投资收入的贷方。对外投资意味着海外资产增加、实际资源输入、官方储备增加,都应记入借方。

因此,这笔交易可记为:

借:货物进口 50 万美元

官方储备 25 万美元

对外长期投资 75 万美元

贷:初次收入 150 万美元

【做中学 1—6】 甲国居民动用其在海外存款 40 万美元,用于购买外国某公司的股票。同时又收到其持有的海外债券的利息收入 1 万美元,并将这 1 万美元存在海外银行。

解析:海外资产增加应记入借方,海外资产减少应记入贷方。

因此,这笔交易可记为:

借:证券投资 40 万美元

贷:在外国银行的存款 40 万美元

借:在外国银行的存款 1 万美元

贷:初次收入 1 万美元

【做中学 1—7】 甲国向外国提供了 100 万美元的 10 年期贷款。

解析:这笔贷款意味着甲国长期资本外流,应记在金融账户中其他投资的借方。由此产生了外国在甲国银行的100万美元存款。新的存款作为短期资本内流，应记在金融账户中其他投资的贷方。

因此，这笔交易可记为：

借：其他投资　　100万美元

　贷：其他投资　　100万美元

【做中学1—8】 美籍华人为中国申奥捐款20万美元。

解析：中国申奥基金会的银行账户增加20万美元，应记入其他投资项的借方。同时，因捐款属于二次收入——单方面转移，需在二次收入项的贷方记录。

因此，这笔交易可记为：

借：其他投资　　20万美元

　贷：二次收入　　20万美元

上述各笔交易可编制成一张完整的国际收支账户表格，如表1—4所示。

表1—4 **八笔交易构成的国际收支账户** 单位：万美元

项　目	贷　方	借　方	差　额
货物	100+100	1 000+50	−850
服务		10	−10
初次收入	150+1		151
二次收入	20	200	−180
经常账户合计	371	1 260	−889
直接投资	1 000	75	925
证券投资		40	−40
其他投资	10+40+100	100+1+100+20	−71
官方储备	100	25	75
资本与金融账户合计	1 250	361	889
总计	1 621	1 621	0

【学中做1—1】 以A国为例，列举6笔交易来说明国际收支平衡表账户的记账方法。

(1)A国一企业出口价值100万美元的设备，将出口款项存入该企业在海外银行的存款账户。

(2)A国居民到外国旅游花费了30万美元，这笔费用从该居民的海外存款账户中扣除。

(3)外商以价值1 000万美元的设备投入A国，兴办合资企业。

(4)A国政府动用外汇储备40万美元向外国提供无偿援助，另提供相当于60万美元的粮食、药品援助。

(5)A国某企业在海外投资所得利润150万美元，其中75万美元用于当地的再投资，50万美元购买当地商品运回国内，25万美元汇回国内结汇。

(6)A国居民动用其在海外存款40万美元，用于购买外国某公司的股票。

请根据上述六笔交易，根据相关原理，作出分录。

动漫视频

国际收支失衡

四、国际收支平衡表的分析方法

国际收支平衡表是根据复式簿记原理来编制的，一笔国际经济交易总是会产生金额相同、方向相反的借方记录和贷方记录。因此，一国的国际收支在账面上总是平衡的，即使由于统计误差造成借贷方失衡，也会通过错误与遗漏项目加以平衡。但这种平衡只是会计意义上的平衡。在实际中，国际收支经常存在不平衡，即国际收支总会出现不同程度的顺差或逆差，称之为国际收支失衡（Balance of Payments Imbalance）。

国际收支顺差又称国际收支盈余，是指一国在一定时期内（通常为一年）对外经济往来的收入总额大于支出总额的差额。由贸易项目产生的国际收支顺差，反映一国的国际储备或对外支付能力的增强；由资本项目产生的国际收支顺差，反映资本的大量流入。国际收支的巨额顺差也有不利的经济影响，主要表现在：外汇储备过多会造成资金闲置浪费，不利于本国经济发展；储备货币汇率下跌时，外汇储备会遭受损失；一国的外汇储备增加，本币发行也必然相应增加，从而产生潜在的通货膨胀压力；本币若是可兑换货币，顺差将使外汇市场上对本国货币求大于供，易受抢购冲击；本国货币被迫升值，使出口处于不利的国际竞争地位。

动漫视频

国际收支顺差

国际收支逆差又称国际收支赤字，是指某一国在国际收支上支出大于收入。国际收支逆差会导致本国外汇市场上外汇供给减少（本国对外币的供给）、需求增加（本国对外币的需求），从而使得外汇的汇率上涨、本币的汇率下跌。如果该国政府采取措施干预，即抛售外汇、买进本币，政府手中没有足够的外汇储备，而这又会进一步导致本币的贬值。政府的干预将直接引起本国货币供应量的减少，而货币供应量的减少又将引起国内利率水平的上升导致经济下滑、失业增加。

动漫视频

国际收支逆差

各国政府和国际经济组织都将国际收支平衡作为金融运行良好的指标，而把国际收支失衡作为政策调整的重要对象。这就需要对国际收支平衡表进行分析，找出产生国际收支顺差或逆差的原因，并采取相应对策，使国际收支状况朝着有利于本国经济发展的方向变化。

国际收支平衡表的分析方法一般包括静态分析法、动态分析法和比较分析法，其中，静态分析法中的差额分析是对国际收支平衡表进行分析的基本方法。

（一）静态分析法

静态分析法又称差额分析法或微观分析法，是指对某国在某一时期（1 年、半年或 1 季）的国际收支平衡表中各个项目及其差额进行定量的账面上的分析。尽管各国编制国际收支平衡表的格式和口径有所差别，计算国际收支差额的方法也不尽相同，但在考察国际收支状况时，对以下几个项目差额的分析一般都比较重视。

1. 贸易收支差额（Trade Balance，TB）

贸易收支差额即货物进出口差额，用公式表示为：

$$TB = X - M$$

式中：X 表示出口，M 表示进口，TB 表示货物进出口差额。这是传统上用得比较多的一个口径。它集中反映一国在国际市场上的竞争能力，也在一定程度上表现出一国的经济实力。

实际上，贸易账户仅仅是国际收支的一个组成部分，绝不能代表国际收支的整体。但对多数国家来说，贸易收支在全部国际收支中所占的比重相当大，贸易收支差额在很大程度上决定了国际收支的总差额。同时，贸易收支的数字尤其是商品贸易收支的数字易于通过海关的途径收集，能较快地反映出一国对外经济交往的情况。此外，贸易收支在国际收支中还有其特殊重要性，商品的进出口情况综合反映了一国的产业结构、产品质量和劳动生产率状况，反映了该国产业在国际上的竞争能力。因此，对贸易收支的差额进行分析是十分重要的，甚至可将贸易收支作为国际收支的近似代表。通过分析，可以看出一国商品进出口的结构和地区分布是否合理，进而了解该国产业结构、生产技术水平是否与世界经济发展相适应，其贸易条件在世界贸易中所占的地位和比重如何，从而找出贸易出超或入超的原因。

【注意】如果贸易差额出现逆差，必须有某种资金来源与之相抵，或是靠经常项目中服务和转让收支项目的顺差来抵补，或是靠金融项目中的外资流入，也可能是用国家的储备资产来解决。

【提示】贸易差额如果是顺差，也必然会使国际收支其他项目做出相应的变化。

此外，货物进出口总额，即 $X+M$ 还常被当作一国经济开放性的重要指标，用来衡量一国经济的对外开放程度。

2. 经常项目收支差额(Current Account Balance)

经常项目收支差额包括贸易收支、无形贸易收支(即服务和收入)和经常转移收支。虽然经常项目收支也不能代表全部国际收支，但它综合反映了一个国家对外经济交易的一般态势，各国和国际货币基金组织都特别重视经常项目差额情况。①如果经常项目有逆差，表示从国外净动用了一些商品、服务供国内使用，相应地减少本国在外国的资产或是增加对外的负债。②如果经常项目有顺差，表示向国外净供应了一些商品和服务，相应地会增加本国对外资产或减少对外的负债。

3. 资本和金融账户(剔除官方储备)差额(Capital and Financial Account Balance)

首先，通过资本和金融账户余额可以看出一个国家金融市场的开放和发达程度，对一国货币政策和汇率政策的调整提供有益的借鉴。

【提示】一般而言，金融市场开放的国家资本和金融账户的流量总额较大。

其次，资本和金融账户与经常账户之间具有融资关系，因此资本和金融账户的余额可以折射出一国经常账户的状况和融资能力。根据复式簿记原理，在国际收支中一笔贸易流量通常对应一笔金融流量，在不考虑错误与遗漏因素时，经常账户中的余额必然对应着资本和金融账户在相反方向上的数量相等的余额，也就是说，经常账户余额与资本和金融账户余额之和等于零。当经常账户出现赤字时，必然对应着资本和金融账户的相应盈余，这意味着一国利用金融资产的净流入为经常账户赤字融资。

【提示】该项目中直接投资和证券投资对经常项目逆差的弥补效果是不同的，直接投资不构成一国的对外债务，而其他方面的投资则是要偿还的。

【注意】若一国国际收支平衡是通过金融账户中证券投资和其他投资的顺差来弥补经常项目的逆差而获得的，则此平衡是不健康的；反之，若平衡是由经常项目盈余或直接投资引起的，则此平衡是良性的。

4. 综合账户差额或总差额(Overall Balance)

综合收支账户是指经常账户与资本和金融账户中的资本账户、直接投资、证券投资、其他投资账户等所构成的余额，也就是将国际收支账户中的官方储备账户剔除后的总体余额(包括“误差与遗漏”项)。由于综合差额必然引致官方储备的反方向变动，所以综合账户的意义在于可以用它来衡量国际收支对一国储备造成的压力。综合差额为正，则储备资产记负号，表示该国储备资产增加，国际收支顺差；反之，综合差额为负，则储备资产记正号，表示该国储备资产减少，国际收支逆差。

【提示】人们所讲的国际收支盈余或赤字，就是指综合收支差额盈余或赤字。

(二)动态分析法

动态分析法是指对一国若干连续时期的国际收支平衡表进行分析的方法。分析一国的国际收支，只对其某一年的国际收支平衡表进行分析是不够的，还要分析以往的情况。一国连续多年的国际收支之间有着密切的联系，可以将历年国际收支平衡表的各个项目、总体情况及差额并列起来进行综合分析，考察各指标在一个较长时期内的发展变化，力求实现国际收支的动态平衡。国际收支动态平衡，也称国际收支均衡，它是以经济实际运行可能实现的计划期为平衡周期，保持周期内国际收支的平衡。

【提示】只有通过动态分析，才能了解一国国际收支的均衡状况，并通过一系列调节措施，促使该国保持最佳的国际储备水平，促进该国货币汇率均衡与经济正常发展。

（三）比较分析法

比较分析法是指将一国的国际收支平衡表与其他国家，尤其是主要的经济大国的国际收支平衡表进行比较，找出本国与他国国际收支顺逆差的异同及原因，分析本国与他国的国际收支结构以及调节措施，只有这样才能了解本国和他国在世界经济中的地位，正确认识国际金融格局，并能够借鉴他国经验，为调节本国国际收支所用。

五、编制国际收支平衡表的现实意义

编制国际收支平衡表对于分析和预测世界经济发展趋势，制定本国或本地区的对外经济政策和货币政策，调节国际收支不平衡都具有现实意义。

(1)国际收支平衡表全面反映了一国或地区外汇资金的来源和外汇资金的运用。通过编制国际收支平衡表，可以分析本国或地区对外经济交易的活动概况，外汇资金运用是否得当，经常账户、资本账户顺差或逆差的情况及其原因。通过分析他国或地区编制的国际收支平衡表，可以了解其外汇资金的来源及运用，预测相关汇率的变动趋势，做好国际贸易结算货币的选择，避免国际金融中外汇市场的非经营性风险。

(2)国际收支平衡表客观地反映了一国或地区的国际储备资产的净额。通过编制本国的国际收支平衡表，可以掌握其国际储备资产增减变动的情况，以此为依据制定本国或地区的国际储备的合理水平，从而强化“稳定货币币值、保持国际支付能力、维持本国货币汇率”的功能。通过分析他国或地区编制的国际收支平衡表，根据其国际储备资产变动的情况，能够确定其对外经济政策和金融政策的走向以及汇率变动的趋势。一般来说，国际收支严重逆差的国家，对外债务沉重，可能随时发生支付危机。在与该国进行经济交易时，就应采取审慎政策，出口贸易应采取即期收汇结算的方式，商业贷款要根据其偿还能力进行综合研究。

(3)国际收支平衡表提供了有关各国或地区的国际经济交易较为完整的综合信息。通过分析与比较各国或地区的国际收支平衡表，可以了解其对外经济交易活动的基本情况。例如，通过分析某国经常账户中的商品进出口数额的多少，就可以初步了解其一定时期生产力的发展水平及其产业结构特征；通过分析某国资本账户中的经济、军事援助数额的多少，就可以反映其一定时期经济渗透和政治扩张的程度；通过分析某国每年的劳务贸易项目收入，就可以了解其一定时期在金融、保险、通信、旅游、运输业等第三产业发展的特色；通过分析某地区资本账户中短期资本的流动，就可以了解该区域不同货币金融政策和利率、汇率政策变化所带来的影响。

(4)国际收支平衡表全面地反映了世界经济活动的基本情况和经济一体化的时代特征。通过分析与比较各国或地区的国际收支平衡表，就可以在了解他国或地区不同经济实力的同时，了解本国或本地区在世界经济一体化中的地位和作用。经济一体化是指各国或地区的经济关系日益紧密与相互融合。各国或地区在日新月异的科学技术发展推动下，普遍实行对外开放政策。贸易自由化、投资自由化与金融、资本一体化加速发展，国际贸易数额剧增，国际资本流通量加大，国际银行业兼并重组浪潮，证券市场国际化等已影响到各国或地区。因此，制定本国或本地区的经济发展总战略，一是要把握大局，二是要了解自己。这都离不开比较与分析国际收支平衡表。

任务三　国际收支失衡及其调节

国际收支是否平衡，不仅影响一国的对外贸易与金融关系，影响其货币汇率的稳定及政府的对外经济政策，而且对其国内经济的稳健运行与发展也产生重要的影响。因此，大多数国家将国际收支平衡作为其宏观经济的目标之一。

一、国际收支平衡与不平衡的判断标准

分析和判断国际收支平衡与否的主要依据，是各国的国际收支平衡表。国际收支平衡表是按照复式簿记原理编制的，借方总额与贷方总额相等，国际收支最后总是平衡的。但这种平衡显然只是会计意义上的平衡，不能反映一国国际收支的真实情况，不能因此断定国际收支就是平衡的。在实践中，对国际收支平衡与不平衡的理解和判断并非如此简单，需要找到一个衡量标准。

判断一个国家的国际收支是否平衡，涉及两个概念：自主性交易和调节性交易。这是由于各种国际经济交易的动机和巨的不同而形成的不同的交易类型。

(1)自主性交易(Autonomous Transactions)又称事前交易，是指一国或地区的居民与非居民之间出自某种经济目的自主性进行的，经常账户中和长期资本账户中的经济交易就属于此种。它是已经发生了的，并已列入差额表中的有关项目。

(2)调节性交易(Compensatory Transactions)又称事后交易，是指在自主性的经济交易出现缺口或基本差额时，进行的弥补性经济交易，短期资本账户和官方储备项目就属于这种经济交易。

【提示】自主性交易具有自发性，因而必然产生缺口或差额，不是收大于支，就是支大于收，收支不平衡，只有用调节性交易来弥补，才能维持国际收支的平衡。

【注意】自主性交易是否平衡，成为判断一国或地区的国际收支是否平衡的标准。

要正确分析国际收支平衡与不平衡的关系，必须了解账面平衡与真实平衡、主动平衡与被动平衡的具体内容。只有自主性交易的自身平衡才意味着国际收支的真实平衡和主动平衡，动用国际储备后才达到的平衡只是被动平衡和账面平衡。

【提示】自主性交易的不平衡是实质上的不平衡，调节性交易后实现的平衡是事后平衡和账面平衡，这种平衡并不能完全解决一国或地区国际收支中存在的问题。

一国或地区的国际收支在数额上的平衡只能说是表面平衡，它未必对一国或地区经济发展有利，具体情况要具体分析。如果一国或地区的进出口贸易和资本流动虽然是平衡的，但这种平衡的取得是以牺牲其均衡与可持续的经济发展为代价的，那么这种国际收支的数额平衡是表面的，难以维持，不平衡将随之而来。

要正确分析国际收支平衡与不平衡的关系，必须掌握国际收支基本差额形成的原因和形式。基本差额由经常账户差额、资本和金融账户差额两部分组成。

动漫视频

国际收支平衡

(1)如果一国或地区的国际收支基本差额为顺差，这种情况的形成可能有三种形式。

①经常账户和资本账户均为顺差。如 20 世纪 80 年代中期韩国的国际收支状况。这是一种比较好的情况。但需要注意的是，在这种情况下，由于长期资本的流入大于流出，而当前的资本流入会随着时间的推移，逐渐以利润、股息、利息、资本等形式收回，部分地转化为日后导致资本流出的因素。所以，当前的资本账户顺差中往往隐藏着日后资本账户转为逆差的潜在可能。

②经常账户顺差，资本账户逆差，顺差额大于逆差额。如 20 世纪 80 年代日本的国际收支状况。一般认为，这是国际经济交易中最好的情况。该国不但维持贸易收支项目顺差，而且有大量资

本过剩和输出。此为日本在一定时期内经济扩张性很强的表现，经济实力大大增强。同时，当前的资本账户流出会随着利息、股息、利润等的收回，成为日后经济长期稳定发展的有利因素。

③经常账户逆差，资本账户顺差，顺差额大于逆差额。这种情况在发展中国家较为常见。如20世纪80年代后期的巴西、墨西哥等国。在这种国际收支顺差中，潜伏着日后的经济危机。这种经济危机是否会成为现实，关键在于大量引进国际资本的投资效益如何。如果引进的外资能迅速带来投资回报，所带来的利润足以支付日后的利息以及成本，经济运行最终引入良性循环，那么，这种国际收支结构的顺差从长远看就是好的。反之，如果引进的外资不能把经济运行推到良性循环的轨道，却加重了该国或地区的国际债务负担，那么，它对一国或地区的经济发展显然是不利的。

(2)如果一国或地区的国际收支基本差额为逆差，这种情况的形成可能有三种形式。

①经常账户和资本账户均为逆差。如20世纪70年代美国的国际收支状况。这一时期，美国经常账户逆差且资本大量外流，其商品在国际市场的竞争力降低，贸易收支、劳务收支不如以前，投资资本不能在美国得到充分利用，美元汇率频繁贬值和波动。这一状况说明美国经济实力地位受到冲击，最直接的影响是导致"布雷顿森林货币体系"的最后终结。当时美国政府开始推行新经济政策来增强其经济实力，推动其经济发展。

②经常账户逆差，资本账户顺差，逆差额大于顺差额。如20世纪80年代美国的国际收支状况。这一时期，美国的经济增长由于其新的投资资本后劲不足，离不开对国外投资资本的依赖，而国内产业结构调整还没有全部到位，新的经济增长点还没有形成，国内外市场的竞争力不强，出口贸易、劳务收支等出现逆差，侧面反映了美国经济实力相对减弱。当然，此时期国外资本的大量流入，在客观上有利于美国的经济发展，有利于扩大投资规模和增加就业，有利于国内产业结构的调整，为90年代美国长时期的经济增长奠定了基础。

③经常账户顺差，资本账户逆差，逆差额大于顺差额。如1984年日本的国际收支状况。虽然当时日本国际收支的基本差额在总体上是逆差，但它反映了其存在着大量的过剩资本，表现了一种强有力的扩张性经济。日本经济实力强劲，咄咄逼人。直至90年代初期，随之而来的日本经济"泡沫"，导致市场和经济疲软，较大地影响了其国际收支的状况。

了解国际收支基本差额形成的上述六种形式，是为了分析国家或地区之间的国际收支状况的相互变化。对于一国或地区的特定时期，国际收支基本差额的形成必然有它的特殊性，即使在基本差额的形成相同的国家或地区相互之间也是如此。

【注意】一般认为，在国家或地区之间的国际经济交易中，经常账户的顺差比逆差对本国或本地区经济更有利；资本账户的顺差或逆差各有利弊，不可一概而论，须作具体分析；一国或地区的顺差是导致本币坚挺、汇率上升的重要因素；一国或地区的货币贬值，有利于出口贸易，改善国际收支逆差的状况。

二、造成国际收支不平衡的影响因素

在国际经济交易中，由于一国或地区的经济发展水平、市场竞争能力、国民收入层次不同以及国际资本的流动，产生了国际收支的动态过程。实际上，一国或地区的国际收支是难以做到绝对平衡的，平衡是相对的，而不平衡则是绝对的。仅从国际收支平衡表上看，国际收支总是平衡的，如果某些经常账户、资本账户出现逆差，那就需要动用黄金、外汇储备。这只能说是账面平衡与真实平衡的不同，数额平衡与内容平衡的差别，主动平衡与被动平衡的调节。

【提示】一般认为，一国或地区的国际收支略有顺差或逆差，就实现了国际收支平衡；但如果其国际收支的顺差或逆差在一定时期内是经常性的且数额巨大，则被视为国际收支不平衡。

造成国际收支不平衡的影响因素有很多，概括起来包括以下几个方面：

(1)经济发展周期的影响。由于国家或地区之间经济发展阶段的不同、经济增长率的差异,其经济发展轨迹往往会周而复始地出现繁荣、衰退、调整、复苏四个阶段。经济一体化的趋势下,一些发达国家的经济发展周期往往会影响到其他国家、地区或区域性的经济发展。在周期性经济因素的影响下,国际收支顺差或逆差不平衡的现象交替发生。例如,一国或地区受经济周期的影响,因经济衰退而出口贸易减少、资本外流,会出现国际收支的逆差;因经济繁荣而出口贸易增加、资本内流,又会出现国际收支的顺差。

(2)经济实力的影响。一国或地区的经济发展直接反映到其经济实力的变化,进而反映到其在国际市场上的竞争能力,反映到其对国际收支的影响。经济实力的几个主要指标包括一国或地区的科学技术以及劳动生产率水平等。一国科学技术在影响国际收支中起关键作用。例如,当一国或地区在一定时期的科学技术发展迅速,不断提高劳动生产率和资源配置效率,整个国民经济发展速度加快时,该国或地区的生产、投资、商品的成本就会降低,在国际市场上的竞争能力就强,于是就会出现有利于国际收支顺差的局面,并进入经济发展的良性循环,结果是加大国际收支的顺差。相反,如果一国或地区经济实力下降,科技水平及其劳动生产率等降低,该国或地区的出口商品在国际市场上竞争力必然受到影响,于是有可能出现不利于国际收支顺差的情况。

(3)国民收入的影响。一国或地区除了经济周期的不同阶段会引起其国民收入的增加和减少外,经济增长率的高低也会引致国民收入的变化。一国或地区的经济增长率高则国民收入增加,其国内、国外需求扩大,商品消费、劳务输入、旅游和捐赠等经常账户支出也可能随之增加,从而影响国际收支的状况。反之,一国或地区的经济增长率低则国民收入减少,其国内、国外需求缩小,市场不旺,物价下跌,将会有利于出口贸易,会逐步增加国外出口,减少经常账户中的逆差,使国际收支趋于相对平衡。

(4)货币币值变化的影响。一国或地区货币在国内实际购买力的变化,会影响到该国或地区的货币币值在国际金融市场的上下浮动,会引起国际收支新的不平衡。由于国内通货膨胀的原因,物价普遍上升,影响到该国或地区的商品在国际市场的价格,进而影响到该国或地区在国际金融市场的汇率。一般而言,该国或地区减弱了出口贸易在国际市场的竞争能力,出口下降,进口上升,有可能出现国际收支逆差的局面。相反,如果由于该国或地区通货紧缩或通货膨胀率下降,国内物价水平比国外低,则有利于其出口贸易增加,进口商品减少,有可能出现国际收支顺差。这种国际收支的不平衡,实际上是由于一国或地区货币所代表购买力的实际价值发生了变化,而原先与外国货币兑换的汇率没有相应地改变,从而使原来外汇市场供求平衡的状况消失。如果同期本币汇率随着通货膨胀率的变化一起调整,那么货币币值变化对国际收支的影响就会小得多。

动漫视频

本币汇率

货币币值变化,也包括一国或地区国际储备货币的币值变化对国际收支的影响。一些外汇储备资产的变化,对持有这些外汇作为国际储备或债权债务的国家,影响是相当大的。如果美元贬值,持有这一外汇储备和资产的国家就会受到损失,如果这个国家的外汇收入主要是美元,而主要债务和国际支付都是美元以外的其他货币,则很可能引起国际收支的逆差。

(5)世界经济结构调整的影响。世界各国或地区由于经济地理环境、自然资源、劳动力素质、科技水平等经济条件不同,各自出口并输出有自己特色和竞争力的有形贸易以及无形贸易,进而形成各自的经济结构,各国经济结构的特色又构成世界性的经济结构。一般认为,如果国际贸易和国际分工不发生剧烈的变化,国际资本流动和单方面转移相对稳定,一国或地区的进出口贸易总额应趋于平衡。但国内外商品、劳务、资本的国际需求与国际供给的相对关系发生变化时,这种平衡关系就会受到干扰,使世界经济结构内部随之发生变化。如果一国或地区的经济结构不能很好地适应这种变化而做出相应的调整,其国际收支状况就可能发生不平衡。国际市场的商品竞争实质是国家或地区之间调整产业结构的竞争。一国或地区如不能及时调整其产业结构，力求将最新的商品打入国际市场，那么其原来的商品即使再至善至美，迟早会被他国的更新换代的商品所取代，从而使出口贸易日益减少，出现国际收支的逆差。一国或地区的出口贸易只集中在个别商品上，一旦国际市场的需求结构发生变化，也会给该国或地区的国际收支带来影响。因此，世界经济结构的变化，甚至一个国家或地区的经济结构的变化，都会对国际收支产生重大的影响。

如果一国或地区的国际收支出现不平衡，无论是收大于支的顺差，还是支大于收的逆差，都有必要进行调节。长期的巨额国际收支逆差，会耗尽一国或地区有限的黄金、外汇等国际储备资产，会影响到其对外清偿能力和经济的稳定发展。反之，长期的巨额国际收支顺差，会使一国或地区的国际储备资产过度增长，进而影响到国内的货币供应和本币汇率，不利于控制通货膨胀。

【提示】在一般情况下，国际收支逆差调节相比于顺差调节显得更为迫切。

三、国际收支不平衡的类型

一国的国际收支不平衡可以由多种原因引起，按照这些原因，国际收支不平衡可以分为以下六种类型。

（一）结构性不平衡

结构性不平衡（Structural Disequilibrium），是指国内经济、产业结构不能适应世界市场的变化而发生的国际收支失衡。结构性失衡通常反映在贸易账户或经常账户上。结构性失衡有两层含义：一是指因经济和产业结构变动的滞后和困难所引起的国际收支失衡；二是指一国的产业结构比较单一，或其产品出口需求的价格弹性低，或虽然出口需求的价格弹性高，但进口需求的价格弹性低所引起的国际收支失衡。这层含义的结构性不平衡在发展中国家表现得尤为突出。

【注意】结构性不平衡具有长期性，扭转起来相当困难。

（二）货币性不平衡

货币性不平衡（Monetary Disequilibrium），是指在一定汇率水平下，一国货币成本和一般物价水平与他国相比发生变化而引起的国际收支失衡。一国发生通货膨胀，物价普遍上升，从而导致国际收支逆差；反之，如果通货紧缩，则国际收支顺差。

【注意】货币性不平衡可以是短期的，也可以是中期或长期的。

（三）周期性不平衡

周期性不平衡（Cyclical Disequilibrium），是指一国处于经济周期不同阶段所引起的国际收支失衡。一般地，其是指受本国经济周期波动的影响。当一国经济处于衰退期时，社会总需求下降，进口需求也相应下降，国际收支发生盈余。反之，如果一国经济处于扩张和繁荣时期，国内投资与消费需求旺盛，对进口的需求也相应增加，尤其是就发展中国家而言，其经济增长常常依赖附加值较大、价格较高的先进技术和机器设备的大量进口，国际收支便出现逆差。这种周期性不平衡在发展中国家和第二次世界大战前的发达资本主义国家中表现得比较明显。在“二战”后，其表现经常受到扭曲，即繁荣时期国际收支出现顺差，萧条时期出现逆差。

周期性不平衡还有另一种含义，即受世界经济周期影响而造成的国际收支失衡，主要是指西方发达国家的经济周期变动对世界其他国家国际收支所产生的影响。当发达国家经济陷入萧条或不景气时，往往会采取缩减进口的措施，从而减少世界其他国家或发展中国家的出口，而导致后者国际收支产生逆差。

（四）收入性不平衡

收入性不平衡（Income Disequilibrium），是指因一国国民收入发生变化而引发的国际收支不平衡。国民收入变动的原因可能是经济周期的变化，也可能是经济增长率的高低不同。前者引发的收入性失衡属于周期变动，后者所引发的收入性失衡则属于持久性失衡。当国际收入相对快速增长，导致进口需求的增长超过出口增长或其他方面的国际支付增加时，国际收支容易发生逆差；相反，国民收入减少，居民消费和投资的需求都会下降，进口也会减少，国际收支容易发生顺差。

（五）临时性不平衡

临时性不平衡（Temporary Disequilibrium），是短期的、由非确定或偶然因素引起的国际收支失衡。例如，由生产和消费的季节性变化、自然灾害、外汇投机等因素造成国内产量下降、出口供应减少、进口需求增加，或资本外逃等而引起国际收支逆差，或相反的效果。

【提示】临时性不平衡的程度一般较轻、持续时间不长、带有可逆性，可以认为是一种正常现象。

【注意】在浮动汇率制度下，这种性质的国际收支失衡有时根本不需要政策调节，市场汇率的波动有时就能将其纠正。在固定汇率制度下，一般也不需要采用政策措施，只需动用官方储备便能加以克服。

（六）冲击性不平衡

冲击性不平衡（Shock Disequilibrium），是指由于游资（Hot Money）流动而引起的国际收支不平衡。这是20世纪90年代以来出现的新现象。目前世界上存在着追逐高息而流动的高达数万亿美元的短期资本，被称为国际游资。这些游资大多时候并非为了躲避风险而流动，而是有意狙击一个甚至几个国家和地区，造成这些国家和地区金融秩序动荡，国际收支严重失衡。

【提示】一般而言，经济结构性因素和经济增长率变化造成的收入性因素所引起的国际收支不平衡，具有长期性和持久性，被称为持久性不平衡。其他因素所引起的国际收支不平衡仅具有临时性，被称为暂时性不平衡。

四、国际收支不平衡对经济的影响

在现实经济生活中，一国的国际收支不平衡不仅是不可避免的，而且在某种意义上，一定限度内的国际收支顺差或者逆差对该国甚至是有益无害的。例如，一定的顺差会使一国的国际储备得到适度增长，增强对外支付和应付国际游资冲击的能力；一定的逆差可使一国适度地利用外国资源，加快国内经济的发展。但是，一国的国际收支如果出现了持续、大量的不平衡而又得不到改善，发生了国际收支严重失衡或国际收支危机，那么，无论是顺差国还是逆差国，其经济发展都会受到不利的影响。

（一）国际收支逆差的影响

（1）导致外汇储备大量流失。一国发生持续性逆差时，一般都会采取三种方式来弥补：一是动用外汇储备；二是对外举债；三是调整经济结构。如果主要以动用外汇储备来弥补，必然会消耗该国的储备资产，削弱其对外支付能力。

（2）使经济增长受阻。这表现在三个方面：①一国由于存在着长期的巨额逆差，外汇储备减少，国际清偿能力降低，必然会影响发展经济所必需的生产资料的进口，使经济增长受到抑制，导致失业的增加和国民收入增长率的相对与绝对下降。②逆差会使该国货币汇率承受下跌的压力，货币当局如果要维护本币的地位，就要对外汇市场进行干预，抛售外汇而买进本币，形成国内货币紧缩，促使利率上升，使投资受到抑制，进而影响经济增长。③本币贬值或汇率下跌引起进口商品价格和国内物价上涨，加重通货膨胀。严重的通货膨胀还会引起资本大量外逃，国内资金短缺，影响国内投资和金融市场稳定，阻碍经济增长。

（3）不利于对外经济交往，损害国际信誉。在浮动汇率制下，存在持续逆差的国家，会增加对外汇的需求，促使外汇汇率不断上升，本币不断贬值且国际地位日益下降，对本国的对外经济交往产生消极的影响。与此同时，长期的国际收支逆差，使一国的偿债率降低，如果陷入债务困境不能自拔，又会影响到本国的经济和金融实力，损害该国的国际信誉。

（二）国际收支顺差的影响

（1）本币持续坚挺，出口受到影响。长期的巨额顺差会使外汇供过于求，迫使本国货币汇率上升。本币过于坚挺，会引发大规模的套汇、套利和外汇投机活动，破坏国内和国际金融市场的稳定；同时，会使出口处于不利的竞争地位，影响出口贸易的发展，从而加重国内的失业问题。

（2）导致通货膨胀。持续顺差使得外汇储备急剧上升，外汇占款（外汇储备与 M1 之比）大幅度增加；同时，会增加外汇的供给和对本币的需求，货币当局不得不在外汇市场上购入大量外汇进行干预。两种情况都会迫使国内货币投放量扩大，物价上涨，从而引发通货膨胀。

（3）持有储备的机会成本上升。国际收支盈余会引起外汇储备增加，巨额外汇储备的囤积使得持有储备的机会成本增加，外汇资金的使用缺乏效率。因为持有储备的机会成本常以实物投资的收益率来衡量，而外汇储备的持有形式通常是外国的政府债券，其风险小，变现能力强，但收益率低，该收益远远小于实物投资的收益。所以在一定程度上，过多的外汇储备持有是一种资源的浪费。

（4）不利于发展国际经济关系。一国的国际收支出现大量的顺差，意味着有关国家国际收支发生逆差，常常表现为出口和进口的失衡，因而容易引起贸易摩擦，影响国际经济关系。20 世纪 80 年代美国与日本的贸易摩擦，21 世纪初我国与美国、欧盟国家的贸易争端，都是典型的例子。

尽管国际收支顺差和逆差都会产生种种不利影响，相对而言，逆差所产生的影响更为显著，各国都注重对逆差采取调节措施。但也不能一概而论，无论是从持续时间还是从产生原因方面看，顺差也应引起重视。比如，如果国际收支顺差主要是由于资本流入带来的，而不是经常项目的顺差，则说明该国的国际竞争力较差，一旦外资大量流出就会造成逆差，经济实力显现出脆弱性。

【注意】通常国际收支偏离平衡程度越大，持续时间越长，带来的不利影响也越大。

五、国际收支不平衡的调节

国际收支不平衡的调节包括自动调节和政策调节。从理论上讲，在完全或接近完全的市场经济条件下，国际收支不平衡可以通过市场经济变量的调节自动恢复平衡。但这只有在纯粹的自由经济中才会起作用，而且需要的中间过程较长，其作用的程度和效果也无法衡量。因此，当国际收支发生失衡时，一国政府或货币当局往往要采取各种政策措施加以调节。

（一）国际收支不平衡的自动调节

国际收支自动调节机制，也即国际收支市场调节机制，是指国际收支失衡必然会直接或间接地引起市场经济系统内其他经济变量发生变化，后者又反作用于国际收支，在不考虑政府干预的情况下，这一相互作用的过程会引起国际收支失衡缩小并趋于平衡。

1. 货币—价格机制

货币—价格机制的较早阐述者是 18 世纪英国哲学家和经济学家大卫·休谟（David Hume），他在 1752 年提出物价—铸币流动机制（即价格—现金流动机制，或称休谟机制）。货币—价格机制与价格—现金流动机制的主要区别是货币形态。休谟处在国际上普遍实行金本位制的时期，金属铸币参与流通，而在当代，则完全是纸币流通。不过，这两种机制论述的国际收支自动调节原理是一样的。

【提示】当一个国家国际收支发生逆差时（顺差情况正好相反），意味着对外支付大于收入，货币外流；在其他条件既定的情况下，物价下降，本国出口商品价格也下降，出口增加，贸易差额因此得到改善。

货币一价格机制的自动调节过程如图 1—1 所示。

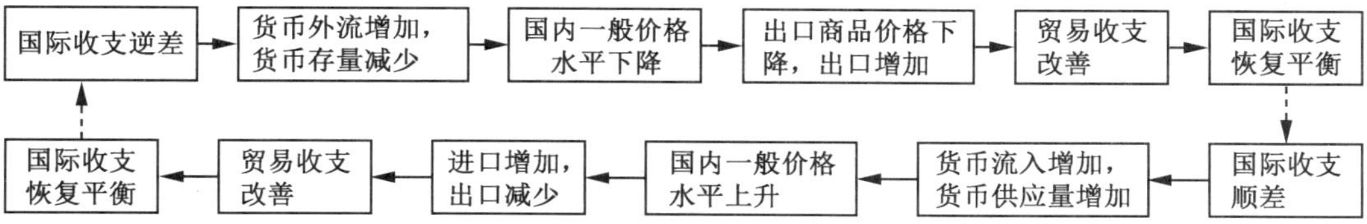

图 1—1　货币—价格机制的自动调节过程

上述过程描述的是国内货币存量与一般物价水平变动对国际收支的影响。货币—价格自动调节机制的另一种表现形式是相对价格，而不是一般价格水平变动对国际收支的影响。当国际收支发生逆差，对外支出大于收入，对外币需求的增加使外国货币汇率上升，本国货币汇率下降，由此引起以外币表示的本国出口商品价格相对下降，以本币表示的外国进口商品价格相对上升，从而使出口增加、进口减少，贸易收支得到改善。这一过程如图 1—2 所示。

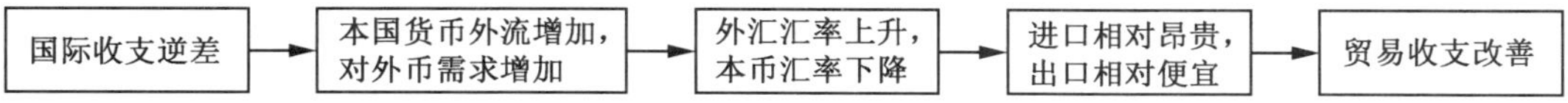

图 1—2　货币—价格自动调节机制的另一种形式

2. 收入机制

收入机制是指当一国国际收支不平衡时，其国民收入水平也会随之改变，进而影响社会总需求及进口需求，而这些变动反过来又会减弱国际收支的不平衡。

【提示】当一国国际收支出现逆差时，国民收入也随之减少，引起社会总需求下降，进口需求下降，贸易逆差逐渐缩小，国际收支恢复平衡；反之，当一国国际收支出现顺差时，国民收入也随之增加，社会总需求上升，进口需求上升，贸易顺差减少，国际收支恢复平衡。

收入机制的自动调节过程如图 1—3 所示。

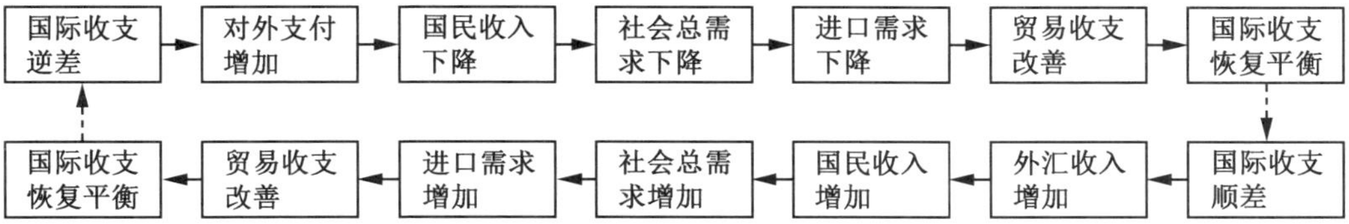

图 1—3　收入机制的自动调节过程

国民收入变动不仅能改善贸易收支，而且能改善经常项目的其他收支和资本项目收支。比如，国民收入下降会使对外国劳务和金融资产的需求也不同程度地下降，从而促使国际收支得到全面改善。

3. 利率机制

利率的自动调节机制是指一国国际收支不平衡会影响利率的水平，而利率水平的变动反过来又会对国际收支不平衡起到一定的调节作用。

【提示】当国际收支发生逆差时，本国货币的存量(供应量)相对减少，利率上升，表明本国金融资产的收益率上升，从而对本国金融资产的需求相对上升，对外国金融资产的需求相对减少，于是资金外流减少或资金内流增加，国际收支得到改善。反之，国际收支顺差时则呈现相反的运作过程，顺差缩小。

利率机制的自动调节过程如图1—4所示。

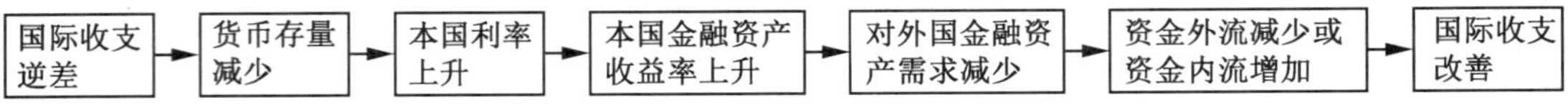

图1—4　利率机制的自动调节过程

4. 汇率机制

汇率机制是指在浮动汇率制度下，汇率的自发变动在很大程度上具有自动调节国际收支的功能。当一国国际收支出现逆差时，外汇市场上本外币供求关系发生变化，外汇需求大于外汇供给，导致外汇汇率上升，本币汇率下降，出口商品以外币计算的价格下跌，而进口商品以本币计算的价格上升，刺激出口，抑制进口，贸易收支逆差逐渐减少，国际收支不平衡得到缓和。当一国国际收支出现顺差时，外汇供给大于外汇需求，本币汇率上升，进口商品以本币计算的价格下跌，而出口商品以外币计算的价格上涨，因此，出口减少，进口增加，贸易顺差减少，国际收支不平衡得到缓和。

汇率机制的自动调节过程如图1—5所示。

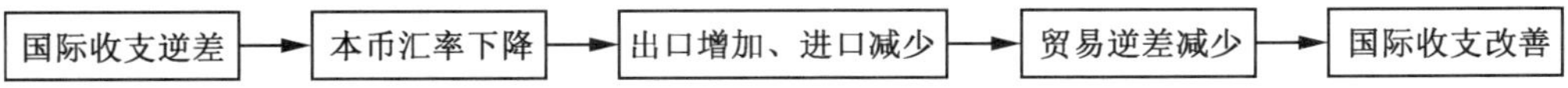

图1—5　汇率机制的自动调节过程

国际收支市场（自动）调节机制能够自发地促使国际收支趋向平衡，不需要政府付出成本加以干预，可以避免各种人为的价格扭曲。因此，各国政府都不同程度地为市场调节机制创造适宜的环境。

（二）国际收支不平衡的政策调节

国际收支的自动调节机制虽然有其优点，但它们只有在某些条件或经济环境下才会发生作用，而且作用的程度和效果无法保证，在市场失灵时会被削弱或失效，调节所需要的过程也比较长。因此，当各国面临国际收支失衡时，不能完全依靠经济体系的自动调节机制来使国际收支恢复均衡，政府或货币当局一般会主动采取各种适当的经济政策和措施对国际收支进行人为的调节。

具体来说，一国政府所能采取的政策性调节措施主要有财政和货币政策、汇率政策、直接管制、外汇缓冲政策和信用手段、国际经济合作政策等。

1. 财政和货币政策

（1）财政政策。财政政策是指一个国家通过扩大或缩小政府财政开支、提高或降低税率的办法来平衡国际收支。①当一国国际收支逆差时，政府可以实行紧缩的财政政策，削减财政开支或提高税率，抑制投资和消费，降低社会总需求，迫使物价下跌，从而促进出口、抑制进口，逐步消除国际收支逆差。②当一国国际收支顺差时，则实行扩张性的财政政策，增加政府开支或降低税率，刺激投资和消费，增加对商品的需求，从而使物价上升，抑制出口、增加进口，达到减少国际收支顺差的目的。

【注意】一国最终会实行什么样的财政政策，主要取决于国内经济的需要。

（2）货币政策。货币政策是指一国货币当局通过调整再贴现率、法定存款准备金率和公开市场操作等手段影响银根的松紧和利率的高低，引起国内货币供应量和总需求以及物价水平的变化，以实现对国际收支的调节。①当一国出现国际收支逆差时，一般采取紧缩性的货币政策，中央银行提高再贴现率及法定存款准备金比率，或在公开市场上出售政府债券，回笼基础货币，从而使市场利率提高，银行缩减信贷规模，货币供应量减少，社会总需求受到抑制，物价下跌，进而促进出口、限制进口，同时吸引国外资本流入，进而改善国际收支。②当一国出现国际收支顺差时，则实行扩张性的货币政策，中央银行调低再贴现率和法定存款准备金率，或在公开市场上买入债券，投入基础货币，利率下降，投资就会增加，总需求增加，从而经济扩张，外汇支出增加，使国际收支顺差减少。但是，在实施货币政策调节国际收支时，要注意货币政策对国内经济会同时产生影响作用。

上述财政政策和货币政策作用的机理都是通过改变社会总需求或国民经济中支出总水平来调节国际收支的，故这类政策被统称为支出变更型政策（或称支出增减政策）。支出变更型政策就是通过改变社会总需求或总支出水平，来改变对外国商品、劳务和金融资产的需求，以此来调节国际收支失衡的一种政策。然而，这类政策的局限性在于，国际收支的改善是以牺牲国内经济为代价的，往往与国内经济目标发生冲突。紧缩性政策在减少进口支出的同时也抑制了本国居民对国内产品的需求，由此会导致失业和生产能力过剩。如果所造成的负担主要落在投资上，还会影响长期的经济增长。因此，特别在本国经济业已不振、失业已经严重的情况下，国际收支赤字的出现常常使当局的宏观经济政策陷入左右为难的境地。只有在国际收支赤字是由总需求大于充分就业条件下的总供给引起的情况下，采取紧缩性经济政策才不至于牺牲国内经济目标。因此，这类政策适宜用来纠正国际收支的周期性赤字。

2. 汇率政策

汇率政策是指一个国家通过调整汇率改变外汇的供求关系，影响进出口商品的价格和资本流出入的实际收益，进而达到调节国际收支失衡的一种政策。汇率政策同财政和货币政策不同，它不是通过改变社会总需求和总支出，而是通过改变需求和支出的方向来调节国际收支的，因而也被称为支出转换政策。一般来说，一国货币贬值或汇率下跌，该国出口商品和劳务价格相对下降，出口竞争力提高，出口增加；同时会使进口商品和劳务的价格相对上升，从而使居民将一部分支出转移到购买进口替代品上来，进口减少，国际收支因此改善。相反，一国货币升值或汇率上浮，则会起到扩大进口、抑制出口的作用，减少国际收支顺差。

在不同的汇率制度下，各国制定汇率政策的方式是不一样的。在固定汇率制度下，政府通过直接制定汇率水平来实施其汇率政策，并采用货币法定贬值或升值的方法来调节国际收支。当一国国际收支出现逆差时，实行本币法定贬值，刺激出口，抑制进口，缩小国际收支逆差；反之，当国际收支出现顺差时，实行本币法定升值，减少国际收支顺差。在浮动汇率制度下，汇率是由外汇市场的供求关系决定的，政府的汇率政策是通过对外汇市场进行干预，人为地促使本国货币下跌或上浮来实现国际收支平衡的。当一国国际收支发生逆差时，政府会买进外汇以提高外汇汇率，降低本币汇率，扩大出口，抑制进口；反之，当一国国际收支出现顺差时，政府会卖出外汇以降低外汇汇率，提高本币汇率，扩大进口、抑制出口。

汇率政策能否奏效，要视其他具体情况和因素而定。

(1)汇率政策有效与否取决于进出口商品的需求弹性。著名的马歇尔—勒纳条件，即出口商品的国外需求弹性与进口商品的国内需求弹性之和大于1，是本币贬值改善贸易收支的前提。

马歇尔—勒纳条件的取得源自弹性分析理论。弹性分析理论产生于20世纪30年代，是由英国经济学家马歇尔首先提出的，后经英国经济学家琼·罗宾逊和美国经济学家勒纳等人补充、发展而形成的一种适用于纸币流通制度的国际收支调节理论。该理论把汇率调整作为调节国际收支的手段，考察汇率变动对国际收支的影响，并指出在一定的假设条件下，汇率变动能否改善国际收支取决于进出口商品的需求弹性。

动漫视频

马歇尔—勒纳条件

弹性分析法的前提假定包括：①其他一切条件不变，只考虑汇率变动对进出口的影响，即收入、偏好、其他商品价格不变，进出口商品的需求就是这些商品价格的函数；②贸易商品的供给几乎有完全弹性，因而只考虑需求弹性变化对国际收支的影响；③没有资本流动，国际收支等于贸易收支。

弹性分析理论的基本观点是：如果一国采取汇率变动的办法来调节国际收支，则货币贬值能够改善国际收支赤字，货币升值则能够改善国际收支盈余。从前者来讲，本币贬值会引起进出口商品的相对价格变动。即：本币贬值后使得单位外币兑换的本币比以前多，因此在出口商品的本币价格不变的情况下，以外币表示的出口商品价格就会降低；同时，在进口商品的外币价格不变的情况下，以本币表示的进口商品价格就比以前高。如果进出口商品的需求弹性足够大，则出口商品相对价格的降低会刺激出口需求量的大量增加，从而使出口总值增加；而进口商品相对价格的上升则会抑制进口需求，从而大量减少进口，导致进口总值减少，因此使国际收支逆差得以改善。

但是，如果进出口商品的需求弹性不够大，本币贬值就不能起到改善国际收支的作用。这就涉及马歇尔—勒纳条件。马歇尔—勒纳条件是以本币贬值改善国际收支的充分必要条件。以公式表示为：

$$|e_{xd}+e_{md}|>1$$

式中：e_{xd} 表示出口商品需求弹性，即出口商品需求量变动率与出口商品外币价格变动率的比值；e_{md} 表示进口商品需求弹性，即进口商品需求量变动率与进口商品本币价格变动率的比值。

商品的需求弹性，表示商品的需求量对商品价格变动的反应程度。如果需求弹性充足，意味着由商品价格变动引起的商品需求量变动幅度大于商品价格的变动幅度；如果需求弹性不足，则意味着由商品价格变动引起的商品需求量变动幅度小于商品价格的变动幅度；如果需求弹性为1，则意味着由商品价格引起的商品需求量变动幅度等于商品价格的变动幅度。

马歇尔—勒纳条件说明，只有当$|e_{xd}+e_{md}|>1$时，即只有当进出口商品相对价格变动引起的进出口商品需求量变动幅度大于其价格的变动幅度时，本币贬值才可能起到增加出口总值或减少进口总值，从而改善国际收支的作用。如果$|e_{xd}+e_{md}|=1$，则本币贬值虽然会使进出口商品数量发生变化，但由于商品的数量变动与商品的相对价格变动作用相抵消，进出口总值不会发生变化，因而国际收支逆差不会改变。而如果$|e_{xd}+e_{md}|<1$，则本币贬值可能会使出口总值下降大于进口总值的下降，不但不会改善国际收支逆差，反而会使国际收支更加恶化。

(2)汇率政策受“时滞”因素的影响。国际经济学中著名的“J曲线效应”(J-Curve Effect)指出，汇率调整不会立刻显示出其有利于国际收支的一面，而是有一个时间滞后的过程，有时还表现为对经济先产生不利影响，而后才转为产生有利影响。

在实际经济生活中，汇率变动调节国际收支存在着时滞，即使马歇尔—勒纳条件成立，也会出现贸易收支先恶化后改善的过程。此过程描绘出来形似英文字母“J”，因此这种现象被称为J曲线效应。它反映了如下关系：一国货币贬值后在短期内会使国际收支状况进一步恶化，只有经过一段时间后才会使贸易差额得到改善。如图1—6所示，假定在t_0点本国货币实行贬值，但贬值并没有带来贸易收支的迅速改善，在t_0至t_1阶段，贸易差额越来越大，在t_1点贸易收支的恶化达到顶点。此后，贸易收支状况开始好转。在t_2点时，贸易收支平衡。经过t_2时期之后，进出口对货币贬值的反应充分大，贸易收支将从逆差变为顺差。之所以存在这种效应是因为：第一，在贬值前已经签订的贸易协议仍然必须按原来的数量和价格执行。贬值后，凡以外币定价的进口折合成本币后的支付将增加；凡以本币定价的出口，折合成外币的收入将减少。这样，贸易收支趋向恶化。第二，即使在贬值后签订的贸易协议，出口增长仍要受认识、决策、资源、生产周期等的影响，出口品生产的扩大也需要一段时间；从进口来看，进口商可能会认为贬值还会继续，从而加速订货。基于这些原因，贬值后可能使贸易收支首先恶化，经过半年到一年的时间，在出口供给和进口需求做了相应调整之后，出口商品的价格优势将使出口额增加，同时进口商品因价格劣势而需求受到遏止，贸易收支才会逐渐改善。

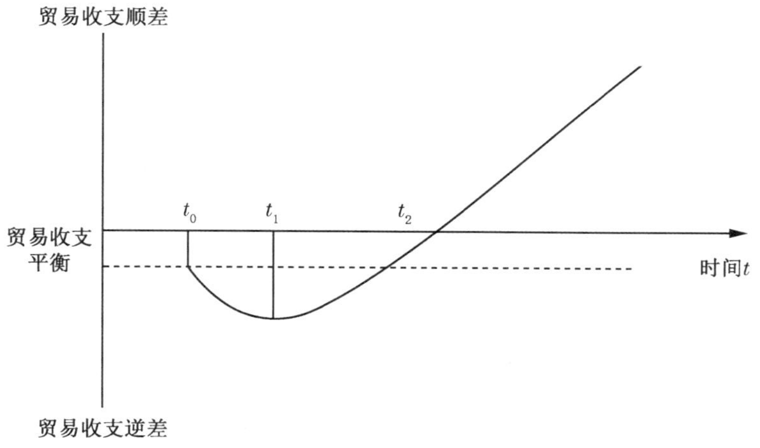

图 1－6　J 曲线效应

(3)人们的预期往往会抵消汇率调整的效应。当汇率下调时,如果人们预期汇率还将进一步下跌,那么,本国资金就会大量外逃,以避免贬值所带来的损失,因此汇率下调不但起不到改善国际收支的作用,还可能恶化国际收支状况。

(4)本国现有生产能力是否已得到充分利用。这是由于本币贬值后可能产生的社会需求转换必须依靠本国贸易品(出口品和进口替代品)部门供给的增加来满足。

(5)汇率政策的使用是有限度的。一味使用汇率政策会引发连锁的负面反应。货币对外贬值很容易引起对内贬值,从而引起对外贬值和对内贬值的恶性循环。本币对内贬值所引起的国内物价上涨,如果不能为社会各界所承受,也会阻碍国内经济的发展。此外,一国的货币贬值可能会引起其贸易伙伴国货币也宣布贬值,引发货币战,货币贬值的效果势必会被抵消,因此,只有在各国没有贸易限制和不采取报复措施的条件下,货币贬值才能扩大出口。

3. 直接管制

直接管制是指政府通过发布行政命令对国际经济交易进行直接的行政干预,以求实现国际收支平衡的政策措施。其主要包括外汇管制、贸易管制和财政管制等手段。

(1)外汇管制。外汇管制是指国家通过颁布外汇管理法令、法规和条例,对外汇买卖、国际结算、资本流动和外汇汇率等直接加以管制,以控制外汇供给或需求,维持本国货币汇率的稳定,调节国际收支。当一国国际收支发生长期逆差时,一般要加强外汇管制,使逆差减少。当一国国际收支发生长期顺差时,则放松外汇管制,使顺差减少。常用的外汇管制措施有:①限制私人持有外汇,如规定出口商收入的外汇必须全部或部分卖给中央银行,用以控制出口结汇;②限制私人购买外汇,如限制进口商购买外汇的数量,用以控制外汇;③限制资本输出或输入;④禁止黄金输出;⑤实行复汇率,即针对国际结算的不同商品或不同项目分别为本国货币规定不同的汇率。

(2)贸易管制。贸易管制是指对商品输出和输入实行管制,旨在增加外汇收入,限制外汇支出,改善国际收支。常采用的限制进口的手段有:①进口配额制;②进口许可证制;③规定苛刻的进口技术标准,包括卫生检疫条件、绿色环保要求、安全性能指标、技术性能指标、包装和标签条例等;④歧视性采购政策;⑤歧视性税收政策。

(3)财政管制。财政管制是一国政府在关税、补贴、出口信贷等方面采取相应措施以实施“奖出限入”政策,改善国际收支。其一般做法包括:①进口关税政策;②出口补贴政策;③出口信贷政策;

④出口退税政策。

直接管制的优点：比较灵活、见效快，各国可以对维持生产和生活水平所必需的中间产品和消费品进口、扩大生产能力所需的资本品（机器设备等）进口不实行限制，或者限制程度轻一些，而对奢侈品进口则严加控制，同时在出口方面可以重点奖励重要的或非传统的产品生产和出口；也可以按照本国的不同需要，对进出口贸易和资本流动区别对待，通常能起到迅速改善国际收支的效果，同时又不会牵动整个经济。

直接管制的局限：首先，它并不能真正解决国际收支失衡问题，只是将显性国际收支赤字变为隐性国际收支赤字；一旦取消管制，除非经济结构得到改善，否则国际收支赤字仍会重新出现。其次，管制政策的实行容易引起他国报复，导致贸易伙伴国之间的“贸易战”，使管制措施不能达到预期效果。再次，容易造成本国产品生产效率低下，对外竞争力减弱。最后，直接管制手段可能产生寻租行为，如配额、许可证分配中经常出现权力与金钱的交换。

【注意】一国应当对采用直接管制政策持谨慎态度。

4. 外汇缓冲政策和信用手段

外汇缓冲政策和信用手段统称为“资金融通政策”，即利用自有储备或借入储备来调节国际收支。一般适用于一国国际收支出现暂时性的不平衡的调节。

(1)外汇缓冲政策。外汇缓冲政策(Exchange Stabilization Fund)是指一国政府将持有的黄金、外汇储备作为缓冲体，在外汇市场上进行操作，来消除国际收支不平衡所形成的外汇供求缺口，从而使国际收支不平衡所产生的影响仅限于外汇储备的增减。具体做法是由中央银行拨出一定数量的外汇储备，建立外汇平准基金，当国际收支发生短期不平衡时，通过中央银行在外汇市场上买卖外汇来调节外汇供求关系，以影响汇率，把汇率稳定在一定的水平，使之起到推动出口、增加外汇收入和改善国际收支的作用。

【提示】外汇缓冲政策是解决一次性或季节性、临时性国际收支不平衡问题的简便而有力的政策措施。

(2)信用手段。信用手段是指一国政府利用国际信贷来调节国际收支。逆差国可以向国际金融市场借款，也可以利用国际金融机构贷款和政府贷款。一般来讲，国际金融市场贷款利率高，但限制较少，目前已成为逆差国弥补逆差的主要资金来源；国际金融机构贷款和政府贷款利率较低，但数量不大，而且其运用还要受到限制。反之，顺差国可以利用国际信贷把其国际收支盈余投向国际金融市场，或贷款给国际金融机构和其他国家政府。

【提示】外汇缓冲政策不适用于调节长期、巨额的国际收支逆差，如果完全依靠动用外汇储备，将可能造成外汇储备枯竭。而借款最终是要偿还的，利用信用手段来填补外汇储备的不足，会加重外债负担，不能从根本上解决国际收支失衡问题。

【注意】外汇缓冲政策和信用手段适合作为支出政策的辅助手段，与之配合使用，可以缓解支出政策所带来的冲击，更有效地调节国际收支。

5. 国际经济合作政策

各国政府调节国际收支都是以本国利益为出发点，可能会对别国经济产生不利影响。因为一国的国际收支顺差往往是另一国的国际收支逆差。这样很容易导致其他国家采取相应的报复措施，引发贸易战、汇率战等，最终会使国际经济秩序遭到破坏，并且也会使各国利益受到损害。因此，要在世界范围内解决国际收支不平衡，必须加强国际经济和金融的合作，如成立国际金融机构、协调各国金融政策、开展贸易谈判等。国际货币基金组织、世界银行、世界贸易组织就是国际经济合作较为成功的典范。

总之，调节国际收支失衡的政策是多样化的，每一种政策都有其各自的特色与调节功效，因此，一国可根据具体情况予以取舍。其基本原则是：①应根据国际收支失衡的具体原因选择调节政策；②应多通过政策搭配方式来调节国际收支；③选择调节手段时，应尽量不与国内经济发生冲突，达到国内平衡与对外平衡的协调；④尽量减少来自他国的压力，以免影响各国间正常的经济秩序。

任务四　我国的国际收支

一、我国国际收支编制概况

我国作为发展中国家，根据国际货币基金组织的一般原则，实行国际收支统计申报和编制国际收支平衡表，对加强外汇管理和促进对外贸易、扩大利用外资和保持合理的国际储备以及维护国际收支的平衡都具有现实意义。

1979 年以前，由于我国实行高度集中的计划经济体制，对外经济交易的范围比较狭小，主要限于对外贸易和对外经济援助，经常账户中外汇收支额很少，并且坚持量入为出的原则，国际收支基本平衡，国际收支在我国国民经济中没有地位，其对经济的影响不是很大。实行改革开放以后，我国对外经济交往范围和收支规模迅速扩大，国际收支状况对国民经济影响已非同以往，仅靠外汇收支统计不能适应经济发展的需要，于是，编制我国的国际收支平衡表也就提上了议事日程。

1981 年 8 月，国家统计局会同原国家进出口管理委员会、原国家外汇管理总局等，联合制定了一项国际收支统计报表制度。它的内容主要是国际收支平衡表和关于部分对外经济交往情况的统计表，如关于我国与外国的直接投资、间接投资、无偿援助和捐赠等的情况报表，关于我国利用材料加工、补偿贸易等方式借用国外资金的报表，关于我国进出口贸易中远期付款和收款情况的报表等。根据上述统计报表制度，我国编制国际收支表的工作逐步走上正轨，并在以后每年定期公布。

我国现行国际收支表的编制是以上述的统计制度为基础的，并不断完善。1984 年，由国家统计局会同国家外汇管理局修订了国际收支统计制度，共有 15 张表，它们是：

(1)国际收支平衡表。此为季、年报表，由国家外汇管理局报送国家统计局。统计范围有：凡与国外发生贸易、非贸易、无偿转让和资本账户往来的部门、地区和单位。

(2)全国进出口货物总值表。此为季、年报表，由海关总署报送国家统计局和国家外汇管理局。统计范围有：凡经过我国国境的、经营对外贸易进出口业务的部门、地区和单位。

(3)国有银行国外资金收支表和进出口商品远期付款表。此为季、年报表，由各国有银行总行报送国家统计局和国家外汇管理局。统计范围有：经营外汇收入与支出的各国有银行总行、各管辖分行、营业部。

(4)全国对外运输费用收支表。此为季、年报表，由交通部、铁道部、经贸部、民航管理局报送国家统计局和国家外汇管理局。统计范围有：办理国际客货运、提供海空港服务、供应和救助打捞及拖航的部门和单位。

(5)全国对外保险收支表。此为季、年报表，由中国人民保险公司及其所辖分公司报送国家统计局和国家外汇管理局。

(6)无偿援助(现汇和技术、劳务)表。此为季、年报表，由经贸部、财政部报送国家统计局和国家外汇管理局。统计范围有：接受外国和港澳地区援助(现汇和技术、劳务)的部门、地区和单位。

(7)内地在港澳地区直接投资表。此为季、年报表，由财政部报送国家统计局和国家外汇管理局。统计范围有：内地在港澳地区直接投资的企业单位。

(8)我国在海外的证券投资情况表。此为季、年报表，由经贸部、财政部、各国有银行总行报送国家统计局和国家外汇管理局。

(9)我国对外援助性贷款执行情况表和借用国外资金情况表。此为季、年报表，由经贸部报送国家统计局和国家外汇管理局。统计范围有：对外提供贷款的部门和单位；借用国外政府贷款、国际组织贷款、外国银行现汇贷款、买方信贷的部门和单位。

(10)旅游外汇净收入表。此为季、年报表，由国家旅游局、交通部、铁道部、民航管理局、国内贸易部报送国家统计局和国家外汇管理局。统计范围有：涉及旅游、民航、铁道、交通、商业的部门和单位。

(11)商品贷款及其他应付款余额表。此为季、年报表，由经贸部报送国家统计局和国家外汇管理局。统计范围有：国内开展加工装配、补偿贸易业务，接受客商作价提供设备，有应付设备的单位和有租赁业务的单位。

(12)外国和港澳地区在内地的直接投资表。此为季、年报表，由经贸部报送国家统计局和国家外汇管理局。统计范围有：外商在内地直接投资的企业单位等。

我国的国际收支统计申报，虽然从 1985 年开始实行后还进行了几次修改，并不断完善规范，但总的说来，它还是较全面地反映了我国国际收支中经常账户、资本账户及其国际储备的变化情况，它使编制我国的国际收支平衡表有了第一手和最权威的资料。

自 2015 年起，我国国际收支统计数据根据国际货币基金组织《国际收支和国际投资头寸手册》(第六版)编制。自 2009 年《国际收支和国际投资头寸手册》(第六版)发布后，国家外汇管理局就开始了统计制度和数据源调整的准备工作，包括：2013 年，国务院第 642 号令公布了《关于修改〈国际收支统计申报办法〉的决定》；全面修订完善国际收支统计配套制度，完善统计框架；修订了《涉外收支交易分类与代码》，新的《涉外收支交易分类与代码(2014 版)》于 2014 年 5 月 1 日正式启用，并相应升级了国际收支交易报告系统；发布《对外金融资产负债及交易统计制度》，该制度自 2014 年 9 月正式施行，采集金融机构对外金融资产负债的流量和存量数据；修订贸易信贷调查制度；尝试开展运输收入调查；完善旅行支出的估算方法；等等。目前，中国的国际收支统计体系涵盖非金融部门的国际交易报告(ITRS)、金融部门的直接申报、企业抽样调查等统计。另外，中国国际收支统计的数据源还包括中国其他政府部门的统计以及国际组织的数据。目前，国际收支平衡表发布渠道为国家外汇管理局官方网站(http://www.safe.gov.cn)。

二、实行国际收支统计申报制度

国际收支申报是为国际收支统计工作服务的，是编制国际收支平衡表的基础。随着我国经济体制从计划经济向社会主义市场经济体制转变，经济交易主体多元化，对外经济交易不断扩大，原先建立在行业统计基础上的国际收支统计制度已不能全面反映整个对外经济交易的状况。同时，原先这种统计汇总的方法有许多弊病，主要表现为错误遗漏多、统计频率低、汇总时间长。国际收支统计申报实行交易主体申报的原则，采取间接申报与直接申报、逐笔申报与定期申报相结合的办法。

我国实行的国际收支统计申报制度，是根据实际和国际货币基金组织成员方的义务逐步形成的。我国国际收支统计申报范围为中国居民与非中国居民之间发生的一切经济交易以及中国居民对外金融资产、负债状况。

我国国际收支统计申报制度的基本框架主要有《国际收支统计申报办法》和《通过银行进行国际收支统计申报业务实施细则》。

(1)境内居民和境内非居民通过境内银行发生涉外收付款时，应通过经办银行进行国际收支统计申报。

(2)境内银行应督促和指导境内居民和境内非居民进行申报，履行审核及发送国际收支统计申报相关信息等职责，确保申报数据的及时性、准确性和完整性。

涉外收付款是指境内居民和境内非居民通过境内银行从境外收到的款项和对境外支付的款项，以及境内居民通过境内银行与境内非居民之间发生的收付款。其中，境内居民个人通过境内银行与境内非居民个人之间发生的人民币收付款暂不申报。

除涉及资本项目管理、货物贸易进出口核查、代发工资类和涉外收付款人在同一法人银行内四类涉外收付款外，境内居民机构与境内非居民个人之间发生的人民币收付款暂不申报。

涉外收付款具体包括：①以信用证、托收、保函、汇款（电汇、信汇、票汇）等结算方式办理的涉外收付款；②通过境内银行向境外发出支付指令的涉外收付款，及从境外向境内银行发出支付指令的涉外收付款；③涉外收付款包括外汇和人民币。涉外收付款不包括由于汇路原因引起的跨境收支以及外币现钞存取。

根据《国际收支统计申报办法》，机构居民身份认定的主要依据是在中国境内依法成立；个人居民身份认定的主要依据是在中国境内居住一年以上（含一年），实践中按照永久居留证、身份证、护照等有效证件来认定。

境内居民通过境内银行从境外收到的款项和对境外支付的款项以及与境内非居民之间发生的收付款，由境内居民进行国际收支统计申报。

境内非居民通过境内银行从境外收到的款项和对境外支付的款项，应由经办银行按《通过银行进行国际收支统计申报业务实施细则》的流程和要求代其进行国际收支统计申报，且无须填写涉外收付纸质凭证。上述发生涉外收付款业务的境内居民和境内非居民统称申报主体。

涉外收付款的数据信息按照采集方式分为基础信息和申报信息。基础信息是指必须从银行自身计算机处理系统采集的涉外收付款信息，主要包括收/付（汇）款人名称、主体标识码/个人身份证件号码、收/付（汇）款币种及金额等。申报信息是指申报主体通过银行提供的纸质凭证或电子凭证或“数字外管”平台互联网版填写的信息，主要包括付/收款人常驻国家（地区）、国际收支交易编码及交易附言等。基础信息和申报信息的填报应按照金融机构外汇业务数据采集规范等有关规定执行。

应知考核

一、单项选择题

1. 在国际收支平衡表中，借方记录的是(　　)。

A. 资产的增加和负债的增加　　B. 资产的增加和负债的减少

C. 资产的减少和负债的增加　　D. 资产的减少和负债的减少

2. 在一国的国际收支平衡表中，最基本、最重要的账户是(　　)。

A. 经常账户　　B. 资本账户　　C. 错误与遗漏　　D. 官方储备

3. 下列选项中，(　　)不属于经常项目。

A. 旅游收支　　B. 侨民汇款　　C. 通信运输　　D. 直接投资

4. 一国的国际收支失衡是指(　　)收支失衡。

A. 自主性交易　　B. 补偿性交易　　C. 事前交易　　D. 事后交易

5. 对国际收支平衡表进行分析，方法有很多。对某国若干连续时期的国际收支平衡表进行分析的方法是(　　)。

A. 静态分析法　　B. 动态分析法　　C. 比较分析法　　D. 综合分析法

6. 价格—现金流动机制是(　　)货币制度下的国际收支的自动调节理论。

A. 金币本位制　　B. 金汇兑本位制　　C. 金块本位制　　D. 纸币本位制

7. 用(　　)调节国际收支不平衡,常常与国内经济的发展发生冲突。

A. 财政和货币政策　B. 汇率政策　C. 直接管制　D. 外汇缓冲政策

8. 解决一次性或季节性、临时性国际收支不平衡问题的简便而有力的政策措施是(　　)。

A. 汇率政策　B. 外汇缓冲政策　C. 货币政策　D. 财政政策

9. 马歇尔—勒纳条件是指(　　)。

A. 一国进出口需求弹性的绝对值之和大于1 B. 一国进出口需求弹性的绝对值之和等于1

C. 一国进出口需求弹性的绝对值之和小于1 D. 一国进出口供求弹性的绝对值之和大于1

10. 下列选项中,(　　)交易应记入本国国际收支平衡表。

A. 本国某企业到国外设立分公司

B. 本国某银行购买外国国库券后因货币贬值而发生损失

C. 某外国居民来本国长期工作获得的工资收入

D. 本国在外国投资建厂,该厂产品在当地市场的销售收入

二、多项选择题

1. 下列属于中国的非居民的有(　　)。

A. 国际货币基金组织驻华办事处　B. 外商在华独资企业

C. 有美国绿卡并在美国工作的中国公民　D. 中国驻日本大使馆

2. 国际收支记录的经济交易包括(　　)。

A. 海外投资利润转移　B. 政府间军事援助

C. 商品贸易收支　D. 他国爱心捐赠

3. 国际收支平衡表的表述正确的是(　　)。

A. 按复式簿记原理编制的　B. 每笔交易都有借方和贷方账户

C. 借方总额与贷方总额一定相等　D. 借方总额与贷方总额并不相等

4. 国际收支出现顺差会引起本国(　　)。

A. 本币贬值　B. 外汇储备增加　C. 国内经济萎缩　D. 国内通货膨胀

5. 根据国际收入平衡表的记账规则,属于计入贷方项目的有(　　)。

A. 进口货物　B. 居民向非居民提供服务

C. 非居民从本国取得收入　D. 非居民偿还居民债务

三、简述题

1. 简述国际收支的概念和特征。

2. 简述造成国际收支不平衡的因素。

3. 简述国际收支平衡表的分析方法。

4. 简述国际收支不平衡的类型及国际收支不平衡对经济的影响。

5. 简述国际收支不平衡的调节机制。

应会考核

■ 观念应用

【背景资料】

2021年下半年,我国经济稳定恢复、长期向好的基本面没有改变,全面深化改革开放的大局没

有改变，人民币汇率弹性增强并保持基本稳定的格局没有改变，将继续成为我国国际收支基本平衡的坚实基础。

(1)经常账户与国内经济发展相适应，顺差仍将处于合理区间。首先，货物贸易顺差将保持在合理规模。从出口看，当前主要发达经济体经济恢复将对我国外需增长起到支撑作用，同时我国持续稳定的生产供给能力也会使得出口保持增长，但主要发达国家疫情缓解将导致我国防疫物资和“宅经济”相关出口回落，叠加去年下半年高基数效应，整体出口增速可能有所回稳。从进口看，在内需逐步恢复和国际大宗商品价格保持高位的作用下，我国进口将保持一定幅度的增长。其次，服务贸易逆差继续低位运行，提升至疫情前水平尚需时日。随着发达经济体疫苗接种速度加快，决定服务贸易状况的跨境留学、旅行等需求有望重启，但这是渐进的过程，服务贸易向常态回归的进程将慢于货物贸易。中长期看，我国经济结构不断优化，制造业转型升级稳步推进，经常账户运行在合理均衡区间的基础将更加牢固。

(2)跨境资本有进有出，有望延续总体均衡的格局。一是我国疫情防控的良好态势、经济基本面的稳健性在世界范围内仍较突出，有助于夯实市场和投资者对人民币资产的信心。如，国际上能够反映市场对经济体看法的主权信用违约掉期价格(5 年期 CDS，数值越低表示违约风险较低)，当前我国数值为 30～40 个基点，处于历史较低水平，表明市场对中国经济增长前景持乐观态度。二是我国金融市场双向开放有助于拓宽跨境资本均衡流动的渠道。我国坚持推动金融市场双向开放，促进投资自由化便利化措施持续发力，为跨境资金双向流动、均衡流动创造了优良的政策环境。同时，我国正加快构建以国内大循环为主体、国内国际双循环相互促进的新发展格局，将推动高水平的对外开放，进一步提升跨境双向投资的质量。三是外汇市场调节机制更加成熟，人民币汇率弹性增强。2020 年以来，人民币兑美元汇率随环境变化及时调整，有效释放升贬值压力，没有形成持续较强的单边预期，有助于发挥调节国际收支的自动稳定器作用。在此基础上，预计来华和对外各类投资均会稳定发展，整体跨境资本流动也会运行在合理均衡区间。

资料来源：人民政协网，https://www.rmzxb.com.cn。

【背景分析】

请根据上述资料，从“双循环”新发展格局角度，分析国际收支与经济发展新态势的关系。

■ 技能应用

【技能资料】

现以美国为例来说明国际收支平衡表的编制原理和记账规则。假定美国在某一年发生下列 10 笔对外经济交易，做出会计分录，并编制其国际收支平衡表。

(1)美国企业向英国商人出口价值 40 万美元的机器设备，并开具一张以英国商人为付款人的见票后 30 天付款的汇票，要求英国商人见票后 30 天，将款项汇入纽约银行伦敦分行的美国企业账户。

(2)美国公司从中国购买 300 万美元的机电产品，用纽约银行的美元支票付款。

(3)一批法国游客在美国花费了 10 万美元，所需美元是在美国机场银行用欧元兑换的。

(4)美国石油进口商租用希腊经营的油轮，支付 30 万美元，用支票支取在瑞士银行的存款结余。

(5)美国华人为中国的希望工程捐款 5 万美元。

(6)美国以价值 500 万美元的设备投入墨西哥，兴办合资企业。

(7)德国居民在纽约股票交易所买进 50 万美元的普通股。纽约德国银行的美元结余减少。

(8)英国居民在伦敦股票交易所购买美国 10 年期国债 35 万美元。

(9)美国政府动用外汇库存 40 万美元向印度尼西亚提供无偿援助。

(10)美国某企业在海外投资所得利润200万美元。其中,120万美元用于当地的再投资,30万美元购买当地的商品运回国内,50万美元调回国内结售给政府以换取本国货币。

【技能要求】

上述各笔交易可编制成一个完整的国际收支平衡表。

美国国际收支平衡表

单位:万美元

项 目	差 额	贷方(+)	借方(-)
A. 经常账户			
1. 货物			
2. 服务			
(1)旅游			
(2)运输			
3. 收益			
4. 经常转移			
B. 资本和金融账户			
1. 资本账户			
2. 金融账户			
(1)直接投资			
(2)证券投资			
(3)其他投资			
(4)储备资产			
C. 误差和遗漏			
合 计			

注:为方便,所有账户均按总额记录。

■ 案例分析

【案例背景】

2021年三季度,我国经常账户顺差5 183亿元,其中,货物贸易顺差9 152亿元,服务贸易逆差2 041亿元,初次收入逆差2 161亿元,二次收入顺差234亿元。资本和金融账户中,直接投资顺差2 739亿元,储备资产增加3 973亿元,其中由国际货币基金组织分配特别提款权形成的储备资产增加2 716亿元。

2021年前三季度,我国经常账户顺差13 133亿元,其中,货物贸易顺差24 560亿元,服务贸易逆差5 308亿元,初次收入逆差6 786亿元,二次收入顺差667亿元。资本和金融账户中,直接投资顺差10 593亿元,储备资产增加9 467亿元。

按美元计值,2021年三季度,我国经常账户顺差801亿美元,其中,货物贸易顺差1 414亿美元,服务贸易逆差315亿美元,初次收入逆差334亿美元,二次收入顺差36亿美元。资本和金融账户中,直接投资顺差423亿美元,储备资产增加614亿美元,其中由国际货币基金组织分配特别提款权形成的储备资产增加419亿美元。

资料来源:国家外汇管理局,http://www.safe.gov.cn。

【背景思考】

(1)顺差是否属于国际收支失衡?

(2)顺差越多越有利于一国国内经济的稳定与发展,这种说法对吗?为什么?

项目实训

【实训项目】

分析解读国际收支平衡表

【实训情境】

登录国家外汇管理局网站(http://www.safe.gov.cn),点击中国国际收支平衡表、中国国际收支统计报告,了解我国国际收支状况,解读我国国际收支平衡表。

【实训任务】

分析解释该年的国际收支状况。通过实训使学生能够运用所学知识,结合我国的实际情况对国际收支的状况进行分析。

<table>
<tr><th colspan="3">《分析解读国际收支平衡表》实训报告</th></tr>
<tr><td>项目实训班级:</td><td>项目小组:</td><td>项目组成员:</td></tr>
<tr><td>实训时间:　　年　　月　　日</td><td>实训地点:</td><td>实训成绩:</td></tr>
<tr><td colspan="3">实训目的:</td></tr>
<tr><td colspan="3">实训步骤:</td></tr>
<tr><td colspan="3">实训结果:</td></tr>
<tr><td colspan="3">实训感言:</td></tr>
<tr><td colspan="3">不足与今后改进:</td></tr>
<tr><td colspan="2">项目组长评定签字:</td><td>项目指导教师评定签字:</td></tr>
</table>

项目二

外汇与汇率

○ **知识目标**

理解：外汇的概念和成为外汇的条件；外汇的产生与发展；外汇的分类和作用。

熟悉：汇率的概念和作用、汇率的表示方式；汇率的种类；人民币汇率制度。

掌握：汇率标价方法；汇率的决定基础；影响汇率变动的因素；汇率变动对经济的影响；汇率制度。

○ **技能目标**

能够识别各种主要的国际货币及其货币符号和货币代码；能够识读外汇牌价和解读汇率行情；掌握汇率标价方法，具备汇率套算的业务技能；能够分析现实的汇率变动与经济之间的关系，能够解读人民币汇率制度改革。

○ **素质目标**

能够运用所学知识研究相关案例，培养和提高学生在特定业务情境中分析与解决问题的能力；能够把外汇和汇率方面的知识，与国际金融一般业务联系起来，分析行为的善恶，遵守职业道德操守，防范外汇风险。

○ **思政目标**

能够正确地理解“不忘初心”的核心要义和精神实质；树立正确的世界观、人生观和价值观，做到学思用贯通、知信行统一；通过外汇与汇率知识，提高专业技能，具备金融业务人员最基本的职业道德修养。

○ **课程思政**

俄乌战争对全球金融市场影响有多大——人民币成避风港

在全球市场因俄乌局势紧张而受到影响之际，人民币因其弹性表现突出。全球主要股市，以及从欧元到韩元的各种货币纷纷暴跌，但人民币汇率仍在四年来的高点附近徘徊。

低波动性和稳定的购买力使人民币资产更具吸引力，在避险情绪推动下，人民币兑美元升至1美元兑6.316 6元人民币。衡量人民币对24个主要贸易伙伴表现的彭博CFETS人民币指数上涨了0.6%，至104.21。

随着美国、欧盟、英国、日本、加拿大、澳大利亚等先后宣布对俄罗斯进行经济金融制裁，俄罗斯已经出现股债汇三杀局面。汇率方面，卢布汇率一度跌破89，随着俄罗斯央行干预外汇市场，2月24日消息，美元兑俄罗斯卢布官方汇率盘中快速上涨，涨幅8.09%，截至19:25，报86.9288。俄乌局势对美元、日元、澳元等影响不大。加上，美联储加息将会开启，美元指数正在走高，对国际资本吸引力都很大。如果俄乌战争继续下去，国际资本寻求美元、日元、澳元、人民币等货币避险的可能性都很大。

资料来源：新浪财经，https://finance.sina.com.cn/money/bond/market/2022—03—01/doc-imcwiwss3518422.shtml。

○ **思政反思**

俄乌之间的战争会对外汇和汇率产生影响吗？和平与发展是当今世界各国人民共同的企盼，符合世界历史发展的潮流。全球经济正在面临百年不遇的大变局，新一轮科技革命和产业革命正在孕育成长，各国联系日益频繁和密切。人类社会已经成为你中有我、我中有你、命运与共、休戚相关的命运共同体，国际力量对比在此消彼长中朝着相对均衡的方向发展，和平、发展、合作、共赢的时代潮流更加强劲。作为新生代的大学生，要不断地充实自身的业务理解与运用能力，践行社会主义核心价值观，增强责任感。

○ **知识精讲**

任务一　外　汇

在国际金融业务中，外汇是一个最基本的概念，因为它已成为一国或地区对外经济交易活动不可缺少的国际支付手段，它在行使国际货币的职能时发挥独特的作用。

一、外汇的概念

动漫视频

外汇

外汇（Foreign Exchange，FX）作为一种对外支付手段、具有融通性质的债权，是为了适应国际商品流通和劳务交换的需要而发展起来的。随着国际经济交换，必然产生与之相关联的国际间债权与债务关系，而对国际间债权与债务关系的清偿和国际间的支付行为就会涉及外汇。

外汇的概念理解需要从动态和静态两个不同的角度出发，而静态的外汇又有广义与狭义之分。

（一）动态的外汇

从动态角度来理解，外汇是指人们将一种货币兑换成另一种货币来清偿各国间债权债务关系的行为，即“国际汇兑”。

历史上，外汇最早的概念是指动态的外汇，是指经过银行等金融机构把一国货币兑换成另一国货币的一种专门性的经营活动或行为。“汇”是指资金的流动，“兑”是指通过金融机构进行的货币兑换。“汇”与“兑”的结合就是把一种货币兑换成另一种货币，然后以一定的方式（如汇款和托收），借助于各种流通工具，对国与国之间的债权债务关系进行非现金结算的经营活动。

【提示】动态的外汇强调了外汇的起源和实质，也揭示了人们为什么需要外汇。在这种含义下，外汇等同于国际结算活动。

（二）静态的外汇

从静态角度来理解，外汇是指以外币表示的可以在国际结算中使用的各种支付手段和各种对外债权。在这种含义下，外汇等同于外币资产。人们更习惯于将外汇理解为静态的含义。

随着国际交往的扩大和信用工具的发展，外汇的内涵也日益丰富，因此静态的外汇还有狭义和广义之分。

1. 狭义的静态外汇

狭义的静态外汇，是指以外币表示的、可以用于国际结算的支付手段。通常所说的外汇，就是狭义的静态外汇，一般以下列形式存在：①存放在境外的外国货币；②以外币表示的各种支付凭证以及能够直接用于国际结算的以外币表示的其他可以取得收入的债权凭证。

【提示】狭义的静态外汇主要包括银行存款凭证、汇票、支票、本票和电汇凭证等。其中，银行存款是狭义外汇概念的主体。

2. 广义的静态外汇

广义的静态外汇，是指一切以外国货币表示的、能用于国际结算以及在国际收支逆差时可以动用的一系列金融资产。

国际货币基金组织(IMF)定义的外汇就属于广义的静态外汇范畴，即："外汇是货币行政当局(中央银行、货币管理机构、外汇平准基金组织及财政部)以银行存款、国库券、长短期政府债券等形式所持有的在国际收支逆差时可以使用的债权。"它强调外汇是一国货币当局所持有的具有专门用途的债权。

【提示】国际货币基金组织定义的外汇实际上仅指一个国家所拥有的外汇储备，而不包括一国普通居民所持有的外国债权。

各国涉及外汇管理的法令条例中也多采用这一概念。如《中华人民共和国外汇管理条例》(2008 年 8 月 5 日公布施行)中指出："外汇是指下列以外币表示的可以用作国际清偿的支付手段和资产：①外币现钞，包括纸币、铸币；②外币支付凭证或者支付工具，包括票据、银行存款凭证、银行卡等；③外币有价证券，包括债券、股票等；④特别提款权；⑤其他外汇资产。"

【注意】"其他外汇资产"主要是指各种外币投资收益，如股息、利息、债息、红利等。

国际经济交往中大量使用的外汇都是通过银行的结算系统实现收付的。由此可知，在广义的静态外汇中称为外汇的，在狭义的静态外汇中就不一定属于外汇的范畴。狭义外汇强调的是能直接用于清偿国际债务，广义外汇还包括经过转换(交易)能用于清偿国际债务的部分。

【提示】以外币表示的有价证券是外币信用凭证，但不能直接用于清偿和支付，只有将它们在金融市场上出售，使其变为在国外的银行存款时才能用于国际结算，故不属于通常意义上的外汇。

【注意】外国钞票也不能算作外汇，因为外国钞票禁止在非发行国流通，只有把外钞运回发行国，并贷记在银行账户上，从而转换成外币存款，以便进入国际结算过程，才能称为外汇。

二、成为外汇的条件

一般意义上，对一国或一地区而言，一国的货币要成为外汇，除了货币发行国的经济实力雄厚、融合于世界经济体系、币值相对稳定外，还应具备下列三个条件：

(1)以外币表示的国外资产，即国际性或普遍接受性。外汇必须是以外国货币表示的国际上能普遍接受和使用的金融资产。

【注意】用本国货币表示的信用工具和有价证券不能视为外汇。美元为国际支付中常用的货币，但对美国居民来说，凡是用美元对外进行的收付都不算是动用了外汇。而只有对美国以外的居民来说，美元才算是外汇。

(2)国际支付中能得到偿还的货币债权，即可偿还性。外汇必须是在国外能得到偿付的货币债权。

【注意】只有拥有支付能力才能称为外汇，空头支票、被拒付的汇票、不能兑换成其他国家货币的外国钞票均不能视作外汇。同时，在多边结算制度下，在国际上得不到偿还的债权显然不能用作本国对第三国债务的清偿。

(3)可以兑换成其他支付手段的外币资产，即可自由兑换性。外汇必须是可以为任何目的、在任何情况下、不受任何限制地兑换成其他支付手段的外币资产。不能自由兑换的就不是外汇。

【注意】外国货币不一定是外汇，因为外汇必须具备可兑换性。一般来说，只有能自由兑换成其他国家货币，同时能不受限制地存入该国商业银行的普通账户的才算作外汇。如美元可以自由兑换成日元、英镑、越南盾等其他货币；英镑可以自由兑换成欧元、泰铢等其他货币，因而美元、英镑对不是美国或英国的居民来说是一种外汇。

【提示】我国的人民币现在还不能自由兑换成其他国家货币，由此人民币尽管对其他国家或地区的居民来说也是一种外币，却不能称作外汇。

三、外汇的产生与发展

外汇的产生是商品流通和商品经济发展的必然结果。早在中世纪，古罗马帝国的统治横跨欧、亚、非三洲，商品在国际之间流通就已开始，并随着战争的扩大，商品交易规模也随之扩大，一些地中海沿岸的国家或地区中形成了国际贸易集市。同时，随着商品交易频繁，各种货币相遇，便产生各种货币交换的比价问题；另外，货币交易需求增加，携带金银货币不方便，于是各国商贾之间开始使用简单的商业汇票作为国际支付工具。它是现代国际支付的雏形。产业革命后，资本主义生产方式迅速发展，世界市场初步形成，国际贸易规模日益扩大，传统的金银货币作为支付手段已不能适应国际贸易的需要。由此，商业票据兑换以及为其服务的银行业也随之产生，一些信用凭证、信用工具逐步成为代用货币，在国际贸易中成为支付工具，外汇的概念、内容和实质也开始形成。

外汇作为国际支付手段，大致经历了以下四个发展阶段：

(1)金银货币作为主要国际支付手段。在国际贸易中，最初充当国际支付手段的是金银货币。国家或地区之间为了清偿债权债务关系，相互输送大量的黄金和白银来进行支付结算，为早期的资本主义发展做出了积极的贡献。然而，这一支付结算既不安全，又妨碍了国际商品交换的扩大与发展，于是，用于国际支付结算的兑换证书出现，推动了信用形式的发展。

(2)英镑作为主要国际支付手段。18世纪资本主义产业革命首先在英国取得了胜利，英国成了“世界工厂”，从世界各地输入原材料，向世界各地输出工业产品，伦敦成为国际贸易和国际金融的中心，在国际贸易结算和支付中大量使用英镑作为不受限制的支付手段。因为各国都需要与英国进行贸易，各国货币都要同英镑相互兑换，英镑的国际地位不断提高，使用范围也随之扩大，成为世界性货币，英镑以及英镑表示的信用工具成为主要的国际支付手段。

(3)美元成为主要的国际支付手段。第二次世界大战后，美国取代英国成为经济实力最强大的资本主义国家。美国一度拥有世界黄金储备的75%，国民生产总值占整个世界的近50%。为此，在布雷顿森林国际货币会议上，制定了一些未来国际货币体系的基本原则，包括建立国际货币基金组织和世界银行，确立了美元等同黄金的特殊地位，实行固定汇率制等。于是，各国开始大量储存美元，在对外经济交易活动中，以美元及其表示的信用工具作为主要国际支付手段。

(4)各种可兑换货币共同作为国际支付手段。20世纪五六十年代，世界经济发展出现了不平衡的现象，当时的联邦德国、日本经济迅速崛起，美国的经济地位相对衰落。最突出的现象是美国国际收支连年出现逆差，美元危机不断发生，美元信誉开始下降；相反，西欧国家货币和日本货币日渐强劲，相应地这些国家货币如德国马克、日元、英镑、法国法郎、瑞士法郎、加拿大元等及其信用工具开始与美元共同充当国际支付的手段。进入20世纪90年代，美元、欧元、日元、加元、澳元、英镑等外汇，成为国际支付手段中常见的可兑换货币。

四、外汇的分类

(一)按照货币兑换的限制程度分类，可分为自由外汇和记账外汇

(1)自由外汇(Free Exchange)或称自由兑换外汇，是指可以自由兑换其他国家或地区的货币，并可向第三国办理支付的外国货币及其支付手段。一般来说，一国或地区的货币要成为自由外汇需要满足三个条件：①对本国国际收支中经常项目的付款和资金转移不加限制；②不采取歧视性的货币措施和多重汇率制度；③在另一个国家或地区的要求下，随时能购回对方经常项目中所结存的本国或地区货币。它的特点是具有可自由兑换性，并在国际结算和国际间债权与债务的清偿中被广泛使用。

【提示】目前一般被公认为自由外汇的货币主要有美元、欧元、日元、英镑、加拿大元、瑞士法郎、澳大利亚元和港元等，主要集中在发达国家或地区，分布在北半球，亚洲国家或地区很少，非洲国家几乎没有。

(2)记账外汇(Foreign Exchange on Account)，又称为清算外汇或双边外汇，是指记载在双方指定银行账户中的外汇，未经货币发行国批准不能自由兑换成其他货币，也不能自由对第三国进行支付，只能根据协定，在签订协定的两国之间相互使用，它是双边协定的产物。为了节省自由外汇，贸易双方政府签订支付协定，互为对方国家开设清算账户，以互相抵消债权债务的办法进行国际结算。协定要规定双方经济交易活动中的记账货币和支付货币，记账货币即记账外汇，可以是协定国任何一方的货币，也可以是第三国的货币。

【提示】记账外汇只能用于贸易协定国之间的贸易收支与清算。当一笔进出口业务完成时，有关国家银行根据协定分别记账，到了一定时期，双方对债权债务进行集中冲抵，发生的差额由双方协商解决，一般是将本年差额转到下一年度的贸易项目下进行平衡。

(二)按照外汇的来源和用途分类，可分为贸易外汇和非贸易外汇

(1)贸易外汇(Foreign Exchange for Trade)，是指一国或地区的出口贸易收入的外汇和进口贸易支出的外汇，以及与进出口贸易有关的从属费用外汇，如运输费、保险费、佣金、样品费、宣传广告费和商品注册费等，另外，还有进出口贸易中发生的索赔、理赔等外汇收支。

(2)非贸易外汇(Non-trade Foreign Exchange)，是指经常项目中进出口贸易以外所收支的各项外汇，包括侨汇、旅游外汇、对外承包工程和劳务合作外汇、驻外机构及个人外汇等。另外，还包括投资收益和支出的外汇，如由资本借贷或投资等所产生的利息、股息和利润的收益与支出的外汇等。

(三)按照外汇买卖交割期限分类，可分为即期外汇和远期外汇

动漫视频

即期外汇

(1)即期外汇(Spot Exchange)又称现汇，是指外汇买卖成交后，在当日或在两个营业日内办理交割的外汇。所谓交割，是指本币的所有者与外币所有者互相交换其本币的所有权和外币的所有权的行为，即外汇买卖中的实际支付。

【提示】即期外汇是外汇市场上最常见、最普遍的一种形式。

(2)远期外汇(Forward Exchange)又称期汇，是指买卖双方不需即时交割，而仅仅签订一纸买卖合同，预定将来在某一时间(在两个营业日以后)进行交割的外汇。远期外汇通常是由国际贸易结算中的远期付款条件引起的；买卖远期外汇的目的，主要是为了避免或减少由于汇率变动所造成的风险损失。

【提示】远期外汇的交割期限一般为1年以内，在多数情况下是1～6个月，3个月期的最多。

(四)按照外汇持有者身份划分，可分为官方外汇与私人外汇

(1)官方外汇(Official Foreign Exchange)，是指政府或国际组织持有的外汇。

(2)私人外汇(Private Foreign Exchange)，是指企事业单位或个人持有的外汇。

五、外汇的作用

目前，世界经济一体化的三大支柱“国际贸易自由化、生产经营国际化、金融资本一体化”的影响越来越深刻和重要，任何国家或地区都不可能回避这一现实问题，去独自地发展自身的经济。任何国家或地区也将越来越重视对外经济交易活动，重视外汇的功能和作用。

(1)外汇充当国际货币，可以实现购买力的国际转移。世界各国或地区的货币制度不同，由国际市场购买力决定各国或地区的货币价值量的差异，使不同的货币不能在对方国家或地区流通。除了用金银货币作为国际支付手段外，不同国家的购买力不能在国际上转移。随着一国或地区的国际金融业务的开展，只要利用国际通行的、可自由兑换的外汇，就能使不同国家或地区之间的货币在一定范围内间接流通。这不仅促进了国际间货币购买力的转移，而且推动了国际经济关系的发展。

(2)外汇充当国际支付手段，使国际结算安全、迅速、便利。国际间的经济交易活动，必然产生国际收支的结算和国际债权债务的清偿问题。在现代国际货币体制下，经营国际业务的银行，只要按照外汇市场汇率或官方汇率将本国货币或第三国货币折合成应付对方国货币，委托其国外银行分行或代理行代为解付。由于现代通信技术的便捷，通常在 24 小时内便可汇交对方国的收款人，使国际结算和国际清偿安全、迅速、便利。

(3)外汇充当国际储备资产，可以平衡对外经济交易中的国际收支。外汇是一国或地区主要的国际储备资产，是为弥补国际收支赤字和保持本国货币汇率的稳定而拥有的国际间普遍接受的货币资产。当一国或地区对外经济交易活动的基本差额出现逆差或顺差，都意味着国际收支不平衡。尤其是逆差的国际收支不平衡，对一国或地区的经济发展很不利，有必要采取措施进行调节，使国际收支逆差走向基本平衡并使本币汇率逐步稳定。

(4)外汇充当国际资本的货币载体，促进了世界经济一体化的进程。国际金融业的发展，带来了外汇业务规模的扩张。跨国公司、跨国银行的业务网络，使贸易、生产、资本一体化的影响日甚一日，外汇的作用不可低估，任何国家或地区都不能不受之影响而独自地发展经济。一些国家或地区不断完善市场经济体制，逐步放宽对外汇管理的限制，对外金融业更加开放，对内金融业加大改革的力度，使经常项目、资本项目的外汇管理与经济一体化的进程呈一致方向发展。

(5)外汇是国际信用手段，可以调剂各国间的资金余缺，促进货币信用的国际化。由于世界各国经济发展的不平衡，资金余缺情况不同，因而在国与国之间产生了调节资金余缺的客观需要。一方面，一些发达国家存在着大量过剩资金，迫切需要寻求出路；另一方面，许多发展中国家资金严重短缺，迫切需要引进资金。实现国家间资金余缺的相互调剂，必须依靠外汇这种支付手段。外汇可以加速资金在国家间流动，有助于国际投资和资本转移，使国际资本供求关系得到调节。同时，通过经营外汇业务的银行，并通过各国银行业务的相互联结，可以把国内银行信用扩展为国际银行信用，从而促进货币信用的国际化，使国家间资金余缺的调剂更加便利。

六、外汇管制

(一)外汇管制的概念

外汇管制(Exchange Control 或 Exchange Restriction)又称外汇管理(Exchange Management)，是指一国政府通过法律、法令以及行政措施对外汇的收支、买卖、借贷、转移以及国际结算、外汇汇率、外汇市场和外汇资金来源与应用所进行的干预和控制。

【注意】外汇管制的目的是平衡国际收支、维持汇率，以及集中外汇资金，根据政策需要加以分配。

【提示】外汇管制就是一国政府对外汇的收支、结算买卖与使用等各个环节所采取的一系列限制性措施。外汇管制的主体是由政府机构授权的货币金融当局或其他政府机构，在我国是国家外汇管理局，简称“外管局”。

(二)外汇管制的目的、实施机构及对象

1. 外汇管制的目的

从外汇管制历史演变来分析，各国实行外汇管制的主要目的是为了促进国际收支平衡和维持

本币汇率的稳定，以利于本国经济金融稳定发展。但是，不同的国家实行外汇管制的具体目的不尽相同。发达国家在战争时期实行外汇管制，是为了保证军费开支的需要；在经济危机时期，是为了防止资本外逃，改善国际收支逆差；顺差国在必要时实行外汇管制是为了限制外来资本大量流入，防止输入性通货膨胀，以减轻对国内经济的冲击。发展中国家因经济实力薄弱，外汇资金匮乏，实行外汇管制是为了保证本国经济的独立发展，防止外国商品大量进口冲击本国民族工业；避免资本大量外逃，并鼓励外国资本流入；谋求本币汇率稳定，并运用行政手段来调节国际收支。

2. 外汇管制的实施机构

实行外汇管制的国家，一般都设有外汇管理机构。外汇管理机构的设立有三种类型：①由国家设立专门的外汇管制机构，如法国、意大利和中国由国家设立专门的外汇管理局；②由国家授权中央银行直接负责外汇管制工作，如英国是由英格兰银行负责外汇管制工作；③由国家行政管理部门直接负责外汇管制工作，如美国由财政部负责，日本由大藏省、通产省负责。外汇管理机构的主要职责是负责制定和监督执行外汇管理的政策、法令、规章和条例，并随时根据情况变化和政策需要，采取各种措施，控制外汇收支。

3. 外汇管制的对象

外汇管制的对象分为对人、对物和对地区的管制。

(1)对人的管制。在外汇管制中，一般把人的概念分为“居民”和“非居民”两类。由于居民的外汇收支涉及居住国的国际收支，所以对居民的外汇管制比较严格，而对非居民的外汇管制比较宽松。

(2)对物的管制。这里的“物”是指外币(包括现钞和铸币)、外币支付凭证(汇票、本票、支票)、外币有价证券，以及在外汇收支中使用的其他外汇资产。

【提示】大多数国家将黄金、白银等贵金属以及本币的出入国境也列入外汇管制的范围。

(3)对地区的管制。“地区”一般以本国为限，但还常指因政治经济关系而形成的国家集团之间，如欧洲联盟、以美国为中心的北美自由贸易区等。在这些国家集团之间办理国际结算与资本流动基本上是自由的，但对集团之外的结算和收付有不同程度的管制。

(三)外汇管制的类型

按是否实行全面的或部分的外汇管制为标准，外汇管制大致分为三种类型。

1. 严格型外汇管制

有些国家和地区对贸易收支、非贸易收支和资本项目收支，都实行严格的外汇管制。大多数发展中国家，如印度、赞比亚、秘鲁、巴西等属这一类。这些国家和地区经济不发达，出口创汇有限，缺乏外汇资金，市场机制不成熟，为了有计划地使用外汇资源，加速经济发展，不得不实行严格的外汇管制。

2. 非严格型外汇管制

有些国家和地区对贸易和非贸易收支原则上不加管制，但对资本项目的收支则仍加以不同程度的管制。这类国家经济比较发达，市场机制在经济活动中起主导作用，并已承诺了国际货币基金组织基金协定的第八条款，即不对经常项目的收支加以限制，不采取有歧视性的差别汇率或多重汇率，如法国、意大利、英国等。

3. 松散型外汇管制

有些国家对经常项目和资本项目的外汇交易不实行普遍的和经常性的限制，但不排除从政治和外交需要出发，对某些特定项目或国家采取包括冻结外汇资产和限制外汇交易等制裁手段。这些国家的汇率一般为自由浮动制，其货币也实行自由兑换。这类国家经济发达，黄金和外汇储备充足，国际收支整体情况良好，如美国、德国、加拿大等。

总之，一个国家外汇管制范围的大小和程度的宽严，主要取决于该国的经济、贸易、金融和国际收支状况。由于世界各国的经济处于不断发展变化中，所以其外汇管制也是在不断发展和变化的，其总体趋势是：工业化国家和地区的外汇管制逐步放松，发展中国家和地区的外汇管制则有松有紧。

（四）外汇管制的办法与措施

1. 对贸易外汇的管制

由商品进出口引起的贸易外汇收支是一国国际收支中最大的项目，对国际收支状况起着决定性的影响，所以外汇管制的国家尤其是逆差国通常对贸易外汇收支实行比较严的管制，目的是集中出口外汇收入、限制进口外汇支出，实现贸易收支平衡。

(1)对贸易进口外汇支出的管制措施。①进口许可证制度。规定货物进口，必须先向有关当局申请核发进口许可证，只有取得进口许可证，才能向外汇银行购买外汇。②进口限额制。外汇管理机构按计划给进口商分配进口额度，进口商在规定的有效期内，进口总额不得超过分配的限额，银行也只在限额内供汇。③进口预交保证金制。要求进口商必须向指定银行预先存入一定数量的进口货款，才能购买外汇。④征收外汇税。进口商购买外汇时将被征收一定的外汇税，以提高其进口成本。⑤进口专营制度。规定所有商品或某些商品的进口由国家指定的专营机构办理，其他未经批准企业不得参与。

(2)对贸易出口外汇收入的管制。①出口许可证制度。出口商出口货物，必须先向有关当局取得出口许可证，出口所得外汇必须卖给指定银行，不准私自持有或买卖。②为鼓励出口，由国家银行提供出口信贷支持，财政给予出口补贴、出口退税等。

2. 对非贸易外汇的管制

不属于商品进出口贸易的经常性外汇收支，统称为非贸易外汇，如运费、保险费、邮电费、利润、股息、利息、专利费、稿费、旅游费等。对属于进出口贸易从属费用的，一般与贸易外汇管制方法相同。其他非贸易外汇收入要及时售给政府指定银行，支出要经外汇管制部门审查核准后才可购汇。

【注意】非贸易外汇的管制原则是：对收入管制较松，对支出管制较严。

3. 对资本输出输入的管制

各国的经济发展状况不同，对资本输出输入的管制也不尽相同。一些经济实力强的发达国家，一般对资本输出输入没有管制，但当资本流动足以影响本国物价、汇率的稳定及国际收支平衡时，也要采取管制手段。如为限制资本流入通常采取的措施有：对吸收非居民存款的银行要缴纳较高的存款准备金，对非居民本币存款不付利息；控制本国企业向外借债；限制非居民购买本国有价证券等。发达国家外汇储备充足、资本过剩，一般不鼓励资本输入，但鼓励资本输出。发展中国家国力较弱，外汇缺乏，为发展本国经济，往往采取鼓励资本流入限制资本流出的政策，如对直接投资者给予税收、劳动工资、工地等方面的优惠政策。

【提示】为限制资本外逃，规定到国外投资要经外汇管理当局批准，禁止携带有价证券出境等。

4. 对汇率的管制

汇率管制是一国从本国的经济利益出发，为调节国际收支、稳定本币价值，而对本国所采取的汇率制度和汇率水平管制的方法，汇率管制的主要目的是稳定汇率或使汇率有利于本国对外贸易和实现国际收支平衡。对汇率的管制主要有以下几种：

(1)直接管制汇率。一国政府指定某一部门制定、调整和公布汇率，这一官方的汇率对整个外汇交易起着决定性的作用。各项外汇收支都必须以此汇率为基础兑换本国货币。但这种汇率的形成人为因素成分较大，很难反映真实的水平，极易造成价格信号的扭曲。此外，采取这种形式的汇率管制，通常都伴之以对其他项目较严格的外汇管制。

(2)间接调节市场汇率。由市场供求决定汇率水平的国家，政府对汇率不进行直接的管制，而是通过中央银行进入市场吸购或抛售外汇，以达到调节外汇供求、稳定汇率的效果。为进行这一操作，许多国家都建立了外汇平准基金，运用基金在市场上进行干预；有的则是直接动用外汇储备进行干预。除通过中央银行在外汇市场上直接买卖外汇以外，中央银行还通过货币政策的运用，主要是利率杠杆来影响汇率。利率水平的提高和信贷的紧缩，可以减少市场对外汇的需求，同时抑制通胀，吸引国外资金流入，阻止汇率贬值。

(3)实行复汇率制度。当一国货币对另一国货币的汇价因用途和交易种类的不同而规定有两种或两种以上的汇率时，IMF 把一国政府或其财政部门所采取的导致该国货币对其他国家的即期外汇的买卖差价和各种汇率之间的买入与卖出汇率之间的差价超过 2%的任何措施均视为复汇率。

一般来说，经济高度发达的市场经济国家，其汇率一般是自由浮动的，国家不对汇率进行直接管制，而是运用经济手段间接调控引导汇率；而那些经济欠发达、市场机制发育不健全、缺乏有效的经济调控机制和手段的国家，则采取直接的行政性的方式来管理汇率，以保证汇率为本国经济政策服务。

5. 对黄金、现钞输出入的管制

实行外汇管制的国家对黄金交易也进行管制，一般不准私自输出或输入黄金，而由中央银行独家办理。对现钞的管理，习惯的做法是对携带本国货币出入境规定限额和用途，有时甚至禁止携带本国货币出境，以防止本国货币输出用于商品进口和资本外逃以及冲击本国汇率。

(五)外汇管制的作用和弊端

1. 外汇管制的作用

(1)防止资本外逃。国内资金外逃是国际收支不均衡的一种表现。在自由外汇市场下，当资金大量外移时，由于无法阻止或调整，势必造成国家外汇储备锐减，引起汇率剧烈波动。因此，为制止一国资金外逃，避免国际收支危机，有必要采取外汇管制，直接控制外汇的供求。

(2)维持汇率稳定。汇率的大起大落会影响国内经济和对外经济的正常进行，所以通过外汇管制，可控制外汇供求，稳定汇率水平，使之不发生经常性的大幅度波动。

(3)维护本币在国内的统一市场不易受投机影响。实行外汇管制可以断开本币与外币流通的直接联系，维持本币在国内流通领域的唯一地位，增强国内居民对本币的信心，抵御外部风潮对本币的冲击。

(4)便于实行贸易上的差别待遇。一国实行外汇管制，对外而言，有利于实现其对各国贸易的差别待遇或作为国际上政府谈判的手段，还可以通过签订清算协定，发展双边贸易，以克服外汇短缺的困难；对国内而言，通过实行差别汇率或贴补政策，有利于鼓励出口、限制进口，增加外汇收入、减少外汇支出。

(5)保护民族工业。发展中国家工业基础薄弱，一般工艺技术有待发展完善，如果不实行外汇管制及其他保护贸易政策，货币完全自由兑换，则发达国家的廉价商品就会大量涌入，从而使其民族工业遭到破坏与扼杀。实行外汇管制，一方面可管制和禁止那些可能摧残本国新兴工业产品的外国商品的输入，另一方面可鼓励进口必需的外国先进的技术设备和原材料，具有积极发展民族经济的意义。

(6)有利于国计民生。凡涉及国计民生的必需品，在国内生产不足时，政府均鼓励进口，准其优先结汇，按较低汇率申请进口，以减轻其成本，保证在国内市场上廉价供应；对非必需品、奢侈品，则予以限制。

(7)提高货币币值，稳定物价。外汇管制，可集中外汇资财、节约外汇支出，一定程度上可提高货币的对外价值，增强本国货币的信誉，加强本国的国际经济地位。另外，纸币对外表现为汇率，对内表现为物价。当一国主要消费物资和生活必需品价格上涨过于剧烈时，通过外汇管制对其进口所需外汇给予充分供应，或按优惠汇率结售，则可增加资源，促进物价回落，抑制物价水平上涨，保持物价稳定。因此，外汇管制虽直接作用于汇率，但对稳定物价也有相当作用，可避免或减轻国外通货膨胀对国内物价的冲击。当然，外汇管制也可作为外交政策，当别的国家实施外汇管制而对本国经济和政治产生不利影响时，即可启用外汇管制作为一种报复手段。这样，外汇管制便成为一种政策工具。

2. 外汇管制的弊端

外汇管制从另外的角度看，对国际贸易和国家经济会产生一定的副作用，主要有以下表现：

（1）不利于平衡外汇收支和稳定汇率。法定汇率的确定虽可使汇率在一定时期和一定范围内保持稳定，但是影响汇率稳定的因素很多，单纯依靠外汇管理措施以求汇率稳定是不可能的。比如，一个国家财政状况不断恶化，财政赤字不断增加，势必增加货币发行，引起纸币对内贬值，通过外汇管制，人为高估本国币值的法定汇率，必然削弱本国商品的对外竞争力，从而影响外币收入，最后本国货币仍不得不对外公开贬值，改变法定汇率。若财政状况仍没有根本好转，则外汇收支也难以平衡。

（2）阻碍国际贸易的均衡发展。采取外汇管制措施虽有利于双边贸易的发展，但由于实施严格的管制后，多数国家的货币无法与其他国家的货币自由兑换，必然限制多边贸易的发展。另外，官方对汇率进行干预和控制，汇率不能充分反映供求的真实状况，常出现高估或低估的现象，而汇率高估对出口不利，汇率低估则对进口不利，汇率水平不合理会影响进出口贸易的均衡发展。

（3）限制资本的流入。在一定情况下，实行外汇管制不利于本国经济的发展与国际收支的改善。比如，外商在外汇管制国家投资，其投资的还本付息、红利收益等往往难以自由汇兑回国，势必影响其投资积极性，进而影响外汇管制国家的经济发展。

（4）价格机制失调，资源难以合理配置。外汇管制会造成国内商品市场和资本市场与国际相分离，国内价格体系与国际相脱节，使一国不能充分参加国际分工和利用国际贸易的比较利益原则来发展本国经济；资源不能有效地分配和利用，资金有盈余的国家不能将其顺利调出，而急需资金的国家又不能得到它，资金不能在国际上有效流动。

七、国际标准化货币符号

为了能够准确而简易地表示各国货币的名称，便于开展国际贸易、金融业务和计算机数据通信，国际标准化组织规定了货币的标准代码。该标准代码为三字符货币代码，前两个字符代表该种货币所属的国家或地区，第三个字符代表货币单位。表 2—1 是常见货币代码。

表 2—1　　常见货币代码

货币名称	货币代码	货币名称	货币代码
人民币	CNY	欧元	EUR
美元	USD	英镑	GBP
日元	JPY	瑞士法郎	CHF
加拿大元	CAD	荷兰盾	NLG
菲律宾比索	PHP	印尼盾	IDR
俄罗斯卢布	SUR	马来西亚林吉特	MYR
新加坡元	SGD	澳大利亚元	AUD
韩国元	KRW	港元	HKD
泰国铢	THB	新西兰元	NZD

任务二 汇 率

一、汇率的概念和作用

动漫视频

汇率

所谓汇率(Exchange Rate),是指用一种货币表示的另一种货币的相对价格,即不同货币之间兑换的比率或比价。在不同的环境下,汇率有不同的名称:①汇率是一国货币折算成另一国货币的比率,因此汇率,又称为兑换率;②在外汇市场上买卖外汇,汇率是买卖时的价格,称为汇价;③外汇市场上的供求会影响到汇率,因此又称为外汇行市;④在一些国家,如我国,汇率通常在银行挂牌对外公布,这时汇率也被称为外汇牌价。

动漫视频

外汇牌价

汇率在国际经济往来中发挥着重要的作用:①汇率是外汇买卖的折算标准。没有了汇率,外汇交易将无从谈起。②汇率是联系国内外货币价格之间的桥梁。通过汇率,人们可以将用本国货币表示的国内商品、劳务的价格转化为以外币表示的价格,反之亦然。③汇率可以作为调节本国经济的一种经济杠杆。通过适时的汇率调整,来实现一定时期的经济目标。④汇率作为反映经济状况的指示器,可以提供一国经济发展、贸易及资本往来等方面的信息,为经济决策提供参考。

二、汇率的表示方式

如果把外汇看成是一种商品,那么汇率就是在外汇市场上用一种货币购买另一种货币的价格。例如,1 美元=105 日元,表示卖出 1 美元可以买进 105 日元。现实生活中,两种货币间的这种联系通常要以一定的形式表达出来。

汇率的表示方式有三种:①用文字表述;②用两种货币代码符号表述;③用两种货币的货币符号表述。

【知识链接 2—1】 **外汇牌价**

按惯例,银行报出的货币汇率有 5 位有效数字。从右边向左边数,第一位称为“几点”,第二位称为“几十个点”,第三位称为“几百个点”,以此类推。如 1 美元=107.83 日元,若美元兑换日元从 107.83 变为 107.00,则称为美元对日元下跌了 83 个点;如 1 欧元=1.136 7 美元,若欧元兑换美元从 1.136 7 变为 1.136 9,则称为欧元对美元上升了 2 个点。外汇市场上汇率变动的基本点为 1% 的 1/10,即 0.1%,用来表述收益差价或差额,不要与百分点或其他点相混淆。例如:从银行买入某种外币现汇和现钞 100 个单位或 100 000 个单位要付出多少元人民币,银行卖出某种外币 100 个单位或 100 000 个单位要收取多少元人民币。由于汇率是变动的,因此外汇牌价表均明确标明日期。

三、汇率标价方法

动漫视频

汇率标价法

由于汇率是两种货币价值的对比,因此在计算两种货币的比价时,首先要确定用哪个国家的货币作为折算标准,这便产生了外汇汇率的标价方法问题。

【提示】目前国际上有三种常见的标价方法:直接标价法、间接标价法和美元标价法。

(一)直接标价法

直接标价法(Direct Quotation)又称“应付标价法”(Giving Quotation),是指以一定单位(1 或 100 等)的外国货币为标准,折算为若干单位本国货币的表示方法,或者说是用本国货币表示的外国货币的价格。

人民币对外币汇率主要采用这种标价法。目前，除美元、英镑、爱尔兰镑、澳大利亚元、新西兰元、南非兰特和欧元以外，其他货币的汇率均采用直接标价法，如中国银行挂牌的 100 美元＝663.25 元人民币、东京外汇市场上的英镑/日元为 210.45 等。

直接标价法的特点：外币数额固定不变，折合成的本币数额随着外币币值和本币币值的变化而变化，表明外汇汇率的涨落。

【注意】如果一定单位的外币折算的本币的数额比原来多，则说明外汇汇率上升，本币汇率下跌；相反，如果一定单位的外国货币折算成本币的数额比原来少，则说明外汇汇率下跌，本币汇率上升。

【提示】在直接标价法下，外汇汇率的涨落与本币数额的增减成正比，从中能直接看出外汇的价格。

（二）间接标价法

间接标价法（Indirect Quotation）又称“应收标价法”（Receiving Quotation），是指以一定单位的本国货币为标准，折算为若干单位的外国货币的表示方法，或者说是用外国货币表示的本国货币的价格。

世界上只有少数国家采用间接标价法。从历史上看，英镑一直采用这种标价法。除英国以外，一些英联邦国家的货币也采用间接标价法，如澳大利亚元、新西兰元和南非兰特等。美国的纽约外汇市场原先采用直接标价法，后来由于美元逐步取代了英镑而成为国际经济交易的主要计价结算手段，因此，从 1978 年 9 月 1 日开始，纽约外汇市场也改用间接标价法，但美元对英镑仍沿用直接标价法。

【提示】人民币对马来西亚林吉特、俄罗斯卢布、南非兰特、韩国元、阿联酋迪拉姆、沙特里亚尔、匈牙利福林、波兰兹罗提、丹麦克朗、瑞典克朗、挪威克朗、土耳其里拉、墨西哥比索的汇率采用间接标价法。

间接标价法的特点：本币的数额固定不变，折合成的外币数额则随着本币和外币币值的变动而变动。

【注意】如果一定单位的本币折成外币的数额比原来多，则说明本币汇率上升，外汇汇率下跌；相反，如果一定单位的本币折成外币的数额比原来少，则说明本币汇率下跌，外汇汇率上升。

【提示】在间接标价法下，外汇汇率的涨落与外币数额的多少成反比，不能直接看出外汇的价格。

【注意】直接标价法虽然与间接标价法基准不同，但站在一个国家的角度看，二者是互为倒数的关系，因此，掌握了一种标价法下的汇率值，就可以套算出另一种标价法下的汇率值。为了避免混淆，一般惯例认为，无论在哪一种标价法中，外汇汇率都是指外币对本币的比率。

（三）美元标价法

美元标价法（US Dollar Quotation）是指以一定单位的美元为标准，折合成若干数额的其他国家货币，即用其他国家的货币表示的美元的价格。例如，从加拿大蒙特利尔向日本银行询问日元汇率，东京外汇银行不是直接报加拿大元对日元的汇率，而是报美元对日元的汇率。

目前，世界各主要外汇市场银行之间的报价通常采用这种方法。非美元货币之间的汇率则通过各自对美元的汇率套算。这种标价法的特点是，美元的单位始终不变，美元与其他货币的比值是通过其他货币数额的变化体现出来的。

在国际金融市场上，还有少数货币采用非美元标价法，如英镑、爱尔兰镑、澳元、新西兰元、欧元。它们采用每 1 英镑、每 1 爱尔兰镑、每 1 澳元、每 1 新西兰元、每 1 欧元等于若干数额美元的标价法。

【提示】在各种标价法下，数额固定不变的货币为基础货币或基准货币，又称被报价货币，其价格用其他货币的数额来表示；数额发生变化的货币为标价货币或非基准货币，又称报价货币，其数额用以说明基础货币价格的高低。

【注意】在直接标价法下，基础货币是外国货币，标价货币是本国货币；在间接标价法下则与之相反，基础货币是本国货币，标价货币是外国货币；在美元标价法下，美元是基础货币，其他各国货币是标价货币。总之，无论采取何种标价法都是以标价货币来表示基础货币的价格。

四、汇率的种类

从各国外汇交易的实践看，汇率的种类繁多，我们将对常见的汇率依据不同的分类标准进行划分。

（一）按银行买卖外汇的角度划分，可分为买入汇率和卖出汇率、中间汇率和现钞价

(1)买入汇率（Buying Rate）也称买入价（Bid Price），是指银行向同业或客户买入外汇时所使用的汇率，即银行出价。因它多用于出口商与银行间交易，故又称为“出口汇率”。

【注意】采用直接标价法时，外币折合成本币数额较少的那个汇率就是买入价；采用间接标价法时，本币折合外币数额较多的那个汇率就是买入价。

(2)卖出汇率（Selling Rate）也称卖出价（Offer Price or Ask Price），是指银行向同业或客户卖出外汇时所使用的汇率，即银行要价。因它多用于进口商与银行间交易，故又称为“进口汇率”。

【注意】采用直接标价法时，外币折合本币数额较多的那个汇率就是卖出价；采用间接标价法时，本币折合外币数额较少的那个汇率就是卖出价。

在外汇市场上，银行报价通常采用双向报价，即同时报出买入价和卖出价。从数字的排列上看，总是前一数字小，后一数字大。在直接标价法下，前一个为买入价，后一个为卖出价。例如，在纽约外汇市场上，欧元对美元的汇率为 1.233 8/1.237 0，即报价银行买入 1 欧元的价格为 1.233 8 美元，卖出 1 欧元的价格为 1.237 0 美元。

【提示】买入价和卖出价都是从银行的角度出发的，因此客户到银行用本币兑换外币时，适用的是银行的卖出价；而用外币兑换本币时，适用的是银行的买入价。

买入汇率与卖出汇率之间有一个差价，称为买卖差价，外汇银行等金融机构买卖外汇的目的是营利，其卖出价与买入价的差价构成其经营外汇的成本和收益，因此银行的外汇卖出价必然高于其买入价。

【注意】外汇买卖的差价一般在 1‰～5‰，外汇买卖差价越小，就说明银行外汇业务的竞争性越强。

影响外汇买卖差价的因素有很多，主要有：

①外汇交易的数量。一般来说，适用于银行柜台上的零售交易的买卖差价比较大，而银行相互间开展的批发业务所适用的同业汇率（Inter-bank Rate），其买卖差价总是要小得多。

②金融市场的发达程度。世界上最发达的外汇市场要数伦敦、纽约和东京外汇市场，在这三个市场上进行外汇交易所涉及的买卖差价肯定要比法兰克福、巴黎和新加坡等外汇市场上的小。

③交易的货币在国际经济中的地位和重要性。任何货币与美元的交易涉及的买卖差价总是相对要小一些，而任何两种非美元之间的交易涉及的买卖差价则比较大。

④货币汇率的易变性和波动性。货币汇率的易变性比较大，其买卖差价相应也较大；反之，如果实证检验表明某两种货币的汇率易变性比较小（如加拿大元兑美元的汇率），其买卖差价相应也会较小。

⑤外汇交易涉及的支付工具的类型。由于外币现钞不能通过电子系统进行转移，因此，它的买卖差价总是要比现汇(如银行存款、信汇或汇票等)交易的买卖差价大。

(3)中间汇率(Medial Rate)也称中间价，是指买入价与卖出价的平均数。中间价一般用于报刊和电讯行情对汇率走势的分析。在我国，各外汇银行的买入汇率和卖出汇率通常是以中国外汇交易中心公布的中间汇率为基础，在中国人民银行允许的幅度范围内上下浮动形成的。

动漫视频

汇率中间价

【注意】中间汇率并不是外汇交易的实际成交价，而是为了方便计算或报道而使用的汇率，人们在进行经济分析时经常使用这一汇率。

(4)现钞价(Bank Notes Rate)，是指银行向客户直接买卖外币现钞时所使用的价格。现钞汇率不等于外汇汇率，上述所说的汇率是银行采用电汇方式买卖外汇(外币支付凭证)时的价格。银行在购入外币支付凭证后，通过航邮划账，可很快地存入国外银行，开始生息，调拨动用；外国现钞不能在本国流通，存放在本国银行没有意义，银行买入外币钞票后需要积累到一定数额，将其运送到发行国并存入银行才能充当流通或支付手段。在此之前，银行要承受一定的利息损失，而运送现钞必须花费一定的运费、保险费等，承担一定的风险，因此，银行在收兑外币现钞时的汇价要低于现汇买入价。

【提示】一般情况下，银行卖出外国现钞时，使用一般的外汇支付凭证的卖出价，现钞卖出价不再单列，因为银行卖出外币现钞不承担相应费用。

(二)按制定汇率的不同方法划分，可分为基本汇率和套算汇率

(1)基本汇率(Base Rate)也称基准汇率，是指本国货币与国际上某一关键货币之间的比率。

所谓关键货币(Key Currency)，是世界各国普遍接受的、在国际贸易与国际收支中使用数量最多的，而且能够迅速转化为其他资产形式的货币。

各国选择关键货币主要依据三条原则：①必须是该国国际收支中，尤其是国际贸易中使用最多的货币；②必须是在该国外汇储备中所占比重最大的货币；③必须是可自由兑换的、在国际上可以普遍接受的货币。在不同时期，不同国家使用的关键货币是不同的。目前，美元是全球国际经济交往与国际收支中使用最多的货币，所以一般国家都把美元作为制定汇率的关键货币，从而把本币对美元的汇率作为基本汇率。

(2)套算汇率(Cross Rate)也称交叉汇率，是指两种货币通过基本汇率换算(折算)出来的汇率。目前在国际金融市场上，一般都报各国货币对美元的汇率，而美国以外的这些国家之间的汇率，则由它们对美元的汇率套算出来。

【注意】套算汇率的计算方法有两种，即“同项相乘法”和“交叉相除法”。“同项相乘法”适用于关键货币不同的套算汇率的计算，“交叉相除法”适用于关键货币相同的套算汇率的计算。

①交叉相除法，这种方法适用于关键货币均为基准货币或计价货币的情形。根据“交叉相除法”的原则进行计算，即：小÷大＝小，大÷小＝大。

【做中学 2－1】 某银行的即期汇率行情为：

USD1＝CAD1.005 5/1.006 6

USD1＝JPY82.685 0/82.696 0

求：CAD1＝JPY?

解析：我们可以使用交叉相除计算加元与日元之间的汇率。在这个例子中，加元的买入价，相当于外汇银行从客户手中买入加元付给客户日元，该银行在外汇市场上以 82.685 0 日元可以买入 1 美元，而 1 美元又可以买入 1.006 6 加元，于是该银行每买进 1 加元需要花费 82.685 0÷1.006 6＝82.143 0 日元。同理可得，加元的卖出价为 82.696 0÷1.005 5＝82.244 0 日元。由此可以套算出加元对日元的汇率为：

CAD1＝JPY82.143 0/82.244 0

在上述套算过程中，套算汇率是根据两个已知汇率相除得来的，且是其中一个已知汇率斜线前的数字，除以另一个已知汇率斜线后的数字，得到的数字放在套算汇率的斜线前；一个已知汇率斜线后的数字除以另一个已知汇率斜线前的数字，得数放在套算汇率的斜线后。这种套算方法称为交叉相除法。

【注意】当关键货币都是计价货币时，经过适当的变形可以转换为关键货币都是基准货币的情形。

②同边相乘法，这种方法适用于关键货币在已知汇率中既充当基准货币又充当计价货币的情形。根据"同项相乘法"的原则进行计算，即：小×小＝小，大×大＝大。

【做中学 2－2】 某银行的即期汇率行情为：

USD1＝CAD1.005 5/1.006 6

GBP1＝USD1.556 6/1.557 7

求：GBP1＝CAD?

解析：我们可以采用同边相乘法来求得英镑对加元的汇率。在这个例子中，英镑的买入价，相当于外汇银行从客户手中买入英镑，付给客户加元，银行花费 1.005 5 加元可以买入 1 美元，花费 1.556 6 美元又可以买入 1 英镑，因此，银行买入 1 英镑付给客户的加元数量为 1.005 5×1.556 6＝1.565 2 加元。同理可得，当银行从客户手中买入加元，付给客户英镑时，数量为 1.006 6×1.557 7＝1.568 0 加元。由此可以套算出，英镑兑加元的汇率为：

GBP1＝CAD1.565 2/1.568 0

在上述套算过程中，套算汇率是根据两个已知汇率相乘得到的，而且是已知汇率中斜线前的两个数字相乘后，乘积仍然放在斜线前；已知汇率斜线后的两个数字相乘后，乘积仍然放在斜线后。故这种套算汇率的计算方法被称为同边相乘法。

【学中做 2－1】 假定某银行的即期汇率行情为：USD1＝CHF1.268 0/1.269 0，USD1＝HKD7.792 0/7.794 0。请计算瑞士法郎对港币的汇率。

（三）按银行汇兑方式划分，可分为电汇汇率、信汇汇率和票汇汇率

（1）电汇汇率（Telegraphic Transfer Rate，T/T Rate），是指银行以电信方式买卖外汇时所使用的汇率。例如，银行在售出外汇后，以电报、电传等方式委托其国外分支行或代理行将款项付给收款人时所使用的汇率就是电汇汇率。由于电汇付款时间快，一般可以当天到达，银行在电汇时不能利用客户资金，并且国际电报、电传费用也比较高，因此，电汇汇率较一般汇率高，并且是计算其他汇率的基础。

【提示】各国公布的外汇牌价，如无特别说明，均指电汇汇率。

（2）信汇汇率（Mail Transfer Rate，M/T Rate），是银行以信函方式通知收付款时采用的汇率。邮寄信函需要较长时间，银行可以利用客户的资金，且信汇的成本比电汇低，因此信汇汇率低于电汇汇率。

【注意】在外汇交易中，信汇量较少，主要在我国港澳地区及东南亚一带使用。

（3）票汇汇率（Demand Draft Rate，D/D Rate），是指银行买卖外汇汇票时使用的汇率。银行卖出外汇时，开立一张由其国外分支机构或代理行付款的汇票交给汇款人，由汇款人自带至国外取款或邮寄给国外收款人，这时使用的汇率就是票汇汇率。银行可以利用客户资金大约一个航空邮程的时间，收款人没有从汇入行提取汇款之前，汇出行都可以利用汇款人的资金获取利息收益，因此，票汇汇率低于电汇汇率。

【提示】汇票有即期和远期之分，票汇汇率可分为即期票汇汇率和远期票汇汇率。即期票汇汇率一般等于信汇汇率。对远期汇票而言，票汇支付期限越长，票汇汇率越低。

（四）按外汇买卖交割期限划分，可分为即期汇率和远期汇率

（1）即期汇率（Spot Rate）又称现汇汇率，是指买卖外汇双方成交后在当日或两个营业日内进行交割时的汇率。

（2）远期汇率（Forward Rate）又称期汇汇率，是指外汇买卖成交后，在约定的到期日进行交割所使用的汇率。买卖远期外汇的期限一般为1、3、6、9、12个月等。

远期汇率与即期汇率之间的差额称为远期差价（Forward Margin），也称掉期率（Swap Rate），用升水、贴水和平价表示。①升水（At Premium）表示远期汇率高于即期汇率，或者说远期外汇比即期外汇贵；②贴水（At Discount）表示远期汇率低于即期汇率，或者说期汇比现汇便宜；③平价（At Par）表示远期汇率等于即期汇率。在不同的汇率标价方法下，远期汇率的计算方法不同。可归纳为：

在直接标价法下：

远期汇率＝即期汇率＋升水

远期汇率＝即期汇率－贴水

在间接标价法下：

远期汇率＝即期汇率－升水

远期汇率＝即期汇率＋贴水

（五）按外汇买卖的营业时间，可分为开盘汇率和收盘汇率

（1）开盘汇率（Opening Rate）又称开盘价，是指外汇银行在每个营业日开始时买卖外汇所使用的汇率。

（2）收盘汇率（Closing Rate）又称收盘价，是指外汇市场上外汇银行在每个营业日结束时买卖外汇所使用的汇率，通常是外汇市场交易结束前30秒钟或60秒钟的汇率。

一个外汇市场的营业从开始到结束虽然只有几个小时，但在汇率急剧波动的情况下，开盘价与收盘价也会相差很大。另外，世界上各个外汇市场的营业时间虽然因时差关系而不一致，但由于各外汇市场之间存在着发达的电信网络和密切的行情联系，一个外汇市场的收盘汇率往往影响另一个外汇市场的开盘汇率。

（六）按照外汇买卖的对象划分，可分为同业汇率与商人汇率

（1）同业汇率（Inter-bank Rate），是指银行与银行之间买卖外汇的汇率。同业汇率的银行买入价与卖出价的价差较小。

（2）商人汇率（Merchant Rate），是指银行对客户买卖外汇的汇率。商人汇率是根据同业汇率卖出价增、买入价减一定的差额确定的，所以商人汇率的银行买入价与卖出价的价差较大。

（七）按汇率制度不同，可分为固定汇率和浮动汇率

（1）固定汇率（Fixed Rate），是指一国货币对另一国货币的汇率基本固定，且将汇率的波动幅度限制在一个特定的范围内的汇率。在金本位制下和第二次世界大战后的布雷顿森林货币体系下，世界各国都采用这种汇率。

（2）浮动汇率（Floating Rate），是指一国货币的对外汇率不予固定，也不规定上下限的波动幅度，而是根据外汇市场的供求状况任其自由涨落的汇率。1973年布雷顿森林货币体系崩溃后，主要工业国家都采用这种汇率。

（八）按外汇管制的宽严程度不同，可分为官方汇率和市场汇率

（1）官方汇率（Official Exchange Rate），是指货币当局规定的、要求一切外汇交易都采用的汇率。

(2)市场汇率(Market Exchange Rate),是指在外汇市场上自由买卖外汇的实际汇率。但是,各国货币金融当局经常运用各种手段干预外汇市场,使市场汇率保持基本稳定或向预定目标变动。

(九)按汇率使用范围的不同,可分为单一汇率与复汇率

(1)单一汇率(Single Rate),是指一个国家的货币对其他国某货币只有一种汇率,通用于该国所有的经济交往中。

(2)复汇率(Multiple Rate),是指一种货币(或一个国家)有两种或两种以上汇率,不同的汇率用于不同的国际经贸活动。复汇率是外汇管制的一种产物,目前只有一些发展中国家仍实施复汇率,但根据国际货币基金组织的要求,只能依据需要使用简单的复汇率,严格限制实行复杂的复汇率。

(十)按外汇资金的性质或来源,可分为贸易汇率和金融汇率

(1)贸易汇率(Trade Rate)又称"商业汇率",是指适用于进出口贸易货价及其从属费用结算的汇率。其服务于一国的"奖出限入"的贸易政策,以改善该国的国际收支为目的。

(2)金融汇率(Financial Rate),是指适用于资金流动、旅游事业等非贸易外汇收支的汇率。其以限制资金流出、鼓励资金流入为目的。

(十一)按衡量货币价值的角度划分,可分为名义汇率、实际汇率与有效汇率

动漫视频

名义汇率

(1)名义汇率(Nominal Exchange Rate),是指用一种货币所能兑换的其他货币的数量来表示该货币的汇率,是货币兑换和外汇交易时使用的汇率。由于其不一定体现不同国家的价格水平变动,不一定体现货币购买力的变化情况,不一定真正反映货币的实际价值,所以称之为名义汇率。

名义汇率可分为名义双边汇率和名义有效汇率。名义双边汇率是指用另一国货币的数量所表示的某种货币的汇率。各种报刊所登载的汇率都是名义双边汇率。名义有效汇率是指用若干种其他国家货币数量的加权平均值来表示某种货币的汇率,即各种名义双边汇率的加权平均,所以也被称为汇率指数。

(2)实际汇率(Real Exchange Rate)又称真实汇率,是把名义汇率和那些与名义汇率类似、对外汇买卖有影响作用的因素结合在一起的理论汇率。因此,在分析影响国际经济活动的价格因素时,实际汇率的作用常常比名义汇率更重要。实际汇率有两种不同的含义。

第一种含义的计算公式为:

实际汇率=名义汇率±财政补贴或税收减免

【提示】实际汇率的这种含义是把名义汇率和财政补贴或税收减免等因素结合在一起,以考察其对进出口的实际影响。

第二种含义的计算公式为:

$$e_r = e\frac{p^*}{p}$$

式中:e_r 为实际汇率,e 为名义汇率,p^* 为外国基期物价指数,p 为代表本国的价格水平。实际汇率等于名义汇率用两国价格水平之比调整之后的值。这是以不变价格计算出来的某国货币汇率,是将名义汇率中的物价因素扣除后得出的。

【提示】实际汇率的这种含义是把价格因素和名义汇率结合在一起,以考察其对国际经济交易的影响。

实际汇率反映了一个国家针对价格竞争的国际竞争力。在其他条件不变的前提下,实际汇率上升,表示该国国际竞争力提高。从实际汇率的定义可知,外汇汇率上升、外国物价水平上升、本国物价水平下降都是表现本国商品国际竞争力提高的核心因素。

鉴于价格水平的数据难以获得，人们使用价格指数替代价格水平，但是各国在编制价格指数时，选择的基期不同，容易造成混淆，只适用于跨时分析。

【注意】实际汇率主要受三个因素的影响：名义汇率、本国的价格水平、外国的价格水平。

【提示】影响国际经济交易的因素是实际汇率而不是名义汇率。

(3)有效汇率(Effective Exchange Rate)，有效汇率是一国货币对一篮子货币经过加权平均计算后得到的汇率，通常以指数形式表示。有效汇率是综合反映一种货币对多种货币的多边汇率平均值。名义汇率和实际汇率都是双边汇率，只能表示一种货币相对于另一种货币价值的变化，却不能反映一种货币价值的总体变化趋势，因此引入了更为宽泛的有效汇率概念，来衡量一国货币价值相对于其他货币价值的变化与其自身价值总量的变化趋势。

有效汇率作为某种加权平均汇率，其权数可根据需要选择不同的指标，最常用的权数是贸易值。其计算公式如下：

$$A\text{ 币有效汇率}=\sum_{i=1}^{n}\frac{A\text{ 国与 }i\text{ 国的贸易值}}{A\text{ 国的贸易总值}}\times A\text{ 币兑 }i\text{ 币的汇率}$$

除了以贸易比例为权重的有效汇率以外，还有以各个国家的国家竞争力、劳动力成本和各种价格指数为权重的有效汇率。

有效汇率可分为名义有效汇率和实际有效汇率。名义有效汇率是用名义汇率进行加权平均计算得到的，而实际有效汇率是用实际汇率进行加权平均计算得到的。

【提示】实际有效汇率指数上升代表本国货币相对价值的上升，下降表示本币贬值。

由于实际有效汇率不仅考虑了一国的主要贸易伙伴国货币的变动，而且剔除了通货膨胀因素，因此能够更加真实地反映一国货币的对外价值。当一国的实际有效汇率下降时，意味着该国货币的贬值幅度较其主要贸易伙伴国货币贬值的幅度更大，该国商品的国际竞争能力相对提高，有利于出口而不利于进口，贸易收支容易出现顺差，反之则相反。美元指数是最有实际运用价值的有效汇率。

任务三　汇率的决定与变动

一、汇率的决定基础

汇率作为两种货币之间的兑换比率，其本质是两国货币各自所代表或所具有的价值的比率。因此，各国货币所具有或所代表的价值是汇率的决定基础。在不同的货币制度下，各国货币所具有或所代表的价值是不一样的，各种货币之间兑换比例确定的标准也是不同的，因此，汇率的决定基础也不同。

(一)金本位制下的汇率决定基础

1. 金币本位制度下汇率的决定基础

在金币本位制度下，两国金铸币含金量之比称为铸币平价，铸币平价是决定汇率的基础，汇率变动的范围是黄金点。

金币本位制是典型的金本位货币制度。在金币本位制下，各国使用黄金为币材，并规定单位金铸币的含金量，同时规定金币可以自由铸造、自由熔化，银行券可以自由兑换黄金，黄金可以自由流出或流入国界。因此，金币是当时各国的主要通货，并可以自由对外进行支付结算。各国的金币虽然形状、大小各不相同，但金币含金量是固定的，可以用含金量体现出它们所具有的价值，而含金量之比即铸币平价就是两种货币之间的比价。

动漫视频 黄金输送点

各国虽然在法律上认定两国货币的汇率是铸币平价，但铸币平价并不是外汇市场上的实际汇率，而是决定汇率的价值基础。由于当时各国之间已开始使用以外汇为支付手段的非现金结算方式，外汇买卖已很普遍，实际汇率是在外汇市场的供求机制下形成的。如果市场上某种外汇供过于求，其汇率就会跌到铸币平价以下；反之，如果某种外汇供不应求，其汇率就会涨到铸币平价以上。然而在金本位制度下，汇率的下跌或上涨不是漫无边际的，而是以铸币平价为中心，在一定幅度内上下波动，波动幅度的界限就是黄金输送点，也称黄金点。黄金输送点(Gold Delivery Point)是指金币本位制下，由于外汇汇率涨落引起黄金输出、输入国境的界限，它等于铸币平价加（减）运送黄金的费用。在直接标价法下：

黄金输出点＝铸币平价＋黄金运杂费

黄金输入点＝铸币平价－黄金运杂费

例如，在第一次世界大战之前，把 1 英镑黄金由英国运往美国的运杂费为 0.03 美元，对美国来说：

黄金输出点为：1 英镑＝4.866 5 美元＋0.03 美元＝4.896 5 美元

黄金输入点为：1 英镑＝4.866 5 美元－0.03 美元＝4.836 5 美元

也就是说，美国黄金输出点为 4.896 5 美元，黄金输入点为 4.836 5 美元，英镑与美元汇率的波动界限在 4.836 5 美元至 4.896 5 美元之间。

黄金输送点之所以成为汇率波动的上下限，是由于金本位时期存在着现金和非现金两种对外结算方式。尽管黄金是世界货币，但由于在国际结算中用黄金作为支付手段要发生很多费用和麻烦，如运费、保险费和安全问题等，所以一般的贸易往来都采用非现金结算，即用汇票作为支付手段，而汇票结算就必然带来汇率波动问题。因此，在汇率围绕铸币平价波动的幅度不超过运输黄金的费用时，人们会选择非现金结算方式；而当汇率波动幅度超过运输黄金的费用时，人们宁愿选择现金结算方式，即不再买卖外汇，而直接运送黄金支付。

由此可见，在金币本位制时期，铸币平价是决定汇率的基础，黄金输送点是汇率波动的界限，汇率是以铸币平价为基础，在黄金输送点内依据外汇供求状况而形成的。由于运送黄金的各项费用仅为黄金价值的 0.5%～0.7%，所占比重较小，所以汇率波动的幅度也比较小，汇率基本上是稳定的。

2. 金块本位和金汇兑本位制度下汇率的决定基础

在金块本位制度下，黄金已经很少直接充当流通手段和支付手段，金块的绝大部分为政府所掌握，其自由输出和输入受到了影响。同样，在金汇兑本位制度下，黄金储备集中在政府手中，在日常生活中，黄金不再具有流通手段的职能，其输出和输入受到了极大限制。因而在这两种货币制度下，两种货币之间的汇率由纸币所代表的含金量之比来决定，称为法定平价。法定平价也是金平价的一种表现形式。实际汇率因供求关系而围绕法定平价上下波动。但这时，汇率波动的幅度已不再受制于黄金输送点。黄金输送点存在的必要前提是黄金的自由输出和输入。在金块本位和金汇兑本位下，由于黄金的输出和输入受到了限制，因此，黄金输送点实际上已不复存在。在这两种削弱了的金本位制度下，虽说决定汇率的基础依然是金平价，但汇率波动的幅度则由政府来规定和维护。政府通过设立外汇平准基金来维护汇率的稳定。当外汇汇率上升，便出售外汇；当外汇汇率下降，便买进外汇，以此使汇率的波动局限在允许的幅度内。显然，与金币本位制度时的情况相比，金块本位和金汇兑本位下汇率的稳定程度已降低了。

（二）纸币流通时期的汇率决定基础

1. 纸币具有法定含金量时期汇率的决定

在纸币规定有法定含金量时期，即金本位制度崩溃之后的纸币流通初期及第二次世界大战以后的布雷顿森林货币制度下，各国政府规定了本国货币所代表的（而不是具有的）含金量。两种货币的法定含金量之比称为黄金平价，黄金平价是汇率的决定基础。汇率以黄金平价为中心在人为规定的幅度内变动，各国政府有义务将汇率稳定在这一波动幅度之内。

纸币所代表的含金量之比决定汇率，与金本位制下铸币所具有的含金量之比决定汇率有着本质的差别。后者是一种实实在在的价值之比，而前者只是一种虚设的价值之比。纸币不能兑换黄金，也不能像金币一样通过执行流通手段与贮藏手段的转换来调节流通中的货币量；纸币发行量过大或过小都会使纸币所代表的价值量同政府规定的含金量不相符，这时纸币的汇率显然不能由其名义上的含金量来决定，而应由其实际所代表的含金量来决定。如果纸币所代表的含金量与名义上规定的含金量相差太远，以至于中央银行难以用有限的外汇平准基金干预外汇市场以使汇率稳定在规定的上下限之内，政府就会宣布本国纸币贬值或升值，称为货币法定贬值或法定升值。

货币法定贬值是指在纸币具有法定含金量时期，单位纸币实际所代表的含金量大大低于名义含金量，或是当通货膨胀程度较高、国际收支存在逆差时，政府用法令宣布降低单位纸币的含金量，使之与实际所代表的含金量相符合的措施。

货币法定升值是指在纸币具有法定含金量时期，单位纸币实际所代表的含金量超过其名义含金量，或是当通货膨胀程度较低、国际收支存在顺差时，在国际收支逆差较大的国家的压力下，政府通过法令宣布提高单位纸币的含金量的措施。

2. 纸币不规定含金量时期汇率的决定

在纸币不规定含金量时期，即现行的货币制度下，汇率由购买力平价决定，在外汇供求状况影响下自由浮动。

1973 年后，随着布雷顿森林体系的解体，各国普遍实行信用货币制度。各国政府不再规定纸币的含金量，纸币的价值不再以含金量来体现，纸币所具有的购买一定数量商品的能力表现了纸币在流通中所代表的实际价值。两国货币之间的汇率取决于它们各自在国内所代表的实际价值，也就是说货币对内价值决定货币对外价值；而货币的对内价值又是用其购买力来衡量的。纸币所代表的价值量之比，或两种货币购买力之比称为购买力平价，购买力平价是汇率的决定基础。汇率的涨跌没有波动幅度的限制，而是随外汇市场供求的变化自由浮动。

汇率的变动表现为汇率的上浮与下浮。两种货币的汇率随着外汇市场的外汇供求状况而变动。当外汇供不应求、兑换本币数量增多时，称作汇率的上浮，意味着外汇升值、本币贬值；当外汇供过于求、兑换本币数量减少时，称作汇率的下浮，意味着外币贬值、本币升值。

二、影响汇率变动的因素

动漫视频

汇率变动

影响汇率变动的因素很多，这些因素通过引起两种货币币值的对比发生变化和外汇供求状况发生变化，进而引起汇率发生变动。总体上说，一国的宏观经济状况和经济实力是决定该国货币汇率变动的基本因素。

（一）国际收支差额

一国的国际收支状况直接决定着该国外汇供求状况，从而引起汇率变动。当国际收支出现顺差时，外汇收入大于外汇支出，国际储备增加，使外汇的供给大于需求，会引起外汇汇率下降和本币汇率上升；当国际收支出现逆差时，外汇支出大于外汇收入，外汇储备减少，使外汇的需求大于外汇供给，会引起外汇汇率上升和本币汇率下降。

一般而言，暂时的、小规模的国际收支差额可以被国际资本流动、相对利率和通货膨胀率的变动、政府在外汇市场上的干预等因素抵消，从而只对汇率产生较小的影响；只有巨额的、长期的国际收支差额才会影响汇率，并且国际收支差额对汇率的影响要通过外汇市场上的供求状况的变化才能逐步体现出来。

【注意】国际收支是影响汇率变动的中长期因素。

国际收支中的经常项目差额对汇率的影响是最重要的。在固定汇率制下，经常项目收支不平衡往往是货币法定贬值的先导，政府往往迫于市场的压力而改变汇率；在浮动汇率制下，该项目收支的不平衡在经历一个时滞后会引致本币汇率的变动。而在经常项目中，贸易收支一直是在中长期决定汇率走势的主要因素。贸易收支的不平衡，在第二次世界大战后的外汇史上始终是汇率变动，特别是汇率较大变动的最主要原因。

国际收支中的资本项目差额，会在短期内对汇率产生直接影响。例如，当资本输出时，本币换成外币的要求造成本币贬值的压力；当资本输入时，本币汇率将会上升。当然，资本项目中的直接投资，对汇率的影响比较复杂。因为当本国对外国直接投资时形成资本输出，引起本币贬值而外币升值；而当投资一定时期后，会给企业带来一定利润，利润汇回形成资本流入，又会抵消资本输出的贬值压力。

（二）相对通货膨胀率

在其他经济条件不变的情况下，若一国发生通货膨胀，该国单位货币所代表的价值量减少，对内贬值，则其对外价值也下降，外汇汇率上升，本币汇率下跌。

另外，由于通货膨胀使国内物价上涨、出口商品成本增加，对出口不利，同时使进口商品的盈利空间增大或处于有利的价格态势，刺激进口，这样会使贸易收支恶化、外汇需求增加，导致本币汇率下跌、外币汇率上浮。

考察通货膨胀程度对汇率的影响，不能仅从一国来观察，还应观察其他国家通货膨胀率的变化并进行比较。一般来说，相对通货膨胀率较高的国家，其货币的对内价值下降的速度更快，于是其货币汇率也会随之下降；如果两国通货膨胀率大体相等，则汇率的变化数值不会太大。此外，通货膨胀对汇率的影响有一个过程，这一过程需要半年或更长时间，但这种影响一旦起作用，其延续时间就会比较长。

【注意】通货膨胀对汇率具有长期的影响，往往成为影响汇率变动趋势的因素。

（三）相对利率

利率是资金的交易价格，是使用资金的代价或放弃使用资金的收益。利率的高低代表了一国金融资产对外的吸引力，会直接引起国际套利资本的流动，并引致汇率波动。一般认为，在考察利率变动影响时，不仅要比较内外利率，而且要比较内外通货膨胀率，即要比较内外实际利率。当不同国家实际利率存在差异时，投资者为了追求较高的收益，必然把低利率货币兑换成高利率货币，这样就会影响到不同货币的需求与供给，从而影响汇率的变动。

利率高的国家资金收益较高，吸引外资流入，使市场上外汇供给增加，同时本币资金的成本上升，使得市场对外汇需求增加，从而引致外汇汇率下跌、本国货币汇率上升；反之，利率低的国家货币汇率下跌。另外，一国提高利率，是为了紧缩国内银根，控制投资膨胀和经济过热，于是单位货币价值量增加，该国货币汇率在短期内上升；反之，一国降低利率是为了放松银根，刺激投资增加和经济增长，于是单位货币价值量减少，该国货币汇率在短期内下降。因此，在其他因素不变的情况下，利率在一定条件下对汇率的短期影响很大，高利率货币汇率上浮，低利率货币汇率下浮。

利率对于汇率的另一个重要作用是引致远期汇率的变化，外汇市场远期汇率升水、贴水的主要原因在于货币之间的利率差异。高利率货币会引起市场上对该货币现汇的需求，以期获得一定期限的高利息收入。但为了防止将来投资到期时该种货币汇率下跌带来损失，人们在购进这种货币现汇时往往会采取掉期交易，即卖出这种货币的远期，从而使该货币远期贴水；同样的道理，低利率的货币则有远期升水。

（四）经济增长率的国际差异

一国经济发展状况可以用其经济增长率来表示，国内外经济增长率的差异对汇率产生多方面的影响。一国的经济增长率上升，说明该国经济景气，出口旺盛，因此该国币值稳定，外国对该国货币有信心，在国际交易中愿意使用该种货币，该种货币的汇率一般会上升；反之，该种货币汇率会下降。但是，发展中国家情况有所不同，经济发展较快，国民收入有较大的增长，进口需求增加，如果本国货币不是自由兑换货币，对外汇需求量增大，在供求影响下，外汇汇率会上升，而本币汇率会下降。

【注意】高经济增长率短期内由于贸易收支问题可能会不利于本币的汇率，但长期中却是支持本币成为国际货币市场硬通货的有利因素。

（五）中央银行的外汇干预

中央银行的外汇干预是指一国中央银行或多国中央银行联合在外汇市场上参与外汇买卖业务，以影响一国货币汇率或几种主要自由兑换货币汇率变动的措施。

不论是在固定汇率制度下，还是在浮动汇率制度下，一国货币当局都会被动地或主动地干预外汇市场，稳定汇率，以避免汇率波动对经济造成不利影响，实现自己的政策目标。浮动汇率制下的外汇干预体现了汇率是一种管理浮动。

中央银行（货币当局）外汇市场干预主要包括两种方式：冲销干预和非冲销干预。①冲销干预（Sterilized Intervention）是指中央银行在进行外汇买卖的同时，又通过公开市场业务对国内市场进行反向操作，达到本币供应量不变的目的。②非冲销干预（Non-Sterilized Intervention）是指中央银行允许其买卖外汇而改变国内市场上的货币供应量。

货币当局的外汇干预，必然会改变国内的货币存量。比如，当本币承受贬值压力时，为维持汇率稳定，货币当局会在外汇市场上卖出外币，买入本币，这一干预行为将导致国内货币存量下降。如果货币当局通过在公开市场上买入政府债券等资产的形式增加货币存量，从而抵消外汇市场干预行为对货币存量的影响，那么这种干预行为就是冲销干预。如果货币当局不在公开市场上买卖资产以抵消外汇市场干预对货币存量的影响，那么这种干预就是非冲销干预。

反之，当本币承受升值压力时，进行冲销干预的作用机理是：买外汇、抛本币→本币汇率↓本币供应量↑（引起 $M_S>M_D$，物价上升，通货膨胀）→（同时）卖出政府债券，回笼基础货币→本币供应量不变。而进行非冲销干预的作用机理是：买外汇、抛本币→本币汇率↓本币供应量↑（引起 $M_S>M_D$，物价上升，通货膨胀）→本国利率↓→资本流出↑本币贬值越大。

由此可见，在浮动汇率制下，中央银行在外汇市场上进行非冲销干预达到调整汇率的目的效果更好，因为非冲销干预会引起货币存量变化，从而引起利率的相应变化，进而引致资本流动，汇率变化。而冲销干预不影响货币供给，进而不影响货币市场的均衡，但会打破债券市场的均衡，中央银行干预外汇市场带来的外国资产的变化等于其持有国内政府债券同量的变化。

但非冲销干预可能导致宏观调控的内外目标相冲突，即汇率干预的目标可能会妨碍内部经济目标的实现。所谓外部目标，是指官方在外汇市场上干预要达到的汇率目标；所谓内部目标，指的是国内经济增长、充分就业和物价稳定。当官方在外汇市场上干预要避免和纠正汇率升值时，国内的货币存量会上升，必然引致物价上升、就业增加。如果此时国内经济已处于通货膨胀状态，那么此时的非冲销干预与国内物价稳定的目标相悖。当然，如果国内经济处于萧条状态，则非冲销干预与内部经济目标的实现是一致的。

中央银行的外汇市场干预虽不能从根本上改变汇率，但在短期内确实可以有效地影响汇率。固定汇率制度在第二次世界大战后维持了 25 年之久，足以显示中央银行干预的成效。特别是 20 世纪 80 年代以来，西方主要国家在管理浮动汇率制度的基础上进行联合干预，更使得中央银行的行为成为外汇市场上影响汇率的不可忽视的力量。

（六）一国的宏观经济政策

一国为增加就业、稳定物价，促进经济增长和改善国际收支，往往采取宏观经济政策对国内经济加以调控。这些政策对经济增长率、物价上涨率、利息率和国际收支状况等都会产生一定影响，这样必然会影响到汇率的变动。

一般来说，扩张性的财政、货币政策造成的巨额财政收支逆差和通货膨胀，会使本国货币对外贬值；紧缩性的财政、货币政策会减少财政支出，稳定通货，而使本国货币对外升值。但这种影响是相对短期的，财政、货币政策对汇率的长期影响则要视这些政策对经济实力和长期国际收支状况的影响如何而定，如果扩张政策能最终增强本国经济实力，促使国际收支顺差，那么本币对外价值的长期走势必然会提高，即本币升值；如果紧缩政策导致本国经济停滞不前，国际收支逆差扩大，那么本币对外价值必然逐渐削弱，即本币贬值。

（七）市场预期心理

在国际外汇市场上，市场参与者对汇率走势的预期将决定其交易行为，进而决定汇率。它是影响汇率变动各因素中最难把握的，包括对国际收支状况的预期、相对通货膨胀率的预期、相对利率或相对资产收益率的预期，以及对汇率本身的预期等。如果人们预期某国的通货膨胀率比较高，实际利率水平较低，经常项目收支将产生逆差，或者该国经济将遇到不利因素，那么人们就会预期该国货币将会贬值，该国货币在外汇市场上将被抛售，从而使该国货币真正贬值；反之，该国货币则会升值。例如，交易者认为欧元汇率将上升、美元汇率将下降，便会立即买进欧元抛出美元，使欧元需求大于供给、美元供给大于需求，引起欧元汇率上升、美元汇率下降；反之，则反是。

市场预期中重要的因素之一是外汇投机者的预期，它在短期内会引起资金的大规模流动，改变货币的供求状况，引起汇率大起大落。当外汇市场处于上涨行情时，一些微不足道的利多消息就会刺激看好心理，引起该种货币汇率上升；当外汇市场处于下降行情时，一些大的利好消息也无力挽回该种货币汇率疲软的趋势，而一些微小的利空消息却会使汇率急剧下降。

（八）政局动荡和突发事件

政局动荡和突发事件对汇率变动也有重要影响。政治形势的变化会引起外汇市场的波动，一个国家政局稳定，各项政策相对稳定且可持续，其经济平稳增长，国内物价平稳，各国也对该国有信心，这有利于维持该国货币汇率稳定；反之，一国政局不稳，外汇交易者为免遭损失，会大量抛售该国货币，导致其货币汇率下降。

三、汇率变动对经济的影响

（一）汇率变动对一国对外经济的影响

汇率变动对一国对外经济的影响实际上表现为对一国国际收支的影响。汇率与国际收支之间是互相影响、互相制约的关系。在浮动汇率制下，国际收支状况的好坏会直接影响汇率波动；反过来，汇率的上下波动，也会对国际收支产生直接影响。

1. 汇率变动对贸易收支的影响

汇率变化最为直接也是最为重要的影响就是对贸易收支的影响，这种影响有微观的和宏观的两个层面。从微观上讲，汇率变动会改变进出口企业成本、利润的核算；从宏观上讲，汇率变化因对商品进出口总值产生影响而使贸易收支差额以至于国际收支差额发生变化。

【提示】如果一国货币的汇率下浮，即本币对外贬值、外币升值，则有利于该国增加出口、抑制进口，因而会减少贸易逆差，增加贸易顺差；反之，如果一国货币汇率上浮，即本币升值、外币贬值，则有利于进口，不利于出口，因而会减少贸易顺差或扩大贸易逆差。

以一国货币汇率下浮即本币贬值为例,它对该国出口的影响是增加出口。这是因为:①国外对该国商品需求增加,出口扩大。等值本币的出口商品在国际市场上会折合比以前更少的外币,以外币表示的出口商品价格就会下降,竞争力增强,而当出口商品具有较大价格需求弹性时,会诱使国外居民增加对该国出口商品的需求,使出口大幅度增加。②出口企业积极性提高,出口扩大。因为如果出口商品在国际市场上的外币价格保持不变,则本币贬值会使等值的外币兑换成比以前更多的本币,出口同样数量的商品,换回本国货币的数量更多,出口企业的利润增加,从而刺激其出口的积极性,增加出口数量。

本币贬值对该国进口的影响是使进口受到抑制。这是因为:①贬值后,以外币计价的进口商品在国内销售时折合的本币价格比贬值前提高,使该国商品与进口商品的性能价格比发生变化,购买进口商品变得不经济,从而该国居民对进口商品的需求减少;而进口企业成本增加,利润减少,进口数量相应减少。②如果维持原有的国内销售价,则需要压低进口品的外币价格,这又会招致外国商人的反对。因此,本币贬值会自动地抑制外国商品的进口。相反,如果一国货币汇率上浮即本币升值,则会鼓励进口而使出口受阻。

【注意】如果本币贬值有效地促进了出口,限制了进口,则会改善一国的贸易收支,但是本币贬值起到扩大出口、限制进口的作用需要满足一定的条件。

2. 汇率变动对非贸易收支的影响

一国货币汇率下浮或上浮,对该国国际收支经常项目中的旅游和其他劳务收支的状况也会产生一些影响。如果一国货币汇率下浮即本币贬值,外国货币的购买力相对提高,该国的劳务商品价格相对降低,这对外国游客或客户无疑增加了吸引力,会扩大贸易收入的来源。反之,如果一国货币汇率上浮即本币升值,外国货币购买力相对下降,该国的旅游等劳务的相对价格上升,会减少非贸易收入来源;同时,由于本国货币购买力的相对提高,使外国劳务商品价格相对降低,还会刺激非贸易支出的增加。

3. 汇率变动对资本流动的影响

如果一国货币汇率有下浮趋势而尚未下浮时,资本就会从国内流向国外;如果一国货币汇率有上浮趋势而尚未上浮时,就会形成资本内流。

汇率变动对一国资本流动的影响,取决于人们对汇率未来变动趋势的预期。当一国货币对外贬值时,如果人们普遍产生该国货币汇率将进一步贬值的预期,资本所有者担心由于汇率下跌造成损失,就会将资本转到国外,以避免遭受更大损失;但如果市场普遍认为贬值已使该国货币处于均衡水平,或认为贬值过度,该国货币汇率将出现反弹,则人们会将资金从他国转移至该国以获利。相反,该国货币汇率具有上升趋势时,资本所有者为了取得货币汇率上浮带来的收益,就会将资本转到该国,而一旦该国货币汇率上升并终止,资本流入就会停止。

4. 汇率变动对外汇储备的影响

汇率变动对外汇储备的影响表现在两个方面:①汇率变动会引起外汇储备实际价值的变动。如果储备货币汇率上升,会增加外汇储备的折算价值;如果储备货币汇率下跌,则会减少外汇储备的折算价值。②汇率变动会引起一国国际收支的变动,从而引起外汇储备变动。如果一国货币汇率下浮,则有利于出口而抑制进口,导致贸易顺差,会增加该国外汇储备;由于该国存在贸易顺差,其货币有升值的趋势,就会吸引外资流入,又将引致资本项目的顺差,也会增加该国外汇储备。相反,若一国货币汇率上浮,则会形成贸易项目和资本项目的双逆差,会减少该国外汇储备。

在现行的储备货币多元化的条件下,汇率变化对外汇储备的影响也是多样化的。有时外汇市场汇率波动较大,但因储备货币中升值货币和贬值货币的力量均等,外汇储备就不会受到影响;有时虽然多种货币汇率保持稳定,但占比重较大的储备货币汇率下跌,外汇储备总价值也会大幅度下降。

(二)汇率变动对一国国内经济的影响

1. 汇率变动对一国国内物价的影响

在货币发行量一定情况下，本币汇率上升会引起国内物价水平下降。因为本币汇率上升、外汇汇率下降，就会使以本币表示的进口商品在国内售价相对便宜，刺激进口增加，并带动用进口原料生产的本国产品价格下降。另外，由于本币汇率上升，以外币表示的出口商品在国外市场价格升高，降低了出口商品的竞争力，促使一部分出口商品转内销，增加了国内市场供给量，也会引起国内物价水平的下降。

在货币发行量一定的情况下，本币汇率下浮会引起国内物价水平上升。因为本币汇率下浮，①有利于本国商品出口，出口商品数量增加会使国内市场供应发生缺口，促使价格上涨。②进口商品用本币表示的价格因本币汇率下跌而上升，促使进口的生产资料价格提高，导致以此为原料的国产商品价格上涨，同时，进口的消费资料也因本币汇率的下浮而价格上涨，进口商品数量减少，国内市场商品供应相对减少，引起国内物价总水平上涨。

此外，本币贬值如果使得国际收支出现顺差，则会造成外汇储备增加，这又意味着中央银行本币投放的增加。由于这些本币都是基础货币，在货币乘数的作用下会呈现成倍的放大，所以会导致货币供应量急剧增加。因此，汇率与本国物价之间的关系是十分密切的，而且互为因果。现实中，一国发生通货膨胀会导致本币对外贬值，本币贬值又会产生物价上涨的压力；如果政府当局不能有效地加以控制，则会陷入本币贬值→出口增加、进口减少→价格上升、通货膨胀→出口减少、进口增加→本币进一步贬值的恶性循环中。

【提示】由于本币贬值一般会促进出口、刺激需求、增加货币供给，因此对宏观经济具有一定的扩张效果；反之，本币升值则会对宏观经济产生紧缩作用。

2. 汇率变动对国内利率水平的影响

在货币发行量一定的条件下，本国货币汇率上升，使国内利率总水平上升。因为本币汇率上升会对商品出口和资本流入产生不利的影响，而对商品进口和资本流出产生有利的影响，引起本国外汇收入减少、外汇支出增加，从而使国内资金总供给减少，引起国内利率总水平上升。相反，本国货币汇率下降，有利于增加本国外汇收入，国内资金供应增加，引致国内利率总水平下降。

【注意】凡是货币汇率高估而有逆差的国家，其国内利率水平必然偏高；凡是货币汇率低估而有顺差的国家，其国内利率水平必然偏低。

3. 汇率变动对社会总产出的影响

一国货币贬值后，由于“奖出限入”的作用，贸易收支往往会得到改善。如果该国还存在闲置的生产要素，则一国的总产出将通过净出口增加的乘数效应扩大。此外，贸易收支改善后，增加的外汇积累若用于进口先进的机器设备等资本品，在存在闲置生产要素的条件下，可进一步增强该国生产能力，从而增加总产出。

4. 汇率变动对就业及国民收入的影响

在其他条件不变时，本币汇率下跌，有利于出口而不利于进口，从而有利于本国第一产业、第二产业和第三产业的发展，促进国内就业岗位增多和国民收入增加；反之，由于本国货币汇率上升，不利于出口而有利于进口，限制了本国经济的发展，必然减少国内就业量和国民收入的增加。在经济进入相对过剩、国内就业压力日益加大的情况下，许多国家不时采用各种措施降低本国货币汇率，以达到增加国民收入和充分就业的目的。

5. 汇率变动对资源配置的影响

一国货币贬值后，进口品本币价格一般会上升，进口替代品本币价格也会上升，这样整个贸易品部门的价格相对于非贸易品部门的价格就会上升，由此会引发生产资源从非贸易部门转移到贸易部门。这样，一国的生产性资源就会更多地向贸易品部门配置，从而呈现出更为开放的产业结构。在发展中国家，货币贬值还可以提高资源配置效率。首先，货币贬值后，一国可以相应取缔原先设置的进口关税、进口配额、进口许可证等保护措施，有利于促进进口替代行业的生产效率提高；其次，贬值后，原先因定值过高而受到歧视性损害的农业部门（往往是发展中国家的出口部门）获得正常发展；最后，与国外相竞争的贸易品部门扩大，本身也有助于产业结构的升级和资源配置效率的提高。

（三）汇率变动对世界经济的影响

一国货币汇率的变动不仅会影响本国的国内经济，而且会对其他国家的经济产生不同的影响。其影响的范围和程度取决于该国的经济发展状况、外汇管制以及该国的市场情况等。

一般来说，发展中国家经济规模较小，同时发展中国家的货币一般不能作为国际经济中的支付手段和计价手段，因此，其汇率变化只能对贸易伙伴国的经济产生影响，即一国货币贬值引起贸易顺差，其伙伴国的贸易就可能产生逆差。

对发达国家来讲，其汇率变化对其他国家经济的影响，无论是在范围内还是在程度上都是相当大的。这是因为：①发达国家的货币一般能够充当国际经济往来中的计价手段和支付手段，其货币汇率波动会影响所有国家的经济。尤其是美元汇率的变动，对世界经济的影响特别大。在当前的国际贸易和国际金融活动中，普遍以美元为计价和支付手段，某些特殊的商品，如黄金和石油，则仅以美元计价结算。并且有一些发展中国家尽力维持对美元的固定汇率。如果美元汇率上升，则与美元保持固定汇率的发展中国家货币汇率会随同美元对其他国家货币的汇率上升，这可能对它们的贸易收支产生不利影响。②发达国家货币升值或贬值会产生巨额贸易差额，这也意味着其他与之贸易的国家出现相应的巨额贸易不平衡，从而显著地影响其他国家的国际收支。③发达国家货币往往是各国国际储备中的储备货币，其汇率波动会影响其他国家储备资产的价值。④发达国家货币往往充当国际信用工具，其汇率波动会影响其他国家的债务负担。

任务四　汇率制度

一、汇率制度的概念

汇率制度（Exchange Rate System 或 Exchange Rate Regime），又称汇率安排，是指一国货币当局对本国汇率变动的基本方式所作的一系列安排或规定。

一种汇率制度应包含以下几项内容：①确定汇率的原则和依据，例如是以货币本身的价值为依据，还是以法定代表的价值为依据等。②维持与调整汇率的办法和措施，例如是采用公开法定升值或贬值的办法，还是采取任其浮动或官方有限度干预的办法。③管理汇率的法令、体制和政策等，例如各国外汇管制中有关汇率及其适用范围的规定。④管理汇率的机构，例如外汇管理局、外汇平准基金等。

动漫视频
汇率制度

二、汇率制度的类型

按照汇率波动有无平价以及汇率波动幅度的大小，将汇率制度分为固定汇率制度和浮动汇率制度。

（一）固定汇率制

固定汇率制（Fixed Exchange Rate System）是指以本位货币本身或法定含金量为确定汇率的

基准，汇率受平价的制约，只能围绕平价在很窄的范围内波动的汇率制度。固定汇率制度经历了两个阶段：①从1816年到第二次世界大战前国际金本位体系时期的固定汇率制；②从1944年到1973年的布雷顿森林体系的固定汇率制度。

(1)国际金本位体系下的固定汇率制度。在国际金本位体系下，黄金成为两国货币汇率决定的物质基础，两国货币的含金量之比，即铸币平价，决定两国货币的汇率；由于金币可以自由铸造，银行券可以自由兑换金币，黄金可以自由输出输入，汇率受黄金输送点的限制，波动幅度局限于很狭窄的范围内；汇率的稳定是自动而非依赖人为的措施来维持。

【提示】金本位制度下的固定汇率制度是典型的固定汇率制度。

(2)布雷顿森林体系下的固定汇率制度。布雷顿森林体系是一种以美元为中心的国际货币体系。该体系的汇率制度安排，是钉住汇率制度。在这种制度下，美元与黄金挂钩，其他各国货币与美元挂钩，即实行"双挂钩"；汇率的决定基础是黄金平价，但货币的发行与黄金无关；按《国际货币基金协会》规定，各国货币对美元的汇率一般只能在汇率平价1%上下幅度内波动，各国必须同IMF合作，并采取适当的措施保证汇率的波动不超过该界限。

由于这种汇率制度实行"双挂钩"，波幅很小且可适当调整，因此该制度又称以美元为中心的固定汇率制，或可调整的钉住汇率制度。这种汇率制度的安排从总体上看，在注重协调、监督各国的对外经济，特别是汇率政策以及国际收支的调节，避免出现类似20世纪30年代的"贬值战"，对战后各国经济增长与稳定等方面起到了积极的作用。但因汇率变动缺乏弹性，其对国际收支的调节力度相当有限，同时很容易引起破坏性投机以及输入性通货膨胀，这也是导致布雷顿森林体系崩溃的主要因素。

(3)固定汇率制度与法定贬值、法定升值。

①固定汇率制度与法定贬值。在纸币流通制度下，当纸币贬值十分严重，旧的黄金平价和汇率不能维持，并且勉强维持会进一步削弱其出口产品竞争能力，消耗其有限的黄金外汇储备时，该国政府就会颁布法令，废除纸币原来已经变得过高的黄金平价和汇率，规定新的、较低的黄金平价和汇率。这种由法律明文规定降低本国货币的金平价，提高以本币所表现的外币价格的措施就称为货币的法定贬值。

在固定汇率制度下，法定贬值是能抑制进口、扩大出口的机制。在固定汇率制度下，有些国际货币基金组织的会员国往往在其出口贸易极其不振、国际收支和失业问题严重的时期，实行法定贬值。其目的在于，利用法定贬值进行外汇倾销，以扩大出口，限制进口，缓和国际收支失衡和失业加剧等问题，使本国垄断集团获得高额利润。所谓外汇倾销(Foreign Exchange Dumping)，就是指在通货膨胀情况下，一国政府利用汇率上涨与物价上涨的不一致，有意提高外币的行市，使其上涨的幅度大于国内物价上涨的幅度，以便以低于世界市场的价格输出商品，削弱竞争对手，争夺销售市场。

②固定汇率制度与法定升值。在固定汇率制度下，个别通货膨胀程度较轻、国际收支在一定时期内具有顺差的国家，在其他国家的影响与压力下，用法律明文规定提高本币的金平价，降低以本币所表示的外币的价格，就称为货币的法定升值。

一国的国际收支发生顺差，则外汇供过于求，引起以本币所表示的外币价格的下跌。在外币汇率跌到官定下限时，该国政府就抛出本币，收购外币，进行干预，以把汇率控制在官定的下限之上。大量外币的涌进，虽可增加外汇储备，但因兑换外币而在流通领域中投放的本币也必然随之增加，从而加剧该国的通货膨胀。因此，某些具有国际收支顺差的国家，在特定条件下，就采取货币升值的措施，调低本币与外币的兑换比率，以抑制外国货币的大量流入，缓和本国的通货膨胀。

【提示】货币法定升值一般对本国出口贸易不利，而且还会促进进口增加。

(4)固定汇率制的优缺点。①固定汇率制的优点:汇率保持相对的稳定,使国际贸易的成本与利润核算以及国际债权债务的清偿均有可靠的依据,从而可以减少涉外经济主体从事国际贸易的汇率风险,并有利于世界经济与贸易的发展。同时,汇率的稳定在一定程度上抑制了外汇市场的投机活动。②固定汇率制的缺点:汇率基本不能发挥自动调节国际收支的功能;国内经济目标服从于国际收支目标,当一国国际收支失衡时,就需要采取紧缩性或扩张性财政货币政策,从而给国内经济带来失业增加或物价上涨的后果,因此固定汇率制会削弱国内货币政策的自主性,有可能以牺牲内部均衡为代价;在固定汇率制下,易发生输入性通货膨胀。为了稳定汇率,货币当局需要动用黄金与外汇储备,使大量的黄金与外汇储备流失。

(二)浮动汇率制

浮动汇率制(Floating Exchange Rate System)是指一国不规定本币与外币的黄金平价和汇率上下波动的界限,货币当局也不再承担维持汇率波动界限的义务,汇率随外汇市场供求关系变化而自由上下浮动的一种汇率制度。该制度在历史上早就存在过,但真正流行是在 1973 年以美元为中心的布雷顿森林体系崩溃之后,国际货币体系逐渐从固定汇率体制向有管理的浮动汇率制过渡。1978 年 4 月 1 日,国际货币基金组织修改并颁布了国际货币基金组织条文,正式实行管理浮动汇率体系。

在实行浮动汇率制后,各国原规定的货币法定含金量或与其他国家订立纸币的黄金平价就不起任何作用了,因此,国家汇率体系趋向复杂化、市场化。在浮动汇率制下,一国国际收支状况所引起的外汇供求变化是影响汇率变化的主要因素。国际收支顺差的国家,外汇供给增加,外国货币价格下跌,汇率下浮;国际收支逆差的国家,对外汇的需求增加,外国货币价格上涨,汇率上浮。

浮动汇率制按照国家是否干预外汇市场,可分为自由浮动汇率制(又称"清洁浮动汇率制")和管理浮动汇率制(又称"肮脏浮动汇率制")。实际上,没有哪个国家实行完全的自由浮动,主要发达国家都对外汇市场进行不同程度的干预。

汇率浮动的方式可分为单独浮动和联合浮动,也有的实行所谓的钉住浮动和弹性浮动,但钉住浮动本质上属于固定汇率体系。单独浮动是指一国货币不与其他任何货币固定汇率,其汇率根据市场外汇供求关系来决定。目前,包括美国、英国、德国、法国、日本等在内的 30 多个国家实行单独浮动。联合浮动是指国家集团对成员国内部货币实行固定汇率,对集团外货币则实行联合的浮动汇率。欧盟(欧共体)11 国 1979 年成立了欧洲货币体系,设立了欧洲货币单位(ECU),各国货币与之挂钩建立汇兑平价,并构成平价网,各国货币的波动必须保持在规定的幅度之内,一旦超过汇率波动预警线,有关各国要共同干预外汇市场。1991 年欧盟签订了《马斯特里赫特条约》,制定了欧洲货币一体化的进程表。1999 年 1 月 1 日,欧元正式启动,实现了欧洲货币一体化。

国际货币基金组织新协议使各国在汇率制度的选择上具有很强的自由度,因此现在各国实行的汇率制度多种多样。目前,大部分工业国家实行的是浮动汇率制,一些国家实行的汇率制度兼有固定汇率制和浮动汇率制的特点,当前的国际货币体系是以浮动汇率为主的混合体制。

(1)货币局制度,又称货币发行局制度,是一种严格的汇率制度,在此制度下,一国将其货币的汇率牢牢钉住另一种货币,例如美元或欧元。货币局制度保证了该国的钞票和硬币能以某一固定的汇率完全兑换成被钉住的货币。由于有此保证,货币局制度不能发行超过与其外汇储备等值的钞票和硬币。因此,货币局制度的运作是被动和机械化的。这种制度可防止政府通过印钞票来为其活动融资,能避免因此而产生的通货膨胀。中国香港的联系汇率即是货币局制度,港元的汇率以 1 美元兑 7.8 港元钉住美元。

(2)传统的钉住浮动,是指将本国货币钉住另一种货币(作为货币锚)或若干种货币(作为货币篮子),使本国货币与这些外币的汇率保持相对的稳定,而对其他国家的货币则随该货币锚或货币篮浮动的一种汇率制度。按照国际货币基金组织的分法，这种汇率制度属于钉住汇率制度。

【提示】目前，大部分发展中国家实行的是钉住汇率制度。

(3)爬行钉住汇率制，是固定汇率制和浮动汇率制的折中，其含义是一国对货币平价进行细微的、经常性的调整，扭转一国的国际收支失衡，是将汇率钉住某种平价，根据一组选定的指标频繁地、小幅度地调整所钉住平价的一种汇率安排。赤字国和盈余国都会一直调整汇率水平，直到满意为止，并且平价的变动分许多小步进行，汇率的调整尽可能地接近连续。其调整是按照这些指示变量来进行的：相对于主要贸易伙伴国的本国价格的变化，外汇储备水平，出口业绩，国际收支经常账户的状况等。

【提示】巴西、阿根廷、智利等国家使用该制度。

(4)汇率目标区制，是指政府设定本国货币对其他货币的中心汇率并规定汇率上下浮动幅度的一种汇率制度。汇率目标区与现行管理浮动汇率制的区别在于汇率目标区为一定时期内汇率波动幅度设立了一个目标范围，并且根据汇率变动的情况调整货币政策，防止汇率波动超过此目标区。汇率目标区与严格的固定汇率制也不同，实行汇率目标区的国家没有通过市场干预以维持汇率稳定的义务，也不需要做出任何形式的市场干预的承诺，并且目标区本身也可以随着经济形势变化而随时做出调整。

(5)浮动汇率制度的类型。

①从政府是否对市场汇率进行干预的角度，可分为自由浮动和管理浮动。

自由浮动(Free Floating)又称清洁浮动(Clean Floating)，是指一国政府对汇率不进行任何干预，市场汇率完全听任外汇市场的供求变化而自由波动的汇率浮动方式。由于汇率的波动直接影响一国经济的稳定与发展，各国政府都不愿意听任汇率长期在供求关系的影响下无限制地波动。

【注意】纯粹的自由浮动只是相对的、暂时的。

管理浮动(Managed Floating)又称肮脏浮动(Dirty Floating)，是指一国政府从本国利益出发对汇率的波动进行不同程度干预的汇率浮动方式。在现行的货币体系下，各国实行的实际上都是管理浮动。目前政府干预汇率的方式主要有三种：A. 直接干预外汇市场，但干预形式各有不同。有一个国家单独干预的，也有几个国家联合干预的，还有代理干预的。B. 运用货币政策，主要是通过调整再贴现率或银行利率来影响汇率。C. 实行外汇管制，主要是通过各种措施来影响国际资本流动的方向和规模。

②从浮动的形式角度，可分为单独浮动和联合浮动。

单独浮动(Independent Floating)又称独立浮动，是指本国货币不与外国任何货币发生固定联系，其汇率根据外汇市场的供求状况独立浮动。目前有美元、澳大利亚元、日元、加拿大元和少数发展中国家的货币采取这种单独浮动。

联合浮动(Joint Floating)是指欧洲货币体系各成员方货币之间保持固定汇率，而对非成员方货币则采取共同浮动的做法。

(6)浮动汇率制的优缺点。①浮动汇率制的优点：一国国际收支失衡可以由汇率的自由波动予以消除而不需以牺牲国内经济为代价，各国不承担维护汇率稳定的义务，这样保证了本国货币政策的自主性；避免了国际性通货膨胀的传播；一国由于无义务维持汇率的稳定，因而就不需像在固定汇率制下那么多的外汇储备，可节约外汇资金。②浮动汇率制的缺点：由于汇率缺乏稳定性，给国际贸易和投资带来更大的不确定性；助长了外汇市场上的投机活动；使一国更具通货膨胀倾向；同时，“以邻为壑”的政策盛行，即各国以货币对外贬值为手段，输出本国失业或以他国经济利益为代价扩大本国就业和产出。

三、汇率制度的选择

(一)汇率制度选择的理论

1. 经济论

经济论是由美国经济学家罗伯特·赫勒(Robert Heller)提出来的,该理论认为是经济因素决定了一国汇率制度的选择。这些经济因素是:①经济开放程度;②经济规模;③进出口贸易的结构和地域分别;④国内金融市场的发达程度及其与国际金融市场的联动程度;⑤国内外相对的通货膨胀率。

由于在浮动汇率制下,汇率的波动可以自动调节国际收支的失衡,这样一国政府就可以将财政货币政策专注于国内目标的实现,这显然有利于开放程度较低国家的经济发展,并且由于一国政府没有维持汇率的义务,一方面不需要很多的外汇储备,可以把更多的外汇资金用于经济发展,如用于进口外国商品、增加投资等,从而促进国内经济的发展;另一方面,不必通过外汇储备和货币供给的增减来适应主要贸易伙伴国的货币政策,从而保证本国货币政策的自主性。并且浮动汇率制下,政府没有维持汇率的义务,外汇管制相应地会比较宽松,对资本流出流入的限制就会比较少。在浮动汇率制度下,国外发生通货膨胀只能带来本币汇率的上升,抵消国外通货膨胀通过进出口对国内物价的直接影响,不会引起国内物价上涨,可以避免国外的通货膨胀传到国内,这对国内通货膨胀率低于国外的国家显然是有利的。

综合浮动汇率制对经济因素的这些影响,罗伯特·赫勒认为,如果一国的进出口占 GNP 的比例较低(即开放程度低),进出口贸易结构和地域多样化,与国际金融市场联系密切,资本流入较为可观和频繁,国内通货膨胀与其他主要国家不一致,则选择浮动汇率制有利于经济的发展。如果一国的经济开放程度较高,经济规模较小,或者进出口集中于几种商品或几个国家,则选择固定汇率制或钉住汇率制有利于经济的发展。

2. 依附论

依附论是由一些发展中国家的经济学家提出来的,讨论的是发展中国家的汇率制度选择问题。该理论认为,一国汇率制度的选择,取决于一国对外经济、政治、军事等各方面联系的特征,发展中国家在实行钉住汇率制时,如何选择被钉住货币,取决于该国对外经济、政治关系的"集中"程度,也取决于该国在经济、政治、军事等方面的对外依附程度。被钉住货币一旦选定,又会影响一国的对外经济和其他很多方面。例如,如果某发展中国家的主要贸易伙伴国是美国,并且其他方面与美国的联系也较密切,则该国可以考虑选择以美元为被钉住货币,这样可以减少因汇率变动对进出口等方面带来的不利影响,但是美国的经济变化和财政货币政策的改变会对该国产生影响。

(二)影响一国汇率制度选择的主要因素

(1)本国经济的结构性特征。如果一国是小国,那么它就较适宜采用较为固定的汇率制度,因为这种国家一般与少数几个大国的贸易依存度较高,汇率的浮动会给它的国际贸易带来不便;同时,小国经济内部价格调整的成本较低。相反,如果一国是大国,则一般以实行浮动性较强的汇率制度为宜,因为大国的对外贸易多元化,很难选择一种基准货币实施固定汇率;同时,大国经济内部调整的成本较高,并倾向于追求独立的经济政策。

(2)特定的政策目的。政策意图在汇率制度选择上发挥着重要的作用。一国为防止从外国输入通货膨胀而往往选择浮动汇率政策,因为浮动汇率制下一国的货币政策自主权较强,从而赋予了一国抵御通货膨胀于国门之外同时选择适合本国的通胀率的权利。另外,出口导向型与进口替代型国家对汇率制度的选择也是不一样的。

(3)地区性经济合作情况。一国与其他国家的经济合作情况也对汇率制度的选择有着重要影响。例如，当两国存在非常密切的贸易往来时，两国间货币保持固定汇率比较有利于相互间经济关系的发展。尤其是在区域内的各个国家，其经济往来的特点往往对它们的汇率制度选择有着非常重要的影响。

(4)国际和国内经济条件的制约。一国在选择汇率制度时还必须考虑国际和国内条件的制约。例如，在国际资金流动数量非常庞大的背景下，对内部金融市场与外界联系非常紧密的国家来说，如果本国对汇率市场干预的实力因各种条件限制，如没有足够多的外汇储备，那么采用固定性较强的汇率制度的难度无疑是相当大的。

任务五　人民币汇率制度改革

人民币是我国的本位货币。人民币汇率是我国人民币与他国或地区的货币进行兑换、折算所依据的比率，它代表着我国人民币的对外经济的价值。

一、现行人民币汇率制度的主要内容

自 2005 年 7 月 21 日起，我国开始实行以市场供求为基础的、参考一篮子货币进行调节的、有管理的浮动汇率制。它包括三方面内容：①以市场供求为基础的汇率浮动，发挥汇率的价格信号作用；②根据经常项目主要是贸易平衡状况动态调节汇率浮动幅度，发挥“有管理”的优势；③参考一篮子货币，即从一篮子货币的角度看汇率，不片面地关注人民币与某个单一货币的双边汇率。

2008 年 8 月 6 日，我国公布的《中华人民共和国外汇管理条例》中指出：“人民币汇率实行以市场供求为基础的、有管理的浮动汇率制度。”

二、人民币汇率制度改革进程

动漫视频

人民币自由兑换

第一次，1994 年 1 月 1 日双轨变单轨。改革具体内容是人民币官方汇率与外汇调剂价格正式并轨，实行以市场供求为基础、单一的、有管理的浮动汇率制。1996 年 12 月，中国接受《国际货币基金协定》第八条款，实现经常项目下人民币可自由兑换。

第二次，2005 年 7 月 21 日钉住变参考。中国开始实行以市场供求为基础、参考一篮子货币调节、有管理的浮动汇率制度，而且，银行间市场人民币对美元汇率相对中间价的日浮动区间逐步扩大。2006 年 1 月 4 日，央行引入外汇市场做市商和询价交易制度，改变了中间价的定价方式；2010 年 6 月 19 日，进一步推动人民币汇率形成机制改革，增强人民币汇率弹性。2013 年后，央行逐步宣布退出外汇市场日常干预。

在此期间，中国逐步扩大人民币浮动区间：①2005 年 7 月 21 日：每日银行间外汇市场美元兑人民币的交易价仍在中国人民银行公布的美元交易中间价上下 0.3%的幅度内波动。②2007 年 5 月 21 日：将该波动的幅度调整为 0.5%。③2012 年 4 月 16 日：进一步调整波动幅度为 1%。④2014 年 3 月 17 日：将波动幅度调整为 2%，并一直延续到现在。

第三次，2015 年 8 月 11 日调整汇率中间价报价机制。主要内容是做市商参考上日银行间外汇市场收盘汇率，向中国外汇交易中心提供中间价报价，也即参考收盘价决定第二天的中间价。此次改革优化了人民币汇率中间价的形成机制，提升中间价市场化程度和基准地位。

由于中国在推动人民币汇率市场改革的重大成绩，国际货币基金组织(IMF)于 2015 年 12 月 1 日批准人民币加入特别提款权(SDR)。该事件对中国的金融改革和人民币汇率走势产生了重要影响，人民币成为与美元、欧元、英镑和日元并列的第五种 SDR 篮子货币，对人民币国际化产生了积极影响。

2015 年 12 月 11 日，中国人民银行推出了“收盘价＋篮子货币”新中间价定价机制，中国外汇交易中心同时发布 CFETS 人民币汇率指数，加大了参考一篮子货币的力度，以更好地保持人民币对一篮子货币汇率基本稳定。

2016 年 2 月，中国人民银行首次公开了人民币汇率中间价的报价机制——“收盘汇率＋一篮子货币汇率变化”定价规则具体内容，即当日中间价＝前日中间价＋[（前日收盘价－前日中间价）＋（24 小时货币篮子稳定的理论中间价－前日中间价）]/2。同上述公式等价的另一种表达式是：当日中间价＝（前日收盘价＋24 小时货币篮子稳定的理论中间价）/2。中国人民银行公布该定价机制提高了人民币汇率形成机制的规则性、透明度和市场化水平。

2017 年 2 月 20 日，中国人民银行对人民币中间价定价机制进行了微调，主要有两方面：第一方面，调整人民币货币篮子数量和权重，CFETS 篮子中的货币数量增加至 24 种；第二方面，缩减一篮子货币汇率的计算时段，参考一篮子货币时间由 24 小时缩短为 15 小时。调整的目的是更好反映市场变化和防止日内投机，即“中间价模型和收盘价价差”。

2017 年 5 月 26 日，中国人民银行在人民币兑美元汇率中间价报价模型中引入逆周期因子，适度对冲市场情绪的顺周期波动，缓解外汇市场可能存在的“羊群效应”。当时的背景是人民币对美元面临持续的贬值压力。引入“逆周期因子”有效缓解了市场的顺周期行为，稳定了市场预期。简单来说，“逆周期因子”有助于在人民币单向升/贬值时减缓升/贬值速度和幅度。

自从引入逆周期因子，人民币兑美元汇率在随后的 6—9 月份中显著升值，人民币贬值压力得到有效缓解。然而，自 2017 年 12 月下旬，人民币对美元不断升值并突破了 6.50。面对人民币快速升值的压力，中国人民银行在 2018 年 1 月 9 日再次调整人民币兑美元中间价机制——退出逆周期因子调节。

由于受到美国加息和中美贸易摩擦的影响，人民币在过去的几个月里持续贬值。中国人民银行在 2018 年 8 月 24 日宣布重启“逆周期因子”。人民币兑美元汇率中间价报价模型由原来的“收盘价＋一篮子货币汇率变化”调整为“收盘价＋一篮子货币汇率变化＋逆周期因子”。

自 2017 年 7 月至 2018 年 7 月，中国人民银行每月的外汇占款变化很小，说明央行已经淡出了直接的外汇市场干预。与此同时，美元兑人民币汇率最高达到 6.90，最低达到 6.27，一年最大波幅 10％。

2019 年，人民币汇率跌宕起伏。中美贸易摩擦成为牵引汇率震荡的首要影响因素。2019 年初，国民经济开局平稳，中美贸易形势有所缓和，人民币兑美元汇率升值至 6.70 元；随着贸易形势变化，8 月人民币兑美元汇率贬值至 7.10 元附近。

2020 年初，中美签署第一阶段贸易协定，市场乐观情绪一度推动人民币兑美元汇率升值至 6.90 元附近，5 月国际形势变化又推动人民币汇率小幅贬值。近来随着中国率先有效控制疫情，经济增长表现出强劲韧性，人民币兑美元汇率又升至 6.95 元附近。总体上，自 2019 年到 2020 年上半年，人民币兑美元汇率中间价在 361 个交易日中 173 个交易日升值、187 个交易日贬值。2020 年 1—7 月小幅贬值 0.1％，衡量人民币对一篮子货币的 CFETS 人民币汇率指数与上年末基本持平。人民币在实现双向浮动的同时，保持了基本稳定。2020 年以来，人民币兑美元汇率年化波动率为 4.5％，与国际主要货币基本相当，汇率作为宏观经济和国际收支自动稳定器的作用进一步增强。

2021 年，人民币汇率在合理均衡水平上保持基本稳定，全年表现相对稳健。2021 年末，人民币兑美元汇率中间价为 6.375 7 元/美元，较 2020 年末升值 2.3％，境内市场（CNY）和境外市场（CNH）即期交易价累计升值 2.7％和 2.2％。境内外市场维持窄幅价差，日均价差 58 个基点，低于 2020 年全年日均价差（94 个基点）。

2022 年 9 月 15 日，离岸人民币兑美元汇率最低触及 7.017 1；在岸人民币兑美元汇率跌破 6.99 关口，距离破“7”近在咫尺。随着外汇存款“降准”效应消散，人民币汇率顺势跌破“7”这一关口。近年来，国际经济形势不确定性增强，人民币汇率波动弹性变大已是常态。而且，近期人民币相对走弱，主要限于与美元的汇兑之间，但对一篮子货币依然维持强势。

三、人民币货币可兑换

（一）人民币货币可兑换的影响

实现人民币的全面可兑换，事关我国经济改革与发展的方向与深化，意义重大。这种重大意义表现为对国家经济有积极的促进作用和消极的不利影响两个方面。

实现人民币全面可兑换对国家经济发展有利的影响主要表现在：

第一，可以促进社会资源的合理配置。货币可兑换尤其是资本项目的可兑换，可以便利国际资本和资产的自由流动和转移，为合理利用和有效配置国内国外的经济资源提供了相应的条件。同时，实现人民币全面可兑换可以扩大我国引进外资规模，可以培育外汇市场和形成合理汇率，这样可以更有利于资源的合理配置。此外，资本项目开放，国家可以节省先前或管制情况下必须付出的审批成本，并相应地提高资源运用的效率。

第二，有利于吸引国外资本。取消对资本流动的限制，资本的流出流入更为自由，自然会更有利于资本的引进，同时，可以增强外国投资者的信心，激励外资流入。

第三，可以推动我国金融市场的发育与完善。从简单的意义来讲，进行货币兑换就会引起资本流动。货币全面可兑换自然会进一步推动国内外汇市场及其他各类金融市场的深入发展。同时，当资本可以自由流出流入时，国内金融机构将同时面临来自国内和国际两个金融市场上外资金融机构的竞争，必将促进国内金融机构更新经营理念、创新金融业务、降低经营成本、提高工作效率，从而有助于推动我国金融市场更加完善。此外，实现人民币的全面可兑换，有利于我国居民在国际范围内进行资产组合与管理，分散风险。

第四，可以推动人民币国际化的进程。实现人民币全面可兑换是实现我国 1994 年制定的外汇体制改革目标的体现，而使人民币成为国际货币应该是我国经济改革和对外开放的更长远目标。一国货币依次成为为国际社会所知晓或认可的可兑换货币、自由外汇、国际货币乃至关键货币需要满足诸多不同的标准和条件，需要一个相对长的发展过程，人民币的国际化也不会例外。人民币国际化对于提高我国在国际社会中的信誉与作用、对于促进中国及世界经济的深入发展具有重要意义，实现人民币全面可兑换无疑将为最终实现人民币的国际化奠定更为良好和扎实的基础。

第五，可以推动我国对外贸易的发展，增强我国的综合国力，提升我国在国际社会中的信誉与地位，推进我国经济体制改革和对外开放的深化等。

当然，实现人民币全面可兑换，也会给我国经济带来一些不利影响。这些不利影响主要表现在如下方面：

第一，资本有可能大量外流。在对资本项目的交易实行限制的条件下，资本流入一般很方便，而资本流出会受到严格控制。而在实现全面可兑换后，短期资本流出的可能性将增加，在国内金融环境恶化时尤甚，而资本大量外流会导致本国国际收支出现逆差和贸易条件恶化。

第二，国内金融市场容易发生动荡，会给国家金融和经济带来不稳定性。货币全面可兑换后，以直接投资为主要形式的长期资本流动比重可能会下降，而以间接投资即证券投资为主要形式的短期资本流动比例可能会上升，短期资本频繁迅速流动，会给国内金融市场带来不稳定的影响。同时，存在着人民币汇率风险。随着人民币资本项目的放开，更多的国际资本会流入中国，这将造成人民币升值的压力，在这种情况下，若国家为维持出口部门的竞争力而干预外汇市场以保持名义汇率稳定，就会导致由于吸引外汇储备而形成的货币投放量增加，以及通货膨胀压力的持续积累。这样，实际汇率将由于国内更高的通货膨胀水平而上升。若流入的外国资本利用效率不高，出口部门缺乏竞争力，持续的实际汇率升值必定会使一国的资源由贸易部门转向非贸易部门，从而引起贸易状况的恶化，出现外贸逆差，促使资本大量外流，而且市场也很容易产生对本币进一步贬值的预期。随着资本外流加剧，这时中央银行继续支撑名义汇率就会引起国际储备的巨额损失。如果货币当局干预失败，无法维持原钉住汇率，则会造成人民币大幅贬值，从而影响国家的经济发展。

第三，容易遭受国际投机资本的冲击。人民币资本项目放开后，一个严重的隐患就是容易引起国际投机资本的冲击。目前，中国引进外资的形式以外商直接投资为主，开放资本项目之后，外商投资于中国有价证券的比例会上升，使国内证券市场与外国证券市场的联动性增强，国际证券市场上的价格波动会引起国内证券市场上更大的波动。现阶段，中国证券市场行为不规范，监管措施不力，公开信息披露不健全，各种资产定价信息不全面，因此通过投机获取非正常利润的可能性很大，一旦放开证券投资市场，很容易受到操纵。如果短期资本快速且大量地流入或流出，会造成我国证券市场价格的大起大落。在取消资本流动限制后，一旦本国经济出现问题，国际投机资本认为有利可图，就可能对本国货币发动攻击，从而使本国经济遭受沉重打击。

第四，可能会引起国际收支状况恶化。资本项目放开后，外资大量流入可能导致实际汇率升值，削弱本国出口竞争能力，恶化经常项目收支状况，进而影响国内经济健康发展。此外，实现人民币全面可兑换相应会加大中央银行管理金融的难度，会影响中央银行货币政策实施的效果，这也是不利于国家经济发展的因素。

实现人民币全面可兑换会对我国的经济发展产生正、负两个方面的影响。最大的负面影响将是给经济发展带来不稳定因素甚至会导致经济危机；最大的正面影响是会使国家经济的市场化程度增强，更密切地与世界经济发展融为一体，更广泛地利用国内与国外两种资源和两个市场，更有效地发挥我国市场、资源和劳动力的比较优势，更有利于促进我国社会生产力的发展和社会的进步，从长远和根本上提高全体人民的生活水平与质量。我们认为，权衡利弊，货币全面可兑换对我国带来的正面影响要远远大于负面影响。

（二）人民币货币可兑换的条件

实现货币可兑换特别是实现货币资本项目下的可兑换，需要具备相应的诸多方面的条件：

第一，要有良好的经济运行体系或环境。良好的经济运行环境包括微观经济基础和宏观经济环境两个方面：各个微观经济主体市场运营机制较为完善、技术先进、管理科学、运行效率高；宏观经济管理得体、国民经济结构合理、经济比例协调、经济发展均衡持续、国际收支基本平衡、综合国力较强、外汇储备相对充足。良好的经济体系是货币可兑换的坚实基础和根本保证。实现人民币全面可兑换最为关键的条件是，强大的国家经济实力和强有力的宏观经济调控能力，为此，必须深入进行经济体制改革，大力推进我国经济的市场化进程。

第二，要有健全的宏观经济政策。这里，最重要的是强有力的财政政策和货币政策。如果财政、货币政策不当或失误，导致国际收支严重失衡，会给宏观经济的稳定，特别是价格稳定带来严重的不利影响，造成通货膨胀和国际收支恶化相互作用的恶性循环，货币自由兑换就不易获得成效。因此，对内的财政收支平衡和对外的国际收支平衡是人民币全面可兑换取得成功的前提条件。

第三，要有完善的国内金融体系。国内金融体系的稳健、高效是减少外部冲击的重要条件，也是实现资本项目下货币可兑换的必要条件。要建立完善的银行体系；拥有较为完善的金融立法；中央银行要能够独立执行货币政策，具有强有力的监管职能与能力，能够驾驭各种复杂的金融局势；银行、证券、保险、信托、租赁等各类金融业要能够相对发育和合规经营；商业银行要实行企业化、市场化的管理与经营，对中央银行的指令和政策能够做出灵敏的反应；等等。

第四，要有利率和汇率的市场化形成机制，保持利率和汇率水平相对稳定与合理。合理的灵活的利率与汇率制度、相对稳定的利率与汇率水平始终是保证货币全面可兑换得以实施和获取成功的重要条件。

第五，要有发育良好的国内货币市场、资本市场和外汇市场。良好的市场环境，不仅是合理形成利率与汇率的重要基础，更是资本跨境流动、货币可兑换得以施展的广阔空间。

一国实现货币的全面可兑换需要满足诸多的经济与社会条件，除了应具备相应的综合国力这一基本的基础条件外，其他条件中最重要的应属中央银行调控宏观经济的能力。当然，一国在整个放开货币可兑换的过程中乃至全面可兑换实现之后，都会遇到政策实施和策略安排问题。

（三）人民币货币可兑换的实施策略

我国能否放开资本项目，实现人民币的全面可兑换，关键取决于是否具备了上述的宏观和微观方面的诸多条件。对一个发展中国家和新兴市场国家而言，具备这些条件是需要时日的，因此，实现人民币全面可兑换应是循序渐进的过程，在这个过程中需要制定合理可行的大政方针和步骤安排。每个国家都应根据货币可兑换的条件要求和本国的实际情况制定符合本国国情的货币可兑换的策略与程序。中国应该借鉴有关国家的相关经验或通常做法，在审慎稳健的基础上积极推进人民币全面可兑换的进程。积极推进仍要讲究相关策略与放开顺序。按国际上一般惯例和成功做法，实现人民币资本项目下可兑换应遵循先入后出、先长后短、先交后汇、灵活调整的顺序与策略，逐步从有较为严格限制的可兑换，过渡到较为宽松限制直至基本取消限制，实现人民币的完全或全面可兑换。具体说就是应先放开资本流入项目、后放开资本流出项目；先放开中长期资本项目、后放开短期资本项目；先交易自由化、后汇兑自由化；先易后难；适时调整，积极推进，以期早日实现外汇体制改革的目标。

四、人民币国际化进程

人民币国际化是指人民币逐步走向国际社会，最终成为在世界范围内计价、结算、储备、支付的货币之一，即成为世界货币或国际货币。

（一）人民币区域化

货币区域化是货币国际化的重要内容。货币区域化是指一国货币在境外一个地理区域内行使自由兑换、交易、流通、储备等职能。人民币区域化所包括的区域为中国香港、中国澳门、中国台湾地区以及与我国相邻的周边国家。实现人民币的区域化，比实现国际化更有现实意义，也是实现国际化的必经之路。随着我国综合国力的不断增强和对外开放的深入发展，人民币已经走出了国门，并在与我国接壤的周边国家和地区计价与使用，但这只是迈向区域化和国际化的第一步，实现区域化还有很长的路要走。我们需要为此进行积极有效的工作。

（二）跨境贸易人民币结算

人民币“走出去”是国际国内经济金融形势发展的客观需求，《中华人民共和国国民经济和社会发展第十二个五年规划纲要》明确指出，“扩大人民币跨境使用，逐步实现人民币资本项目可兑换”。跨境贸易“人民币结算”加速了人民币区域化乃至国际化进程。2010 年 6 月，中国人民银行扩大了跨境贸易人民币结算试点。中国人民银行等六部门联合下发《关于扩大跨境贸易人民币结算试点有关问题的通知》，将试点范围扩大至北京等 18 个省（区、市）。新政策明确，对出口贸易用人民币结算的企业，可享受出口货物退（免）税政策。2009 年 7 月我国开展跨境贸易“人民币结算”试点以来，东盟、巴西及一些新兴市场国家“人民币结算”业务增长迅速。为促进贸易和投资便利化，帮助我国企业规避美元等国际结算货币的汇率风险，积极应对国际金融危机，2009 年 7 月开始我国在上海市和广东省广州、深圳、珠海及东莞等地先行开展跨境贸易人民币结算试点。

（三）人民币离岸金融市场

因其特殊的地位和优势，中国香港曾被学者们称为人民币国际化低风险的试验田。自 2004 年以来，香港离岸人民币市场进入稳步发展期，尤其是在 2009 年全球金融危机后，得到了越来越多的政策支持。香港银行可在港办理人民币存款、兑换、银行卡和汇款等个人人民币业务；与中国人民银行签署人民币货币互换协议；签订人民币业务清算协议；香港人民币业务的清算行和参加行在得到中国人民银行核准后可进入内地银行间债券市场进行债券交易；在港发行人民币国债……2012 年 3 月，一只规模为 10 亿元的人民币债券在伦敦发行，曾被外界广泛视为伦敦人民币离岸市场起步的重要标志。欧洲主要金融中心激烈争抢人民币交易，争夺海外人民币结算中心地位。这表明人民币国际化又迈出了坚实而重要的一步。自 2008 年以来，中国人民银行先后与韩国银行、澳大利亚储备银行、俄罗斯联邦中央银行等近 20 个国家货币当局签署了货币互换协议，总金额达 2 万亿元人民币左右。

（四）“一带一路”和人民币国际化

“一带一路”倡议是打造人类命运共同体的伟大实践，并将逐步构建起以互利共赢为核心的国际新格局。其中，深化金融合作既是“一带一路”资金融通的重要支撑，也是开创国际货币体系新格局的重要途径。如果货币金融合作能够以相关国家诉求为主，促进当地经济发展，那么区域内经济发展水平的整体提高将可以使相关国家共享发展红利，实现我国与“一带一路”参与国家（地区）的共同繁荣和进步。具体看，对相关国家而言，“一带一路”货币金融合作可助其实现货币稳定；对我国而言，“一带一路”货币金融合作则可有力推动人民币国际化，形成国际竞争新优势。而这些都需要一个发达完善的金融市场作为基础，尤其是需要一个多层次、一体化并具备风险管理功能的外汇市场。

应知考核

一、单项选择题

1. 动态外汇是指（　　）。

A. 国际汇兑　B. 外国货币　C. 外币现钞　D. 外币资产

2.（　　）不应属于狭义外汇。

A. 外币现钞　B. 外币汇票　C. 外币存款凭证　D. 外币银行支票

3. 以外币作标准货币以本币作计价货币的标价方法是（　　）。

A. 直接标价法　B. 间接标价法　C. 美元标价法　D. 离岸标价法

4. 2022 年 4 月 13 日，USD1＝CNY6.352 0/6.357 0，则两种货币的中间汇率为（　　）。

A. 6.352 0　B. 6.357 0　C. 16.355 0　D. 6.354 5

5. 现汇汇率是指（　　）。

A. 现钞汇率　B. 即期汇率　C. 远期汇率　D. 中间汇率

6. 外汇是指（　　）。

A. 外国货币　B. 可用于结清一国债权债务的外币

C. 外国的钞票　D. 用于国际上债权债务结算的支付手段

7. 银行在营业期间外汇买卖的最后一笔交易的汇率是（　　）。

A. 开盘汇率　B. 收盘汇率　C. 最低汇率　D. 最高汇率

8. 如果一国汇率上升，则有利于（　　）。

A. 商品出口　B. 商品进口　C. 增加就业　D. 扩大生产

9. 纸币不规定含金量时期，（　　）是汇率的决定基础。

A. 含金量　　B. 价值量　　C. 购买力平价　　D. 物价水平

10. 两种货币通过各自对第三国的汇率而算得的汇率称为(　　)。

A. 基本汇率　　B. 单一汇率　　C. 套算汇率　　D. 中间汇率

二、多项选择题

1. 外汇应具备下列(　　)特征。

A. 必须是以外币表示的资产　　B. 必须是在国外能够得到补偿的债权

C. 必须是以可兑换货币表示的支付手段　　D. 必须是随时可以得到的外国货币

2. 直接标价法下,远期汇率计算正确的有(　　)。

A. 即期汇率+升水数字　　B. 即期汇率−升水数字

C. 即期汇率−贴水数字　　D. 即期汇率+贴水数字

3. 间接标价法下,远期汇率计算正确的有(　　)。

A. 即期汇率+升水数字　　B. 即期汇率−升水数字

C. 即期汇率−贴水数字　　D. 即期汇率+贴水数字

4. 按汇率变动幅度的大小,汇率制度可分为(　　)。

A. 浮动汇率制度　　B. 金融汇率制度

C. 收盘汇率制度　　D. 固定汇率制度

5. 按照《中华人民共和国外汇管理条例》的规定,外汇包括(　　)。

A. 外国货币,包括铸币、纸币

B. 外币支付凭证,包括票据、银行存款凭证等

C. 外币有价证券,包括政府债券、公司债券等

D. 特别提款权、其他外汇资产

三、简述题

1. 简述外汇的概念、条件和作用。
2. 简述影响汇率变动的因素。
3. 简述汇率变动对经济的影响。
4. 简述固定汇率制度和浮动汇率制度各自的优缺点。
5. 简述影响一国汇率制度选择的主要因素。

应会考核

■ 观念应用

【背景资料】

在我国,每家商业银行都有外汇业务,具体包括外币存款、贷款、国际结算、外汇交易等内容。企业居民的外汇业务主要是进口付汇、出口进汇等,即将国际贸易中出口所获得的外汇汇兑为人民币,将进口商品所需要的外汇,用人民币汇兑成外汇。个人居民的外汇业务主要是外汇储蓄、贷款和个人外汇交易。

资料来源:李军燕. 国际金融[M]. 3版. 大连:东北财经大学出版社,2021.

【背景分析】

试问外汇与经济活动的关系如何?

■ 技能应用

【技能资料】

(1)已知外汇市场的即期汇率为 GBP1＝USD1.433 3/38，USD1＝HKD7.753 2/40，试求英镑兑港元的套算汇率？

(2)已知外汇市场的即期汇率为 GBP1＝USD1.505 0/60，AUD1＝USD1.381 0/20，试求英镑兑澳元的套算汇率？

(3)在直接标价法下，若 USD100＝CNY614.17/616.63，①客户向银行卖出 100 美元能得到多少人民币？②试计算中间汇率。

【技能要求】

请根据上述技能资料，回答(1)～(3)的问题。

■ 案例分析

【案例背景】

假设 iPhone14 在美国的起售价为 799 美元，在中国的价格为 5 999 元人民币。那么，美元和人民币的汇率是 USD/CNY＝6.8。也就是说，按照一价定律，汇率是单个商品在两个国家的相对价格。

【背景思考】

请据此分析汇率的决定机制。

项目实训

【实训项目】

分析解读外汇与汇率

【实训情境】

(1)登录一家外汇银行官网，点击相关内容，了解外汇牌价及该银行开展的主要外汇业务。

(2)登录国际货币基金组织网站(http://www.imf.org/)，了解各国汇率制度的安排，以及基金组织的汇率监督情况。

(3)调查走访一个外贸企业，分析当人民币汇率上浮时该企业对外进出口业务会受到哪些具体影响。

【实训任务】

分析解释上述实训情境。通过实训使学生能够学以致用，结合外汇和汇率知识进行分析。

<table>
<tr><th colspan="3">《分析解读外汇与汇率》实训报告</th></tr>
<tr><td>项目实训班级：</td><td>项目小组：</td><td>项目组成员：</td></tr>
<tr><td>实训时间：　　年　　月　　日</td><td>实训地点：</td><td>实训成绩：</td></tr>
<tr><td colspan="3">实训目的：</td></tr>
<tr><td colspan="3">实训步骤：</td></tr>
</table>

续表

实训结果：
实训感言：
不足与今后改进：
项目组长评定签字：　　　　项目指导教师评定签字：

项目三

外汇交易与外汇风险防范

○ **知识目标**

理解:外汇市场的概念与特征;外汇交易的概念和目的;外汇风险的概念。

熟悉:外汇市场的类型;外汇市场的参与者;外汇市场交易的层次;外汇风险的类型。

掌握:外汇市场的交易模式;外汇交易的程序;外汇交易工具;外汇风险的防范。

○ **技能目标**

能够熟悉外汇交易中的惯例和规则,初步认识外汇交易中的技巧和战略;能够灵活运用国际外汇市场上常见的外汇交易方式进行外汇交易;具有进行外汇交易和外汇风险防范的认知能力。

○ **素质目标**

能够运用所学知识研究相关案例,培养和提高学生在特定业务情境中分析与解决问题的能力;能够把外汇和汇率方面的知识,与国际金融一般业务联系起来,分析行为的善恶,在外汇交易中提高自身涵养。

○ **思政目标**

能够正确地理解“不忘初心”的核心要义和精神实质;树立正确的世界观、人生观和价值观,做到学思用贯通、知信行统一;通过外汇交易与外汇风险防范知识,在提高专业技能的同时,增强风险控制能力。

○ **课程思政**

2022 年银行间外汇市场:人民币汇率双向波动显著增强

北京时间 2023 年 2 月 2 日凌晨,美联储联邦公开市场委员会正式公布 2023 年第一次利率决议,英国央行、欧洲央行也将先后召开货币政策会议。三大央行同日公布新年的首份利率决议,将对全球金融市场产生新一轮影响。人民币汇率方面,短期走势虽难以准确估计,不过可以确定的是,在我国经济基本面向好,稳健、正常的货币政策坚持实施,金融体系自主性、稳定性不断增强,跨境资金流动有序等背景下,人民币汇率将继续在合理均衡水平上保持基本稳定。

中国外汇交易中心最新发布的数据显示,2022 年,在复杂多变的国内外环境下,银行间外汇市场保持平稳有效运行。其中,人民币汇率双向波动显著增强,市场韧性经受住考验,有力保障汇率发挥自动稳定器作用;衍生品市场波动性增加,反映利差和预期的功能运转良好,汇率预期呈现分化;境内外币利率市场平稳发展,供需结构维持稳定;做市商制度改革深入推进,流动性分层结构持续改善。

2022 年,受中美货币政策分化、全球地缘政治风险事件及国内疫情发展等因素共同影响,人民币汇率双向波动态势显著,整体上呈现先贬后升趋势,外汇市场韧性经受住考验,有力保障汇率发挥宏观经济和国际收支自动稳定器作用。

2022 年，衍生品市场跟随即期市场波动，波动性持续增加，外汇掉期点波幅创近年来新高，期权波动率跟随即期汇率有所上升。

截至 2023 年 1 月最后一个交易日收盘，银行间外汇市场人民币兑美元即期汇率为 6.7571，较 2022 年末升值 2.8%；中间价方面，截至 2 月 1 日，年内人民币兑美元汇率中间价已累计升值 3.09%，这也是人民币兑美元汇率连续 3 个月升值。

近期，中国经济总体延续恢复的发展态势，疫情防控动态优化，在全球高通胀背景下我国保持了物价的基本稳定，考虑到主要经济体经济景气指数下降，我国贸易顺差增速可能有所回落。在多种力量综合作用下，人民币汇率将总体保持平稳运行。

特别值得一提的是，迈入 2023 年，银行间外汇市场对外开放也迈出新步伐。为进一步增强人民币汇率指数货币篮子代表性，自 2023 年 1 月 1 日起，调整 CFETS 人民币汇率指数、SDR 货币篮子人民币汇率指数货币篮子权重；同时，自 2023 年 1 月 3 日起，银行间人民币外汇市场交易时间延长至北京时间次日 3:00，覆盖亚洲、欧洲和北美市场更多交易时段；人民币汇率中间价及浮动幅度、做市商报价等市场管理制度适用时间相应延长。

资料来源：金融时报—中国金融新闻网，https://www.financialnews.com.cn。

○ **思政反思**

外汇市场总体稳定发展增长态势如何？从外部看，全球经济金融如果逐步向常态回归，则会使得我国跨境资金流动更加平稳。虽然未来疫情等不确定因素或继续存在，但全球经济从疫情中逐步恢复仍是大趋势。从内部看，我国基本面稳中向好的长期趋势没有改变，继续支持着我国外汇市场稳健运行，维持经济运行在合理区间，金融市场也会保持双向开放、稳步推进，人民币汇率还会很好地发挥稳定宏观经济和调节国际收支自动稳定器的作用。

当代大学生既要掌握基本的知识理论，又要学会学以致用，践行社会主义核心价值观，学会发现问题、分析问题、解决问题，树立责任意识与观念，增强业务态度与认知。

○ **知识精讲**

任务一　外汇市场概述

一、外汇市场的概念与特征

（一）外汇市场的概念

动漫视频

外汇市场

外汇市场（Foreign Exchange Market），是指进行不同国家或地区货币的交易以及兑换的市场，是由外汇需求者、外汇供给者、交易中介机构等所构成的外汇交易活动的场所。它包括居民之间、居民与非居民之间以及非居民之间进行的外汇买卖。外汇市场是国际金融市场的重要组成部分，其发达程度也是衡量一个国家金融体系成熟与否的主要标志之一。

（二）外汇市场的特征

外汇市场作为国际金融市场的重要组成部分，与国际货币市场、国际资本市场、黄金市场等其他国际金融市场关系密切，国际货币市场的借贷业务、国际资本市场的投资活动以及黄金市场的黄金交易都离不开外汇买卖。因为外汇交易具有本身的独特性，所以外汇市场也有其独具的特征。

1. 外汇市场以无形市场为主

国际外汇市场的交易主要借助于电子通信网络完成，外汇交易所的交易量比较小，无形交易市场的交易额比较大。随着现代化通信设备和电子计算机大量应用于国际银行业，全球性的外汇市场发展迅速,各国外汇市场之间已形成一个迅捷发达的通信网络,任何一地的外汇交易都可以通过电话、电报、电传、计算机终端、通信线路等硬件设施所形成的全球联通网络来进行,操作者发出交易指令,指定交割方式,完成资金的划拨和转移。

2. 外汇市场全球一体化运作,全天候交易

分布于世界各地的外汇市场根据当地的时间营业,由于时差原因,外汇交易可以在全球的任何一个有通信网络覆盖的地方全天 24 小时不间断地进行,如图 3—1 所示。

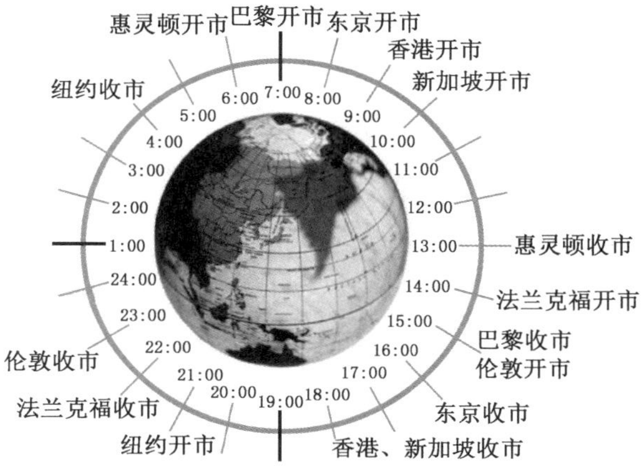

图 3—1 世界主要汇市交易时间

全球外汇市场最佳交易的时间是在两个最大的外汇市场交易重叠时段,即伦敦外汇市场和纽约外汇市场交易重叠时段,也就是北京时间每日的 21:00 至次日 1:00,这是各国银行外汇交易的密集区,因此是全球外汇市场交易最频繁、市场波动最大、大宗交易最多的时段,是外汇交易的黄金时段。此外,这段时间也是美国很多经济指标发布的时候。

3. 汇率波动频繁,不同市场间的汇差日益缩小

自 20 世纪 70 年代各国实行浮动汇率制度以来,国际资本流动规模越来越大,金融自由化程度越来越高,使得汇率波动日益频繁。尽管如此,由于国际外汇市场是高度一体化的市场,在外汇市场上交易的标的物是货币,具有同质性,而且各国的外汇市场已经形成了一个统一的全球大市场,借助于发达的通信网络,各地的行情变化可以迅速传播,人们可以随时获得汇率变动的信息,便于进行货币买卖,各市场之间的汇率差距能够迅速得到调整,使外汇供给和需求以及货币汇率在全球范围内趋向一致。当不同外汇市场相同货币的汇率有差异时,套汇行为就会产生。套汇活动使汇率较低市场的需求激增,汇率较高市场的需求骤降。需求增加的货币,其汇率迅速上升,而需求减少的货币,其汇率会迅速下降,结果各外汇市场的货币汇率差异会在非常短的时间内得以消除。

4. 各国政府对外汇市场干预频繁

各国政府对经济的管理往往是通过对市场的干预实现的,政府对外汇市场的干预与对其他市场的干预相比,无论是规模还是频率都大得多。从理论上讲,实行浮动汇率制度后,各国中央银行不再负有维持汇率的义务,货币汇率应由市场供求关系来决定,但各国从自身经济利益出发,从未停止对外汇市场的干预。这种干预有时是一国的货币当局介入,有时甚至是几国中央银行联合进行。

二、外汇市场的类型

(一)按照组织形态划分,可分为无形外汇市场和有形外汇市场

(1)无形外汇市场(Invisible Foreign Exchange Market)又称非正式的外汇市场,是指参与者利

用电话、电传或计算机网络等通信工具进行外汇交易，而没有固定的交易地点和开盘、收盘时间，又称为“英美式外汇市场”。

【提示】英国、美国、加拿大、瑞士等国均采用无形外汇市场方式，无形外汇市场以伦敦、纽约、东京、苏黎世、中国香港、新加坡和悉尼等地最为活跃。

(2)有形外汇市场(Visible Foreign Exchange Market)又称正式的外汇市场，是指有具体的外汇交易场所和设施，如一般商品交易一样，参与者在规定的营业时间里集合于某一地点买卖外汇，又称为“大陆式外汇市场”。

【提示】有形外汇市场主要存在于欧洲大陆的德国、法国、荷兰、意大利等国，以法兰克福、巴黎、阿姆斯特丹、米兰最为著名。

无形外汇市场是当今外汇市场的主导形式。由于无形外汇市场使外汇交易更加便利，效率更高，因而其得以迅速发展。它使得各国的局部市场发展成全球性的统一的大市场，使有固定交易时间的市场成为一个可以 24 小时不间断进行外汇交易的市场。因此，外汇市场更多的时候表现为一个无形的市场，即便是欧洲大陆国家，大部分外汇交易也是以电信方式办理的，而正式的外汇市场功能有限，只能进行部分当地现货交易。

(二)按照外汇交易主体划分，可分为外汇零售市场和外汇批发市场

(1)外汇零售市场(Foreign Exchange Retail Market)，是指由外汇银行与客户即公司或个人之间进行外汇交易的市场。公司和个人出于多种目的和需要，向银行买卖外汇。在这个市场上，外汇银行是最终外汇需求者和外汇供给者的中介，即一方面从客户手中买入外汇，另一方面又把外汇卖给需要的客户，从中赚取外汇买卖差价。因为这一层次的外汇市场每笔交易的金额相对较小，所以称作外汇零售市场。

(2)外汇批发市场(Foreign Exchange Wholesale Market)，是指银行同业之间进行外汇交易的市场。银行同业交易占外汇交易总额的 90%以上，这一市场外汇交易的金额大、起点高，所以被称为批发市场。外汇批发市场和外汇零售市场构成了广义的外汇市场，而批发市场是狭义的外汇市场。外汇批发市场汇集了巨额的外汇供求流量，所以决定着外汇市场的即时汇率，其外汇买卖价差一般小于零售市场的价差，外汇零售市场的汇率就是在批发市场汇率的基础上加减一定点数形成的。

(三)按照交割时间划分，可分为即期外汇市场和远期外汇市场

(1)即期外汇市场(Spot Foreign Exchange Market)，是指从事现汇买卖活动的市场，即在成交后两个营业日内进行交割的外汇交易市场。

(2)远期外汇市场(Long-term Foreign Exchange Market)，是指从事期汇买卖的市场，即买卖双方成交后约定在将来某一时间按合同规定的汇率和数量进行交割的市场。

【提示】远期外汇交易主要是通过经纪人居间办理接洽，其交易的参与者主要是在国际贸易和国际资本流动过程中的进出口商和投资者，其交易目的主要是避免汇率风险而进行外汇保值。

(四)按照管制的程度划分，可分为自由外汇市场、官方外汇市场和外汇黑市

(1)自由外汇市场(Free Foreign Exchange Market)，是指市场参与者可以按照市场汇率买卖任何数量的自由兑换货币的市场。

(2)官方外汇市场(Official Foreign Exchange Market)，是指按照所在国政府指定的外汇管理机构规定的官方汇率进行外汇买卖的市场。

(3)外汇黑市(Black-Bourse)又称非官方市场，是指在外汇管制较严的国家非法存在的外汇交易市场。外汇黑市在全球各国都会受到当地政府的禁止，该市场中的参与者以非正常渠道获取或卖出外汇。外汇黑市的存在，对金融体系的危害是显而易见的。黑市外汇价格一般高于银行公开价格，这也使得黑市供给源源不断。

【注意】官方外汇市场和外汇黑市都是政府对外汇市场予以管制的产物。

三、外汇市场的参与者

（一）外汇银行

外汇银行又称外汇指定银行，是指经过本国中央银行批准，可以经营外汇业务的商业银行或其他金融机构。外汇银行可分为三种类型：①专营或兼营外汇业务的本国商业银行；②在本国经营的外国商业银行分行；③经营外汇买卖业务的本国其他金融机构，如信托投资公司、财务公司等。

【提示】外汇银行是外汇市场上最重要的参加者，它的外汇交易构成外汇市场的重要部分。

（二）外汇经纪人

外汇经纪人（外汇经纪商）是指介于外汇银行之间、外汇银行与外汇其他参加者之间进行联系、接洽外汇买卖的经纪人公司或个人，是协助外汇买卖双方进行交易以获取佣金的中介机构。

【注意】外汇经纪人本身并不是交易主体，不持有外汇，也不需要外汇，只是向客户提供中介服务并向其收取佣金。

外汇银行虽然拥有从事国际金融业务的丰富经验和专业人才，但外汇市场信息量大且瞬息万变，因此要随时掌握最新信息，迅速达成交易，对业务广泛的商业银行来说难度很大。但是，外汇经纪人专门从事外汇交易，且拥有庞大的信息网络，可以针对外汇行情以有利的汇率帮助客户迅速成交，节约了客户收集信息的成本，提高了外汇市场的效率。外汇经纪人一般必须经过所在国的中央银行批准才能取得营业资格。

（三）外汇交易商

外汇交易商是指经营票据买卖业务、买卖外国汇票的公司或个人，多数是信托公司、银行的兼营机构或票据贴现公司。他们利用自己的资金，根据外汇市场上的行市，赚取买卖中的差价。

【提示】外汇交易商可以自己直接买卖外汇，也可以通过经纪人交易。

（四）进出口商及其外汇供求者

进出口商从事进出口贸易活动，是外汇市场上外汇的主要的和实际的需求者与供给者。出口商出口商品后需要把收入的外汇卖出，而进口商进口商品则需要买进对外支付的外汇，这些都要通过外汇市场的外汇交易来进行。

其他外汇供求者，是指运费、旅费、留学费、汇款、外国有价证券买卖、外债本息收付、政府及民间私人借贷以及其他原因引起的外汇供给者和需求者，包括有劳务外汇收入者、有国外投资获得收益者、接受国外援助者、收到侨汇者、接受外国贷款者、对本国进行直接投资的外国企业和在国外发行有价证券者。

（五）外汇投机者

外汇投机者（Exchange Speculator）又称“兴风作浪者”，是指专门利用不同货币在不同时间、不同地点的外汇市场上汇价的变动低买高卖，进行买空卖空、套利套汇的投机活动，以获取利润的公司和个人。这些人往往是活跃外汇交易的重要力量，但过度投机常会带来汇价的大起大落。

（六）中央银行

中央银行也是外汇市场的主要参加者，但它一般不直接参与外汇市场活动，而是通过外汇经纪商进行外汇交易，以免暴露自己的身份。中央银行参加外汇市场的动机主要不是为了获取收益，而是为了实现汇率目标。当外汇市场出现抛售本币造成本币贬值压力时，中央银行可在外汇市场上卖出外汇资产，买入本币，以支撑本币汇率；反之，则买入外汇，增加外汇储备，卖出本币，以缓解本币汇率升值的压力。中央银行通过参与外汇市场买卖，调整外汇市场资金的供求关系，使汇率维系在一定水平上或限制在一定水平上，以维持本币汇率稳定和合理调节国际储备量。所以，尽管有时也是为了达到外汇储备的保值和增值，但在很多时候，中央银行出于宏观管理的需要而宁愿承担外汇交易的风险，这是它与其他外汇市场参与者最为显著的区别。

四、外汇市场交易的层次

一般来说，外汇市场交易可以分为三个层次：①银行与顾客之间的外汇交易；②银行同业之间的外汇交易；③银行与中央银行之间的交易。

（一）银行与顾客之间的外汇交易

银行与客户之间的外汇交易，又称“零售市场”。交易的客户大多数是企业、公司和个人，出于各种各样的动机，需要向外汇银行买卖外汇，即主要进行本币与外汇之间的买卖。顾客向银行买卖外汇，往往是出于国际结算中收付货款的需要，故主要是本币与外币之间的兑换。在与顾客的外汇交易中，银行一方面从顾客手中买入外汇，另一方面又将外汇卖给顾客，实际上是在外汇的最初供给者与最终需求者之间起中介作用，赚取外汇的买卖差价。

（二）银行同业之间的外汇交易

银行同业之间的外汇交易，又称“批发市场”。银行在为顾客提供外汇买卖中介服务时，经常出现营业日内外汇买入额与卖出额不平衡的情况。如果某一币种的购入额多于出售额，则银行该币种外汇头寸即出现“多头”（Long Position）或“超买”（Overbought）；如果某一币种购入额低于出售额，则银行该币种外汇头寸即出现“空头”（Short Position）或“超卖”（Oversold）。“多头”和“空头”统称“敞口头寸”（Open Position）。为了规避汇率变动的风险，银行必须遵循“买卖平衡”的原则，主动参与银行间市场的交易以轧平各币种的头寸，将多头抛出，空头补进。这种头寸抛补业务又称外汇头寸调整交易。银行进行外汇交易，也可出于投机获利的目的。银行同业间交易汇集了外汇市场的供求流量，由此决定着汇率的高低。在外汇市场上，实力雄厚的大银行凭借其先进的电信设备，高素质的外汇交易员及广泛的代理行关系处于“造市者”地位。这些银行对某种货币的买卖报价可以直接影响该种货币的汇率。

（三）银行与中央银行之间的交易

中央银行干预外汇市场所进行的外汇交易是在它与银行之间进行的。通过这种交易，中央银行可以使外汇市场供求关系所决定的汇率相对稳定。如果某种外汇兑换本币的汇率低，中央银行就会向银行买入这种外汇，增加市场对此种外汇的需求量，促成其汇率上升；反之，如果中央银行认为该外汇的汇率高，就会向银行卖出此种外汇，促成其汇率下降。由于外汇市场是国际性的交易场所，因此，中央银行的干预不仅在本国外汇市场进行，而且还可以在其他外汇市场进行。例如，日本中央银行干预外汇市场，就常常在日本以外的中国香港、新加坡、伦敦、纽约等外汇市场进行。另外，中央银行出于外汇储备资产管理的需要，也经常要通过与银行之间的外汇交易，调整外汇储备的结构，避免金融性汇率的风险。

五、外汇市场的交易模式

外汇市场主要有两种外汇交易模式，即竞价驱动模式和报价驱动模式。

（一）竞价驱动模式

竞价驱动又称指令驱动，是指买卖双方将各货币对的买卖价格匿名报入外汇交易所的竞价撮合系统，提交买入指令或卖出指令，交易系统按照“价格优先、时间优先”的原则进行匹配，自动选择最优的买卖报价并匿名发布，为买卖双方进行撮合成交，因而竞价交易也称匿名交易。例如，A 银行提交 EUR1＝USD1.135 4 买入 1 000 万美元的指令，同时 B 银行提交 EUR1＝USD1.135 2 卖出 1 000 万美元的指令，则外汇交易所不能为其撮合成交，如果 C 银行提交 EUR1＝USD1.135 4 卖出 1 000 万美元的指令，则其就可以与 A 银行成交。采用这种交易模式时，交易的清算是通过交易所集中完成的，即集中清算。

【提示】竞价驱动交易模式在国际外汇市场上并不多见。

(二)报价驱动模式

做市商(Market Maker)报价驱动模式是当今外汇市场的主导交易模式，做市商不断向客户报出买卖双向价格，并按其主动报出的价格接受客户的买卖请求，以其自有资金和外汇与客户进行交易，市场价格主要由做市商决定。在此，做市商的基本作用是持续双向报价，为市场提供流动性，使大额交易迅速成交，提高市场的效率。另外，做市商的报价一般比较稳定，也起到了减缓市场波动的作用。采用这种交易模式时，交易的清算是在做市商与客户之间直接进行的，即双边清算。

任务二　外汇交易实务

一、外汇交易的概念

外汇交易(Foreign Exchange Transaction/FX Transaction)，又称外汇买卖或货币兑换，是指在外汇市场上以外汇银行为中心，交易双方按约定的价格和金额买入一种货币并且卖出另一种货币的交易，或者用给定货币去兑换另一种货币的活动。

二、外汇交易的目的

(1)国际清算。由于外汇是清偿国际间由于各种经济往来而形成的债权债务关系的支付手段，所以国际清算，实现购买力的国际转移是外汇交易最基本的功能。

(2)提供外汇资金融通。外汇市场的通信设施完备，经营手段先进，资金融通便捷，是理想的外汇资金集散中心，成为资本再分配的重要渠道。借助于外汇交易，为外汇需求者提供越来越多的可筹资金，极大地促进国际贸易和投资国际化的发展。

(3)套期保值。浮动汇率制下，汇率经常性的剧烈波动直接影响到国际贸易和国际资本流动。外汇交易具有使外汇收入或支出确定、使企业不会因日后汇率的波动而遭受损失的功能，对进出口商来说具有重要的作用。

(4)投机。借助外汇交易，通过外汇市场的低买高卖，以及对未来汇价的合理预期，交易者可以谋取利润。

(5)干预外汇市场。中央银行或者货币管理当局是市场活动的领导者，它在外汇市场价格出现异常变化时，或是汇率单方向的剧烈波动时，往往会干预外汇市场，试图缓解汇率的剧烈波动。所谓干预外汇市场，是指货币当局在外汇市场上的任何外汇买卖，以影响本国货币的汇率。其途径可以用外汇储备、中央银行之间调拨或官方借贷等。

根据中央银行进行外汇交易时是否对货币政策产生影响，可以分为冲销式干预和非冲销式干预。所谓冲销式干预，又称为“消毒的干预”，即不改变现有货币政策的干预，是中央银行认为外汇价格的剧烈波动或偏离长期均衡是一种短期现象，希望在不改变现有货币供应量的条件下，改变现有的外汇价格。换言之，一般认为利率变化是引致汇率变化的关键因素，而中央银行试图不改变国内的利率而改变本国的汇率。非冲销式的干预，又称为“不消毒的干预”，就是改变货币政策的干预。它是指中央银行直接在外汇市场买卖外汇，而听任国内货币供应量和利率朝有利于达到干预目标的方向变化。

三、外汇交易的程序

目前，外汇市场上最广泛的外汇交易系统主要有路透社终端、美联社终端和德励财经终端，它们利用遍布世界各地金融中心的新闻网络，广泛采集有关金融、贸易、证券、政治等各方面的信息，通过电话、电传等各种形式，提供最快捷、及时、准确的服务给广大的外汇交易者。此外，还有美国的银行间清算所支付系统（CHIPS）和环球金融电讯网（SWIFT），同样可为广大交易者提供便捷的服务。

外汇交易中，双方必须恪守信用，遵守“一言为定”的原则和“我的话就是合同”的惯例。外汇交易一经成交则不得反悔、不得变更或者撤销合同。在外汇交易的磋商中经常会出现一些俚语或简语，因此为避免误解，外汇交易用语必须规范化。例如，交易中 one dollar 表示 100 万美元。

【提示】交易金额通常是 100 万美元的整数倍。低于 100 万美元的交易需要提前说明。

一笔完整的外汇交易包括五个步骤：询价、报价、成交、证实和结算。即期外汇交易的成交金额一般都比较大，交易单位以百万美元计，而且交易时间不超过半分钟，所以实际外汇交易中为节约时间将许多单词、数字进行简化，并且由于历史、习惯等原因还有许多特殊的“行话”。

通常外汇交易的程序包括以下几个步骤：

(1)询价（Asking）。询价方首先要自报家门，以便让报价行知道交易对手是谁，并决定其交易对策。一般应优先选择资信较好、与询价方业务往来密切的机构。具体操作应选择报价价差小、报价与还价速度快、服务水平高的机构。询价的内容主要包括交易的币种、交易金额、交割期限等。为节省时间、提高效率，询价方应采用简洁明了的规范化语言进行询价，如：What is your spot USD JPY，pls?

(2)报价（Quotation）。外汇银行的交易员接到询价后，应迅速报出所询问的有关货币的即期汇率或远期汇率的买入价和卖出价，如 20/30。迅速报价体现了外汇银行的业务水平及交易效率，也使询价方无暇寻找其他交易对象，增大了成交的可能性。与此同时，外汇银行的交易员还应根据其自身的头寸情况和买卖意图报出一个具有竞争力的价格。

【学中做 3—1】 假设某外汇银行的英镑处于多头寸状况，假设国际外汇市场上英镑兑美元的报价为：GBP1＝USD1.354 5/65，该外汇银行为了将本行多余的英镑头寸抛出，应如何报价?

(3)成交（Done）。询价者接到报价后，应立即做出反应，或者成交，或者放弃，而不应该与报价方讨价还价。当询价者表示愿意以报出的价格买入或卖出某个期限的一定数额的某种货币，报价银行应对此交易承诺。一旦报价银行的外汇交易员说“成交了”，外汇交易合同即告成立，双方都应遵守各自的承诺，不得反悔、更改或取消。若不满意此报价，询价方可回答“Thanks，nothing”，表示谢绝交易，此时报价便对双方无效。

(4)证实（Confirmation ）。交易得到承诺后，为防止错漏和误解，双方当事人不管多么繁忙都会不厌其烦地将交易的所有细节以书面形式相互确认一遍。交易结束后，若发现原证实有错误或遗漏，交易员应尽快与交易对手重新证实，其内容必须得到交易双方的同意方可生效。

(5)结算（Settlement）。结算是外汇交易的最后环节，也是最重要的环节。交割是指买卖双方在合同规定的日期一手交钱一手交货的行为，即将卖出的外汇划入买方账户并收取相应款项的过程。交易双方需按对方的要求将卖出的货币及时准确地汇入对方指定的银行存款账户中，以了结债权债务关系。

【知识链接 3—1】 **外汇交易的规则**

在外汇交易中，存在一些约定俗成的、大家共同遵守的习惯和做法，最后逐渐被外汇交易员们认定为规则在外汇交易中使用。这里只列举交易中的五种主要的规则。

规则一:外汇交易中的报价是外汇交易中双方兑换货币成交的价格,及报出交易用的汇率。通常,银行在报价时对每一种货币应同时报出买入价(Bid Price)和卖出价(Offer Price),即所谓双向报价。买入汇率和卖出汇率都是站在银行的角度而非客户角度而言的,客户以银行的卖出汇率买入,以银行的买入汇率卖出。另外,报出的汇价通常由两部分构成:大数(Big Figure)和小数(Small Figure)。大多数的汇价其小数点后第二位以前的数值为大数,以后的数值为小数,如欧元兑美元汇价:EUR/USD 为 1.062 8/1.063 4,其中 1.06 为大数,28/34 为小数。仅有少数几个汇价,其整数部分为大数,小数部分为小数,如美元兑日元汇价:USD/JPY 为 112.821 0/112.809 0,其中 112 为大数,821 0/809 0 为小数。一般在一个交易日内,外汇市场上汇率波动不大,外汇交易员为了节省时间,尽力求简,只报汇率的最后两位数,能让熟悉行情的对方明白就可以了,如前述欧元对美元汇率只报出 28/34,至于前面大数可省略不报。

另外,外汇交易员的报价必须以美元为中心,即几乎全部的外汇交易均采用以某种货币对美元的买进或卖出的形式进行,除非有特殊说明(规则二解释了几种特殊情况)。

规则二:使用统一的标价方法。汇率的标价方法有直接标价法(单位外币的本币价格,汇率报价为本币/外币)、间接标价法(以外币表示的本币价格,汇率报价为外币/本币。如英镑、澳元、新西兰元以及欧元)之分。为使交易迅速顺利地进行,交易各方使用统一的标价方法,即除欧元、英镑、澳大利亚元、新西兰元等少数交易货币采用间接标价法以外,其他交易货币一律采用直接标价法。

规则三:交易额通常以 100 万美元为单位。例如,交易中 One Dollar 表示 100 万美元,Five Dollar 表示 500 万美元。如果交易额低于 100 万美元,应预先说明是小额的,然后再报出具体金额。

规则四:双向报价具有约束力。交易双方必须恪守信用,共同遵守"一言为定"的原则和"我的话就是合同"的惯例,交易一经成交不得反悔、变更或要求注销。

规则五:交易术语规范化。迅速变化着的汇率要求交易双方以最短的时间达成一项交易。因此,交易员们为节省时间常使用简语或行话,买入可用 Bid、Buy、Pay、Taking、Mine 等,卖出可用 Offer、Sell、Giving、Yours 等,如"我卖给你 500 万美元"可用 Five Yours。

四、外汇交易工具

外汇交易工具具有多样化的特点。除了最传统的即期外汇交易外,其他交易品种也日渐丰富。下面介绍几种主要的外汇交易业务。

(一)即期外汇交易

1. 即期外汇交易的概念

即期外汇交易(Spot Exchange Transaction)又称现汇交易,是买卖双方约定于成交后的两个营业日内办理交割的外汇交易方式。

【注意】一般而言,在国际外汇市场上进行的外汇交易,除非指定日期,否则都视为即期外汇交易。

2. 即期外汇交易的交割时间

在外汇交易中,成交是指确定外汇买卖协议。该协议规定了外汇交易的买方和卖方,买卖的币种、数量和价格以及交割标准。成交仅指确定买卖关系,并不发生实际收付货币的行为。成交日即交易双方达成外汇交易的日期,通常用"T"表示。交割(Delivery)是指买卖双方钱货两清或货币两讫的行为,即买卖双方实际收付货币,分别按照对方的要求使卖出的货币进入对方指定的银行账户中。

【提示】交割发生的当天称交割日或起息日、结算日。成交和交割是外汇买卖中两个重要的环节，成交在前，交割在后，成交是交割的基础和前提，交割是成交的结果。只有完成了成交和交割，外汇买卖行为才算完成。

(1)交割日(Value Date)又称结算日、有效起息日，是进行资金交割的日期。银行同业间外汇即期交易的交割日包括三种类型：

①标准交割日(Value Spot 或 VAL SP)，又称即期交割，指在成交后第二个营业日交割，即T+2，如果遇上非营业日，则向后递延到下一个营业日。目前大部分的即期外汇买卖采用这种方式。

②隔日交割(Value Tomorrow 或 VAL TOM)，又称翌日交割、隔日交割、明日交割，指在成交后第一个营业日进行交割，即 T+1。某些国家由于时差的原因而采用这种方式，如加拿大与美国之间以及墨西哥与美国之间在一个工作日交割。

③当日交割(Value Today 或 VAL TOD)，指在成交当日进行交割。以前在香港外汇市场用美元兑换港元的交易(T/T)就可在成交当日，即 T+0，进行交割。

根据国际金融市场惯例，交割日必须是两种货币的发行国家或地区的各自营业日，并且遵循“价值抵偿原则”，即一项外汇交易合同的双方必须在同一时间进行交割，以免任何一方因交割不同时而蒙受损失。

【提示】即期外汇交易交割日确定的原则可以简要概括为：“节假日顺延，顺延不跨月。”具体来讲，在交割日内如果遇上任何一国(货币发行国)银行节假日，外汇交割时间向后顺延，若顺延跨到下个月，则交割日往前推回到当月最后一个营业日。

【注意】按照国际惯例，如果某一方节假日是在成交后的第一个营业日，则以报价行的交割日为准。例如，一笔星期一在伦敦市场报价成交的英镑兑美元的即期交易，若星期二是英国节假日，则交割日为星期四，若星期二是美国节假日，则交割日仍为星期三。

(2)营业日(Working Day)，是指两个清算国的银行均开门营业的日子，以保证交易双方同时完成货币的收付，避免其中任何一方承担信用风险或利息损失。若其中任何一国遇到节假日，交割日按节假日天数顺延。

(3)基本点(Basic Point)，简称点，是表示汇率的基本单位。一般情况下，一个基本点为万分之一货币单位，相当于小数点后的第四个单位数，即 0.000 1。有些货币由于数字较大，因此其基本点有些不同。以日元为例，日元的价格变动主要在小数点后的两位数上，因此其基本点为 0.01 货币单位。

3. 即期外汇交易的汇价

即期汇率(Spot Exchange Rate)是外汇市场最基本的汇率，其他交易的汇率都是以即期汇率为基础计算出来的。全球各外汇市场一般采用美元标价法，在路透社、美联社等主要系统报出的即期行情中，除了英镑等少数货币对美元汇率是完整报出基准货币、报价货币名称之外，其他汇率均只报出报价货币名称。

4. 即期外汇交易的种类

即期外汇交易的结算方式有信汇、票汇和电汇三种。信汇和票汇的应用较少，大部分交易是采取电汇方式。

(1)电汇(Telegraphic Transfer，T/T)即汇款人向当地外汇银行交付本国货币，由该银行用电报或电传通知国外分行或代理行立即付出外币。反之，当客户收到国外电汇时，可向付款银行卖出外汇，立即取得本国货币。用电汇买卖外汇，银行间资金划拨转移速度很快，银行在国内收进本国货币，在国外付出外汇的时间相隔不过一两天。由于银行不能利用顾客的付款，而国际电报费又较贵，所以电汇汇率最高。目前，电汇汇率已成为外汇市场的基本汇率，其他汇率都以电汇汇率作为计算标准。西方外汇市场和报纸公布的汇率大多是银行电汇买卖价。

在电汇方式下，买卖双方首先通过电话达成交易，然后用电传予以确认。结算时间与所涉及的国家有关，一般在靠近中午时分结算。1977 年 9 月，国际金融电讯协会（Society for World-wide Inter-bank Financial Telecommunication，SWIFT）正式启用，专门处理国际间银行转账和结算，使转账交换极其迅速和安全，目前大多数国际性大银行都已加入该系统。银行同业间各种货币的结算即是利用 SWIFT 电讯系统，通过交易双方的代理行或分行进行的，最终都是以有关交易货币的银行存款的增减或划拨为标志的。

（2）信汇（Mail Transfer，M/T）是指汇款人向当地银行交付本国货币，由银行开具付款委托书，用航空邮寄交国外分行或代理行，办理付出外汇业务。采用信汇方式，由于邮程需要的时间比电汇长，银行有机会利用这笔资金，所以信汇汇率低于电汇汇率，其差额相当于邮程利息。

在进出口贸易合同中，如果规定凭商业汇票"见票即付"，则由议付行把商业汇票和各种单据用信函寄往国外收款，进口商银行见汇票后，用信汇（航邮）向议付行拨付外汇，这就是信汇方式在进出口结算中的运用。进口商有时为了推迟支付货款的时间，常在信用证中加注"单到国内，信汇付款"条款。这不仅可避免本身的资金积压，而且可在国内验单后付款，保证进口商品的质量。

【提示】信汇凭证是信汇付款委托书，其内容与电报委托书内容相同，只是汇出行在信汇委托书上不加注密押，而以负责人签字代替。

（3）票汇（Demand Draft，D/D）是指汇出行应汇款人的申请，开立以汇入行为付款人的汇票，列明收款人的姓名、汇款金额等，交由汇款人自行寄送给收款人或亲自携带出国，以凭票取款的一种汇款方式。票汇的凭证即银行汇票。

【提示】在国际贸易实务中，进出口商的佣金、回扣、寄售货款、小型样品与样机、展品出售和索赔等款项的支付，常常采取票汇方式汇付。

【学中做 3－2】 在香港市场上，美元对港元的电汇汇率为 USD1＝HKD 7.790 0～7.794 0，香港银行拆放利息为 8%（年率），美国到香港的邮程为 10 天，那么美元对港元的票汇汇率应是多少？

5. 即期外汇交易的常见方式

外汇银行与客户之间的即期外汇交易方式一般有四种：汇出汇款、汇入汇款、出口收汇和进口付汇。

（1）汇出汇款。汇出汇款是指需要支付外币的客户首先向银行付出本币，再委托银行向国外的收款人汇款。银行接受汇款人委托后，通知其国外分支机构或代理机构向收款人支付相应款项。汇出汇款实际上是客户买进外汇、外汇银行卖出外汇的一种即期交易。

（2）汇入汇款。汇入汇款是指收款人收到国外以外币支付的款项后，通过结汇卖给银行，得到本币款项。一般是办理汇款的境外银行（汇出行）将外币资金转入收款人的银行（汇入行）结算账户中。汇入汇款实际上是客户卖出外汇，银行买入外汇的即期外汇交易。

（3）出口收汇。出口收汇结算方式很多，常用的一种是出口商将出口货物装船后，立即开立以交易双方商定的计价结算货币汇票，并附有关单证，请银行议付货款，议付行将货款记入出口商结算账户中，同时议付银行将汇票等单据寄往境外付款行，按照汇票即期支付的条件收取以外币支付的款项。在此结算过程中，实际上是客户向议付行卖出、议付行买入即期外汇的交易。

（4）进口付汇。进口付汇结算方式是与出口收汇结算方式相对应的。常用的一种是为进口商开出信用证的银行，按照约定的付款条件对出口商开出的即期汇票付款，即开证行将外币计价的货款通过外币结算账户垫付，然后向进口商提示汇票，请其按照即期付款条件支付。进口商以本币向银行支付了进口货款，进口付汇就完成了。在此结算过程中，实际上进口商作为客户向开证行买入一笔即期外汇，开证行做了一笔卖出外汇的即期交易。

【提示】汇出汇款和汇入汇款是纯粹的、基本的外汇交易形式，可以是出于任何目的的外汇交易；出口收汇和进口付汇是由于进出口贸易产生的外汇交易。

6. 即期外汇交易的套汇规则

(1)如果两个即期汇率都是以同种货币作为单位货币，那么套汇汇率为交叉相除。

(2)如果两个即期汇率都是以同种货币作为计价货币，那么套汇汇率为交叉相除。

(3)如果一个即期汇率是以一种货币作为单位货币，另一个即期汇率以这种货币作为计价货币，那么套汇汇率为同边相乘。

【提示】这里的"单位货币"与"计价货币"的区分，如 1 美元＝81.10 日元，则美元为单位货币，日元为计价货币。

【做中学 3—1】 已知：USD/EUR＝0.782 8/38，USD/HKD＝7.751 8/28；求：EUR/HKD。

解析：因为两个即期汇率都是以美元作为单位货币，所以应该是交叉相除。则：

欧元买入价＝7.751 8÷0.783 8＝9.890(相当于客户先用港币买美元，再用美元买欧元)

欧元卖出价＝7.752 8÷0.782 8＝9.904

EUR/HKD＝9.890/904

【做中学 3—2】 已知：GBP/USD＝1.592 5/35，AUD/USD＝1.042 0/30；求：GBP/AUD。

解析：因为两个即期汇率都是以美元作为计价货币，所以应该是交叉相除。则：

英镑买入价＝1.592 5÷1.043 0＝1.526 8

英镑卖出价＝1.593 5÷1.042 0＝1.529 3

GBP/AUD＝1.526 8/93

【做中学 3—3】 已知：GBP/USD＝1.592 5/35，USD/JPY＝81.10/20；求：GBP/JPY。

解析：因为两个即期汇率，一个以美元作为计价货币，一个以美元作为单位货币，所以应该是同边相乘。则：

英镑买入价＝1.592 5×81.10＝129.15

英镑卖出价＝1.593 5×81.20＝129.39

GBP/JPY＝129.15/39

(二)远期外汇交易

1. 远期外汇交易的概念

远期外汇交易(Forward Exchange Transaction)又称期汇交易，是指外汇买卖双方成交后并不立即办理交割，而是预先签订合约，先行约定各种交易条件(如货币的种类、金额、汇率、交割时间和地点等)，在未来的约定日期办理交割的外汇交易。通过远期外汇交易买卖的外汇称为远期外汇或期汇。

远期外汇交易的期限在 1 个月至 6 个月，甚至 12 个月不等，一般是 3 个月。在日常交易中，任何一个营业日内都可作为远期外汇交易的交割日。按外汇实际交割日的确定来区分，可分为以下两种：

(1)固定交割日的远期外汇交易。它是指按照交易双方商定的日期进行外汇交割的交易。这类外汇交易的交割日既不能提前，也不能推迟。例如，5 月 16 日，A 银行与 B 银行达成一项为期 3 个月的远期外汇交易，固定交割日，远期汇率为 1 美元兑换 113.45 日元，交割日为 8 月 18 日。届时，A 银行与 B 银行必须在这一日，同时按对方的要求将卖出的货币解入对方指定的账户内。如果一方提前交割，另一方既不需要提前交割，也不需要因对方提前交割而支付利息。但如果有一方延迟交割，则另一方可向其收取滞付利息。

(2)选择交割日的远期外汇交易。它是指交易的一方可在成交日后的第三天起至约定的期限内的任何一个营业日内，要求交易的另一方按照双方约定的远期汇率进行外汇交割的交易。例如，5 月 16 日，A 银行(报价银行)与 B 银行(询价银行)达成一项为期 2 个月的选择交割日的远期外汇交易。A 银行愿意按 1 美元兑换 109.28 日元的汇率卖出 10 928 万日元，买入等值的美元。B 银行愿意按同样的汇率卖出 100 万美元，买入等值的日元。在 5 月 19 日到 7 月 18 日之间的任何一个营业日，B 银行都可要求 A 银行按既定的远期汇率进行交割，并按对方的要求将各自卖出的货币解入对方指定的账户内。

2. 远期外汇交易的交割日

确定远期外汇交易交割日非常重要，因为相隔一天的远期点数可能有很大的差异，短期合约更是如此。远期外汇交易交割日的确定法则可以概括为“日对日，月对月，节假日顺延，顺延不跨月”。

(1)“日对日”是指远期外汇交易交割日是以即期外汇交易交割日为基准的。例如，即期外汇交易的成交日是 6 月 2 日，即期交割日为 6 月 4 日，则 1 个月远期外汇交易的交割日为 7 月 4 日(若即期交割日为 6 月 3 日，则 1 个月远期外汇交易的交割日为 7 月 3 日)，但 7 月 4 日必须是有效的营业日，是相关币种国家共同的营业日。

(2)“月对月”是指“双底”惯例，即如果即期外汇交易交割日是该月的最后一个营业日，那么远期外汇交易交割日为合约到期月份的最后一个营业日。例如，2023 年 1 月 31 日为即期外汇交易交割日，那么 1 个月远期外汇交易的交割日就是 2023 年 2 月 28 日(2 月份的最后一个共同的营业日)。

(3)“节假日顺延”是指在远期交割日内如果遇上任何一国(货币发行国)银行节假日，外汇交割时间向后顺延。

(4)“顺延不跨月”是指若顺延跨到下个月，则交割日往前推回到当月最后一个营业日。例如，2 个月远期外汇交易的成交日是 5 月 28 日，即期交割日为 5 月 30 日，2 个月远期外汇交易交割日为 7 月 30 日，若 7 月 30 日、7 月 31 日均不是营业日，则交割日不能顺延，否则就跨过 7 月份了。因此，这笔远期外汇交易的交割应为 7 月 29 日，若 7 月 29 日仍为节假日，则退回到 7 月 28 日，以此类推。

【注意】上述四条原则在确定远期外汇交易交割日时一定要兼顾，否则就会出现错误。

3. 远期外汇交易的汇率报价

(1)完整汇率报价方式

完整汇率报价方式又称为直接报价方式，是直接报出完整的不同期限远期外汇的买入价和卖出价。银行对客户的远期外汇报价通常使用这种方法。例如，某日美元对日元的 1 个月远期汇价为：USD1＝JPY 119.77/83。

(2)汇水报价方式

汇水报价方式只标出远期汇率与即期汇率的差额，不直接标出远期汇率的买入价和卖出价。远期汇率与即期汇率的差额，称为汇水或远期差价(Forward Margin)。远期差价在外汇市场上是以升水(Premium)、贴水(Discount)和平价(Parity)来表示的。

动漫视频

远期汇率

【注意】升水表示远期外汇比即期外汇贵，贴水表示远期外汇比即期外汇贱，平价表示两者相等。

由于汇率标价方法不同，计算远期汇率的公式也不相同，如下所示：

在直接标价法下：

远期汇率＝即期汇率＋升水额

远期汇率＝即期汇率－贴水额

在间接标价法下：

远期汇率＝即期汇率－升水额

远期汇率＝即期汇率＋贴水额

【做中学 3－4】 某日在纽约外汇市场上，即期汇率为 GBP1＝USD1.353 5/55，若一个月远期英镑升水 10/20，则英镑一个月远期汇率为多少？

解析：在纽约市场即期汇率 GBP1＝USD1.353 5/55 为直接标价法，一个月远期英镑升水，所以，远期汇率＝即期汇率＋升水额，即 GBP1＝USD1.353 5＋0.001 0/1.355 5＋0.002 0＝USD1.354 5/75。

(3)"点数"报价方式

在实际远期外汇交易中，银行只报出远期汇率升、贴水的点数，并且并不说明是升水还是贴水。我们已经知道，实际的远期汇率可通过即期汇率加上或减去升水、贴水得出，但上面报价中的数字并未标明是升水还是贴水。因此，我们必须首先进行判断，其次才能对升水、贴水进行加减。

在外汇市场上，表示远期汇率点数的有前后两栏数字，分别代表了买入价和卖出价。判断升水、贴水的方法是：当买入价大于卖出价时，即为贴水；当卖出价大于买入价时，即为升水。

【注意】在不同的标价法下，买入价和卖出价的位置不同。在直接标价法，前面是买价，后面是卖价；在间接标价法下，前面是卖价，后面是买价。

【做中学 3－5】 某日在纽约外汇市场上，即期汇率为 USD1＝JPY100.48/58，若 3 个月远期差价为：10/20，则美元 3 个月远期汇率为多少？

解析：首先判断标价方法。在纽约外汇市场上，即期汇率为 USD1＝JPY100.48/58，为间接标价法。其次，判断升水、贴水。间接标价法下，前面的数字是卖价，后面的数字是买价，这里买价大于卖价，因此是贴水。最后，根据公式进行计算。在间接标价法下，远期汇率等于即期汇率加上贴水额，即 USD1＝JPY100.48＋0.10/100.58＋0.20＝JPY100.58/78。

【注意】实际上无论是哪种标价方法（直接标价法、间接标价法、美元标价法与非美元标价法），只要远期差价点数顺序是前小后大，就用加法；只要远期差价点数的顺序是前大后小，就用减法，即"前小后大往上加，前大后小往下减"。同时，远期差价点数"前小后大"说明标准货币升水，报价货币贴水；远期差价点数"前大后小"说明标准货币贴水，报价货币升水。

4. 远期汇率升水或贴水原因

国际政治经济形势的变化、货币所在国实施的经济政策、中央银行对外汇市场的干预措施以及外汇市场的投机程度等诸多因素，都会不同程度地影响货币的远期汇率。

【提示】在正常情况下，两国货币短期利率的差异和两国货币远期外汇市场的供求关系是引致远期汇率升水或贴水的主要原因。

(1)两国货币短期利率的差异

两国货币短期利率的差异是两国货币的远期汇率在即期汇率的基础上升水或贴水的基本原因。通常情况下，低利率的货币远期汇率表现为升水，高利率货币表现为贴水。计算升水额或贴水额的近似公式为：

$$\text{标准货币的升(贴)水额}=\text{即期汇价}\times\text{两国年利差}\times\frac{\text{月数}}{12}$$

若求报价货币的升贴水额，需要先进行汇率变形，把报价货币变为标准货币，再代入上述公式进行计算。

【做中学3—6】 伦敦货币市场的年利率为9.5%，纽约货币市场的年利率为7%，伦敦外汇市场即期汇率为：GBP1＝USD1.800 0。求3个月英镑的远期汇率和3个月美元的远期汇率。

解析：3个月英镑的贴水额$=1.800\times(9.5\%-7\%)\times\frac{3}{12}=0.011\ 3$美元，因此3个月英镑的远期汇率＝即期汇率－远期贴水额＝1.800 0－0.011 3＝1.788 7美元。

3个月美元的升水额$=\frac{1}{1.800\ 0}\times(9.5\%-7\%)\times\frac{3}{12}=0.003\ 5$英镑，因此3个月美元的远期汇率＝即期汇率＋远期升水额＝0.555 6＋0.003 5＝0.559 1英镑。

本题中，3个月美元的远期汇率也可以通过直接计算3个月英镑的远期汇率倒数获得。

(2)两国货币远期外汇市场的供求关系

两国货币的短期利率差所决定的远期汇率升贴水额只是剔除供求因素影响的纯理论数值，实际的远期外汇市场的升贴水数还要受到供求关系的影响。从长期和均衡的观点来看，远期外汇市场的远期汇率升贴水额总是围绕着由两国货币短期利差所决定的升贴水额上下波动。在供求均衡的情况下，两者才会一致。外汇市场的供求关系决定的标准货币远期汇水的折年率计算公式为：

$$\text{标准货币升(贴)水额的折年率}=\frac{\text{升(贴)水额}\times 12}{\text{即期汇价}\times\text{月数}}\times 100\%$$

【做中学3—7】 若某日即期外汇市场汇价为：GBP1＝USD2.250 0，3个月远期汇率为GBP1＝USD2.275 0，纽约市场年利率为7%，伦敦市场年利率为5.5%，问投资者应该在英国投资还是在美国投资？

解析：$\text{英镑升水折年率}=\frac{\text{升水额}\times 12}{\text{即期汇价}\times\text{月数}}\times 100\%=\frac{0.025\ 0\times 12}{2.250\ 0\times 3}\times 100\%=4.4\%$

美、英两国的年利差为：7%－5.5%＝1.5%。

投资者应该选择在英国投资，因为在英国投资与在美国投资相比，尽管一年有1.5%的利息损失，但是英镑(低利率货币)的升水折年率为4.4%，不仅弥补了所有利息损失，还有剩余。

通过上述例子，我们不难得出结论：若升贴水折年率大于两国年利差，则投资者在低利率货币国投资有利可图。

5. 远期外汇交易的作用

按照人们从事远期外汇交易的不同目的，远期外汇交易的作用可概括为：套期保值和外汇投机。就套期保值而言，我们将一般公司企业与外汇银行加以区别对待，因此，远期外汇交易的作用可概括为如下三个方面：

(1)套期保值

套期保值(Hedging)是指未来有外汇收入或支出的公司企业卖出或买入相等于该笔金额的远期外汇，交割期限与该笔外汇收入或支出的期限一致，使该笔外汇以本币表示的价值免受汇率波动的影响，从而达到保值的目的。

在国际贸易、国际投资等国际经济交易中，由于从合同签订到实际结算之间总存在着一段时间，在这段时间内，汇率有可能向不利方向变化，从而使持有外汇的一方蒙受损失。为了避免这种风险，进出口商等会在签订合同时，就向银行买入或卖出远期外汇，当合同到期时，即按已商定的远期汇率买卖所需外汇。

【做中学3—8】 某美国出口商向英国进口商出售一批汽车，价值1 000万英镑，3个月后收汇。假定外汇市场的行情为：即期汇率GBP1＝USD1.452 0/30，3个月远期差价为30/50，问美国出口商如何利用远期外汇交易进行套期保值？

解析：根据已知条件3个月远期汇率为：GBP1＝USD1.455 0/80。

美国出口商3个月后将有1 000万英镑的外汇收入，为防止3个月后英镑贬值，美国出口商在签订合同时就应向银行卖出3个月期1 000万英镑远期外汇予以套期保值，即美国出口商签订合同时就明确知道3个月后将收入1 000×1.455 0=1 455万美元。

当然，若3个月后英镑升值，由于美国出口商在签订合同时就向银行卖出3个月期1 000万英镑远期外汇予以套期保值，因而也无法获得汇率有利变动的好处。

【做中学3—9】 某香港公司以6%的年利率借到了1 000万英镑，期限3个月。假定外汇市场的行情为：即期汇率GBP1=HKD12.562 0/30，3个月远期差价为20/50，问该香港公司如何利用远期外汇交易进行套期保值？

解析：根据已知条件3个月远期汇率为：GBP1=HKD12.564 0/80。

香港公司3个月后将支付的本利和为：$1\ 000\times\left(1+6\%\times\frac{3}{12}\right)=1\ 015$万英镑。

香港公司为防止3个月后英镑升值，在签订合同时就向银行买入3个月期1 015万英镑远期外汇予以套期保值，即香港公司在签订合同时就明确知道3个月后将支付1 015×12.568 0=12 756.52万港元。

当然，若3个月后英镑贬值，由于香港公司在签订合同时就向银行买入3个月期1 015万英镑远期外汇予以套期保值，因而也无法获得汇率有利变动的好处。

(2)平衡外汇头寸

当面临汇率风险的客户与外汇银行进行远期外汇交易时，实际是将汇率变动的风险转嫁给了外汇银行。而银行在它所做的同种货币的同种期限的所有远期外汇交易不能买卖相抵时，就产生了外汇净头寸，面临风险损失。为避免这种损失，银行需要将多头抛出、空头补进，轧平各种币种各种期限的头寸。

【做中学3—10】 某银行某日开盘时卖给某企业1个月期100万英镑的远期外汇，买进相应的1个月期远期美元。假设开盘时的汇率行情如下：

即期汇率为：GBP1=USD1.452 0，1个月远期汇率为：GBP1=USD1.453 0。

该银行在卖出1个月远期100万英镑后，若认为其英镑远期头寸不足，应该补回100万英镑的远期外汇，以平衡美元头寸。由于外汇市场的行情处于不断变化之中，银行在平衡外汇头寸过程中，有可能要承担汇率变化的风险。假设该银行在当日接近收盘时补进1个月远期100万英镑。假设收盘时的汇率行情如下：

即期汇率为：GBP1=USD1.455 0，1个月远期汇率为：GBP1=USD1.456 0。

这样该银行就要损失(1.456 0−1.453 0)×100万=0.3万美元。

因此，在银行实际业务处理过程中，为避免汇率风险，银行在卖出远期外汇同时，往往要买进相同数额、相同币种的即期外汇。在本例中，银行在开盘时卖给某企业1个月期100万英镑的远期外汇的同时，以GBP1=USD1.452 0的即期汇率买进100万即期英镑；到收盘时该银行在补进1个月远期100万英镑的同时，可按GBP1=USD1.455 0的即期汇率卖出100万即期英镑。这样，尽管银行补进卖出的3个月远期英镑要损失0.3万美元，但即期交易中获得0.3万美元的收益可以抵消远期外汇市场上的损失。

【注意】银行在进行外汇买卖过程中，当某种货币出现空头寸或多头寸时，可以利用即期外汇买卖和远期外汇买卖相配合，来弥补暂时货币头寸余缺。

(3)投机

外汇投机(Exchange Speculation)是指外汇市场参与者根据对汇率变动的预测，有意保留(或持有)外汇的空头或多头，希望利用汇率变动牟取利润的行为。外汇市场的投机绝不是完全意义上的贬义词,现代外汇投机是外汇交易的重要组成部分,没有适度的投机也不能使外汇市场日交易量达到1万亿美元以上。从某种意义上说,投机活动在引起国际汇率不稳定的同时,也迫使一些国家健全金融市场机制。有的观点认为,20世纪70年代以来的金融工具创新使投机活动加剧,但1997年亚洲金融危机中,国际投机者们并没有利用复杂的金融工具,而是采用最常规的交易——即期交易。这就说明,任何一项交易业务既可用于实际的需要,也可以用于投机。远期外汇交易也是如此。

当预测某种货币的汇率将上涨时,即在远期市场买进该种货币,等到合约期满再在即期市场卖出该种货币,这种交易行为称为“买空”。相反,当预测某种货币的汇率将下跌时,即在远期市场卖出该种货币,等到合约期满,再在即期市场买进该种货币,这种交易行为称为“卖空”。“买空”和“卖空”交易是利用贱买贵卖的原理谋取远期市场与即期市场的汇差。当然,如果预测失误,会给交易者带来损失。

远期外汇投机与即期外汇投机相比,其突出表现为:“以小博大”和“买空卖空”。“以小博大”是指远期外汇投机不涉及现金和外汇的即期支付,仅需少量的保证金,无须付现,一般都是到期轧抵,计算盈亏,支付差额,并且大多数远期外汇投机在到期前就已经平仓了,因而远期外汇投机不必持有巨额资金也可作巨额交易。“买空”或“做多头”是指投机者预测某种货币的汇率会上升,则买入远期的该种货币,此时他并没有立即支付现金,也没有取得相应的外汇,只是订立了一个买卖合约,承担了在未来某一日按一定价格交付某种货币而收取另一种货币的权利和义务。与此相反,“卖空”或“做空头”是指投机者预测某种货币的汇率会下跌,则卖出远期的该种货币。

【做中学3—11】 在纽约外汇市场上,英镑兑美元3个月远期汇率为GBP1=USD1.456 0,某美国外汇投机商预测3个月后英镑的即期汇率为GBP1=USD1.466 0,①预测正确,在不考虑其他费用的前提下,该投机商买入3个月远期100万英镑,可获得多少投机利润?②若签完远期合约1个月后,英镑兑美元2个月远期汇率为GBP1=USD1.467 0,该投机商研究认为,英镑汇率继续上涨的可能性不大,该投机商应如何操作?

解析:

①该投机商按远期合约买入100万英镑(价格为GBP1=USD1.456 0),然后在即期外汇市场上卖出,可获得投机利润1万美元。

②该投机商可以卖出2个月远期100万英镑,关闭其远期外汇头寸,提前锁定其收益,为1.1万美元,而不管以后市场汇率如何变动。但是,这1.1万美元的投资收益需要等到远期合约到期后,通过交割这两个远期合约来实现。

当然,投机能否成功,取决于对汇率走势的预测是否正确。预测正确,就可以获利;预测错误,就会蒙受损失。

(三)套汇交易

套汇交易(Arbitrage Transaction)是指利用同一时间、不同外汇市场上相同货币间的汇率差异,在低价买进某种货币的同时再以高价卖出该种货币,以赚取利润的外汇交易。

一般来说,要进行套汇交易必须具备以下三个条件:①不同外汇市场的汇率存在差异;②套汇者必须拥有一定数量的资金,且在主要外汇市场拥有分支机构或代理行;③套汇者必须具备一定的技术和经验,能够判断各外汇市场汇率变动趋势,并根据预测采取行动。

套汇交易的参与者众多,但是,其主体是拥有雄厚资金的金融或非金融机构,比如大商业银行是最大的套汇投机者。这些银行在国外主要金融市场上都设有分支机构或代理行,通过国际通信网络快捷迅速地调拨头寸。其套汇的额度一般都很大,即使在不同市场上汇率差异较小的情况下,也可获得丰厚的利润。由于汇率出现较大差异的时间很短,故套汇业务一般都利用电汇,以捕捉最佳套汇时机。

【提示】套汇交易一般没有外汇风险。

套汇交易按涉及外汇市场的多少,可分为直接套汇和间接套汇两种。

(1)直接套汇。直接套汇又称为两角套汇、两地套汇或双边套汇,是指利用两个外汇市场上的汇率差异进行低买高卖,以获取利润的交易行为。

【做中学 3—12】 假设在纽约外汇市场上,GBP1=USD1.422 0/1.424 0,而在伦敦外汇市场上,GBP1=USD1.426 0/1.427 0。假设这两种报价正好出现在伦敦和纽约交易时间重叠的时候,并且假设交易成本为 0,某银行的交易员就可以用 1 亿美元在伦敦市场买入$\frac{1}{1.4240}$亿英镑,然后把英镑在伦敦市场上卖出换取$\frac{1.4260}{1.4240}$亿美元,与投入的 1 亿美元相比,赚取了 140 449 美元。如果套汇交易继续进行,则伦敦市场上对美元的需求增加,对英镑的供应增加,则英镑贬值;同理在纽约市场上对美元的供应增加,对英镑的需求增加,则英镑升值,从而使两地的汇率趋于一致。

【学中做 3—3】 同一时间内,伦敦和纽约外汇市场汇率如下:

伦敦市场 GBP/USD:1.523 0/40

纽约市场 GBP/USD:1.526 0/70

请问:能否进行套汇?如果以 100 万英镑入市,套汇毛利是多少?如果电传等套汇费用为 500 英镑,套汇获利多少?

(2)间接套汇。间接套汇又称为三角套汇或多角套汇、交叉套汇,是指利用三个或更多不同地点的外汇市场的汇率差异,同时在这些市场贱买贵卖,以赚取利润。

判断三个市场是否存在套汇机会的基本步骤是,首先选择其中的两个汇率,套算出第三种汇率的表示方式,其次与第三种汇率进行比较,以判断是否存在套汇机会。

【做中学 3—13】 假设三个不同的外汇市场上的即期汇率为:

纽约 EUR1=USD1.227 8/1.229 3

法兰克福 GBP1=EUR1.152 5/1.154 5

伦敦 GBP1=USD1.422 0/1.424 0

首先,利用纽约市场欧元对美元汇率和法兰克福市场英镑对欧元汇率套算出英镑对美元的汇率,GBP1=USD(1.227 8×1.152 5)/(1.229 3×1.154 5)=1.415 0/1.419 2。

其次,把该套算汇率与伦敦市场上的汇率比较,可以看出存在套汇机会,因为套算汇率中英镑的美元卖价明显低于伦敦市场上英镑的美元买价。

具体的套汇过程为:

在纽约的市场中将 1 亿美元换成$\frac{1}{1.2293}$亿欧元;

在法兰克福市场上再将欧元卖出,获得$\frac{1}{1.2293\times1.1525}$亿英镑;

在伦敦市场上将英镑换成美元,最终可得$\frac{1.4220}{1.2293\times1.1525}=\frac{1.4220}{1.4150}=1.004947$ 亿美元;

套汇的收益为 494 700 美元。

【注意】套汇交易产生于各个市场上的汇率不一致,使在不同市场上低买高卖有利可图,而套汇活动本身又会使市场不均衡消失,促使市场实现均衡。

【注意】进行套汇交易时还要把握以下两点:①套汇交易只有在没有外汇管制、没有政府干预的条件下才能进行。②由于现代通信技术发达,不同外汇市场之间的汇率差异日益缩小,因而成功的套汇须有大额交易资金和传递迅速的外汇信息系统及其分支代理机构，才能及时捕捉和把握，并在抵补成本的基础上获利。

【学中做 3—4】 某日，三个外汇市场汇率如下：

纽约市场　　1 美元＝1.133 5 欧元

巴黎市场　　1 英镑＝1.156 5 欧元

伦敦市场　　1 英镑＝1.654 3 美元

请判断上述情况下有无套汇机会？若有，应如何进行套汇？

(四)择期交易

1. 择期交易的概念和特点

择期交易(Optional Date Forward)是指外汇买卖双方在签订远期合同时，事先确定交易的币种、数量、汇率和期限，但交割可在这一期限内选择进行的一种远期外汇交易方式。交割日的期限范围如果从成交日至到期日的整个期间，就称完全择期交易，如果定于该期间中某两个具体日期之间或具体的月份，就称部分择期交易。

【提示】择期交易是远期外汇交易方式的一种，前述的远期外汇交易主要是指固定交割日的远期外汇交易。

在国际贸易中，很多时候较难确定付款或收款的确切日期，进出口商与银行进行一般的远期外汇交易(固定交割日的远期外汇交易)不能适应这种情况的发生。而择期交易具有较大的灵活性，客户可以在规定的交割期限范围内，按预定的汇率和金额自由选择日期进行交割，这就恰恰满足了这种需要。由于银行与客户进行择期交易，并将择期主动权授予客户，银行自身就要承担更多的风险和有关成本，因而银行在确定择期汇率时都是按选择期内对客户最不利的汇率确定的。

2. 择期交易的定价

根据远期汇率等于即期汇率加减升贴水的原则，对客户最不利的汇率就是选择期的第一天或最后一天(这两天都必须是有效营业日)的汇率。择期交易期限越长，买卖差价越大，因而客户应尽可能地缩短择期期限，以降低其交易成本，获得更有利的远期汇率。根据在择期内对客户最不利和对银行最有利的原理，银行交易员归纳出以下原则：

若银行买入标准货币，卖出报价货币，如果标准货币升水，按择期第一天的远期汇率计算，如果标准货币贴水，按择期内最后一天的远期汇率计算；反之，若银行卖出标准货币，买入报价货币时，如果标准货币升水，按择期内最后一天的远期汇率计算，如果标准货币贴水，按择期第一天的远期汇率计算。

【做中学 3—14】 在纽约外汇市场，某日的即期汇率为 GBP1＝USD1.453 0/40，1 个月的远期差价为 15/30，2 个月的远期差价为 20/50，①若客户向银行购买期限 1 个月内的远期英镑，银行应采用哪个汇率？②若客户向银行出售期限 1 个月至 2 个月的远期英镑，银行应采用哪个汇率？

解析：1 个月的远期汇率为：GBP1＝USD1.454 5/70，英镑为标准货币，银行卖出标准货币，且标准货币升水，因此采取择期内最后一天的远期汇率对银行最有利，即 GBP1＝USD1.457 0。

2 个月的远期汇率为：GBP1＝USD1.455 0/90，英镑为标准货币，银行买入标准货币，且标准货币升水，因此采取择期第一天的远期汇率对银行最有利，即 GBP1＝USD1.454 5。

(五)掉期交易

1. 掉期交易的概念

掉期交易(Swap Transaction)又称时间套汇，是指在外汇市场上，交易者在买进或卖出一种货币的同时，卖出或买入交割期限不同的等额的同种货币的交易。

动漫视频

掉期交易

【提示】掉期交易改变的不是交易者手中持有的外汇数额，只是改变交易者的货币期限，这也正是“掉期”的含义所在。

【注意】掉期交易实际上由两笔外汇交易组成，两笔外汇交易的币种相同、金额相等、买卖方向相反、交割期限不同。

掉期交易的特点是：买和卖同时进行，货币相同，数额相等，但期限不同。掉期交易不会改变交易者的外汇持有额，改变的只是交易者所持有的外汇的期限结构，故名“掉期”。

掉期交易实质上也是一种套期保值的做法，但又不同于一般的套期保值。第一，掉期交易强调买入和卖出的同时性，两笔交易必须同时进行，而一般套期保值两笔交易有先有后；第二，掉期交易绝大部分是针对同一对手进行的。

【提示】进行掉期交易的目的主要是轧平外汇头寸，以避免外汇风险。银行同业之间常用掉期交易，以使某种货币头寸在某一特定日期为零，同时也可以通过掉期交易，贱买贵卖，赚取买卖差价收益。

2. 掉期交易的类型

(1)按交易对象划分，可分为纯粹掉期和制造掉期

①纯粹掉期是指交易者与同一交易对手同时进行两笔币种相同、数额相等、方向相反、交割期限不同的外汇交易。例如，交易者甲向交易者乙卖出即期 100 万美元，同时又向交易者乙买入 1 个月远期 100 万美元。纯粹掉期是最常见的掉期交易。

②制造掉期又称分散掉期，是指交易者分别与不同交易对手，同时进行两笔币种相同、数额相等、方向相反、交割期限不同的外汇交易。例如，交易者甲向交易者乙卖出即期 100 万美元，同时又向交易者丙买入 1 个月远期 100 万美元，则站在交易者甲的立场上看，他做了制造掉期。

(2)按掉期的期限划分，可分为一日掉期、即期对远期掉期和远期对远期掉期

①即期对即期的掉期交易(Spot-Spot)又称一日掉期(One Day Swap)，是指两笔币种相同、数额相等、交割日相差一天、方向相反的外汇掉期。一日掉期主要用于银行同业的隔夜资金拆借，其目的在于避免银行进行短期资金拆借时因外汇多头或空头的存在而遭受汇率变动的风险。一日掉期包括三种情形：隔夜交易(Over Night，O/N)，即在交易日做一笔当日交割的买入(或卖出)交易，同时做一笔第一个营业日交割的卖出(或买入)的交易；隔日交易(Tom Next，T/N)，在交易日后的第一个营业日做买入(或卖出)的交割，第二个营业日做相反的交割；即期对次日(Spot Next，S/N)，即在即期交割日买进(或卖出)，至下一个营业日做相反交易。

②即期对远期掉期(Spot Forward Swap)，是指买进(或卖出)一种货币的现汇的同时，卖出(或买进)数额相等的该种货币的期汇。它是最常见的掉期交易，主要用于套期保值、货币的转换和外汇头寸的调整。例如，花旗银行在 3 个月内需要 100 万英镑，它便与劳合银行签订一份掉期协议，买入即期 100 万英镑同时卖出 3 个月远期 100 万英镑，这样，花旗银行既满足了当前对英镑的需求，又避免了 3 个月后若英镑贬值带来的损失。

③远期对远期的掉期交易，是指同时买卖币种相同、金额相等但交割期限不同的远期外汇。例如，一家日本银行 1 个月后将有 1 000 万美元的支出，而 3 个月后又将有 1 000 万美元的收入。为此，该银行做一笔 1 个月对 3 个月的掉期，即买入 1 个月的远期 1 000 万美元，同时卖出 3 个月的远期 1 000 万美元，以达到套期保值的目的。

3. 掉期交易的作用

掉期交易主要是为了调整外汇资金头寸，规避风险，以达到保值的目的，并非纯粹为了盈利。当然，我们也可以利用有利的汇率机会套期图利。下面简要介绍掉期交易的主要作用。

(1)进出口商、国际投资者和借贷者利用掉期交易进行套期保值和套期图利

进出口商经常出现有不同期限的外汇应收款和应付款并存的情况，他们通常利用掉期业务套

期保值，并利用有利的汇率机会套期图利。国际投资者和借贷者在对外投资和借贷时，需要购买或出售即期外汇，为了避免在收回投资或偿还借款时外汇汇率波动所带来的风险，他们可以利用掉期交易进行套期保值。

【做中学 3—15】 某美国公司 2 个月后将收到 100 万英镑的应收款，同时 4 个月后将向外支付 100 万英镑。假定外汇市场行情为：2 个月期 GBP1＝USD1.450 0/50，4 个月期 GBP1＝USD1.400 0/50，该公司为固定成本，避免外汇风险，应如何进行掉期交易？

解析：该公司应买入 4 个月远期 100 万英镑，按照远期合约应支付 140.5 万美元；同时卖出 2 个月远期 100 万英镑，按照远期合约应收入 145 万美元，盈利 4.5 万美元。通过掉期业务，该公司既盈利 4.5 万元，又避免了外汇风险。

当然，若上例中，4 个月期 GBP1＝USD1.500 0/50，通过上述掉期业务，该公司将付出掉期成本 5.5 万美元。此后无论市场行情如何波动，该公司均无汇率风险。

(2)利用掉期交易进行远期外汇合约的展期和提前

【做中学 3—16】 美国某公司 3 个月后将有一笔 500 万欧元的货款收入，为避免欧元贬值，该公司卖出 3 个月远期 500 万欧元，但是 3 个月到期时，由于种种原因，该货款没有收到，预计货款将推迟 2 个月收到，为了固定成本和避免风险，并了结远期合约，问该公司应如何进行掉期交易？

解析：该公司买入即期 500 万欧元，了结原 3 个月的远期合约，同时卖出 2 个月远期 500 万欧元。该公司通过掉期交易对原远期合约进行展期，达到了保值目的。若欧元贴水，该公司要付出掉期成本；若欧元升水，该公司在这笔交易中反而有利。

当然，若该公司提前 1 个月收到货款，原签订的远期合约还有 1 个月到期，那么该公司就做一笔掉期交易，把原合约的到期日提前。具体操作为：卖出即期 500 万欧元，同时买入 1 个月远期 500 万欧元，后者用来了结原远期合约。

4. 择期交易的报价原则

在择期交易中，询价方有权选择交割日，由于报价银行必须承担汇率波动风险及资金调度的成本，故报价银行必须报出对自己有利的价格，即报价银行在买入基准货币时，报出较低的汇率；在卖出基准货币时，报出较高的汇率。报价银行对择期交易的远期汇率报价遵循以下原则：

(1)报价银行买入基准货币，若基准货币升水，按择期内第一天的汇率报价；若基准货币贴水，则按择期内最后一天的汇率报价。

(2)报价银行卖出基准货币，若基准货币升水，按择期内最后一天的汇率报价；若基准货币贴水，则按择期内第一天的汇率报价。

(六)套利交易

套利交易(Interest Arbitrage Transaction)也称利息套利，是指套利者利用不同国家或地区短期利率的差异，将资金从利率较低的国家或地区转移至利率较高的国家或地区，从中获取利息差额收益的一种外汇交易。

根据是否对外汇风险进行防范，套利交易可分为非抵补套利和抵补套利。

1. 非抵补套利

非抵补套利又称非抛补套利(Uncovered Interest Arbitrage)是指单纯把资金从利率低的货币市场转向利率高的货币市场，但不同时进行相反方向的远期外汇交易，从中谋取利率差额收入。

【注意】非抛补套利由于未轧平外汇头寸，因而要承担未来汇率波动的风险。

【做中学 3—17】 假设美国外汇市场即期汇率为 GBP1＝USD1.980 0，美国的年利率为 9%，英国年利率为 7%。如果投资 100 万英镑，6 个月可获本利多少？

解析：第一步，如果存在英国则 6 个月后本利为 103.5 万英镑 $\left[100\times\left(1+7\%\times\frac{6}{12}\right)\right]$（这一步只是为最后收益作参照，没有实际意义）。

第二步，先将 100 万英镑以 GBP1＝USD1.980 0 价格兑换 198 万美元，再将 198 万美元存在美国 6 个月定期，得 206.91 万美元 $\left[198\times\left(1+9\%\times\frac{6}{12}\right)\right]$。

第三步，6 个月到期后再将 206.91 万美元按原来的即期汇率 GBP1＝USD1.980 0 换成 104.5 万英镑（206.91÷1.98），比在英国多赚 1 万英镑（104.5－103.5），实际多赚了 2%的利率收益。

这是在 6 个月汇率不发生变化的情况下的收益，但如果投资货币升值，那么，不仅没有收益还可能亏损。

仍以上题为例，如果 6 个月到期后英镑升值即期汇率为 GBP1＝USD2.029 5，到期后的 206.91 万美元，仅能换回 101.95 万英镑（206.91÷2.029 5），比在英国还亏损 1.55 万英镑（103.5－101.95）。当然，如果投资货币贬值，除了利率收益还有汇率收益。

【注意】货币走势难以预测，因此，必须在投资的同时做掉期，也就是做抛补套利。

2. 抵补套利

动漫视频

抛补套利

抵补套利又称抛补套利（Covered Interest Arbitrage）是指套利者把资金从低利率货币市场调往高利率货币市场的同时，在外汇市场上卖出高利率远期货币，以避免汇率风险。这实际上是将远期交易和套利交易结合起来。从外汇买卖的形式看，抛补套利交易是一种掉期交易。抛补套利是套利者比较常用的投资方法。

抛补套利根据抛补的数额，又具体分为本利全抛和抛本不抛利。①本利全抛是指本金和利息都进行相反方向的远期外汇交易；②抛本不抛利是指本金进行相反方向的远期外汇交易，利息任由市场汇率的波动。

【提示】在没有明确说明的情况下，抛补套利是指本利全抛。

【做中学 3－18】 即期汇率为 GBP1＝USD1.980 0/40，美国外汇市场 6 个月的英镑兑美元的远期为 1 ∶ 1.988 0，美国的年利率为 9%，英国年利率为 7%。如果投资 100 万英镑，6 个月可获本利多少？

解析：第一步，如果存在英国 6 个月后本利为 103.5 万英镑 $\left[100\times\left(1+7\%\times\frac{6}{12}\right)\right]$（这一步只是为最后收益作参照，没有实际意义）。

第二步，将 100 万英镑以 GBP1＝USD1.980 0 价格兑换 198 万美元，再将 198 万美元存在美国 6 个月定期，得 206.91 万美元 $\left[198\times\left(1+9\%\times\frac{6}{12}\right)\right]$。

第三步，将 206.91 万美元与银行签订一份卖出 6 个月的远期合同，按 6 个月的远期汇率 GBP 1＝USD 1.988 0 交易，无论 6 个月的汇率怎样变化，投资者都能获得 104.08 万英镑（206.91÷1.988 0）。最终比存在英国多收益 0.58 万英镑（104.08－103.5）。

只要做了掉期，收益就可固定下来，这样汇率的风险就转嫁给了银行。

套利交易应注意以下几点：

①套利活动都是短期投机，期限一般不超过一年。

②抛补套利是市场利率有差异而产生的套利活动，同时，随着抛补套利活动的不断进行，货币市场与外汇市场之间的利率水平又逐渐趋于均衡。

③抛补套利是有交易成本的，如佣金、手续费、管理费、杂费等，因此最终的收益要考虑扣除成本后是否值得。

④由于国外金融市场具有“政治风险”或“国家风险”，投资者应谨慎。

套利活动的机会在外汇市场上往往转瞬即逝，套利机会一旦出现，大银行和大公司便会迅速投入大量资金，从而使两国的利差与两国货币掉期率（即远期汇率与即期汇率之间的差额）之间的不一致迅速消除。从这个意义上讲，套利活动客观上加强了国际金融市场的一体化，使两国之间的短期利率趋于均衡并由此形成一个世界性的利率网络。

（七）外汇期货交易

1. 外汇期货交易的概念

外汇期货交易（Foreign Currency Future Transaction）又称货币期货交易，是指在固定的有形交易场所，根据交易币种、成交单位、交割时间标准化的原则，按约定价格买进或卖出远期外汇的一种外汇交易。

外汇期货交易起源于商品期货，它是金融期货的一种。自 20 世纪 70 年代以来，国际汇率制度逐渐由固定汇率制度转向浮动汇率制，从而使汇率风险剧增。为了有效防范风险，外汇期货交易应运而生。外汇期货最早产生于美国。1972 年 5 月 16 日美国芝加哥商品交易所建立“国际货币市场”（International Monetary Market，IMM），首次开始经营外汇期货业务。其后，1982 年 9 月，伦敦国际金融期货交易所（London International Financial Future Exchange，LIFFE）宣告成立，也开始进行外汇期货交易。接着，新加坡、中国香港、日本等 10 多个国家和地区相继建立了金融期货交易所。

【提示】*目前，IMM 和 LIFFE 的交易规模最大，其中 IMM 的交易量占世界外汇期货交易的 50％左右。*

2. 外汇期货交易的特征

（1）外汇期货合约只代表交易双方对有关货币汇率变动趋势的一种预测。因此，当交易一方买入或卖出一手外汇期货合约时，不需要实际付出或收入合约面值所标明的外汇，而只需要手续费。合约生效后，如果当天期货市场收市时的实际期货价格大于该期货合约所标明的价格，则期货合约的买方需支付差价，卖方则收入差价；反之，如果当天期货市场收市时的实际期货价格小于该期货合约上标明的价格，则合约的买方获得收益而卖方则亏损。

（2）一份外汇期货合约实际上是一份每天都需要结算清楚的有约束力的协议合同，而不是像许多人所误解的那样，期货合约与远期合同一样，只是在未来某个确定的日期买入或卖出一项有关外汇资产的有约束力的协议。如果合约一方（如买方）在最终交易日结束之前，卖出同样的一份外汇期货合约，此合约的数量相等但价格不同，那么就会结束自己在外汇期货交易中的买方地位。

（3）外汇期货交易的经纪人要求买卖双方都需在缔约时付出一定数量的现金存款作为保证金。这笔保证金存入经纪人在清算事务所的账户并公布于众，用以防止期货交易的任何一方违约。于是，期货交易的实际过程是，如果合约一方在某个交易日获得的收益使得账户余额大于所要求的保证金，就可立即提取保证金的盈余部分；反之，如果在某个交易日损失额使账户差额低于所要求的保证金，则需要补足或追加差额部分。

3. 外汇期货交易的规则

外汇期货交易是一种“见钱不见物”的交易，其交易对象是外汇期货合约，交易实施有规范的市场组织结构，因而这种交易方式有其独特之处，具体体现在外汇期货合约的规格以及外汇期货市场的制度规则上。

（1）外汇期货合约是一种标准化的合约。所谓的标准化，主要体现在以下几个方面：

①交易币种。各外汇交易所都对外汇期货交易的货币种类有特别的规定，在该市场只能进行规定币种的期货交易。如芝加哥国际货币市场 IMM 主要做美元对英镑、加拿大元、欧元、日元、瑞

士法郎、澳大利亚元等货币的期货，而伦敦国际金融期货交易所 LIFFE 只做英镑、美元、瑞士法郎和日元四种货币的期货。

②交易单位。各外汇市场对不同外汇期货交易的合同金额有特别的规定，各种货币的交易量必须是合约面额的整数倍。例如，IMM 规定各种货币每份合约的交易单位分别是 25 000 英镑、100 000 加拿大元、125 000 欧元、12 500 000 日元、125 000 瑞士法郎、100 000 澳元。

③交割月份和交割日期。交割月份是交易所规定的期货合约的到期月份，大多数期货交易所一般都以 3 月份、6 月份、9 月份和 12 月份作为交割月份。一年中其他月份可以购买但不交割。交割日期是进行期货合约实际交割的日期，即交割月份的某一天，不同的交易所有不同的规定，如 IMM 规定交割日为到期月份的第三个星期的星期三。如果在合约到期前(一般为交割日的前两天)，交易者未做对冲交易(即进行反向交易)，那么就必须在交割日履行合约，进行现货交割。例如，某人买入一份到期月为 3 月份的英镑期货合约，到期前没有对冲，则他必须在 3 月的第三个星期的星期三，用英镑现汇交割。

④价格波动。在外汇期货交易中，每种货币期货合约都规定有最小价格变动和日价格波动的最高限度。最小价格变动是指外汇期货买卖时，合约每次变动的最低数额，如 IMM 规定英镑的最小波动单位为 5 个基本点，即 0.000 5 美元，意味着每份英镑合约最小价格波动应为 12.50 美元(25 000×0.000 5)。日价格波动的最高限价是指一个营业日内期货合约价格波动的最高幅度，一旦期货合约的价格波动达到或超过这一限度时，交易即自动停止。如 IMM 规定英镑的最高限价为 500 点，即 0.050 0 美元。意味着每份英镑合约日价格波动的最高限度为 1 250 美元。

(2)外汇期货市场上，主要是以美元为标价货币的，即以每一单位外币(日元为每 100 日元)兑换多少美元来报价，美元一律作为标价货币。而在即期外汇交易和远期外汇交易中，美元只对英镑、澳大利亚元、新西兰元及欧元作为标价货币，对其他货币都作为基础货币。

(3)外汇期货交易是在一个固定的场所，通过喊价的方式进行的。在交易大厅内，声音嘈杂，交易双方可能听不清，因此双方必须借用约定俗成的交易手势，手心向内表示买入，手心向外表示卖出，并且，十个手指的不同位置和形状表示不同的数字。

(4)外汇期货交易实行保证金制度。在期货市场上，买卖双方在开立账户进行交易时，都必须缴纳一定数量的保证金。交易所的清算机构期货清算所为保证其会员有能力应付交易需要，要求会员开立保证金账户，储存一定数量的货币；非会员则必须向经纪公司即会员交付保证金，同样需要开立保证金账户。保证金的高低取决于外汇市场的变动情况，一般为合同价值的 5%～10%。

保证金分为初始保证金和维持保证金。初始保证金是期货交易成交时必须缴存的。维持保证金是指保证金账户余额的最低水平，即外汇期货交易的双方开立合同后，如果由于汇率变动而发生亏损，致使保证金账户上的资金数额下降，直到客户必须补进保证金时的最低保证金限额。一旦保证金账户余额降到维持水平线以下，客户必须再缴纳保证金，并将保证金恢复到初始水平；否则，交易会强行平仓。维持保证金一般是初始保证金的 70%～80%。

保证金制度决定了外汇期货交易是一种以小搏大的投资形式，只要外汇期货市场价格出现微小波动，交易者就有可能获得较高的投资收益，也可能遭受较大的资本损失。保证金制度的作用有三个方面：①可以防止交易者违约，确保买卖双方能履行合同义务；②可以控制交易者投机；③能够成为期货市场每日清算制度的基础。

(5)外汇期货交易实行每日清算制度。每日清算制度又称逐日盯市制度，是指当每个营业日结束时，清算所要对每笔交易进行清算，一般以每种期货合约在交易日收盘前最后 30 秒或 60 秒交易的平均价作为当日的结算价，与交易所会员进行每笔交易的价格比较，计算出会员在当日交易中的损益，并将损益记入交易者的保证金账户。盈利的一方可以提出高于初始保证金水平的金额，亏损的一方若要保证金账户上的金额低于维持保证金，则必须在规定期限内向清算所交纳保证金至初始保证金的水平上，否则交易所将停止其交易并强行平仓，损失由保证金余额支付。由于实行每日清算，客户的账面余额每天都会发生变化，每个交易者都十分清楚自己在市场中所处的地位。如果想退出市场，则可做相反方向的交易来对冲。

4. 外汇期货交易与远期外汇交易的比较

(1)外汇期货交易与远期外汇交易之间的联系主要表现在：

①都是以外汇作为交易客体；

②都是通过合约形式将汇率固定下来；

③都是由交易双方协商在未来某一时间，按一定条件交收一定金额的某种货币；

④都是为了防范或转移风险，以求保值或作为投机套利的手段。

(2)外汇期货交易与远期外汇交易之间的区别主要表现在：

①买卖双方的合同与责任关系不同。外汇期货是买方或卖方与期货市场的清算所签约，与清算所发生直接合同关系，买卖双方无直接合同责任关系；而远期外汇交易是买卖双方签约，形成合同责任关系。

②买卖远期外汇有无统一的标准化规定不同。外汇期货是标准化、格式化的远期外汇交易，外汇期货市场对买卖外汇期货的成交单位、价格、交割期限、交割地点均有统一的规定，按规定的原则买卖，不得逾越，也不能灵活掌握；而远期外汇交易是非标准化的，它是任意数量、任意期限、任意币种的远期外汇买卖，一切由交易双方自行商议。

③实现交易的场所与方式不同。外汇期货交易在集中的、有组织的公开市场通过竞价进行交易；而远期外汇交易是通过银行柜台业务或电话、电传、电脑终端等通过报价进行交易。

④报价内容不同。外汇期货的买方只报买价，卖方只报卖价；而远期外汇交易买卖双方都要分别报出买价和卖价两种价格。

⑤是否直接成交与收取佣金不同。外汇期货交易所实行会员制，非会员要进行外汇期货买卖必须通过经纪人，因此要向经纪人缴纳佣金；远期外汇交易一般不通过经纪人，不需缴纳佣金。

⑥是否最后交割不同。外汇期货交易一般不以最后的交割来结束，往往是在交割日之前做一笔币种相同、数量相同、方向相反的交易，以对冲结束，即“以买冲卖”或“以卖冲买”，且实际交割通常不到交易额的1%；远期外汇交易最后要进行交割。

⑦保证金规定不同。外汇期货交易实行保证金制度，买卖双方都必须向交易所的结算部门交纳保证金；而远期外汇交易一般不收保证金。因此也决定了外汇期货交易一般无信用风险，远期外汇交易信用风险较大。

5. 外汇期货交易的功能

外汇期货有两大基本用途，即套期保值和投机。套期保值交易和投机交易的主要区别是：投机交易是以投机者自愿承担价格波动风险为前提，利用外汇期货市场的价格波动频繁进行买空卖空交易(投机者一般不做现货交易)，从而获得差价收益；而套期保值者则是为了转移价格风险，利用期货市场的价格波动，使现货市场和期货市场紧密结合，用一个市场的盈利去弥补另一个市场的亏损，从而达到规避汇率风险的目的。

(1)套期保值

动漫视频

套期保值

套期保值(Hedge)又称对冲，是外汇期货市场首要的经济功能。它是指交易者为回避或减少外汇风险，而在外汇期货市场建立与外汇现货市场相反的头寸部位，并在期货合约到期日前对冲以结清头寸的交易方式。其原理是利用期货市场与现货市场价格走势一致的规律，交易者在期货市场建立与现汇市场相反的部位后，不管汇率如何变动，都必然在一个市场受损，而在另一个市场获利，以盈利补平亏损，实现保值。

外汇期货的套期保值分为买入套期保值和卖出套期保值两种。

①买入套期保值

买入套期保值(Long Hedge)，又称多头套期保值，即先在期货市场上买入而后卖出与支付货币币种和数量相同的期货合同。进口商或需要付汇的人因担心本国货币汇率下浮、外汇汇率上浮而增加付汇成本，往往采用买入套期保值。

【做中学 3—19】 一美国商人某年 3 月 1 日签订合同，从德国进口价值 250 万欧元的货物，双方约定 3 个月后收付货款。3 月 1 日现汇汇率为：1 欧元＝1.502 5/35 美元，期货价格为 1 欧元＝1.505 5 美元。为避免 3 个月后欧元升值而增加进口成本，美国进口商决定进行期货套期保值，在贸易合同签订当天即委托其外汇期货经纪人买入 20 份 6 月期欧元期货合约。假设 6 月 1 日的现汇汇率与期货价格分别如下：1 欧元＝1.532 5/35 美元，1 欧元＝1.595 5 美元。该进口商具体操作过程及损益情况如表 3—1 所示。

表 3—1 买入套期保值

现汇市场	期货市场
3 月 1 日现汇汇率：1 欧元＝1.503 5 美元 购买 250 万欧元理论上需支付 375.875 万美元(250×1.503 5)	3 月 1 日买入 20 份于 6 月到期的欧元期货合约，期货价格为： 1 欧元＝1.505 5 美元 支付 376.375 万美元(250×1.505 5)
6 月 1 日现汇汇率：1 欧元＝1.533 5 美元 购买 250 万欧元实际支付 383.375 万美元(250×1.533 5)	6 月 1 日卖出 20 份同类欧元期货合约，期货价格为： 1 欧元＝1.595 5 美元 收入 398.875 万美元(250×1.595 5)
理论上多支付：7.5 万美元(383.375—375.875)	盈利 22.5 万美元(398.875—376.375)
净盈利：15 万美元(22.5—7.5)	

在本例中，到付款日出现了欧元升值美元贬值的汇率变动，美国商人进行买入套期保值，现汇交易理论上亏损了 7.5 万美元，但在期货市场做对冲，贱买贵卖盈利 22.5 万美元，所以盈亏相抵净盈利 15 万美元。

当然，如果到付款日欧元贬值美元升值，美国商人进行买入套期保值，会在现汇市场上有盈利，但在期货市场对冲时由于贵买贱卖将亏损，盈亏相抵后可能有净盈利，也可能有净损失。但美国进口商套期保值的目的是避免欧元汇率上升、美元汇率下跌而蒙受更大的损失，并不在于从中获利。

②卖出套期保值

卖出套期保值(Short Hedge)，又称空头套期保值，即先在期货市场上卖出后再买进与应收货币币种和数量相同的期货合同。出口商和从事国际业务的银行预计未来某一时间会得到一笔外汇，为了避免外汇汇率下浮造成的损失，一般采用卖出套期保值。

【做中学 3—20】 美国某跨国公司设在英国的分支机构急需 25 万英镑现汇支付当期费用。此时美国的这家跨国公司正好有一笔美元资金暂时闲置，于是在 6 月 10 日向其分支机构汇去了 25 万英镑，并要求其分支机构 3 个月后偿还。当日的即期汇率为 GBP1＝USD1.979 0/1.980 6，远期 3 个月的期货汇率为 GBP1＝USD1.990 0。假设 3 个月后可能出现两种情况：第一种，9 月 10 日即期汇率为 GBP1＝USD1.960 0/1.960 3，9 月期期货价格为 GBP1＝USD1.960 3；第二种，9 月 10 日汇率为 GBP1＝USD1.987 6/1.987 9，9 月期期货价格为 GBP1＝USD1.998 3。为了避免汇率变动带来风险，该美国母公司便在外汇期货市场上做英镑空头套期保值业务。其交易过程如

表3—2所示。

表3—2　　卖出套期保值

现汇市场	期货市场
6月10日，按当日汇率GBP1＝USD1.980 6买进25万英镑，折合495 150美元	6月10日，卖出10份于9月份到期的英镑期货合约，每份25 000英镑，汇率为GBP1＝USD1.990 0，价值497 500美元
情况一：9月10日，按当日汇率GBP1＝USD1.960 0卖出25万英镑，价值490 000美元	情况一：9月10日，按汇率GBP1＝USD1.960 3买进10份于9月到期的英镑期货合约，折合490 075美元
盈亏：—5 150美元(490 000—495 150)	盈亏：7 425美元(497 500—490 075)
净盈利：2 275美元(7 425—5 150)	
情况二：9月10日，按当日汇率GBP1＝USD1.987 6卖出25万英镑，价值496 900美元	情况二：9月10日，按汇率GBP1＝USD1.998 3买进10份于9月到期的英镑期货合约，折合499 575美元
盈亏：1 750美元(496 900—495 150)	盈亏：—2 075美元(497 500—499 575)
净亏损：325美元(2 075—1 750)	

通过上述交易过程可知，美国母公司3个月后收回25万英镑。在第一种情况下，由于英镑汇率下浮，其在现汇市场损失5 150美元，但在期货市场空头套期保值交易中盈利7 425美元，盈亏相抵，获利2 275美元(未考虑相应的交易费用)。如果该公司不做空头套期保值，将损失5 150美元。在第二种情况下，由于英镑汇率上浮，该公司收回的英镑升值了1 750美元，但由于该公司在外汇期货市场上对25万英镑做了空头套期保值，亏损2 075美元，盈亏相抵，亏损325美元(未考虑相应的交易费用)。如果该公司不做空头套期保值，将在英镑汇率上升中获利1 750美元。因此，套期保值虽然可以规避汇率波动带来的风险，但同时也可能会抵销潜在的收益，甚至出现净亏损。

(2)外汇投机

投机是外汇期货市场的另一个重要经济功能。外汇期货市场上的投机者，是指那些往往无具体的外汇需求，而是基于自己对未来汇率走势的预测，甘愿利用自己的资金，借汇率涨落波动之机，不断地买进和卖出外汇期货合约，希望从汇价的经常变化中获得利润的机构和个人。由于外汇期货交易实行保证金制度，而保证金不高于合约价值的10%，这就为投机者提供了以小额资金获取巨额利润的机会，因而外汇期货交易明显体现出以小搏大的投机特点。国际金融市场正是由于投机者的参与，才使保值者的愿望得以实现，外汇期货市场才有了更大的流动性。

外汇期货市场的投机活动分为多头投机和空头投机两种。①多头投机也称买空，是指投机者预测某种货币汇率上升，先买该种货币的期货合约，然后再卖出该种货币的期货合约，将先前设立的多头头寸(Long Position)了结，从中谋取盈利的行为。进行多头投机的前提是预测某种货币汇率上升，先进行买入，如果汇率果然按其预测方向变动，交割之前进行卖出，就会盈利；反之，不管是做对冲结束还是进行实际交割，都会亏损。②空头投机也称卖空，是投机者预测某种货币汇率下跌，先卖后买该种货币的期货合约，了结先前的空头头寸(Short Position)，从而获利。进行空头投机的前提是预测汇率下跌，投机者先进行卖出期货，汇率果然按其所预料的下跌了，在交割日到来之前进行买入，就会盈利；否则同样不管是做对冲结束还是进行实际交割，都会亏损。

(3)价格发现功能

价格发现也是外汇期货市场的经济功能之一。所谓价格发现，是指外汇期货合约的价格，只有通过在外汇期货市场买卖双方相互作用的过程中才能发现并形成竞争性价格。因此，价格发现又称价格形成。外汇期货市场之所以具有价格发现功能，是因为外汇期货市场的透明度高和流动性强，这里集中了众多的买者和卖者，这些买者和卖者通过公开喊价、讨价还价的方式形成的外汇期货价格，是反映当时外汇期货合约供求平衡的价格。它综合地反映了外汇期货市场上许多买者和卖者对当时和以后某一时间，各种上市外汇期货合约价格的观点。这种通过竞争形成的外汇期货合约的价格被期货交易所记录下来后，迅速地传播到世界各地，不仅给外汇现货市场提供了重要的参考依据，而且促进了全球外汇期货价格的形成。

（八）外汇期权交易

1. 外汇期权的概念

期权（Options）是一种以一定的费用（期权费）获得在一定的时刻或时期内拥有买入或卖出某种货币（或股票）的权利的合约。外汇期权（Foreign Currency Option）又称货币期权，是指期权持有者（即购买者）通过事先付给期权签署者（通常为银行）一定比例的费用（期权费），即可在期权有效期内履行或放弃（按协定汇率和金额）买卖某种货币的一种权利，期权签署者获得期权费后，需承担汇率风险。

动漫视频

外汇期权

【注意】外汇期权交易以外汇期权合约为交易对象，合约买方拥有权利，可根据汇率变动来决定是否行使权利，而合约卖方仅有义务。

2. 外汇期权的种类

(1)按期权所赋予的权利划分，可分为看涨期权、看跌期权和双向期权

①看涨期权（Call Option）又称买权，是指期权合约的买方有权在有效期内按约定汇率从期权合约卖方处购进特定数量的货币。这种期权之所以称为看涨期权，一般是进口商或投资者预测某种货币有上涨之趋势，购买期权以避免汇率风险。

②看跌期权（Put Option）又称卖权，是指期权买方有权在合约的有效期内按约定汇率卖给期权卖方特定数量的货币。这类期权之所以称为看跌期权，一般是出口商或有外汇收入的投资者，在预测某种货币有下跌趋势时，为避免收入减少，按约定汇率卖出外汇以规避风险。

③双向期权（Double Option）又称双重期权，是指期权合约的买方有权在有效期内按约定汇率从期权合约卖方处购进或出售特定数量的货币。双向期权实际上是看涨期权和看跌期权的合二为一。当期权合约的买方预测汇率未来将有较大波动，并且波动方向难以确定时，便会购买双向期权，因为不管汇率是大幅上升或下跌，对其均有利。而期权卖方之所以出售双向期权是因为他预测汇率未来波动幅度不会太大，而双向期权的期权费要高于买权或卖权的期权费，故期权卖方愿意承担汇率波动的风险。

(2)按期权的执行时间划分，可分为美式期权和欧式期权

①美式期权（American style Option），是指自期权合约成立之日算起，到期日的截止时间之前，买方可以在此期间内任一时点，随时要求卖方依合约的内容行使外汇期权。

②欧式期权（European style Option），是指期权买方于到期日之前，不得要求期权卖方履行合约，仅能于到期日的截止时间，要求期权卖方履行合约。美式期权的买方可于有效期内选择有利的时点履行合约，比欧式期权更具有灵活性，对卖方而言，所承担的汇率风险更大，所以美式期权的期权费比欧式期权高。

(3)按约定价格与市场价格条件关系划分，可分为溢价期权、平价期权和损价期权

①溢价期权（In the Money Option），是指执行期权对期权持有者来说是经济的期权，即看涨期权的执行价格低于即期汇率，或看跌期权的执行价格高于即期汇率。

②平价期权（At the Money Option），是指执行期权对期权持有者来说是无所谓经济与否的期权，即期权的执行价格与即期汇率相等。

③损价期权（Out of the Money Option），是指执行期权对期权持有者来说是不经济的期权，即

看涨期权的执行价格高于即期汇率，或看跌期权的执行价格低于即期汇率。

(4)按交易地点划分，可分为场内期权和场外期权

①场内期权(In the Counter Market)，是指在外汇交易中心与期货交易所中进行交易的外汇期权。通常情况下，外汇期权交易是在交易所内进行的，交易的期权都是合约化的。

②场外期权(Over the Counter Market)，是指在外汇交易中心与期货交易所之外进行交易的外汇期权。场外期权主要是适应个别客户的需要，其合约不像交易所那样标准化，通常通过协商达成，且根据客户的需要可以对期权进行特制，较为灵活。目前场外期权合约也在向标准化发展，其目的是提高效率、节约时间。

3. 外汇期权合约的内容

期权合约是期权交易双方确定交易关系的正式法律文件，是一种标准化的契约。期权合约的内容一般包括买方、卖方、期权价格、执行价格、通知日和失效日等。期权的卖方即期权合同双方当事人中出售期权合同的一方，也称为合同签署人，一般为银行；期权的买方即购买期权合同一方，也称为合同持有人，一般为企业。当然，银行与银行之间也可以订立期权合同。期权合约的主要内容包括：

(1)交易货币的种类和交易数量。只有少数发达国家的货币才有期权交易，以 IMM 市场为例，只有美元对加元、英镑、欧元、澳元等货币的期权。每种货币合约的交易数量都是固定的，其中，不同货币的合同标准金额也是不一致的。

(2)到期月份。通常规定为每年 3 月、6 月、9 月、12 月为到期月份。

(3)到期日和失效日。到期日是指期权买方有权履约的最后一天，通常定于到期月份的第三个星期的星期三。失效日是指在此之前未做出选择即为放弃，通常为有效月份的第三个星期的星期三之前的星期六。

(4)保证金。期权的卖方在买方要求履约时，有依照执行价格进行交割的义务，而为确保合同义务的履行，必须在签约时缴付保证金。卖方所缴保证金缴存于清算所的保证金账户内，随市价涨跌，并于必要时追加。

(5)期权价格。期权价格又称期权费或保险费、权利金，是指期权合约成立后，由期权的购买方向期权的出售方支付的合同费用，无论合同购买者最终是否履行合同，这笔费用都归合同出售者所有。期权价格的标价方式可以是按每个期权合同总共多少美元来报出，但为方便起见，通常都是以每单位标的物的美元(或美分)数来表示。

(6)执行价格。执行价格又称协议价格或履约价格、敲定价格，是指期权交易双方所约定的期权到期日或到期日之前双方交割外汇时所采用的汇率。只有当期权购买方要求行使期权时，双方才会据此汇率进行实际的货币收付。外汇期权交易有场内交易和场外交易之分。场内期权交易的执行价格通常由交易所事先确定。

4. 外汇期权交易的功能

外汇期权交易的功能有套期保值和投机两个方面。

(1)外汇期权套期保值

由于外汇市场汇率经常发生剧烈波动，外汇期权交易常被跨国公司和进出口商作为规避汇率风险的套期保值手段。外汇期权对合约买方而言是非常灵活的。如果汇率对其有利，他即可行使期权，按约定汇率买进或卖出外汇；如果汇率对其不利，他则可放弃期权。对于期权合约卖方，只要合约买方需要实现他的权利，合约卖方都必须按合约约定价格和数量出售或购买外汇。因此，外汇期权套期保值比外汇期货交易和远期外汇交易套期保值更为彻底，外汇期货交易、远期外汇交易只能保现在值，不能保未来值，而外汇期权交易既能保现在值又保未来值。也就是说，外汇期权交易

既能套期保值，又能获得汇率有利变动的好处。

①买入看涨期权，涉外公司未来要向外支付一笔外汇，如果担心外汇汇率上涨，便可以提前买入看涨期权以避免汇率风险。

【做中学 3—21】 美国进口商从英国进口一批货物，3 个月后将支付 625 万英镑。当时的有关外汇行情如下：即期汇价为 GBP1＝USD1.400 0，协议价格为 GBP1＝USD1.430 0，期权费为 GBP1＝USD0.022 0，佣金占合同金额的 0.5%，采用欧式期权。美国进口商担心英镑升值，利用外汇期权交易套期保值。问：①美国进口商应购买何种外汇期权？②3 个月后假设市场汇价分别为 GBP1＝USD1.450 0 和 GBP1＝USD1.410 0 两种情况，该美国进口商各需多少美元才能支付货款？

解析：

①美国进口商 3 个月后将有外汇支付，应购买看涨期权，以实现套期保值。

②当 GBP1＝USD1.450 0 时，英镑市场汇价高于协议价格，应行使期权，支付美元总额为：1.430 0×625＋625×0.022 0＋625×0.5%×1.400 0＝911.86 万美元；当 GBP1＝USD1.410 0 时，英镑市场汇价低于协议价格，应放弃期权，支付美元总额为：1.410 0×625＋625×0.022 0＋625× 0.5%×1.400 0＝899.38 万美元。

这里我们进行简要的分析：当 GBP1＝USD1.450 0 时，此时英镑升值，由于其提前购买了看涨期权，可以按协议价格购买英镑，起到了套期保值的目的，此时保的是现在值，即接近于按成交日即期汇率计算的支付额；当 GBP1＝USD1.410 0 时，此时英镑恰好贬值，美国进口商尽管提前购买了看涨期权，但可以放弃期权，获得汇率有利变动的好处，此时保的是未来值，即接近于按交割日即期汇率计算的支付额。

②买入看跌期权，涉外公司未来要收到一笔外汇，如果担心外汇汇率下跌，便可以提前买入看跌期权以避免汇率风险。

【做中学 3—22】 美国某外贸公司向英国出口商品，1 月 20 日装船发货，3 个月后将收入 150 万英镑，担心到期结汇时英镑对美元汇价下跌减少美元创汇收入，以外汇期权交易保值。已知：1 月 20 日即期汇价 GBP1＝USD1.486 5，协议价格 GBP1＝USD1.495 0，保险费为 GBP1＝USD0.021 2，佣金占合同金额的 0.5%，采用欧式期权。

求：①美国进口商应购买何种外汇期权？②3 个月后在英镑对美元汇价分别为 GBP1＝USD1.400 0 与 GBP1＝USD1.600 0 的两种情况下，该公司各收入多少美元？

解析：①美国出口商 3 个月后将有外汇收入，应购买看跌期权，以实现套期保值。

②在 GBP1＝USD1.400 0 的情况下，英镑协议价格高于市场汇价，应行使期权，收入的美元总额为：150×1.495 0－(150×0.021 2＋150×0.5%×1.486 5)＝220.29 万美元。

在 GBP1＝USD1.600 0 的情况下，因市场汇价对该公司有利，该公司可以放弃期权，让其自动过期失效，按市场价格卖出 150 万英镑，买入美元，所得美元总收入为：150×1.600 0－(150×0.021 2＋ 50×0.5%×1.486 5)＝236.04 万美元。

(2)外汇期权投机

由于外汇期权交易的灵活性，外汇期权投机的策略非常丰富，这里我们只介绍一个简单的例子。

【做中学 3—23】 我国某公司根据近期国际政治经济形势预测 1 个月内美元对日元汇价会有较大波动，但变动方向难以确定，因此决定购买 100 个日元双向期权合同做外汇投机交易。

已知：即期汇价 USD1＝JPY110.00，协议价格 JPY1＝USD0.008 929，期权费 JPY1＝USD0.000 268，佣金占合同金额的 0.5%(1 份日元期权合同的标准金额为 1 250 万日元)。

求：在市场汇价分别为USD1＝JPY100.00和USD1＝JPY125.00两种情况下，该公司的外汇投机各获利多少？

解析：①在USD1＝JPY100.00的情况下，该公司可按协议价格行使买入期权，可盈利：$125\,000\times(0.01-0.008\,929)-125\,000\times0.000\,268-\frac{125\,000\times0.5\%}{110}=137.5-33.5-5.68=98.32$万美元。

②在USD1＝JPY125.00的情况下，该公司可按协议价格行使卖出期权，可盈利：$125\,000\times\left(0.008\,929-\frac{1}{125}\right)-125\,000\times0.000\,268-\frac{125\,000\times0.5\%}{110}=116.13-33.5-5.68=76.95$万美元。

这里我们进行简要的分析：投机者预测1个月内美元对日元汇价会有较大波动，但变动方向难以确定，因此决定购买日元双向期权合同做外汇投机交易。这样，只要日元汇率大幅波动，投机者就可以利用其中一种期权获取利润。当日元汇率大幅上升时，投机者可以从买权交易中获得利润，并放弃行使卖权；当日元汇率大幅下降时，投机者可以从卖权交易中获得利润，并放弃行使买权。

5. 影响外汇期权价格变动的因素

期权合约买卖双方的权利与义务是不对等的。正是这种不对等使得期权合约卖方在卖出期权合约时要向期权合约买方收取取得选择权的代价，即期权费。期权费在期权交易中扮演着重要角色，期权费一般由以下因素决定：

（1）期权的协议价格。买权的协议价格越低，对买方越有利，卖方蒙受损失的可能性越大，要求较高的期权费作为补偿；反之，买权的协议价格越高，买方获利的机会越小，所愿意支出的期权费越小。因此，买权的期权费与协议价格呈反向变动。卖权约定价格越高，买方获利越大，卖方所要求的期权费也越高；反之，卖权的协议价格越低，买方获利的机会越小，所愿意支出的期权费越小。因此，卖权的期权费与期权协议价格是同向变动的。

（2）合约的有效期。合约的有效期越长，期权费越高。因为期权合约的有效期越长，期权买方从汇率变动中牟取利益的机会越多，而期权卖方承担的汇率风险越大，需要收取较高的期权费作为补偿。

（3）预期汇率的波动幅度。如果在有效期内作为标的物的货币价格越不稳定，期权卖方承担的风险越大。预期波动幅度较大时，期权费越高；当汇率相对稳定时，期权费较低。

（4）期权供求状况。一般而言，外汇期权市场上的供求关系对期权费也有直接影响。期权买方多卖方少，期权费自然收得高些；期权卖方多买方少，期权费就会便宜一些。

（5）利率差别。由于较高利率货币有贬值趋势，所以，当本国利率相对于外国利率上升时，外汇汇率会趋于升值，人们会增加对外汇买权的需求，外汇买权的价格就会上升，而外汇卖权的价格则会下降；反之，则恰好相反。

（6）远期汇率。通常远期汇率较高，交易者对未来汇率行情越趋于看好，会买入外汇买权，以便日后外汇汇率确实上升时，获得收益。这样，通过期权市场供求力量的相互作用，外汇看涨期权的价格会随着远期汇率的升高而上涨，而外汇看跌期权的价格则会下降。

（九）货币互换交易

动漫视频

货币互换

货币互换交易，是指持有不同币种的外汇交易双方，以商定的筹资本金和利率为基础，进行货币本金的交换并结算利息的交易行为。货币互换交易的基本方法有：首先是本金的初期互换，其主要目的是确定交易双方各自本金的金额，以便将来计算应支付的利息和再换回本金。其次是利息的互换，即交易双方按议定的利率，以未偿还本金额为基础，进行利息支付。最后是本金的再次互换，即在合约到期日，双方换回交易开始时互换的本金。货币互换交易不仅可以降低筹资成本，并使有关企业、公司能够利用外国资本市场获得本来不易获得的某种货币资金，而且有助于避免风险。

与货币互换交易相似的交易行为是利率互换交易。它是指持有同种货币的交易双方，以商定的筹资本金为计算利息的基础，一方以其筹集的固定利率资金换取另一方的浮动利率资金。在交易中，双方实际上只计算互换的利息差异并作结算，而不会发生本金的实际转移。通过这种互换，交易中的一方可将其某种固定利率资产或负债换成浮动利率资产或负债；另一方则相反。

目前，随着国际金融业的发展，金融工具也不断创新，外汇交易的形式将更加丰富多彩，外汇市场的地位以及特征与这些变化将更加紧密地联系在一起。它的特征有如下几点：

(1)外汇市场是某国或地区之间宏观经济变化的“晴雨表”。一般来说，一国或地区外汇市场的交易量，以及本币对外币的汇率变化，对其国民收入、就业、物价指数和利率水平等经济变量都有重大的影响。同时，外汇市场不仅对本国的宏观经济变量极为敏感，而且容易受他国经济实力变化的影响。外汇市场的地位与作用越来越显得重要，对开放型国家或地区的经济尤为如此。

(2)外汇市场的汇率波动频繁，外汇风险管理已引起重视。20 世纪 70 年代初期，许多国家或地区逐步实行浮动汇率制。此后，外汇市场的动荡不稳和汇率波动剧烈就成了经常现象。进入 90 年代，全球经济一体化趋势不可阻挡，国际资本流动的规模与速度成倍增加，汇率剧烈波动，不可避免地给对外经济交易带来风险。外汇批发、零售市场上，外汇风险管理大显身手，外汇交易者更懂得利用有效的交易形式，来达到套期保值、转移风险或追逐风险利润的目的。

(3)外汇市场上“创造价格”的功能越来越突出。外汇交易过程中，出现的并不是一种价格，而是两种价格，即买入价和卖出价。在外汇交易价格之间有一定的差幅，差幅也经常变动。外汇交易商，主要是外汇银行，它们通过变动差幅的大小而“创造价格”，并根据这些价格进行交易。它们与外汇经纪商不同，后者只是促成外汇的买方能找到卖方，或卖方找到买方；而前者则不仅促成交易，而且为了轧平头寸有时会作为交易的一方，即如果一笔外汇卖出一时找不到买方，外汇银行则以其“创造”出的价格自己买入这笔外汇。外汇交易者众多的“创造价格”，将使外汇交易的价格趋同，影响着汇率的变化。

(4)外汇市场上政府的干预比以前频繁、规模小，但及时并且效率高。尽管在世界上许多国家或地区实行的是开放性经济，但政府对经济的干预或调节从未放弃过。尤其是外汇市场，不仅本国货币当局时常介入，有时甚至几个国家的中央银行联合起来干预。同时，干预的频率较过去频繁，但规模不大。

任务三 外汇风险及其防范

一、外汇风险的概念

风险是经济主体资产或负债的预期收益和成本的不确定性。在国际经济活动中，因汇率的变化而导致未来收益或未来成本支出的不确定性就是外汇风险(Foreign Exchange Exposure)。对具有外币资产与负债的关系人来讲，外汇风险可能的结果或是获得利益(Gain)，或是遭受损失(Loss)。

进出口企业货款的收付，跨国公司海外的投资、融资活动，金融机构、企业和个人在国际金融市场中的金融资产交易等，都会遭遇汇率变动带来外汇风险。外汇风险的构成要素有两个：①货币兑换。外汇风险的产生源于货币兑换，如本外币兑换。一般来说，本币是衡量一笔国际经济交易效果的共同指标，外币的收付均以本币进行结算，并考核其经营成果。如一笔国际经济交易以外币收付,就涉及本外币的兑换。因此,如果国际经济交易是以本币计价结算,就不存在本币与外币兑换而产生的外汇交易风险。②时间。这是因为,国际经济交易中,应收款的实际收进,应付款的实际付出,借贷本息的最后偿付,都有期限即时间因素。在确定的期限内,外币与本币的折算汇率可能会发生变化,从而产生外汇风险。通常时间间隔越长,在此期间汇率波动的可能性就越大,外汇交易风险相对就大。货币间的兑换,成为外汇交易风险产生的先决条件,而时间因素则是外汇交易风险产生的催化剂。

二、外汇风险的类型

经济主体在进行国际交往时所面临的外汇风险可以分为三类:交易风险、会计风险和经济风险。

(一)交易风险

交易风险(Transaction Exposure)是指以外币计值的现存合约债权债务以本币进行结算时因汇率变动而导致的收益或成本的不确定性。交易风险是一种流量风险,是涉外经济活动中经常面临的风险,其本质是由于交易合同中的计价货币与本币不一致所带来的。交易风险的成因包括:①买卖以外币表示的商品或劳务;②在国际金融市场上借贷以外币表示的资金;③买卖远期、期货外汇合约等;④其他以外币表示的资产或负债。当经济主体的外汇债权或债务已经产生,而在汇率发生变动后才进行实际收付,就会产生交易风险。交易风险的计量是比较预期汇率与实际收付时的汇率而计算的成本和收益的增减部分。

【学中做 3—5】 在南航订购空中客车约 85 亿美元的案例中,当日按成交时的汇率为 1 美元兑 6.235 元人民币,则在汇率不变的情况下,南航需支付相当于 530 亿元人民币。若在付款时,人民币汇率升到 1 美元兑 6.10 元人民币,南航这笔订单需花费的人民币是 518.5 亿元,南航将少付出 11.5 亿元人民币。但若人民币贬值到 1 美元兑 6.40 元人民币,这笔订单花费的人民币将是 544 亿元,南航的购机成本将增加 14 亿元人民币。

(二)会计风险

会计风险(Accounting Exposure),又称为换算风险、评价风险,是指涉外经济主体在进行会计处理和对以不同货币计价的债权和债务进行财务决算中,在将功能性货币转换成记账货币时,因汇率变动而呈现账面价值变化的可能。换言之,会计风险就是因为在评价外币计价的债权债务及决算时采用的汇率和初始计账时的汇率不同,从而产生的账面上的损益差异的可能性。这是一种存量风险。功能性货币是指经济主体在经营活动中流转使用的各种货币,通常是所在国当地货币。记账货币是指经济主体在编制财务报表时使用的报告货币,通常是母国货币。由于子公司不同的报表项目采用不同的汇率进行折算(现行汇率、历史汇率、平均汇率),从而导致账面的损失。

【学中做 3—6】 一批存货 1 000 美元,购买时汇率为 USD1＝CNY7,折算日汇率为 USD1＝CNY6.5。按购买时汇率,存货价值为 7 000 元人民币;按折算日汇率则为 6 500 元人民币,导致存货价值减少了 500 元人民币。

会计风险多产生在跨国公司将世界各地的子公司或海外分支机构的财务报表进行合并统一处理的过程中。在此过程中,各子公司必须把各自不同的货币转化为统一的记账货币才能衡量综合的收益水平。这种财务报表的"换算"使得股东权益因会计方式不同产生权益变动的情形。美国的许多大公司的合并利润对汇率非常敏感,它们 1/3 以上的资产和销售收入在海外。当外币对美元贬值时,它们在国外的利润减少。当跨国公司的国外子公司在当地有增长机会时,较少考虑折算风险;当没有增长机会时,需要兑换为本币,折算风险就会很突出。

(三)经济风险

经济风险(Economic Exposure),又称经营风险,是指意料之外的汇率变动通过影响企业生产价格、销售数量、利润和成本,而引起企业未来一定期间内收益或现金流量发生变化的一种潜在风险。经济风险与前两种风险相比,交易风险和会计风险是一次性的,而经济风险对企业的影响是长期的和复杂的,经济风险是企业尤其是从事跨国经营的企业最为关心的一种风险。

经济风险程度的高低,主要取决于企业销售额、产品价格等关键指标对汇率变动的敏感性。一般情况下,本国货币实际汇率上浮不利于出口企业和进口替代行业,但有利于减少进口原材料成本;本国货币实际汇率下浮会增强出口产品和进口替代产品的竞争力,但会增加进口成本。因此,一个涉外企业在将来的纯收入可能增加,也可能减少,汇率变动影响其生存与发展潜力。

三、外汇风险的防范

(一)外汇交易风险的防范

企业面临的最大外汇风险是交易风险,它是防范外汇风险的重点。

1. 灵活选择和使用计价与结算货币

合同货币选择问题的实质是汇率风险由谁来承担的问题。交易双方都力图将汇率风险推给对方,不管选择哪种货币,至少会有一方会面临汇率风险。

选择有利的合同货币可遵循以下原则:首先,在签订进出口合同时,应尽量采用本国货币计价结算。其次,出口收汇要尽量选择"硬"币作为计价货币,进口用汇则尽可能选择"软"币作为计价货币;债权尽量选择"硬"币,债务尽量选择"软"币。

2. 加列合同条款

在不能消除风险因素的情况下,为了转移或合理分担可能蒙受的经济损失,可以选用加列合同条款的方法,即在签订贸易合同和贷款合同时,在合同中加列保值条款,以防止汇率多变的风险。

合同加列条款最常见的是货币保值条款。具体做法是选择某种与合同货币不一致的、价值稳定的货币,将合同金额转换为所选货币,在结算或清偿时,按所选货币表示的金额以合同货币来完成收付。目前,各国所使用的货币保值条款主要是一揽子货币保值条款,就是选择多种货币对合同货币保值,即在签订合同时,确定好所选择多种货币与合同货币之间的汇率,并规定每种所选货币的权数,如果汇率发生变动,则在结算或清偿时根据当时汇率的变动幅度和每种所选货币的权数,对收付的合同货币金额作相应调整。当然,也可选择"特别提款权"这种复合货币保值。

【学中做 3—7】 在某出口合同中,合同货币为美元,金额为 100 万美元,在合同中加列货币保值条款,保值货币为特别提款权。签约日的汇率为 USD1=SDR0.683 6,则 68.36 万特别提款权与 100 万美元等值。假定结算日美元对特别提款权贬值,汇率变为 USD1=SDR0.590 6,要使出口商仍得到 68.36 万特别提款权,进口商需支付 115.75 万美元(68.36÷0.590 6),而不是 100 万美元。

【提示】 其他的保值条款如"硬"币保值条款,即双方在合同中规定以"硬"币计价,用"软"币支付,合同中明确两种货币当时的汇率。保值条款主要适用于进出口合同。

3. 约定风险分摊协定

通过协定分摊风险,是指交易双方可以根据签订的协议,确定产品的基价和基本汇率,确定汇率变化幅度以及交易双方分摊汇率变化风险的比率,视情况协商调整产品的基价。

【学中做 3—8】 我国某企业从德国进口了一套设备,货款为 1 000 万欧元。签约时双方商定以欧元计价、美元支付,付款时间为 6 个月后。签约时 1 欧元兑 1.20 美元,折合美元 1 200 万,半年后因欧元升值,汇率变为 1 欧元兑 1.30 美元,货款折合美元为 1 300 万。如果不采取任何规避汇率风险的对策,则我国企业要损失 100 万美元。但是,由于该企业在与外商签约时,加列了外汇保值条款这一防范措施，进口设备的货款从1 000万欧元调整为960万欧元。调整过程计算公式为：

$$2\times\frac{1\ 000\times1.20}{1.20+1.30}=960$$

我方买进960万欧元需支付1 248万美元，比签约时需多支付48万美元，损失约4%。德方实收货款960万欧元，较原货款少收40万欧元，损失约4%。双方平均分摊了汇率风险带来的损失。

4. 收付时间的提前或推后

在国际外汇市场瞬息万变的情况下，提前或推迟收付款，对经济主体来说会产生不同的效益。因此，应善于把握时机，根据实际情况灵活掌握收付时间。

提前(Lead)或推迟(Lag)收付汇是指有关经济主体根据对计价结算或计值清偿的外汇汇率走势的预测，将收付外币的时间提前或推迟，借以控制汇率风险的方法。提前或推迟收付汇是控制汇率风险的有效方法，既可以用于进出口，也可以用于对外借贷。

在出口或对外贷款的场合，如果预测计价结算或清偿的货币汇率贬值，可以在征得对方同意的前提下提前收汇，以避免该货币可能贬值带来的损失；反之，如果预测该货币升值，则可以争取推迟收汇，以获得该货币可能升值带来的好处。

在进口或向外借款的场合，如果预测计价结算或清偿的货币汇率升值，可以在征得对方同意的前提下提前付汇，以避免该货币可能升值带来的损失；反之，如果预测该货币贬值，则可以争取推迟付汇，以获得该货币可能贬值带来的好处。

5. 应用金融市场工具避险

(1)利用远期外汇交易或外汇期货合约避险

利用远期外汇交易或外汇期货合约，将收付款的时间结构从将来转移到现在，并在规定的时间内按约定的价格冲销未来收付款因汇率变动而带来的不确定性，即固定未来的成本和收益。

远期外汇合约是不可撤销的，它是保障收益和现金流的工具。采用这一避险工具的关键是对未来汇率的预期，若汇率实际变动与预期不符，则虽锁定了风险，却也失去了应得的收益。因而，这一避险工具常用于保守型管理策略中。例如，国内一家公司向美国出口一笔价款为1 000万美元的商品，3个月后收款。为了防止美元贬值，该公司同银行做了一笔远期外汇交易，卖出远期美元。根据银行报出的3个月的美元兑人民币远期汇率6.205 0，3个月后出口商用收回的1 000万美元换回6 205万元人民币，从而防止了美元可能贬值而导致的人民币收入的下降。

【提示】外汇期货交易的选择，同样取决于汇率预期及信用风险，但期货有独特的保证金制度，它是利得与损失的杠杆，既不限制风险，也不限制收益。

(2)外汇期权合约避险

拥有应收外币账款或应付外币账款的企业，也可以通过外汇期权交易来抵补外汇风险。从外汇期权的交易特点可以看出，外汇期权比外汇远期或期货交易更具有保值作用。因为远期外汇交易在到期日必须按约定的汇率履约，若汇率预测失误，这种避险法反而失去了使收益更高或支出更低的市场机会。但期权合约的买方可以根据市场汇率变动作任何选择，既可选择履约，也可放弃履约，最大的损失是期权费。利用期权避险的具体做法是：应付货款的保值买进看涨期权；应收货款的保值则买进看跌期权。

6. 货币市场保值

货币市场保值是指借助于货币市场的借款法和投资法对未来的应收应付款进行保值。

(1)借款法。借款法，即借款—即期合同—投资法(Borrow-Spot-Invest，BSI)。外汇借款法用于有未来外汇收入的场合。有应收货款或远期收入的企业通过向银行借用一笔与其远期收入金额相同、期限相同、币种相同的贷款，将其换成本币，并投资于本国货币市场工具。到收取外汇时，再偿还银行贷款，通过融资改变外汇风险时间结构，以达到规避外汇风险的目的。

【注意】运用借款法规避外汇风险是有成本的，因为借款要支付利息，但将借入的资金在本国货币市场上加以投资运用又可以取得利息收入。

(2)投资法。投资法，即提早收付—即期合同—投资法(Lead-Spot-Invest，LSI)。外汇投资法用于有未来外汇支出的场合。当企业有预期外汇支出时，如进口商在签订合同之后，可在现汇市场上买入与将要支付的外汇币种、金额相同的外汇，或者也可以从银行借入相同期限的本币贷款，以此购买外汇，将其投放于货币市场，例如银行定期存款、国库券、商业票据、银行承兑汇票、大额定期存单等，其投资期限与未来外汇支出的期限相同。等到付款日，投资到期，用收回的外汇支付货款，同时偿还银行的本币贷款。

【注意】投资者若用本币投资只能消除时间风险，只有把本币换成外币再投资，才能同时消除货币兑换的价值风险。在实际操作中，只有那些暂时闲置的资金才能用于短期投资，否则需从银行借款。

综合上述两种情况，在存在外汇风险的情况下，借款法与投资法都是通过改变外汇风险的时间结构来避险，但借款法是将未来的收入转移到现在，投资法是将未来的支付转移到现在。同时，前者借款是借外币，投资用本币；后者借款是借本币，投资用外币。

7. 外汇风险保险法

外汇风险保险法即投保外汇风险保险，是指一国进出口企业在交纳一定的保险费给专门的外汇保险机构后，当汇率变动使其蒙受损失时，就会得到保险机构的补偿。目前世界上许多国家的政府都设有专门的机构办理汇率风险保险业务，如美国的“进出口银行”、日本的“输出入银行”等，这些保险机构所提供的汇率风险保险的标的不同，做法也不尽相同。但一般的做法是，投保企业向保险机构按期交纳一定比例的保险费，由保险机构负担全部或部分汇率风险，包括损失和收益。如果汇率波动幅度在保险公司规定的幅度内，则由保险公司负责赔偿企业遭受的损失，但是对超过规定波动幅度的汇率损失，保险公司不负责赔偿。尽管投保法可在一定程度上补偿企业的风险损失，但不足之处是企业运用这种方法避免外汇风险的成本很高，并且汇率变动超过规定幅度所产生的外汇收益必须归保险公司所有。

(二)外汇会计风险的防范

会计风险的防范方法主要是实行资产负债表保值法，即设法使企业资产负债表上的外币资产和外币负债的币种与金额上趋于一致，从而使净头寸等于零。

1. 搭配法

搭配法是指企业在安排涉外债权债务时，通过使外币收付数额达到或者接近平衡，以消除或减轻汇率风险的管理方法。具体做法是：创造一个与存在风险相同货币、相同金额、相同期限、相反方向的外汇流动，这样，外汇资金有进有出轧平了外汇头寸，从而避免了外汇风险。例如，某公司进口一批价值 100 万加元的货物，预计 6 个月后支付货款，该公司应设法出口同等加元金额的货物，使 6 个月后有一笔同等数额的加元应收货款，借以抵销加元应付货款，从而消除加元涨跌的风险。搭配法有很大的局限性，一个国际公司一般情况下很难实现每笔交易的应收应付货币的“完全平衡”，同时采用平衡法还有赖于采购部门、销售部门、财务部门间的密切配合。

2. 组对法

组对法是指企业利用两种资金的流动对冲来抵消风险，即一种货币的资金流动的风险用另一种货币的相同金额、相同时间但流向相反的资金流动来抵消。例如，如果预测英镑与欧元对人民币汇率在某一时期有稳定的正相关关系，我国企业就可以将英镑收入与欧元支付配对，或者将欧元收入与英镑支付配对，两者同升同降，避免较大的汇率风险。

这两种方法也可以用于交易风险的防范。组对法与搭配法的区别在于：搭配法基于同一种外币的对冲，而组对法则基于两种外币的对冲，即具有外汇风险的货币对本币升值或贬值时，作为组对的第三国货币也随之升值或贬值。可见，组对法的实际条件是：作为组对的两种货币，其汇率常常呈现高度正相关关系。组对法比搭配法灵活，也易于采用，但组对法并未使外汇风险完全消失，一旦这些币种之间的相关程度发生了变化，甚至相关关系发生了逆转，期望中的资金组对就不能实现，并有可能承受双重的外汇损失。当然，若是两种货币呈现稳定的负相关关系，则同时保有两种货币的多头或空头，也可避免风险，减少损失。

（三）外汇经济风险的防范

企业可能处于国际化进程的不同阶段，不同的阶段，其经济风险表现不完全相同，采取的措施也不一样。国际企业可以分为三类：非经常性的大宗商品出口商、具有庞大出口市场的制造企业及从事多国经营活动的大规模的跨国公司。对于非经常性的大宗商品出口商，主要面向国内市场，偶尔接到国外订单，可以考虑是直接面对外汇风险或是用期货或者期权进行套期保值。对于第二类企业，没有过多的选择，需要经常进行套期保值；对于典型的跨国公司，有多个生产地点和销售地点，这时主要用多元化的分散经营来管理和防范经营风险。

1. 多样化分散经营

经营多样化是指分散销售、制造工厂的地点与原材料的来源，具体体现在营销管理与生产管理两个方面所做出的多样化经营策略调整。

在营销管理方面，市场的选择应将有关国家的货币变动对未来销售收入的影响放在第一位，选择合适的市场和分销渠道。

生产管理则考虑选择合适的厂址，变更投入物的来源地、削减成本、制订计划等。从长远看，从软通货国家进口更多的原材料和零部件是非常有利的。因此，在世界各地都设有工厂的跨国公司，通常会根据货币变动的情况，将其生产任务在不同的国家之间转移（转到贬值的国家）。面对外汇风险的最好应对办法是提高自身生产力，削减国内成本，使产品价格有更大的调整空间。在制订生产经营计划时需考虑汇率变化因素，这样可确保当汇率变化时企业能够很快地适应新情况。

2. 财务活动多样化

由于经济风险会影响企业未来的现金流量，所以外汇风险的财务管理主要是利用一些财务手段，通过对财务状况的调整来抵消负面影响。这些财务手段包括多样化分散融资、转移定价、利用现金管理工具等。多样化分散融资是指在一个以上的市场以一种以上的货币融资，并利用各种保值方法控制汇率风险；转移定价，是指跨国公司提高或降低内部销售价格，以实现在公司内部转移收入的效果；利用现金管理工具，是指将收入从软货币国家转移到硬货币国家，将税前收入从高税率国家转移到低税率国家。

任务五　我国的外汇管理

一、我国外汇管理概述

（一）我国外汇管理的基本情况

我国外汇管理的基本方针是集中管理、分散经营，外汇管理的主管机构是国家外汇管理局。我国的外汇管理也分为对人的管理和对物的管理两个方面。“人”主要是指国内居民以及非居民；“物”主要是指外汇及贵金属等。

(二)我国外汇管理体制的历史沿革

1. 改革开放前我国的外汇管理

改革开放前,我国实行严格外汇集中计划管理,国家外汇资金和外汇业务由中国银行统一经营,管理和平衡外汇主要采取行政手段,中国基本上不向外国借款,也不吸收外国直接投资。外汇收支实行指令性计划管理,所有外汇收入必须售给国家,用汇实行计划分配,人民币汇率仅作为核算工具。

2. 改革开放后我国的外汇管理

随着我国经济的发展以及市场化改革,我国外汇管理制度不断改进和完善。1978 年以来,我国外汇管理体制改革经历了以下三个阶段。

第一阶段(1978—1993 年),外汇管理体制改革起步。这一阶段以增强企业外汇自主权、实行汇率双轨制为特征。

为适应改革开放的需要以及经济形势的不断变化,我国采取官方汇率和市场汇率并存的汇率形成机制,实行外汇留成办法。1979 年 8 月制定实施《出口商品外汇留成试行办法》,改革外汇分配制度。根据外贸出口换汇成本,制定了 1 美元等于 2.53 元人民币的目标汇价。当年,中国国际信托投资公司成为中国银行之外首批经营外汇业务的金融机构。1980 年 12 月,国务院颁布了《外汇暂行管理条例》,公布外汇管理条例和实施细则。1980 年 10 月,建立外汇调剂市场,引进更多竞争机制,增加外汇储备。考虑到外贸出口的合理利润,为解决出口难和出口亏损问题,从 1981 年 1 月开始,全部进出口实行 1 美元等于 2.80 元人民币的贸易内部结算价。1986 年 10 月,允许三资企业之间调剂余缺。1988 年,各省、自治区、沿海城市设立外汇调剂中心。此阶段,人民币汇率也做了多次调整,以发挥其宏观调控作用,并建立了多种金融并存的外汇金融体系,引进外资银行。此外,积极利用外资,加强外债管理,准许国内居民开立外汇存款账户等。

第二阶段(1994—2000 年),社会主义市场经济条件下的外汇管理体制框架初步确定。

1994 年初,国家对外汇体制进行了重大改革,改革的长期目标是实现人民币自由兑换,逐步放松外汇管制,近期目标是建立以市场为基础的、有管理的浮动汇率制,实现经常项目下人民币有条件可兑换。这次改革建立了以银行结售汇制度为基础、市场调节为主的管理模式,形成了统一、规范、有效的外汇市场,取消了对外国货币在中国境内的计价、结算和流通,提高了居民用汇标准,扩大了供汇范围。1996 年 12 月 1 日,全部取消了所有经常性国际支付和转移的限制,实现人民币经常项目可兑换。1997 年,亚洲金融危机爆发,给中国经济发展与金融稳定造成严重冲击。为防止危机进一步蔓延,保持国民经济持续发展,我国做出人民币不贬值的承诺,并重点加强资本流出的管制,成功抵御了亚洲金融危机的冲击。

第三阶段(2001 年至今),以市场调节为主的外汇管理体制进一步完善。

自加入世界贸易组织以来,我国加速融入全球经济,对外开放进一步扩大,国际收支持续大额顺差,对国民经济影响日益增强。为适应新形势、新挑战,我国外汇管理体制改革向纵深推进,积极促进贸易投资便利化,稳步推进资本项目可兑换,加强跨境资金流动管理,健全国际收支统计监测,完善外汇储备经营管理。

2005 年 7 月启动的人民币汇率形成机制改革为深化外汇管理体制改革注入新的活力,表现为企业和个人持有和使用外汇的政策更加便利,外汇市场加速发展。与此同时,外汇管理方式加快从重点管外汇流出转为流出入均衡管理,逐步建立起资本流动双向均衡管理的制度框架。

2008 年,我国新修订了《外汇管理条例》,确立了均衡监管思路,并在行政法规层面明确取消了强制结售汇制度。

2008 年 9 月国际金融危机全面爆发以来,我国及时启动应急机制,做好国际收支逆转的应急预案，积极防范金融风险，确保了外汇储备资产的总体安全，成功抵御了国际金融危机的冲击。2009年以来，针对跨境资金流向复杂和规模增大、市场主体便利化需求不断增长的现实，外汇管理加快了理念和方式的“五个转变”，即从重审批转变为重监测分析，从重事前监管转变为强调事后管理，从重行为管理转变为更加强调主体管理，从“有罪假设”转变为“无罪假设”，从“正面清单”（法无明文授权不可为）转变为“负面清单”（法无明文禁止即可为）。

为进一步促进贸易投资便利化，2012年12月国家外汇管理局发布《国家外汇管理局关于进一步改进和调整直接投资外汇管理政策的通知》，简化了直接投资外汇管理。2014年7月1日起，进一步简化民间资本对外投资手续，从而大大减少了直接投资项下行政许可事项，有利于降低社会成本，进一步促进贸易投资便利化，服务实体经济发展。

为贯彻落实国务院深化“放管服”改革要求，规范外汇管理行政许可行为，国家外汇管理局对《国家外汇管理局关于外汇管理行政审批有关工作事项的通知》（汇发〔2015〕31号）进行修订，形成《国家外汇管理局行政许可实施办法》，2021年2月1日起施行。

二、人民币国际化进程

（一）货币可兑换的概念和内容

货币可兑换是指一国货币持有者可以为任何目的而将所持有的货币按市场汇率兑换成另一国货币的权利。按国际收支的项目，货币可兑换的内容包括经常项目可兑换和资本项目可兑换。

1. 经常项目可兑换

经常项目可兑换是指对经常项目外汇支付和转移的汇兑不加以限制的兑换。国际货币基金组织规定了经常项目下可兑换的标准：①未经基金组织同意，对国际经常往来的付款和资金转移不得施加限制。也就是说，这种货币在国际经常往来中，随时可以无条件地作为支付手段使用，对方也应无条件接受并承认其法定价值。②不得实行歧视性货币措施或复汇率。③在另一成员国要求下，随时有义务换回对方在经常往来中所结存的本国货币，即参加该协定的成员国具有无条件承兑本币的义务。

2. 资本项目可兑换

资本项目可兑换是指对资本流入和流出的兑换均无限制。这意味着一国取消对一切外汇收支的管制，居民不仅可以通过经常账户交易，而且可以自由地通过资本账户交易获得，所获外汇既可在外汇市场上出售，也可自行在国内或国外持有；国内外居民也可以将本币换成外币在国内外持有，满足资产需求。

一般来说，货币的自由兑换应当具备以下几个条件：①健康的宏观经济形势；②有效的市场调节机制；③较强的宏观调控能力；④高效稳健的金融监管；⑤健全的微观经济主体；⑥适当的汇率制度与汇率水平；⑦良好的国际收支和对外债务状况及较充裕的国际储备。

（二）人民币国际化进程

随着我国经济持续快速发展，人民币地位也日益提升，但人民币还没实现完全可兑换。1994年，我国实现人民币经常项目下有条件可兑换；1996年12月1日，我国实现人民币经常项目可兑换。目前，我国正加快推进资本项目的可兑换。人民币自由兑换的长远目标是实现人民币国际化。

各国取消资本管制，实现资本项目可兑换大多采取渐进式的、审慎的步骤，一般是先放开长期资本，再放开短期资本；在长期资本范围内，先放开直接投资，再放开证券投资；在证券投资范围内，先放开债券投资，再放开股票投资；先放开对金融机构的管制，再放开对非金融机构和居民个人的管制；在所有形式的资本流动中，先放开资本流入，再放开资本流出。我国大体也是按照这个步骤来推进资本项目可自由兑换的。

动漫视频

人民币国际化

应知考核

一、单项选择题

1. 美元兑日元即期汇率 125.00,3 个月远期汇率 128.00,则远期日元( )。

A. 升水 B. 贴水 C. 升值 D. 贬值

2. 外汇交易中,报价行应同时报出( )。

A. 买入价与卖出价 B. 最高价与最低价

C. 开盘价与收盘价 D. 买入中间价与卖出中间价

3. 即期外汇交易的交割不能( )。

A. 跨旬 B. 跨月 C. 跨季 D. 跨年

4. 套利交易的基本条件是两种货币存在( )。

A. 汇率差异 B. 利率差异 C. 汇率管制 D. 利率管制

5. 掉期交易的目的是改变外汇头寸的( )。

A. 数量 B. 期限 C. 币种 D. 方向

6. 期权买方只有在期权到期日才能行使选择权的期权是( )。

A. 看涨期权 B. 看跌期权 C. 欧式期权 D. 美式期权

7. 外汇风险的大小决定于( )。

A. 外汇资产的多少 B. 外汇负债的多少

C. 外汇敞口的大小 D. 外币利率的高低

8. 在国际金融领域,汇率不断上升的货币称( )。

A. 软币 B. 硬币 C. 劣币 D. 良币

9. 我国两个不同外汇市场汇率的差异,贱买贵卖,赚取汇差的外汇买卖活动称为( )。

A. 直接套汇 B. 间接套汇 C. 三角套汇 D. 时间套汇

10. 某出口商出口了一批货物 100 万美元,3 个月后对方付款,为避免外汇风险,锁定汇率,他应该( )。

A. 出售 3 个月远期美元 100 万 B. 购进 3 个月远期美元 100 万

C. 出售 1 个月远期美元 300 万 D. 购进 1 个月远期美元 300 万

二、多项选择题

1. 在其他条件不变的情况下,远期汇率与利率的关系是( )。

A. 利率高的货币,其远期汇率会升水 B. 利率高的货币,其远期汇率会贴水

C. 利率低的货币,其远期汇率会升水 D. 利率低的货币,其远期汇率会贴水

2. 在合约有效期内,可在任何一天要求银行进行外汇交割的有( )。

A 远期外汇业务 B. 择期业务

C. 美式期权 D. 欧式期权

3. 在国际贸易中,正确选择计价货币防范汇率风险的方法有( )。

A. 收“硬”付“软” B. 收“软”付“硬”

C. 提前收付 D. 推迟收付

4. 按交易方式的不同,期权可以分为( )。

A. 看涨期权 B. 看跌期权

C. 欧式期权 D. 美式期权

5. 外汇期货交易具有下列(　　)等特点。

A. 固定的交易市场

B. 标准化的合同

C. 保证金交易

D. 美元报价制度

三、简述题

1. 简述外汇市场的概念与特征。

2. 简述外汇风险的构成要素。

3. 简述外汇交易的目的。

4. 简述外汇交易工具。

5. 简述交割、营业日、基本点的概念。

四、计算题

1. 假设德国年利率为 2.35%,美国年利率为 5.75%,2022 年 3 月 20 日德国一投资者有资金 500 万欧元,欲存在美国 6 个月。当日欧元兑美元即期汇率为 1∶1.193 0,6 个月远期欧元兑美元为 1∶1.195 0,如若到 2007 年 9 月 19 日存款到期日时,汇率可能发生变化,出现两种情况:第一种,1 欧元=1.154 0 美元;第二种,1 欧元=1.238 0 美元。

试计算:(1)若不做抛补套利,两种情况收益状况如何?(2)若做抛补套利,收益状况如何?

2. 如果纽约市场上年利率为 8%,伦敦市场上利率为 6%,即期汇率为 GBP1=USD1.602 5～1.603 5,3 个月汇水为 30～50 点,求:(1)3 个月的远期汇率比,说明汇水情况;(2)若一投资者拥有 10 万英镑,他应该投放在哪个市场上有利,说明投资过程及获利情况;(3)若投资者采用掉期交易来规避外汇风险,应如何操作,其掉期价格为多少?

3. 已知外汇市场汇率是:USD1=JPY119.43/119.71,GBP1=USD1.883 3/1.886 4。求 GBP1=JPY?(交叉汇率)

4. 美国一公司签订了一份 100 万美元的出口合同,并在合同中要求以美元(40%)、欧元(30%)、英镑(30%)三种货币为计价货币,3 个月后收款。签订商品合同时的汇率为:1 美元=1 欧元,1 英镑=2 美元,若 3 个月后的即期汇率为 1 美元=0.800 9 欧元,1 英镑=2.3 美元,则 3 个月后该公司收回多少美元?

5. 某一时刻在伦敦市场和纽约市场上的汇率如下:

在伦敦市场上 1 英镑=1.615 0～1.616 0 美元

在纽约市场上 1 英镑=1.612 0～1.613 0 美元

如某一投资者有 100 万英镑的套汇资本进行两地套汇,求其套汇收益是多少?(结果保留四位小数)

6. 已知远期汇率点数报价表如下:

币种	即期汇率	1 个月远期点数	3 个月远期点数
USD/JPY	110.35/47	65/59	150/159

求美元兑日元 1 个月远期和 3 个月远期汇率。(结果保留四位小数)

7. 已知即期汇率为 GBP1=USD1.980 0/40,美国外汇市场 6 个月英镑兑美元的远期为 1∶1.988 0,美国的年利率为 9%,英国年利率为 7%,投资 100 万英镑做抛补套利,6 个月后可获本利和多少英镑?(保留两位小数)

应会考核

■ 观念应用

【背景资料】

某进出口公司出口一批货物，合同金额为100万美元。该公司意识到汇率波动的风险，就在合同中加列了保值条款。公司以特别提款权作为保值货币。假定签约时特别提款权与美元的汇率为1特别提款权=1.311 0美元，6个月后的结算日当天即期汇率变为1特别提款权=1.423 0美元。

【背景分析】

根据上述情况，通过计算回答下列问题：

(1)该公司运用加列的保值条款怎样达到汇率风险控制的目的？

(2)说明此操作的汇率风险规避效果。

■ 技能应用

【技能资料】

美国通用公司向新加坡航空公司出售飞机发动机叶片，合同总价2 000 000新加坡元，以新加坡元为结算货币，付款期限6个月。对于汇率风险，通用公司决定使用金融市场工具来套期保值。目前市场即期汇率为1.600 0新加坡元=1美元，6个月的远期汇率为1.612 0新加坡元=1美元，通用公司预测6个月后的即期汇率是1.620 0新加坡元=1美元。通用公司可以购买6个月的期权保值，美国市场的6个月看涨期权，执行汇率1.600 0新加坡元=1美元，期权费1%；看跌期权，执行汇率1.600 0新加坡元=1美元，期权费2%；此外，目前美元年利率是5.00%，新加坡元年利率为6.00%。

【技能要求】

(1)通用公司将买入看涨期权还是看跌期权？若最终市场汇率果真是预测的汇率，请计算这笔期权交易的盈亏。

(2)比较远期市场、货币市场保值和期权市场保值，你认为公司应选择哪个保值方案？

■ 案例分析

【案例背景】

国内某IT企业最近与德国电信签订了5亿欧元的天线采购合同，助力德国市场LTE及载波聚合等关键设施的建设。合同将延续3年，德国电信以欧元付款。据测算，德国的采购约占该家公司销售量的60%。在公司的经营支出中，10%用欧元支付，30%用美元支付，其余用人民币支付。

【背景思考】

问题：

(1)分析国内这家公司在未来3年面临的外汇风险类型。

(2)公司可采取哪些行动来降低汇率波动所产生的风险？

项目实训

【实训项目】

分析解读外汇交易与外汇风险防范

【实训情境】

(1)登录中国货币网(http://www.chinamoney.com.cn)，点击相关内容，了解人民币汇率基准价格和外汇市场行情，了解我国银行间外汇市场交易品种和交易模式。

(2)利用投资实战平台教学软件，模拟外汇交易操作。

(3)选择几家银行，了解其开办的外汇业务种类，比较其挂牌汇率及交易币种。

【实训任务】

践行外汇交易操作。通过实训使学生能够运用所学知识，增强实际操作能力和风险防范认识。

《分析解读外汇交易与外汇风险防范》实训报告		
项目实训班级：	项目小组：	项目组成员：
实训时间：　年　月　日	实训地点：	实训成绩：
实训目的：		
实训步骤：		
实训结果：		
实训感言：		
不足与今后改进：		
项目组长评定签字：		项目指导教师评定签字：

项目四

国际储备

○ **知识目标**

理解：国际储备的概念和特点；国际储备的构成；国际储备的作用。

熟悉：国际储备管理的概念和原则；我国的国际储备。

掌握：国际储备的需求和来源；国际储备规模管理；影响国际储备规模的主要因素；适度国际储备规模的确定；国际储备结构管理。

○ **技能目标**

能够掌握国际储备的基础知识，具有对中国的国际储备进行分析和管理的能力。

○ **素质目标**

能够运用所学知识研究相关案例，培养和提高学生在特定业务情境中分析与解决问题的能力；能够正确理解国际储备的概念，并能结合中国目前的国际储备状况，分析中国国际储备水平及构成的合理性。

○ **思政目标**

能够正确地理解"不忘初心"的核心要义和精神实质；树立正确的世界观、人生观和价值观，做到学思用贯通、知信行统一；通过国际储备知识，能够掌握国际储备总量管理和结构管理，并能够用其分析中国国际储备的政策。

○ **课程思政**

中国外汇储备规模有利于应对复杂的国内国际环境

国家外汇管理局2022年8月7日发布数据显示，截至2022年7月末，我国外汇储备规模为31 041亿美元，较6月末上升328亿美元，升幅为1.07%。7月外汇储备规模回升，是受汇率因素和资产价格变化因素综合作用。国际金融市场上，受主要国家货币政策、经济增长前景及通胀预期等因素影响，美元指数上涨，全球主要金融资产价格总体上涨。在汇率折算和资产价格变化等因素综合作用下，当月外汇储备规模上升。

从汇率因素看，在通胀预期抬升、美联储加息等因素推动下，7月份，美元汇率指数上涨1.2%至105.9，维持高位；非美货币中，7月份，欧元下跌2.5%，英镑下跌0.1%，日元上涨1.8%。"汇率因素导致外汇储备的非美元部分出现小幅折价。"

从资产价格因素看，7月份，因全球经济衰退预期升温，主要国家债券收益率下降，价格上升；全球股票市场则呈低位反弹。7月份，以美债为代表的主要发达国家债券价格普遍上升，对外汇储备余额增加形成较大贡献。

7月份，我国外汇市场运行总体稳定，境内外汇供求基本均衡。在剔除汇率和资产价格因素后，据估算，因国际收支导致的外储环比小幅增加，这表明7月份我国外汇市场运行总体平稳，境内外汇供求保持基本平衡，国际收支经常项与金融项大概率依旧是“一顺一逆”状态，且顺差因素略强于逆差因素。

未来，随着各项稳经济的政策措施效应不断显现，我国外汇储备规模保持总体稳定有坚实支撑。当前全球经济形势充满挑战，不稳定不确定因素明显增加，国际金融市场波动性较大。但我国经济韧性强、潜力大、活力足，长期向好的基本面不会改变，将继续支持外汇储备规模保持总体稳定。

资料来源：东方财富网，https://caifuhao.eastmoney.com/news/20220808080150117330790。

○ **思政反思**

请问在不稳定不确定格局背景下，经济的高质量发展，能增加外汇储备吗？如何保持适度规模的外汇储备？外汇储备的主要功能是满足外贸所需的交易和支付功能。当前，全球疫情仍在持续，世界经济复苏动力不足，大宗商品价格高位波动，外部环境更趋复杂严峻和不确定。较大规模的外汇储备有利于维持本币汇率稳定，稳定资本流动预期；可以增强宏观调控能力，维护国家和企业在国际上的信誉，有助于拓展国际贸易、吸引外国投资、降低国内企业的融资成本、防范和化解金融风险。

当代大学生要培养自己的社会主义核心价值观，养成小心谨慎的工作态度和认真负责的工作作风；培养自己的岗位能力、实践能力和创业能力；具备金融业务工作者必备的基本功。

○ **知识精讲**

任务一　国际储备概述

动漫视频

国际储备

国际储备是国际收支平衡表中的一个主要项目，它在一国国民经济中起着重要作用，特别在调节国际收支平衡、保持内部与外部平衡中意义重大。国际储备是反映一国的国际金融实力和在国际经济竞争中的地位的重要标志。总的来看，储备资产不仅是一种支付工具，而且是平衡国际收支失衡和干预外汇市场的重要资产。

一、国际储备的概念

国际储备(International Reserve)又称“官方储备”或“自有储备”，是指一国货币当局为了平衡国际收支和维持本国货币汇率稳定以及用于紧急国际支付而持有的为各国普遍接受的一切资产，又称为储备资产。

【提示】储备资产是一国货币当局所占有的，当该国在国际收支出现逆差或支付困难时，可以直接或通过有保障的机制兑换成其他资产，以稳定该国汇率的资产。即：国际储备是一个国家拥有的用于对外购买和清偿的各种支付手段。

一般而言，一国的国际储备可以分为两部分：①用于日常弥补赤字和干预外汇市场的需要，称为交易性储备；②用于不可预测的突发性内外冲击，称为预防性储备。前者与弥补赤字和干预外汇市场所需储备量保持一致，后者则需按照分散原则进行投资。

国际储备有广义、狭义两种解析：广义的国际储备包括自有储备(Owned Reserve)和借入储备(Borrowed Reserve)，而狭义的国际储备仅指自有储备。所谓自有储备，是指主要来源于经常项目顺差，本国货币当局可以无条件自由支配使用的储备资产；而借入储备则主要来源于国际信贷，如通过IMF的各种贷款、“借款总安排”、“备用信贷”以及本国商业银行所持有的外汇和借债能力等。

【知识链接4—1】　国际储备与国际清偿

与国际储备相近而又有所区别的概念是国际清偿力(International Liquidity)。根据国际储备的定义和特征，国际储备有广义和狭义之分。通常所讲的国际储备是狭义的国际储备，即自有储备，主要包括将在后面介绍的一国的黄金储备、外汇储备、在 IMF 的储备头寸和特别提款权(SDR)，其数量多少反映了一国在涉外货币金融领域中的地位。广义的国际储备即国际清偿力，是一国的自有储备和借入储备之和，反映了一国货币当局干预外汇市场、弥补国际收支赤字的总体融资能力。它不仅包括货币当局已持有的四种资产，还包括该国从国际金融机构和国际资本市场融通资金的能力、该国商业银行所持有的外汇、其他国家希望持有这个国家资产的愿望，以及该国提高利率时可以引起资金流入的程度等。实际上，它是一国弥补国际收支赤字而无须采取调整措施的能力。比较而言，狭义的国际储备只限于无条件的国际清偿力(即自有国际储备)，而不包括有条件的国际清偿力(即一国潜在的借款能力)。因此，国际清偿力实际上是包含国际储备的。

二、国际储备的特点

一个国家用于国际储备的资产，通常被称为国际储备资产。作为一国的国际储备资产，最主要的功能就是用于平衡国际收支以及维持汇率稳定，因此，储备资产必须具备一定特性才能满足以上所述的功用。这些特点包括：

(1)公认性。国际储备资产应该是能为世界各国在事实上普遍承认和接受的资产。如果该资产不能为世界各国普遍承认和接受，就不能充当国际储备资产。

(2)流动性。国际储备资产必须具有充分的流动性，能在其各种形式之间自由兑换，同时，各国政府或货币当局必须能无条件地获得并在必要的时候动用这些资产。

(3)稳定性。国际储备资产的内在价值必须相对稳定，不能因汇率、利率的变化而发生大幅度的价值下跌或损失。

(4)适应性。国际储备资产的性质和数量必须能适应国际经济活动和国际贸易发展的要求。

三、国际储备的构成

(一)黄金储备

动漫视频

黄金储备

黄金储备(Gold Reserve)，是指一国货币当局持有的，用以平衡国际收支，维持或影响汇率水平，作为金融资产持有的黄金，即货币性黄金。它在稳定国民经济、抑制通货膨胀、提高国际资信等方面有着特殊作用。

【注意】作为国际储备的主要形式之一，黄金储备在流动性上有其自身存在的局限性，因此应考虑其适度规模的问题。

在金本位制下，黄金是最重要的国际储备形式。在第二次世界大战后的布雷顿森林货币体系下，黄金仍是货币汇率的基础，具有一般支付手段的职能，是最重要的国际储备形式。1978 年 4 月 1 日生效的《国际货币基金协定》中虽已明确提出“黄金非货币化”，但由于具有价值实体，黄金在 20 世纪一直被人们认为是一种最后的支付手段，发达的国际黄金市场使各国货币当局可以方便地通过市场买卖黄金以平衡国际收支差额。

【提示】黄金储备的管理，关键在于实现黄金储备最大的流动性和收益性。

【注意】作为国际储备的黄金是一国政府所持有的货币性黄金，即作为金融资产的黄金；不包括非货币用途的黄金，因此并不是一国政府所持有的全部黄金都是国际储备。

黄金储备量作为国际储备的一个部分只是衡量国家财富的一个方面，黄金储备量高则抵御国际投资基金冲击的能力加强，有助于弥补国际收支赤字，有助于维持一国的经济稳定，不过过高的黄金储备量会导致央行的持有成本增加，因为黄金储备的收益率从长期来看基本为零，并且在金本位制度解体以后黄金储备的重要性已大大降低。

黄金不能保持其主要储备地位还由于它受特定条件所限制，具体表现在以下几方面：①黄金作为储备，不仅不能创造价值，不能生息获利，而且还要支付保管费用；②黄金极少直接用作国际清偿手段（战争期间例外）；③黄金储备计价方法不同；④黄金产量受自然条件的限制；⑤黄金的占有极不均衡；⑥黄金价格波动频繁。

黄金作为国际储备有如下优点：①黄金是最可靠的结算手段，它较少受政治、经济、金融局势动荡的影响；②黄金储备完全属于国家主权范围，可以自动控制，不受任何超国家权力的干预；③其他储备资产受债务国家金融机构的信用和偿付能力的影响，债权国家往往处于被动地位，远不如黄金可靠。

【提示】目前，各国货币当局在动用黄金储备发挥其作用时，具体做法是先在黄金市场上卖出黄金，换成可兑换的货币，再用可兑换的货币弥补国际收支逆差，维护汇率稳定。

（二）外汇储备

动漫视频

外汇储备

目前在世界各国的国际储备中，外汇储备（Foreign Exchange Reserve）是最重要的构成内容、最主要的形式和最活跃的部分。外汇储备又称国际储备货币（Reserve Currency），是指一国政府所持有的外国可兑换货币及其短期金融资产，即政府持有的外汇。全世界各国都普遍接受的、可自由兑换的货币，包括美元、英镑、日元、欧元等。

【注意】储备货币必须具备以下几个条件：①它在国际货币体系中占有重要的地位；②能自由兑换其他储备资产；③中央银行和商人对其购买力的稳定性具有信心。

从1800年到1900年，英镑是主要的国际储备货币。在这个阶段，英国在世界经济中居领导地位，伦敦是世界金融中心。从1900年至1945年，英镑和美元是主要国际储备。第二次世界大战以后，美国完全取代了英国在世界经济中的领导地位，美元也取代英镑成为最主要的国际储备。但英镑仍然被视为国际储备，只是它的作用大大地下降了。从20世纪60年代起，随着美国在世界经济中的实力下降，美元作为国际储备的作用也相对下降了，德国马克和日元的国际储备作用上升。1999年欧元正式启动，随着欧洲经济的发展，欧元也在国际储备中占有一席之地。但是，美元至今仍然是最主要的国际储备。

外汇储备的具体形式包括政府在国外的短期存款或其他可以在国外兑现的支付手段，如外国有价证券，外国银行的支票、期票、外币汇票等。

【提示】外汇储备是一个国家经济实力以及国际清偿力的重要组成部分，是一国用于平衡国际收支、稳定汇率、偿还对外债务的外汇积累。

外汇储备作为一国进行经济调节、实现内外平衡的重要手段，当国际收支出现逆差时，动用外汇储备可以促进国际收支的平衡；当国内宏观经济不平衡，出现总需求大于总供给时，可以动用外汇组织进口，从而调节总供给与总需求的关系，促进宏观经济的平衡。同时，当汇率出现波动时，可以利用外汇储备干预外汇市场，影响汇率，使之趋于稳定。因此，外汇储备是实现经济均衡稳定的一个必不可少的手段，特别是在经济全球化不断发展，一国经济更容易受到外部经济影响的情况下，更是如此。

【注意】作为国际储备中主要构成部分的外汇储备必须具备以下四个条件：①它要在国际货币制度中占重要地位，为世界各国普遍接受的国际计价手段和支付手段；②能够自由兑换其他储备资产；③人们对其购买力的稳定性具有信心；④供给数量能同国际贸易和世界经济的发展相适应。

外汇储备的主要功能包括以下几方面：①调节国际收支，保证对外支付；②干预外汇市场，稳定本币汇率；③维护国际信誉，提高对外融资能力；④增强综合国力和抵抗风险的能力。

外汇储备的增加不仅可以增强宏观调控的能力，而且有利于维护国家和企业在国际上的信誉，有助于拓展国际贸易、吸引外国投资、降低国内企业融资成本、防范和化解国际金融风险。

适度外汇储备水平取决于多种因素，如进出口状况、外债规模、实际利用外资等。各国主要根据持有外汇储备的收益和成本比较，并综合考虑这些因素，把外汇储备保持在适度的水平上。

（三）在国际货币基金组织（IMF）的储备头寸

动漫视频

普通提款权

IMF 的成员国按照规定从国际货币基金组织提取一定数额款项的权利称为普通提款权（General Drawing Rights），又称为在 IMF 的储备头寸（Reserve Position in IMF）。储备头寸是一国在 IMF 的自动提款权，其数额的大小主要取决于该成员国在 IMF 认缴的份额，其最基本的贷款即为普通提款权。这项贷款累计数最高额度为会员国所缴份额的 125％。

IMF 的一项宗旨便是“为成员国融通资金，协助成员国克服国际收支困难”。它主要包括两部分：①储备部分，是会员国向国际货币基金组织缴纳的黄金和外汇储备份额，约占成员国认缴总份额的 25％，需要时，可由会员国无条件提用。②信贷部分，是会员国向国际货币基金组织的贷款。由于会员国向国际货币基金组织缴纳的份额中有 75％是以本国货币缴纳的，需要提用时，实际上是以本国货币作抵押换回所需要的外汇以弥补国际收支逆差。提用的比例越高，提用时的限制条件也越多。

由于普通提款权是 IMF 最基本的一种贷款，用于解决会员国一般性国际收支逆差的短期资金需要，因此，普通提款权可以作为会员国的国际储备的构成内容。

【注意】IMF 的成员国可以无条件地提取其储备头寸用于弥补国际收支逆差。一国若要使用其在 IMF 的储备头寸，只需向基金组织提出要求，IMF 便会通过提供另一国的货币予以满足。

【提示】普通提款权在 IMF 会员国国际储备资产总额中所占比重较小，仅占 3％左右。

（四）特别提款权

动漫视频

特别提款权

特别提款权（Special Drawing Rights，SDRs）指的是 IMF 根据各会员国的基本份额分配给各会员国的、可用来归还 IMF 贷款和会员国政府之间偿付国际收支逆差的一种账面资产。它代表会员国在普通提款权以外的一种特别使用资金的权利。IMF 分配给的而尚未用完的特别提款权，就构成一国国际储备的一部分。特别提款权是国际货币基金组织为补充国际储备不足而于 1969 年 8 月创设并于 1970 年 1 月开始向参加国发行的一种国际储备资产，也称“纸黄金”（Paper Gold）。它是基金组织分配给成员国的一种使用资金的权利。成员国在发生国际收支逆差时，可用它向基金组织指定的其他成员国换取外汇，以偿付国际收支逆差或偿还基金组织的贷款，还可与黄金、自由兑换货币一样充当国际储备。但由于其只是一种记账单位，不是真正的货币，使用时必须先换成其他货币，不能直接用于贸易或非贸易的支付。因为它是国际货币基金组织原有的普通提款权以外的一种补充，所以称为特别提款权。

【提示】目前，特别提款权是以包含美元、欧元、人民币、日元和英镑 5 种货币组成的货币篮子定值的。

特别提款权有其自身的特点：

（1）SDRs 只是一种记账单位，它不像黄金那样有其内在价值，也不像储备货币那样以一国的经济实力做后盾，它是被集中创造的、只能由各国中央银行持有的一种“有名无实”的用于国际结算的信用资产。

（2）SDRs 也不同于普通提款权，它是 IMF 按份额分配给会员国的，会员国无条件享有其分配额，且无须偿还，因此对会员国来说是一种额外的储备来源。

（3）SDRs 的用途严格限于国际支付目的。其用途是，会员国可以动用 SDRs 向国际货币基金组织指定的会员国换取外汇，以支付国际收支逆差。但 SDRs 不能作为国际流通手段和支付手段，只能在 IMF 成员国政府之间发挥其计价结算作用。

四、国际储备的作用

一国的国际储备在维护本国经济发展和促进国际经济的交往中具有如下重要作用。

（一）弥补国际收支逆差

国际储备的首要用途是，在一国国际收支发生困难时起缓冲作用。尤其是当一国经济贸易发生出口下降、自然灾害及战争等突发性情况造成的短期国际收支逆差，一时又难以举借外债来平衡时，可用国际储备临时弥补收支赤字，而不必采取调整国内经济或进出口贸易的措施来纠正，从而减少因采取紧急措施而付出沉重的代价，不致影响国内经济的发展。由于一国的国际储备是有限的，解决国际收支逆差也只是暂时的，在发生国际收支持续性逆差时，就不能盲目滥用国际储备了。

（二）保持本国货币汇率稳定

国际储备资产对稳定一国的货币汇率具有一定的作用。目前，在世界各国普遍实行浮动汇率制度的条件下，国际金融市场经常波动，严重影响有关国家经济的发展和稳定。因此，为了本国的经济利益，使本国货币汇率稳定在一定的水平上，就要动用国际储备来干预外汇市场。国际储备中用来干预外汇市场的储备基金被称为外汇平准基金，由黄金、外汇和本国货币构成。当外汇汇率上升，本币汇率下降，超出政府限定的目标区间时，该国货币当局就要及时向市场抛出外汇，购回本币；反之则投放本币，收进外汇，从而达到稳定汇率的目的。而一国的外汇平准基金总是有限的，以其来稳定汇率的作用只能在短期内产生有限的影响。

当一国国际收支发生根本性的不平衡，致使汇率持续上升或下跌时，就难以用有限的国际储备来稳定其汇率。

（三）保证本国的国际信誉

国际储备的多少是一国综合国力的表现之一，尤其表现出了一国的金融实力和信誉。国际储备是衡量一国对外资信的重要指标。国际储备可以作为一国向外借款、偿还外债的保证，充足的储备可以提高一国的资信，便于对外筹资，降低融资成本。通常，无论是国际金融机构，还是国外政府或银行，在对外提供贷款时都要考察评估借款国的一系列贷款风险指标，了解借款国偿还债务的能力，其中借款国的国际储备就是重要的评估指标之一。若一国的国际储备比较充足，则会比较容易从国外筹集到必要的资金，达到利用外资发展本国经济的目的；反之，则比较困难。

（四）增强国际竞争能力

一国的金融当局持有比较充足的国际储备资产，就有了维持货币高位或低位的能力，可以针对国际经济发展的需要，增强国家间的竞争能力。一国的货币如作为储备货币或关键货币，雄厚的储备则更有利于支持储备货币在国际上的地位。

（五）应付突发事件引起的紧急国际支付

一国可能出现地震、洪水、干旱等自然灾害，生产力遭到较大破坏，需要大量进口；也可能出现政治动荡，引起资本大量外逃；在国际金融市场竞争加剧、风险增加的时候，其他国家出现的经济、金融危机很容易传导到本国。这些都需要外汇储备来冲销其不利影响。

五、国际储备的需求和来源

（一）国际储备的需求

一个国家如果没有必要数量的国际储备是万万不行的。因此，世界上任何一个国家都对国际储备有需求，都希望拥有或持有一定数量的国际储备。那么是不是持有的国际储备越多越好呢？回答是否定的。因为持有国际储备也要付出代价，这种代价表现为如果该国货币当局不持有储备，则此储备就可以被用于商品劳务进口，从而为国内经济发展增添新的实际资源，以增加国内就业和国民收入。所以，一国应有一个适度的国际储备水平，既能满足对外支付的需要，又不过多持有国际储备。而要确定一个适度的国际储备水平，就应先具体分析影响一国国际储备需求的因素。

国际储备需求是指一国货币当局愿意使用一定数量的实际资源以换取的国际储备数量。影响国际储备需求的主要因素有：

（1）持有国际储备的机会成本。假如持有国际储备能获取收益而又无须支付代价的话，那么，一国货币当局对储备的需求是无限的。然而，前面我们已经指出，持有储备是要付出代价的，这个代价便是持有储备的机会成本，即持有国际储备所相应放弃的实际资源可能给该国带来的收益。一国货币当局持有的国际储备越多，它所放弃的当前能够加以利用的实际资源的数量就越大，即机会成本就越高。如果一国货币当局减少国际储备持有量，节约下来的外汇可以转化为进口商品和服务等实际资源，为该国当前经济发展服务。

（2）外部冲击的规模和频度。各国都需要持有国际储备，主要原因之一是弥补国际收支逆差，而一国国际收支逆差在很大程度上要受到外部冲击的影响，如世界经济的周期波动，世界市场上的商品价格、利率和汇率的变动，世界经济结构的变动和世界政治局势的变化等。如果此类外部冲击经常发生且规模较大，则该国需要持有较多的国际储备。

（3）政府当局在经济政策选择上的偏好。持有国际储备是一种政府行为，对它的需求必然取决于政府在经济政策选择上的偏好。在政策选择过程中，对国际储备影响较大的是：①汇率政策。如果政府选择钉住汇率制，或者在管理浮动汇率制下强调汇率的稳定，它就需要持有较多的国际储备以增强干预外汇市场的能力。②政府所强调的重点经济目标。如果强调当前经济增长，可以减少对国际储备的需求，将外汇储备转化为进口实际资源；如果强调经济持续增长，则需要持有较多的国际储备，以避免国际收支逆差而影响经济增长。③政府对国际贸易直接管制的基本态度。如果政府采取了严厉的直接管制措施，就可以较少地利用国际储备来平衡国际收支，从而相应减少对国际储备的需求。④弥补国际收支逆差的措施选择。在一国发生国际收支逆差时，如果政府当局不愿立即进行政策调节，而愿意通过融资手段予以解决，那么对国际储备的需求量就较高；反之，如果政府当局在国际收支发生逆差时愿意立即采取政策措施进行调节，那么对国际储备的需求量就较低。

（4）一国国内经济发展状况。一国的国际收支差额在相当大程度上取决于该国国内经济发展状况。其中，对国际储备需求影响较大的因素是：①该国经济增长速度和边际进口倾向。如果其经济增长较快且边际进口数量较高，则为了支持大量进口，该国需要持有较多的国际储备。②该国的经济发展水平和经济结构。如果该国经济发展水平较低，资源缺乏，产业结构不健全，则进口商品需求弹性和出口商品供给弹性都较小。当进口商品价格上升时，它很难大幅度减少进口量；当出口商品价格上升时，它也很难大幅增加出口量。这样，它就需要持有较多的国际储备来应付外来冲击。③该国各种市场的价格水平，包括商品和服务的价格、工资、利率、股价和债券价格等。如果其商品价格较低，在商品市场上具有较强的国际竞争力，就可以防止出现贸易逆差的局面，资本市场对外资有较大的吸引力，该国就可以相应减少对国际储备的需求。

（5）一国国际收支调节的成本、规模和机制。在一定的经济条件下，一国国际收支调节的成本、规模和机制等因素都会影响其对国际储备的需求量。①该国调节其国际收支不平衡的成本越高，其国际储备需求量则越少；反之，调节成本越低，国际储备需求量则越多。②该国国际收支逆差的规模越大，逆差出现得越频繁，该国国际储备的需求量就越多；反之，则越少。③如果该国国际收支调节机制运行正常，它就能自动纠正国际收支失衡的状况，也就不需要太多的国际储备；反之，则需要较多的国际储备。

（6）一国的对外交往规模。在一国的国际交往中，对国际储备需求影响较大的是商品进口规模和对外偿债的规模。一国进口规模越大，或是还本付息的外债负担越大，就越需要持有较多的国际储备。

(7)一国借用国外资金的能力。一国除了动用国际储备弥补国际收支逆差外，还可通过借用国外资金来减少对国际储备的需求。这种借款能力包括私人商业银行在国际金融市场上筹措应急资金的能力。一国借用国外资金的能力在很大程度上取决于该国的经济发展水平、经济制度、金融市场发育程度和国际信誉。一般来说，发达国家的借款能力强于发展中国家，从而可以相应减少对国际储备的需求。

(8)一国货币在国际货币体系中的地位。储备货币发行国经常可以用本国货币偿付国际债务，从而相应减少对国际储备的需求。

(9)一国政策的国际协调。一国政府与他国经常进行政策协调，可以减少国际收支失衡程度，直接减少动用国际储备的需要。当该国出现国际收支逆差后，通过政策的国际协调，可以增加国际收支调节政策的效力，加快调节速度，从而相应减少对国际储备的需求。

综上所述，影响一国国际储备需求量的因素是多种多样的和方方面面的。这些因素在不同时期、不同情况下的影响程度和大小是各不相同、不近一致的。有些因素从理论上研究讨论是可以的，但从实践操作上来看难度是较大的。另外，影响因素除上述 9 个因素外，还存在着其他的影响因素，如储备资产的质量及其盈利性等，需要我们不断地探索和研究。

(二)国际储备的来源

国际储备的来源，是指国际储备的供给。

从世界范围的角度看，国际储备的来源取决于以下几个因素：①国际储备货币国家的国际收支逆差的规模和持续时间，规模越大、持续时间越长，说明其向世界提供的储备货币就越多；②IMF 分配给成员国的特别提款权的数额大小；③国际金融市场所能提供的资金数额的大小。

从一个国家的角度来分析，一国货币当局为了在国际收支出现逆差时能够有效进行调节，都希望获取更多的国际储备。获取国际储备的途径有两个：①内部来源；②外部来源。具体包括：

(1)国际收支顺差。一国国际收支顺差会使该国国际储备增加，逆差则会导致国际储备减少。在国际收支的组成部分中，经常项目收支顺差是一国国际储备的最可靠途径和最主要来源，因为它反映的是一国商品和服务在国际市场上有较强的竞争能力。相比之下，资本项目收支顺差虽然也是一国国际储备的一个重要来源，但它并不是增加一国国际储备的最稳定与最可靠的来源，因为不论是长期资本项目顺差，还是短期资本项目顺差，都具有不稳定性和暂时性。长期资本项目顺差如没有新资本流入，反而会因利润和红利的汇出而减少，如发生外国资本抽回投资，还可能使顺差消失。至于短期资本项目顺差就更不稳定了，因为短期资本具有投机和转移不定的特性。

(2)货币当局干预外汇市场收进外汇。一国货币当局通过干预外汇市场就能增减其国际储备。为了稳定汇率，缓解本币对外币升值的压力或防止本国商品国际竞争力下降，货币当局可以在外汇市场上用本币购买外国货币，使其外汇储备增加。

(3)中央银行在国内购买黄金。中央银行使用本国货币购买黄金，可增加该国黄金储备；如果它再将黄金在国外黄金市场上出售，则可补充其外汇储备。不论是黄金储备增加，还是外汇储备增加，都将引致该国国际储备总量的增加。但是，如果中央银行在国际黄金市场上用外汇购买黄金，则只能改变其国际储备的构成，而不能增加国际储备量。

(4)政府或中央银行向国外借款。一国政府或中央银行直接从国际金融机构借入的各种贷款，这种借款可增加该国的外汇储备。另外，储备货币的发行国之间还可通过互换货币协定(Swap Arrangement)来相互提供外汇储备。

(5)IMF 分配给会员国的特别提款权。IMF 根据各会员国的基金份额分配给各会员国的

SDRs,是各会员国的一种额外资金来源,它是国际储备资产的形式之一,因而构成会员国国际储备来源的一个渠道。

【注意】SDRs是IMF按份额分配给会员国的,因此会员国只能被动接受而不能主动去增加,所以一国增加国际储备的途径,主要还是来源于黄金、外汇、借款等方面。发达国家在IMF占有较大比重的份额,因此分配给发展中国家的SDRs自然就非常有限。

一国国际储备除上述五个来源途径以外,储备资产收益和溢价也是不可忽视的来源。储备资产收益包括外汇储备的存款利息和作为储备资产的外国债券收益;储备资产溢价包括由于外汇汇率变动造成的一国外汇储备折成SDRs或美元的溢价,也包括由于金价的上涨,造成黄金储备总量不变的情况下黄金储备价值的增加。

(三)适度的国际储备量

1. 确定适度量存有困难

在确定最适度的国际储备量时,既要考虑到一国国际储备可能的供应能力,又要合理地管理和确定国际储备的需求量,即要综合、全面、细致地考虑和把握上述影响国际储备需求和来源的各种因素。由于这些因素的复杂和繁多,所以要真正确定一个国际储备的适度量是非常困难的。例如,虽然当一国储备需求在一定时期内保持稳定,但储备来源的变化会干扰这种稳定,并且储备需求的变化又会影响这种稳定。这种复杂性使国际储备难以保持一个适度的水平。西方诸多经济学家对此曾做过长期的研究和论证工作,但至今尚无具有实际意义的结果和定论。

2. 最适度量是个区间值

要了解这个区间值的真正含义,先让我们介绍一下四种国际储备量:①最低国际储备量。当一国发生国际收支逆差,货币当局又不愿意通过储备来缓冲,而完全采取调节政策和向国外借款来弥补逆差的话,则该国国际储备持有量可降为零。②最高国际储备量。其是指当一国发生国际收支逆差而汇率剧烈波动时,货币当局通过放弃调节和借入政策,完全依靠国际储备来弥补逆差和维持汇率稳定所需要的储备量。③保险国际储备量。其是指既能满足弥补国际收支逆差,又能保证国内经济增长所需的实际资源投入的储备量。④经常国际储备量。其是指为保证正常经济增长所必需的进口不致因储备不足而受影响的储备量。

在实际经济生活中,最低和最高的储备量纯粹是理论上的假设。实际上一国的国际储备量常常是以最适度储备需求水平为中心,在其上下一定范围内波动。因此,人们通常以保险储备量作为上限,而以经常储备量作为下限,这个上下限就构成了一国国际储备的区间值。只要一国的储备持有额能保证在这个区间值范围内,就可以认为该储备量具有适度性。

3. 特里芬的适度标准

美国经济学家特里芬(R. Triffin)认为,由于国际储备的最基本最主要用途在于弥补国际收支赤字,因此它应该首先同一国国际贸易水平保持一定的比例关系。1960年,他出版《黄金和美元危机》(*Gold and Dollar Crisis*)一书,在该书中他提出:一国的国际储备应与它的进口额维持一定的比例关系,这个比例一般以40%为适度,低于30%就需要采取调节措施,而20%则为最低限。如按全年储备对进口额的比例计算,约为25%,即一国的储备量应以满足3个月的进口需要为宜,这一理论被称为“3个月进口说”。

特里芬的这个比例分析法提出后,由于其过于简单和存在不少缺陷而受到不少经济学家的批评,但它仍然可以为储备需求水平的适度性提供一个比较粗略的参考指标。世界银行的《1985年世界发展报告》中在分析发展中国家国际储备管理时也写道:“足以抵付3个月进口额的储备水平有时被认为是发展中国家的理想定额。”

任务二 国际储备管理

一、国际储备管理的概念和原则

(一)国际储备管理的概念

国际储备管理是一国的政府及货币当局根据一定时期内本国国际收支状况及经济发展的要求,对国际储备规模的适度化、结构的最优化及储备资产运用的高效化等方面所进行的调节与控制。

一个国家的国际储备管理包括两个方面:①国际储备规模管理,以求得适度的储备水平;②国际储备结构管理,使储备资产的结构得以优化。通过国际储备管理,一方面可以维持一国国际收支的正常进行,另一方面可以提高一国国际储备的使用效率。

(二)国际储备管理的原则

加强国际储备资产的管理,是当今世界各国比较重视的一个问题。各国在对其储备资产的管理上通常遵循以下四个原则。

(1)安全性。所谓安全性,是指储备资产在存放过程中不受损失。由于储备资产一般是以不同的形式存放在国外银行的,所以,在确定储备资产存放的形式和地点时,一定要事先充分考虑到该国的经济发达程度、外汇管理制度、存放银行的资信程度、币种的优劣状况、信用工具的选择等。一般是把储备资产存放到管理宽松、资信高、币种坚挺、信用工具安全可靠的地方,从而可以避免损失。从安全性出发,国际储备的选择还要体现多元化、分散化的储备策略,并根据汇率、利率、金价的走势制订一定时期的储备计划加以实施,视局势的变化及时地作出调整。

(2)流动性。所谓流动性,是指储备资产能够根据需要随时提取,灵活调拨,使用方便。由于储备资产是一国货币当局的备用手段,一旦需要,应能够及时发挥作用,所以各国在安排储备资产时,应根据对未来使用的时间、金额的估算,将储备资产作不同期和不同量的安排,以使各类储备资产的期限和数量与使用的情况相衔接,保证使用的方便和灵活。

(3)盈利性。所谓盈利性,是指储备资产在存放和使用的过程中能够增值。目前,国际金融市场的金融工具多种多样,各国储备资产的构成也存在多种组合,各种金融工具和储备资产的收益率也高低不等。因此,各国在安排储备资产时,在保证其安全性和流动性的前提下,要选择收益率较高的金融工具,并随时调整储备资产结构,以达到储备资产价值增值的目的。

鉴于储备资产的安全性、流动性和盈利性之间存在着此长彼消的关系,因此要求政府在储备资产管理中,需要同时考虑储备资产的上述三种属性。流动性涉及储备资产能否在不蒙受损失的条件下随时投入使用,安全性涉及储备资产的价值贮藏手段职能,盈利性关系到储备资产在未动用期间所产生的收益。在不同的经济环境下,三种属性的相对重要性会有所不同。例如,在国际收支逆差严重时,该国需要大量动用储备资产,保持储备资产的流动性具有较为重要的意义。在通货膨胀恶性发展时期,保证储备资产的安全性有较为重要的意义。在国际收支大体平衡或出现顺差的时候,相对重视储备资产的盈利性可以使该国获取更大的资产增值利益。

以上原则仅是理论上的探讨,在实践中还应根据理论的指导进行具体分析,灵活运用,既要注意到一定时期内各种因素的主次关系,又要统筹兼顾,通盘考虑。

二、国际储备规模管理

（一）国际储备规模管理的意义

国际储备规模管理就是通过有关管理规定和营运安排，使一国的国际储备数量保持在适度的水平上。国际储备对于一国国际收支平衡和汇率的稳定，对于促进一国经济的发展，意义十分重大。但并非持有的国际储备越多就越好。国际储备作用的发挥是以其储备规模适度为基础的。适度的国际储备规模，是由经济发展的客观需要决定的，是有客观标准的，是既能满足国家经济增长和对外支付的需要，又不因储备过多形成积压浪费的合理储备规模。控制国际储备的数量，保持适度的储备规模，对于发挥国际储备的作用，提高国际储备管理水平，促进国民经济健康发展，有着十分重要的意义。

(1)有利于保持国际收支平衡。国际储备作为调节国际收支的手段，其数量适度与否，是发挥调节作用的关键。国家必须保有一定数量的国际储备，这样才能既满足弥补国际收支逆差的一般需要，又满足因政治、战争、重大自然灾害等突发事件而形成的应急需要，同时又不致因储备数量过多而形成浪费。而要达到这样的水平，确保适度储备规模、加强对国际储备的管理是关键。

(2)有利于保持储备货币币值稳定、汇率稳定。汇率是经常变动的，经常变动的汇率会给国家持有的外汇储备价值带来影响。为避免由于外汇贬值带来的损失，国家必须加强对国际储备的管理以保持储备货币价值，稳定汇率。

(3)有利于一国国内经济均衡发展。一国的国际储备规模与一国内部经济平衡与否有密切关系。国际储备过多，会造成外汇资金的闲置与积压，给本国货币流通与物价水平带来不利影响，在浮动汇率制度下还很容易因汇率变动而蒙受贬值的损失，更为甚者还很容易遭受国际投机资本的关注与冲击。要充分发挥国际储备对经济的稳定作用，就必须大力加强国际储备的规模管理。

(4)有利于维护国家对外清偿能力。国家保有一定数量的国际储备，目的是要满足国家对外支付和偿债的需要。为达到这种目的，必须加强国际储备管理，保持适度规模。因为一国国际储备水平过低，会使国家陷入支付困境，影响国家的对外信誉与借款能力。相反，如前所述，一国国际储备水平过高，超出平衡国际收支和对外支付的需要，就会形成外汇资源的浪费并易受国外通货膨胀对国内的冲击。

(5)有利于获取外汇收益。国家要充分利用所持有的国际储备资产，进行安全妥善的投资，尽量减少经常账户上闲置资金的数量，既不因储备数量不足、币别不适宜而影响对外支付，也不因储备数量过多而形成积压浪费，影响经济发展，最大限度地发挥国际储备的效益。要达到这种目的与效果，也必须加强国际储备规模管理。

（二）影响国际储备规模的主要因素

一国只有保持适度的国际储备规模，才符合本国的经济利益。但目前并没有一个世界各国普遍适用的确定适度国际储备水平的模式。探索影响一国的国际储备规模的因素，是研究这个问题的基础。影响一国国际储备规模的因素主要有：

(1)一国对外贸易状况。对外贸易水平是由该国对外贸易在国民经济中的地位、贸易条件和出口商品在国际市场上的竞争潜力等因素决定的。对外贸易的规模越大，它在国民经济中所处的地位和发挥作用的潜力越大，就需要越多的国际储备。因此，对外开放程度较高和对外贸易依赖程度较高的国家需要的国际储备规模也较大；反之则反是。一个在贸易条件上处于不利地位和出口商品缺乏竞争能力的国家需要较多的国际储备。对外贸易状况之所以是一国国际储备规模的首要因素，在于贸易收支往往是国际收支的决定因素，而国际储备的最基本作用是保持国际收支的平衡。

(2)汇率制度和外汇政策。实行什么样的汇率制度或货币体系对国际储备的规模有一定的影响。相比较而言，浮动汇率对外汇储备的需求比固定汇率要小。因为在浮动汇率制度下，汇率可随市场供求自由波动而减少对国际收支的冲击，各国不必保有更多的国际储备来承担调节国际收支不平衡的义务。但需要指出的是，汇率制度对储备的需求是不稳定的。由于浮动汇率对国际收支的调节不很显著，各国经常出现大量国际收支逆差，因而对储备的需求量仍可能很大。

执行什么样的外汇政策，对国际储备的规模也有影响。一国实行稳定汇率的外汇政策，需要的国际储备就比实行自由浮动汇率政策要多。因为稳定的汇率往往需要一国政府干预外汇市场才能实现，而干预外汇市场是需要有一定的国际储备的。

(3)货币地位。这是指一国货币是否处于储备货币地位而言的。一国货币如果处于国际储备货币地位，它可以通过增加本国货币的对外负债来弥补国际收支逆差，而不需要较多的储备；反之，则需要较多的储备。这也是美国等少数发达国家国际储备水平较低的一个重要因素。

(4)外汇管制的程度。在实行较严格的外汇管制的条件下，汇率、进口用汇和资本流动将受到管制，这在一定程度上能控制和利用居民的私有外汇，有能力控制进口，所需国际储备就少；反之，如果外汇管制较松弛，则需要较多的国际储备。

(5)持有储备的机会成本。一国政府的储备，往往以存款的形式存放在外国银行。将获取的储备存放在国外，会导致一定的成本。举例来说，若动用储备进口物资所带来的国民经济增长和投资收益率高于国外存款的利息收益率，其差额就构成持有储备的机会成本。再如，持有储备而导致国内货币供应量增加，物价上升，也构成持有储备的一种成本。因此，持有储备的相对(机会)成本越高，则储备的保有量就应越低。

(6)金融市场的发育程度。发达的金融市场能够为国家、企业与部门、个人提供方便的资产，以及外汇资产调整或置换的场所与时机，并能对物价、利率、汇率等经济信息形成较为真实的信号，便于国家、企业与部门、个人做出正确的投资或交易决策。因此，金融市场越发达，政府保有的国际储备便可越少。反之，金融市场越落后，调节国际收支对政府自有储备的依赖就越大。

(7)一国的国际信誉。如果一国获取国际信贷的信誉较高，有较强的对外筹措应急资金的能力，其所需国际储备量就可少些，因为依靠对外借款也能弥补对外收支差额；相反，则需要较多的国际储备。

(8)各国的协调合作程度。如果各国在经济、金融领域里的协调和合作较好，需要国际储备就少，反之则多。因为各国能联合干预国际经济、金融事务，那么无论是国际收支问题还是外汇汇率问题，都比较容易解决。先前的欧洲经济共同体就是一个例子。

此外，一国国际收支的调节机制、出口商品的供求弹性、外债的规模，特别是还本付息额等，都是影响储备需求量的因素，在确定最适当国际储备量的时候，都要加以考虑。

(三)适度国际储备规模的确定

1. 确定适度国际储备规模的界限

确定适度的国际储备量在考虑上述诸多因素的基础上，要依据本国的经济发展和对外贸易及资本流动状况来确定。由于不同的国家在不同的发展阶段以及不同情况下对国际储备水平的要求各不相同，一国的国际储备应该以多少为宜，并不存在一个确切的衡量标准。根据制约储备量因素不断变动的特点，各国在确定国际储备的水平时，通常总是确定出储备水平变动的上限和下限，从而将储备水平的变动控制在适宜的中间水平上或控制在适宜的区间内。

一般来讲，一国的国际储备水平应根据该国的经济发展水平来确定下限，即保证该国最低限度进出口贸易总量所必需的储备资产，称为经常储备量或最低储备量。同时也应考虑其上限，即该国经济发展最快时可能出现的对外支付最大需要的储备资产量，称为保险储备量或最高储备量。下限是国民经济发展的临界制约点，如果达不到这一水平，一国的对外支付就会陷入困难境地；而上限则表明该国拥有充分的国际清偿能力，是国民经济发展所需要的最高储备量。上限与下限之间，便是一国适量的国际储备区间。在这个区间内的任何一个水平线上，都可能是一国所持有的最佳储备量。但确定这一最佳储备量是没有可靠的固定模式的，要不断根据各种因素的变动情况和科学的估算方法来确定。

【注意】最佳储备量或最适度储备量是一个区间或区域值，而不是一个点，不应是一个孤立的、固定不变的绝对数额。

2. 确定适度国际储备规模的常用方法

分析影响国际储备水平的因素，有的可以进行较为确切的量化描述，有的则只能用经济估算的方法来衡量。一般来说，有几个最基本的指标可供参考：

(1)一国国际储备量与国民生产总值之比。这一比例反映了一国的经济规模对国际储备量的需求。国际储备量要适应国民生产总值的变化，两者之间基本上呈正比例变化关系。根据这一比例关系，可大致估算一国的国际储备量。有材料表明，可供参考的适度指标数据为占国民生产总值10%左右为宜。

(2)国际储备量与月平均进口额之比。这是最常用的参考指标。一国进口所需的外汇是对外支付最主要的部分。月平均进口额一定程度上反映了一国日常应必备的对外支付量。一般认为，一国的国际储备量大约相当于3个月的进口付汇额是较为适宜的。这也是国际货币基金组织常用的“3个月进口货价法”。

【提示】因各国具体依赖进口的程度不同，采用这一方法也不能一概而论。

(3)国际储备量与对外债务总额之比。这一比例反映了一国的对外清偿能力和国际信誉。国际储备是支付外债本息的保证，因此国际储备应该与当年外债还本付息额具有一定的比例关系。一国负债规模要受清偿能力的制约。在通常情况下，一国外债规模越大，所需外汇储备就越多。经验表明，一国的国际储备量应相当于该国外债总额的30%为宜。当然，也有人认为，从发展中国家的统计数字看，作为一般规律，国际储备中偿债准备至少应该满足当年还本付息额的30%左右。

(4)外商直接投资利润汇出额。外商直接投资利润汇出额的大小取决于被投资国的经济发展水平、利润率以及投资政策的优惠程度。根据我国的实际情况，外商直接投资企业的利润汇出比例通常为外商直接投资余额的10%～15%。

总之，国际储备基本上同物资储备一样，是国际收支的一种缓冲器。国际储备具有两面性：一方面使一国政府在国内经济的调节和控制上有更大的活动余地；另一方面持有国际储备要付出相应的代价。如持有过多的国际储备，就等于把相应的财富闲置或让渡给别人使用。因而，有效的国际储备规模管理应是在保证支付的前提下，保持适度规模，使持有储备资产所付出的代价尽可能减少。

三、国际储备结构管理

一国对国际储备的管理，除了在总量上将国际储备保持在最适度的水平以外，还需要在质上拥有一个适当的国际储备结构，尤其是各种储备货币的构成。国际储备资产的结构管理，是指在总量一定的情况下，遵循储备资产管理原则，对持有的国际储备资产在构成比例上的合理安排。它包括国际储备的总量结构管理、外汇储备资产的币种结构管理和国际储备资产运用的管理三个方面。

（一）国际储备的总量结构管理

国际储备的总量结构管理是指各国货币当局对储备资产所进行的最佳配置，使黄金储备、外汇储备、在IMF的普通提款权和SDRs四部分储备资产持有量及其构成要素之间保持合理比例，以便分散风险，获取收益。

这四部分储备资产在一国的国际储备资产总量上各自占多大比例，应有一个基本的确定。我们知道，一国在国际货币基金组织的普通提款权和特别提款权是由IMF根据其所占份额予以确定的，因此货币当局对这一部分资产的控制力比较弱，无法主动增减其持有额，因而，对国际储备的总量结构管理就集中在了对黄金储备和外汇储备的数额管理上。

(1)黄金储备的数量管理。黄金是国际储备最早的一类，由于其价值稳定、安全性比较高，长期以来被各国作为主要的储备资产持有，并作为防范通货膨胀的重要手段。虽然黄金的价格随市场的供求状况而经常变动，且在国际经济贸易活动中不再充当正常支付手段，持有黄金还要支付保管费等，但在全球经济进入低谷，世界主要货币发行国经济形势不明朗以及经济动荡、贸易争端不断的时期，黄金作为"避风港"的地位依然存在，使得黄金在各国储备中仍有一定的保有量，各国央行仍然要对黄金储备数量作出合理安排。

【提示】世界各国央行的黄金储备量中发达国家的比重更高，而发展中国家则主要持有外汇储备。

(2)外汇储备的数量管理。外汇储备资产是国际储备中的主要组成部分，一方面是因为它是国际经济贸易活动中经常使用的支付手段，另一方面是因为外汇储备资产在使用中能够发挥其流动性和盈利性的作用。第二次世界大战以后，世界外汇储备一直保持较高的增长势头，特别是到了20世纪90年代，发展中国家经济增长迅速，外汇储备以惊人的速度骤增。

(二)外汇储备资产的币种结构管理

外汇储备资产的币种结构管理是指对外汇储备资产的币种组合的合理选择与搭配。外汇储备货币结构的管理包括储备货币币种的选择和安排、调整各种储备货币在外汇储备中的比重以及存放机构的选择等内容。

一般来说，各国在确定外汇储备币种结构时应该遵循或参考以下原则：

(1)及时了解储备货币发行国的经济、金融状况，包括该国经济、金融实力、货币供给量、经济发展趋势、国际收支动态等，这是因为，一国货币的汇率主要受这些因素的影响，通过了解上述因素的发展状况就可以较准确地预测各储备货币汇价变动的中长期趋势。

(2)从短期来看，汇率受利率以及政治、经济等偶发事件的影响很大，因此应注意主要储备货币发行国家的利率动向，同时也应密切关注世界上"热点"地区事态的发展，这对避免某些储备货币的贬值风险有重大意义。

(3)根据本国对外贸易的地区结构及其金融支付、对外投资和对外债务等对储备货币的需求作出选择。国际储备是国际收支的准备金，因此，分析外贸商品的流向、数量及历来的支付惯例，力求使外汇储备币种结构与国际支付所使用货币的结构相一致。

(4)选择储备货币的结构时，还应考虑在外汇市场上为支持本国货币汇率实行干预时所需货币的类型和规模。假定一国实行的是钉住单一货币的汇率政策，往往其外汇储备中钉住的单一货币占有较高的比例。外汇储备的作用之一就是干预外汇市场，尤其是在本国货币受到某种储备货币的冲击、汇率趋于下跌时，为了使本币汇率趋于稳定，金融当局必须抛售该种储备货币换购本国货币以支持本币的汇率，这就要求一国在外汇储备中该储备货币应保持一定的存量。

(5)储备货币发行国的经济、金融状况以及该国的国际地位。一般应选择经济、金融状况良好和国际经济地位较高的国家的货币。

在现实中，对于如何确定一国的外汇储备的币种结构，没有一个既定的标准或模式，各国货币行政当局应根据本国的实际情况和不同时期的实际需要，不断地灵活调整外汇储备资产中的各种货币比例，以实现储备的目的。

（三）国际储备资产运用的管理

国际储备资产运用的管理，是指一国货币行政当局对持有的储备资产应该如何加以正确使用，使其既能保证储备资产的安全保值，又能保证对外支付的需要，同时还能获取一定的收益。由于黄金储备、普通提款权和特别提款权的量少且作用有限，因此，国际储备资产运用的管理，一般把重点放在对外汇储备资产如何加以合理运用上。

外汇储备资产的合理运用就是要在保证其安全性和保值性的同时，兼顾其流动性和盈利性。要想兼顾流动性和盈利性，必须采取分层次的管理办法，即将全部外汇储备资产按比例划分为几个等级，一般可分为以下三个等级或三个层次。

（1）一级储备，流动性最高，但盈利性最低，包括在国外银行的活期存款、外币商业票据和外国短期政府债券。其中，在国外银行活期存款，可随时开出支票对外进行支付，流动性最高。由于储备货币发行国一般都有发达的二级市场，短期政府债券和商业票据容易变现。但是，这些流动性很高的资产的盈利性却是比较低的。

【提示】货币当局需根据季节或特定时期短期对外支付的需要安排一定数量的一级储备，但要控制其在储备资产中的比重。

（2）二级储备，盈利性高于一级储备，但流动性低于一级储备，如 2～5 年期的中期外国政府债券。二级储备是在必要时弥补一级储备不足以应付对外支付需要的储备资产。准确预测短期对外支付的金额是难以做到的。

【注意】任何一国货币当局必须持有一定数量的二级储备。

（3）三级储备，盈利性高于二级储备，但流动性低于二级储备，如外国政府长期债券。此类储备资产到期时可转化为一级储备。如提前动用，将会蒙受较大损失。

【提示】一国货币当局可根据对外债务的结构持有一定数量的三级储备，这样可提高持有外汇储备资产的盈利性。

国情不同，各国货币当局持有上述三级储备的结构也就互不相同。一般来说，国际收支逆差国须在其储备资产中保留较大比重的一级储备，而顺差国则保留较小比重的一级储备和较大比重的三级储备。

任务三　我国的国际储备

一、我国国际储备的构成

中国在改革开放之前，实行的是计划经济体制，由于种种原因，对外经济交往很少，在对外贸易方面实行“量入为出、以收定支、收支平衡、略有节余”的方针。因此，国际储备问题在我国经济生活中并不显得重要。1980 年，我国恢复了在国际货币基金组织和世界银行的合法席位后，按照规定缴纳了应缴份额，享有在基金组织外汇储备头寸的提取权和接受基金组织分配的特别提款权，人民币纳入了世界储备体系。作为国际货币基金组织的会员国，我国的国际储备亦由黄金储备、外汇储备、在基金组织的储备头寸和基金组织分配的特别提款权余额四部分组成。1981 年我国正式对外公布国家黄金外汇储备，其中在国家黄金库存中划出 400 吨（约合 1 267 万盎司）黄金作为国际储备中黄金储备部分，以历年贸易和非贸易外汇收支的结存以及中国银行可动用的外汇头寸作为国家外汇储备。1980—2003 年，我国国际储备中的黄金储备只是作为整个国家黄金库存总量的一部分，划出后多年一直没有变化。直到 2008 年，我国黄金储备增加到 1 054 吨，但也只占当时世界黄金储备的 3.5%。近 10 年来，我国黄金储备有很大增长，截至 2017 年 6 月末，我国黄金储备规模为 1 842 吨，在国际货币基金组织储备头寸、特别提款权的余额自 1980 年以来也基本上没有多大变动，直到 2010 年 20 国集团(G20)财长和央行行长会议于 10 月 23 日在韩国庆州闭幕，各国就国际货币基金组织的份额改革问题达成共识，在 2012 年之前向包括新兴国家在内的代表性不足的国家转移 6%以上的份额，而中国所占份额从第六位升至第三位。2015 年 11 月 30 日，IMF 执董会决定将人民币纳入特别提款权(SDR)货币篮子，SDR 货币篮子相应扩大至美元、欧元、人民币、日元、英镑 5 种货币，人民币在 SDR 货币篮子中的权重为 10.92%，美元、欧元、日元和英镑的权重分别为 41.73%、30.93%、8.33%和 8.09%，新的 SDR 篮子已于 2016 年 10 月 1 日生效。业界专家分析认为，正是 IMF 执董会做出人民币入篮 SDR 的决定才推动美国国会通过了 2010 年改革方案。

国家外汇管理局数据显示，截至 2021 年 12 月末，我国外汇储备规模为 32 502 亿美元，较 11 月末上升 278 亿美元，升幅为 0.86%。2021 年 12 月，外汇市场运行总体平稳，跨境资金流动活跃有序。国际金融市场上，受新冠肺炎疫情进展、主要国家货币政策预期等因素影响，美元指数下跌，主要国家金融资产价格涨跌互现。也因此，我国国际储备管理的主要内容是外汇储备管理。外汇储备以美元为计价货币，非美元货币折算成美元后金额增加，与资产价格变化等因素共同作用，当月外汇储备规模上升。当前全球疫情和世界经济形势复杂严峻，国际金融市场仍面临较多不稳定不确定因素。但我国统筹推进疫情防控和经济社会发展工作，经济韧性强、长期向好的基本面没有改变，有利于外汇储备规模保持总体稳定。

二、2015—2021 年中国官方储备资产规模及分布

储备资产又称官方储备或国际储备，它是平衡国际收支的项目。当一国国际收支的经常项目与资本项目发生顺差或逆差时，可以用这一项目来加以平衡。2021 年中国官方储备资产合计 34 269.08 亿美元，较 2020 年增加 703.79 亿美元。

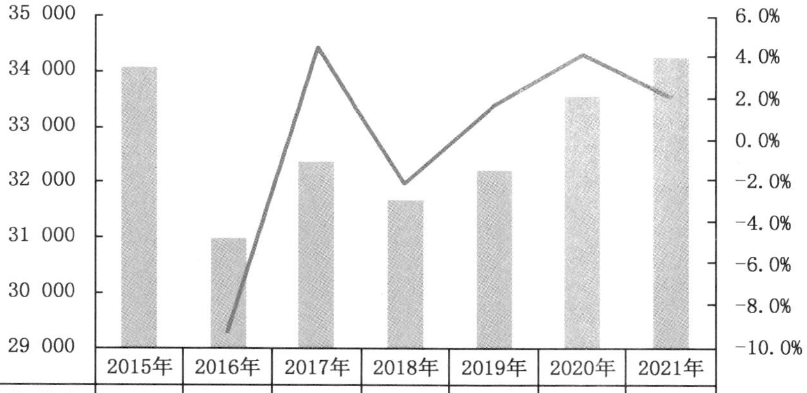

	2015年	2016年	2017年	2018年	2019年	2020年	2021年
官方储备资产合计：亿美元	34 061.11	30 978.45	32 358.95	31 679.93	32 229.32	33 565.29	34 269.08
增速(%)		-9.1%	4.5%	-2.1%	1.7%	4.1%	2.1%

资料来源：智研咨询(www.chyxx.com)。

图 4—1　2015—2021 年中国官方储备资产及增长

其中：外汇储备资产为 32 501.66 亿美元，占 94.84%；基金组织储备头寸资产为 106.89 亿美元，占 0.31%；特别提款权资产为 530.65 亿美元，占 1.55%；黄金储备为 1 131.25 亿美元，占 3.30%；其他储备资产为－1.37 亿美元。

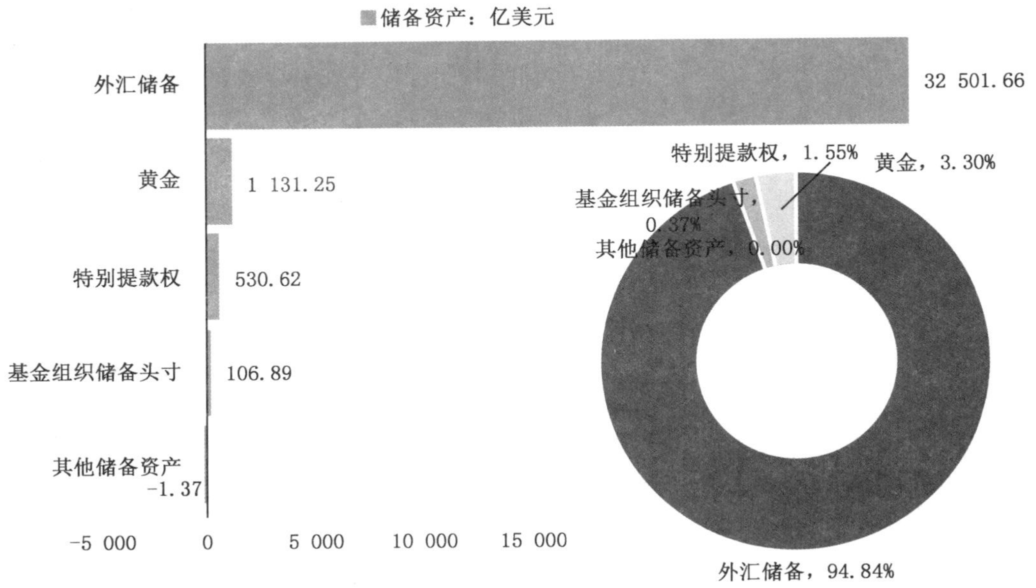

资料来源：智研咨询(www.chyxx.com)。

图 4—2　2021 年中国官方储备资产分布

中国外汇储备的主要组成部分是美元资产，其主要持有形式是美国国债和机构债券。中国外汇储备资产位于中国官方储备资产的首位，2021 年中国外汇储备资产 32 501.66 亿美元，较 2020 年增长 336.44 亿美元，较 2015 年减少 801.96 亿美元。

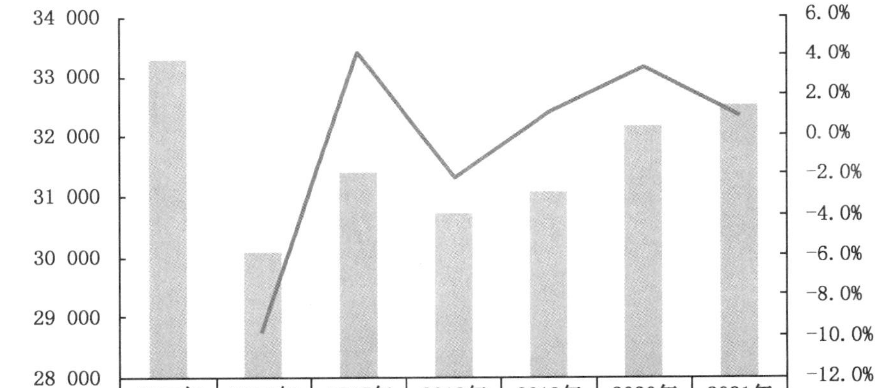

	2015年	2016年	2017年	2018年	2019年	2020年	2021年
外汇储备资产：亿美元	33 303.62	30 105.17	31 399.49	30 727.12	31 079.24	32 165.22	32 501.66
增速（%）		-9.6%	4.3%	-2.1%	1.1%	3.5%	1.0%

资料来源：智研咨询(www.chyxx.com)。

图 4—3　2015—2021 年中国官方外汇储备资产及增长

在基金组织的储备头寸是指国际货币基金组织的成员国在基金组织普通资金账户中的资产，即普通提款权。2020 年中国基金组织储备头寸资产 107.65 亿美元，为 2015 年以来最高的一年，2021 年中国基金组织储备头寸资产 106.89 亿美元，较 2020 年减少 0.76 亿美元。

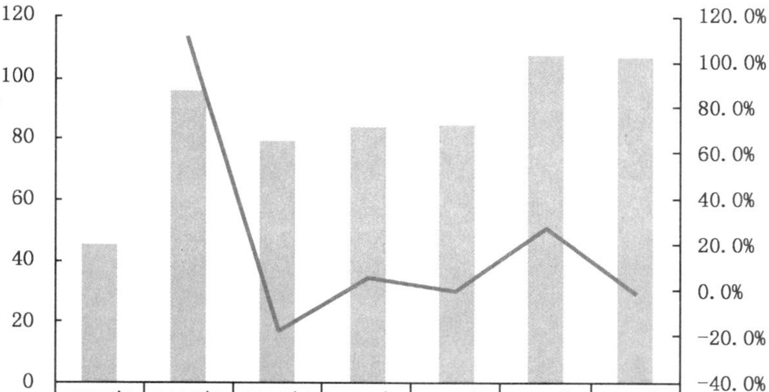

	2015年	2016年	2017年	2018年	2019年	2020年	2021年
基金组织储备头寸资产：亿美元	45.47	95.97	79.47	84.19	84.44	107.65	106.89
增速（%）		111.1%	-17.2%	5.9%	0.3%	27.5%	-0.7%

资料来源：智研咨询（www.chyxx.com）。

图 4—4　2015—2021 年中国基金组织储备头寸及增长

随着新冠肺炎疫情在全球的不断扩散，越来越多的国家经济遭受重创。为了保持金融稳定，避免行业衰退带来的经济下滑，黄金又成了避险的渠道之一。中国也是全球最大的黄金消费国，每年需要进口大量黄金。虽然中国黄金的民间消费量巨大，但官方黄金储备并不是特别巨大。黄金在中国的官方储备资产中排名第二，2021 年中国官方黄金储备 1 131.25 亿美元，较 2020 年减少 51.21 亿美元。

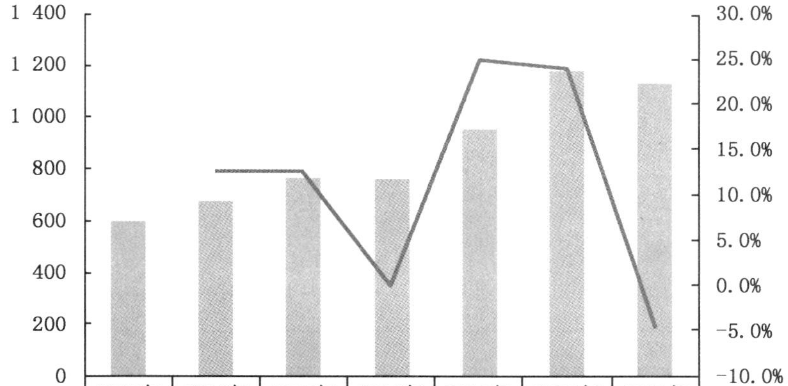

	2015年	2016年	2017年	2018年	2019年	2020年	2021年
官方黄金储备：亿美元	601.91	678.78	764.73	763.31	954.06	1 182.46	1 131.25
增速（%）		12.8%	12.7%	-0.2%	25.0%	23.9%	-4.3%

资料来源：智研咨询（www.chyxx.com）。

图 4—5　2015—2021 年中国官方黄金储备及增长

2015—2021 年，中国官方特别提款权储备资产呈增长趋势，2021 年中国官方特别提款权储备资产增长明显，中国官方特别提款权储备资产达到 530.65 亿美元，较 2020 年增长 415.7 亿美元，增幅高达 361.6%。

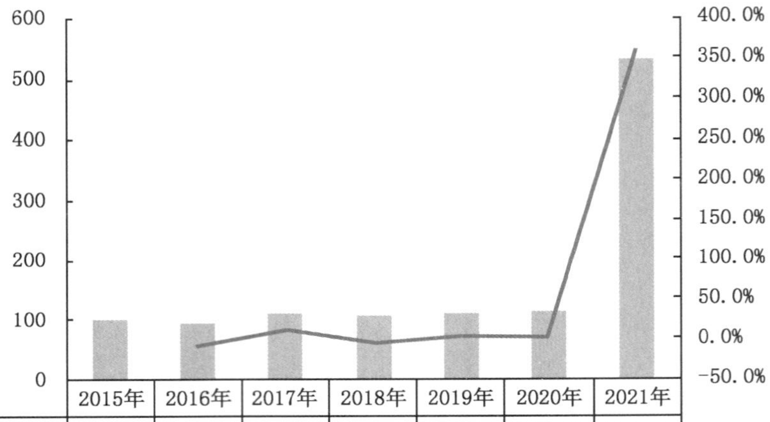

	2015年	2016年	2017年	2018年	2019年	2020年	2021年
特别提款权储备资产：亿美元	102.84	96.61	109.81	106.9	111.26	114.95	530.65
增速（%）		-6.1%	13.7%	-2.7%	4.1%	3.3%	361.6%

资料来源：智研咨询（www.chyxx.com）。

图 4－6　2015—2021 年中国官方特别提款权储备资产及增长

2015 年以来，中国其他储备资产为正的年份为 2015 年、2016 年、2017 年、2019 年，官方其他储备资产分别为 7.27 亿美元、1.91 亿美元、5.45 亿美元、0.33 亿美元，中国其他储备资产出现负的年份是 2018 年、2020 年、2021 年，其他储备资产分别为－2.2 亿美元、－4.99 亿美元、－1.37 亿美元。

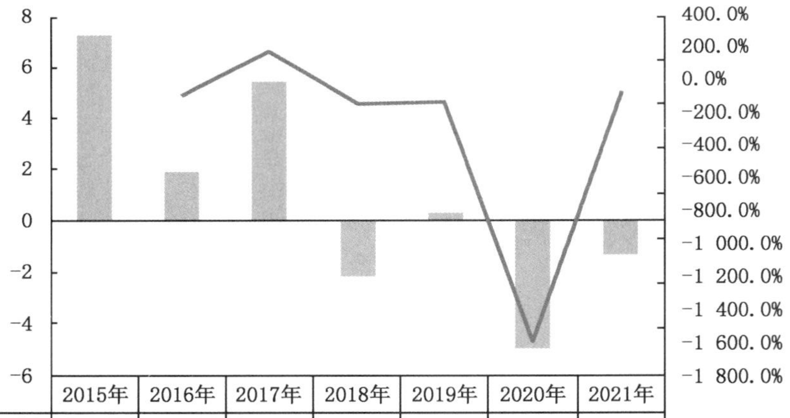

	2015年	2016年	2017年	2018年	2019年	2020年	2021年
其他储备资产：亿美元	7.27	1.91	5.45	-2.2	0.33	-4.99	-1.37
增速（%）		-73.7%	185.3%	-140.4%	-115.0%	-1 612.1%	-72.5%

资料来源：智研咨询（www.chyxx.com）。

图 4－7　2015—2021 年中国官方其他储备资产及增长

应知考核

一、单项选择题

1. 国际储备管理的原则是(　　)。

A. 安全、流动、盈利　B. 安全、固定、保值　C. 安全、固定、盈利　D. 流动、保值、增值

2. 国际储备不包括(　　)。

A. 商业银行储备　　B. 外汇储备

C. 在IMF的储备头寸　　D. 特别提款权

3. 目前,世界各国的国际储备中,最重要的组成部分是(　　)。

A. 黄金储备　　B. 外汇储备　　C. 特别提款权　　D. 在IMF的储备头寸

4. 一国在IMF的储备头寸包括会员国向IMF认缴份额中的可兑换货币部分和可用本国货币缴纳部分的比例分别是(　　)。

A. 30%,70%　　B. 20%,80%　　C. 35%,65%　　D. 25%,75%

5. 国际储备最直接和最主要的来源是(　　)。

A. 中央银行持有的黄金　　B. IMF成员国所分得的特别提款权

C. IMF成员国所分得的普通提款权　　D. 国际收支的顺差

6. 适度的储备水平,按照国家标准,应不低于(　　)进口需要储备量。

A. 5个月　　B. 半年　　C. 一年　　D. 3个月

7. 持有一国国际储备的首要用途是(　　)。

A. 支持本国货币汇率　　B. 维护本国的国际信誉

C. 保持国际支付能力　　D. 赢得竞争利益

8. 按照流动性的高低,活期存款属于(　　)。

A. 一级储备　　B. 二级储备　　C. 三级储备　　D. 四级储备

9. (　　)被称为"纸黄金"。

A. 美元　　B. 普通提款权　　C. 黄金　　D. 特别提款权

10. SDRs是(　　)。

A. 欧洲经济货币联盟创设的货币

B. 欧洲货币体系的中心货币

C. IMF创设的储备资产和记账单位

D. 世界银行创设的一种特别使用资金的权利

二、多项选择题

1. 一国国际储备的构成包括(　　)。

A. 货币性黄金　　B. 外汇储备

C. 在IMF的储备头寸　　D. 特别提款权

2. 一国在IMF的储备头寸包括(　　)。

A. 向IMF认缴份额

B. IMF为满足会员国借款的需要而使用掉的本国货币

C. 特别提款权

D. 黄金储备

3. 下列属于一级储备资产的有(　　)。

A. 活期存款　　B. 短期债券　　C. 特别提款权　　D. 普通提款权

4. 黄金作为国际储备的优点有(　　)。

A. 黄金是最可靠的结算手段

B. 黄金储备完全属于国家主权范围

C. 其他储备资产受债务国家金融机构的信用和偿付能力的影响

D. 不能自动控制，受任何超国家权力的干预

5. 外汇储备的主要功能包括（ ）。

A. 调节国际收支，保证对外支付

B. 干预外汇市场，稳定本币汇率

C. 维护国际信誉，提高对外融资能力

D. 增强综合国力和抵抗风险的能力

三、简述题

1. 简述国际储备的概念和特点。
2. 简述国际储备的作用。
3. 简述国际储备规模管理的意义。
4. 简述影响国际储备需求的主要因素。
5. 简述影响国际储备规模的主要因素。

应会考核

■ 观念应用

【背景资料】

2020年，人民币跨境收付金额较快增长，银行代客人民币跨境收付金额合计为28.39万亿元，同比增长44.3%，收付金额创历史新高。人民币跨境收支总体平衡，全年累计净流出1 857.86亿元。2021年上半年，银行代客人民币跨境收付金额合计为17.57万亿元，同比增长38.7%。据环球银行金融电信协会（SWIFT）发布的数据显示，2021年6月，在主要国际支付货币中人民币排在第五位，人民币支付金额占所有货币支付金额的2.5%，较上年同期上升0.7个百分点。2021年一季度，在国际货币基金组织（IMF）官方外汇储备货币构成（COFER）中人民币排在第五位，人民币在全球外汇储备中的占比为2.5%，较2016年人民币刚加入特别提款权（SDR）篮子时上升1.4个百分点。

资料来源：中国人民银行，http://www.pbc.gov.cn。

【背景分析】

请根据上述资料，分析推进人民币国际化，如何发挥跨境人民币业务服务实体经济、促进贸易投资便利化的作用。

■ 技能应用

【技能资料】

(1)某国某年度外汇储备金额为6 054亿美元，国际贸易进口额为24 280亿美元，请分析判断该国外汇储备金额是否适度。

(2)某国年度外汇储备金额为1 256亿美元，外债总额为5 428亿美元，请分析判断该国当年外汇储备金额是否适度。

【技能要求】请根据上述技能资料，分析外汇储备金额是否适度。

■ 案例分析

【案例背景】

国际货币基金组织公布的最新数据显示，截至2021年四季度，人民币在其“官方外汇储备货币构成（COFER）”中已达到2.79%，比三季度的2.66%又有所提高。人民币被广泛使用，并且成为

主要储备货币，根本在于中国经济持续稳定发展，同时保持了温和的通胀水平。在应对新冠肺炎疫情的斗争中，中国发挥出制度优势，最大限度地稳定了经济，最早恢复增长，也为全球产业链供应链稳定作出重大贡献。这是增强人民币信誉的重要砝码。

保持人民币汇率在合理均衡水平上基本稳定，是中国外汇管理的基本方针。做到这一点，需要统筹内外部货币变化因素，将实体经济波动对本币量和价的反馈作平滑处理，即超前研判其他主要币种的松紧趋势，在本币政策安排中消化该因素，做到本币内部平衡。近 5 年来，无论是应对美国发动的贸易战，还是应对新冠肺炎疫情，中国都坚持货币政策稳健和可持续，基础货币投放既不太松也不太紧，坚决不搞大水漫灌。这一相对谨慎的策略，稳定了外界对人民币供应的预期，有利于保持人民币币值基本稳定。

人民币不断提高全球外汇储备占比的同时，也不断提升其在国际支付体系中的地位。环球银行金融电信协会(SWIFT)公布的数据显示，2022 年 1 月，人民币继续作为全球第四大支付货币，占比 3.20%。与 2021 年 12 月相比，人民币支付金额总体增加了 10.85%，高于所有货币支付金额总体增加 6.48%的幅度。

资料来源：快资讯，https://www.360kuai.com。

【背景思考】

请根据案例背景，分析人民币如何扩大国际使用和储备份额。

项目实训

【实训项目】

分析解读我国的国际储备

【实训情境】

(1)了解我国目前外汇储备的规模和结构，请分析我国目前外汇储备的规模是否适度。

(2)登录国家外汇管理局网站(http://www.safe.gov.cn/)，点击查询我国外汇储备资讯，了解我国外汇管理情况。

【实训任务】

分析解释我国的国际储备情况。通过实训使学生能够运用所学知识，对我国的国际储备状况及适度情况进行分析。

<table>
<tr><th colspan="3">《分析解读我国的国际储备》实训报告</th></tr>
<tr><td>项目实训班级：</td><td>项目小组：</td><td>项目组成员：</td></tr>
<tr><td>实训时间：　年　月　日</td><td>实训地点：</td><td>实训成绩：</td></tr>
<tr><td colspan="3">实训目的：</td></tr>
<tr><td colspan="3">实训步骤：</td></tr>
<tr><td colspan="3">实训结果：</td></tr>
</table>

续表

实训感言：
不足与今后改进：
项目组长评定签字：　　　　　　　　　　　　　　　　项目指导教师评定签字：

项目五

国际货币体系

○ **知识目标**

理解:国际货币体系的概念;国际货币体系的构成要素。

熟悉:国际货币体系的形成途径;国际货币体系的发展与作用;国际货币体系改革。

掌握:国际金本位制、布雷顿森林体系、牙买加体系、欧洲货币体系的形成和主要内容。

○ **技能目标**

能够根据对国际货币体系的理解对历史上出现过的国际金本位体系、布雷顿森林体系、牙买加体系做出恰当的评价;具有运用国际货币体系理论知识,评价不同货币体系能力。

○ **素质目标**

能够运用所学知识研究相关案例,培养和提高学生在特定业务情境中分析与解决问题的能力;具有国际货币体系方面的理论素养,培养构建新型国际货币体系的想法。

○ **思政目标**

能够正确地理解"不忘初心"的核心要义和精神实质;树立正确的世界观、人生观和价值观,做到学思用贯通、知信行统一;通过国际货币体系知识,提高对国际货币体系的认知。

○ **课程思政**

熊猫债

近年来,随着熊猫债(指国际多边金融机构在华发行的人民币债券)有关账户开立、资金存管、跨境汇划和数据报送管理不断完善,熊猫债发行流程不断简化、发行制度透明度不断提升,境外主体发债的便利性和规范性稳步提升,熊猫债对境外机构吸引力加大。2019 年以来,熊猫债发行主体不断多元化,纯境外主体市场参与度提高。越来越多的境外主体选择发行熊猫债作为重要融资渠道。

从发债主体看,纯境外主体市场参与度提高,发行主体涵盖多种类别。2019 年,共有 12 家纯境外主体发行 23 只熊猫债,占新发债主体数量的 54%,同比提高 7 个百分点。纯境外发行主体市场参与度不断提高,较以往中资背景发行人占主导地位的态势发生改变。分类别来看,熊猫债境外发债主体不断拓展,已覆盖政府类机构、国际开发机构、金融机构和非金融企业等多种类别,其中非金融企业主体最多。2019 年,境外发行主体中外国政府类机构、国际开发机构、境外金融机构和非金融企业发行主体的比例分别为 7.5%、5%、10%和 77.5%。

资料来源:腾讯网,https://new.qq.com/rain/a/20200814A0TKYN00。

○ **思政反思**

您能说出熊猫债有哪些特征和作用吗?在我国债券市场双向开放步伐不断加快的背景下,熊猫债市场的发展进一步丰富我国债券市场境外发行人和投资人群体,提高国际债券发行中人民币债券规模和占比，进一步提升我国债券市场广度和深度，增强金融市场韧性和抵御风险能力，促进我国金融市场与国际债券市场的广泛交融。鉴于对熊猫债的理解，您增强了认知和风控能力了吗？

○ **知识精讲**

任务一　国际货币体系概述

一、国际货币体系的概念

动漫视频

国际货币体系

国际货币体系又称国际货币制度或国际汇率制度，也称国际货币秩序，是指各国对货币的兑换、国际收支的调节、国际储备资产的构成等问题共同做出的安排所确定的规则、采取的措施及相应的组织机构形式的总和。有效且稳定的国际货币体系是国际经济极其重要的环节，是调节各国货币在国际支付、结算、汇兑与转移等方面所确定的规则、惯例、政策、机制和组织机构安排的总称。国际货币体系的主要功能是促进国际贸易和国际支付手段的发展，使国际生产与分配的基本经济过程尽可能顺利而有效地运行。一个理想的国际货币体系，可以促成世界各国劳动力的有效分工和充分运用，以达到世界生产总值的极大化，并使全部生产在世界各国之间的分配处于最能被接受的状态。

国际货币体系是随着国际经济交往的不断扩大而产生与发展的。由于各国之间商品劳务往来、资本转移日趋频繁，速度也日益加快，这些活动最终都要通过货币在国际上进行结算、支付，因此，就产生了在国际范围内协调各国货币关系的要求。

【提示】国际金融体系是在协调众多国家货币制度、法律制度及经济制度的基础上形成的。

二、国际货币体系的形成途径

国际货币体系是组织国际货币运作、协调各国金融关系的整体行为，是一个复杂的系统工程，它的形成、发展与不断完善有其深刻的世界经济发展背景和历史根源。追溯历史，国际货币体系的形成途径基本有两种：

(1)通过惯例或习惯演变而成的。这种体系的形成经历了一个长期的、缓慢的发展过程。当相互联系的习惯或程序形成以后，一定的活动方式就会得到公认，当越来越多的参与者共同遵守某些程序或惯例并给予其法律约束力时，一种体系就发展起来了。国际金本位货币制度就是这样形成的国际货币体系。

(2)通过国际性会议建立的。这种体系具有通过有约束力的法律条文在短期内能够建立起来的特点。从根本上讲，国际货币体系是商品货币经济在世界范围内发展的必然产物。国际贸易和国际金融活动的发展，要求建立一个统一的国际货币体系，这是产生国际货币体系的基本条件。此外，建立国际货币体系还需要满足以下条件：①具备保证国际货币正常运行的有力的经济基础；②国际货币使用的范围必须广泛；③保证国际货币稳定的措施要得当；④相关国家经济利益得到兼顾等。

三、国际货币体系的构成要素

构成国际货币体系的基本要素或基本内容有四个方面。

(一)确定关键货币或国际货币

理想的国际货币体系结构一定要有法定的或明确的国际货币或关键货币，如同一国国内货币制度中法定的本位货币一样。所谓关键货币或国际货币，是在国际货币体系中充当基础性价值换算与支付的货币或工具。关键货币或国际货币是构成国际货币体系最为基本的要素，因为一种货币体系只有有了本位货币或关键货币才能名副其实。确定关键货币的重点是确定关键货币的发行根据或价值基础及如何为他国即世界所接受的问题。

（二）确定汇率制度安排

确定汇率制度安排就是确定关键货币与其他货币之间的兑换办法与兑换关系。也就是说，关键货币能否成为关键货币或国际货币，能否为各国所接受，必须在国际货币体系或制度中对其与其他货币之间的价值联系和兑换办法有明确规定。只有确定了汇率安排，国际货币才能得以正常运作。各国货币之间价格的确定与变化调整机制即汇率制度安排也是国际货币体系最重要的内容或构成要素之一。关键货币币值的稳定与有效运转取决于两个方面：一是关键货币与其价值基础之间的联系，即关键货币赖以流通的物质保证；二是各国货币兑换率的波动幅度。因此，作为国际货币体系，必须对各国货币比价或汇率的确定、汇率波动的范围与调整措施等问题做出安排。

（三）确定国际收支的调节机制

国际收支是一国对外经济交易及其结果的系统记录。如果一国存在着巨额的国际收支差额，不论是逆差还是顺差，都是国内经济发展不平衡的表现，将影响该国国内经济健康发展，并且也必将影响到世界经济的健康发展。因此，确立国际收支调节机制，帮助和促进国际收支出现不平衡的国家进行调节，并使各国在国际范围内公平合理地承担国际收支的调节责任，保证各国经济平衡发展和世界经济的稳定，就成为国际货币体系的重要内容或重要任务。如果国际收支调节机制不健全或失灵，整个国际货币体系就难以保持稳定。

（四）确定国际储备资产

为适应国际支付和维持汇率稳定的需要，一国必须保存一定数量的为各国普遍接受的国际储备资产。确定哪些资产可以充当国际储备，其供应方式和数量规模如何，需要有国际性的规则予以妥善安排，因此，确定国际储备资产及其供应方式也成为国际货币体系的重要内容。此外，国际货币体系对货币的可兑换性、黄金外汇转移的自由性、国家政府间对外债权债务清偿的原则等有关问题也应做出相应的安排或规定。

四、国际货币体系的发展与作用

从历史的发展过程来看，现代国际货币体系大致经历了三个发展阶段，每个阶段均有主体金融体系。

第一阶段，国际金本位制时期，从 1816 年英国实行金本位制开始，到第一次世界大战爆发而结束。

第二阶段，布雷顿森林体系时期，起始于第二次世界大战结束后的 1945 年，终止于 1973 年。

第三阶段，牙买加体系时期，始于 1976 年 1 月 IMF 临时委员会的《牙买加协议》的正式签订。

国际货币体系的目标是：保障国际贸易和世界经济稳定、有序地发展，使各国的资源得到有效的开发与利用。

不同历史时期的国际货币体系，有它产生的背景，同时也有它重要的作用：

（1）确定了国际收支调节机制与各国可遵守的调节政策，为各国纠正国际收支失衡状况奠定了基础；

（2）建立了相对稳定的汇率机制，很大程度上防止了不公平的货币竞争性贬值；

（3）创造了多元化的储备资产，为国际经济的发展提供了足够的清偿力，同时借此抵御区域性或全球性金融危机；

（4）促进各国经济政策的协调，在统一的国际金融体系框架内，各国都要遵守一定的共同准则，任何损人利己的行为都会遭到国际上的指责，因而各国经济政策在一定程度上可得到协调与相互谅解。

当然，任何一个国际金融体系都有它的缺陷，因此，国际金融体系仍然需要改革，在此基础上寻求发展。

任务二　国际金本位制

一、国际金本位制的概念

动漫视频

国际金本位制度

国际金本位制是世界上最早出现的一种国际货币制度。所谓金本位制(Golden Standard)，是指以一定量的黄金作为本位货币(Standard Money)的一种货币制度。而本位货币则是指一国货币制度的基准货币。英国于1816年制定《金本位制度法案》(Gold Standard Act)，采用金本位制，这是世界上第一个实行金本位制的国家。《金本位制度法案》提出发行金币，规定1盎司黄金等于3英镑17先令，银币作为辅币。随后，德国、法国、美国纷纷效仿。这使金本位制度具有了国际性，发展成为国际金本位制。

二、国际金本位制类型

依据黄金与货币的联系标准，国际金本位制可划分为金币本位制、金块本位制和金汇兑本位制。

(一)金币本位制

金币本位制(Gold Specie Standard)是金本位货币制度的最早形式，也称为古典的或纯粹的金本位制，盛行于1880—1914年间。

自由铸造、自由兑换及黄金自由输出入是该货币制度的特点。①由黄金来规定货币所代表的价值，每一货币单位都有它法定的含金量，各国货币因其所含黄金重量而有一定的比价；②金币可以自由铸造，任何人都可按本币的含金量将金块交给国家造币厂铸成金币；③金币具有无限的支付能力；④各国的货币储备是黄金，国际结算也使用黄金，黄金可以自由输入与输出。

金币本位制下，各国政府以法律形式规定货币的含金量，两国货币含金量的对比即为决定汇率基础的铸币平价。

【注意】黄金可以自由输出或输入国境，并在输出入过程形成铸币—物价流动机制，对汇率起到自动调节作用。这种制度下的汇率，因铸币平价的作用和受黄金输送点的限制，波动幅度不大。

【提示】金币本位制是一种相对比较稳定的汇率制度，不会发生货币贬值现象，在一定程度上限制了汇率的变动，有利于调节国际收支，缺陷是受黄金供给变化的影响较大。

(二)金块本位制

金块本位制(Gold Bullion Standard)是以金块办理国际结算的变相金本位制，也称金条本位制。在该制度下，由国家储存金块，作为储备；流通中各种货币与黄金的兑换关系受到限制，不再实行自由兑换，但在需要时，可按规定的限制数量以银行券(纸币)向本国中央银行无限制兑换金块。可见，这种货币制度实际上是一种附有限制条件的金本位制。

金块本位制的特点是：①单位货币仍有法定的含金量，但国家禁止自由铸造金币；②人们仍可自由买卖和贮藏黄金；③银行券代替金币且是主要的流通工具，并具有无限清偿权；④限制黄金的输出入。

金块本位制实行的条件是保持国际收支平衡和拥有大量的平衡国际收支的黄金储备。一旦国际收支失衡，大量的黄金外流或黄金储备不敷支付时，这种金本位制就难以维持。1929 年，全球性经济危机爆发，英国、法国、比利时、荷兰、瑞士等国先后被迫放弃该制度。

（三）金汇兑本位制

动漫视频

金汇兑本位制

金汇兑本位制(Gold Exchange Standard)是在金块本位制或金币本位制国家保持外汇，准许本国货币无限制地兑换外汇的金本位制。在该制度下，国内只流通银行券，银行券不能兑换黄金，只能兑换实行金块或金本位制国家的货币，国际储备除黄金外，还有一定比重的外汇，外汇在国外才可兑换黄金，黄金是最后的支付手段。实行金汇兑本位制的国家，要使其货币与另一实行金块或金币本位制国家的货币保持固定兑换比率，须通过无限制地买卖外汇来维持本国货币币值的稳定。

金汇兑本位制的特点是：①国家仍规定单位货币的含金量，但禁止金币自由铸造；②金币不流通，纸币具有无限的法偿权；③纸币不能兑换黄金，只能兑换外汇，用外汇可在国外兑换黄金；④禁止黄金输出。

这种货币制度的特点集中表现为本国货币“钉住”别国货币，因此实际上是一种附庸的货币制度。实行这种货币制度的国家多为殖民地或附属国。例如，第一次世界大战前的印度、马来西亚以及拉美一些国家，伴随着 1929 年国际金本位制的瓦解，金汇兑本位制也随之消失。

三、国际金本位制的主要内容

国际金本位制作为世界上最早出现的一种国际货币制度，它的主要内容有以下几方面：

（1）黄金充当了国际货币。开始阶段，各国金币自由兑换，在国际间大量流通。后来，随着国际贸易的发展，金币的流通受到大量的限制，又因英国的政治经济大国地位和在贸易、海运、保险、金融等方面的绝对优势，英镑及其银行券可以完全自由兑换黄金，各国国际收支的 90%以上使用英镑，黄金只作为“价值的最后标准”和“最后清算手段”而存在。再后来，英镑发展成为各国主要的外汇储备，而不再有更多的储备黄金。因此，一些近代经济学家认为，国际金本位制的后期已发展成为英镑本位制。

（2）各国货币的汇率由它们的含金量所决定。例如，1 英镑的含金量是 113.001 5 格令的纯金，1 美元的含金量是 23.22 格令的纯金，英镑对美元的汇率就是 4.866 5 美元，这个汇率是固定不变的。实际上，英、美、法、德等国家货币的汇率在 1880—1914 年这 35 年内一直没有变动过，从未发生过贬值或升值，所以金本位制是严格的固定汇率制。

（3）国际收支的自动调节。当一国发生对外收支逆差时，黄金外流，国内货币供应量减少，成本降低，这样就会扩大出口，减少进口，对外收支转为顺差，黄金就会流入；反之，当一国发生对外收支顺差，黄金流入，国内货币供应增加，导致物价上升，成本升高，这样就会扩大进口，减少出口，对外收支转为逆差，黄金又会流到国外。但从当时的实际情况来看，由于多种因素的影响，各国的黄金流量并不大。后来，在“英镑本位”时，黄金准备不足，影响了国际收支自动调节功能的发挥。

四、国际金本位制的崩溃

1914 年第一次世界大战爆发后，各国为了筹集庞大的军费，纷纷发行不可兑换的纸币，禁止黄金自由输出，金本位制随之告终。接着建立起来的是没有金币流通的金块和金汇兑本位制，这两个制度由于不具备金币本位制的一系列特点，因此，又称为不完全或残缺不全的金本位制。该制度在 1929—1933 年的世界性经济大危机的冲击下，也逐渐被各国放弃。第二次世界大战后，建立了以美元为中心的国际货币体系，这实际上是一种金汇兑本位制，美国国内不流通金币，但允许其他国家政府以美元向其兑换黄金，美元是其他国家的主要储备资产。但其后受美元危机的影响，该制度也逐渐开始动摇，至 1971 年 8 月美国政府停止美元兑换黄金，并先后两次将美元贬值后，这个残缺不全的金汇兑本位制也崩溃了。

五、对国际金本位制的评价

金本位制度的崩溃，对国际金融乃至世界经济产生了巨大的影响，为各国普遍货币贬值、推行通货膨胀政策打开了方便之门。这是因为，废除金本位制后，各国为了弥补财政赤字或扩军备战，会滥发不可兑换的纸币，加速经常性的通货膨胀，不仅使各国货币流通和信用制度遭到破坏，而且加剧了各国出口贸易的萎缩及国际收支的恶化。这导致汇价的剧烈波动，冲击了世界汇率制度。在金本位制度下，各国货币的对内价值与对外价值大体上是一致的，货币之间的比价比较稳定，汇率制度也有较为坚实的基础。但各国流通纸币后，汇率的决定过程变得复杂了，国际收支状况和通货膨胀引起的供求变化对汇率起着决定性的作用，从而影响了汇率制度，影响了国际货币金融关系。

（一）国际金本位制的作用

（1）在国际金本位制度下，各国货币之间的汇率非常稳定。

（2）国际金本位制对供求失衡的调节主要依靠市场的力量，从而使政府的干预减少到最低限度，避免了人为的政策失误。

（3）由于国际金本位制具有内在的自动调节机制，各国政府就没有必要再为国际收支失衡而实行贸易管制和外汇管制，这无疑有利于商品和资本的国际自由流动，使世界范围内的生产要素配置组合更具有效率。

（4）在国际金本位制下，“物价与现金流动机制”对国际收支不平衡的调节是渐进的。

（5）国际金本位制通过国家收支不平衡所产生的压力，对那些偏好于膨胀国内经济的政府施加了外部约束。

（二）国际金本位制的缺陷

（1）黄金的增长速度远远落后于各国经济贸易增长的速度，由此造成的清偿手段不足，严重制约了各国经济的发展。

（2）国际金本位体系的规则难以为各国接受，各国不可能忽视本国经济发展对货币的需求而保持充分的黄金准备，或听任国际金本位体系的自动调节，它们通常利用国际信贷、利率及公开市场业务等手段解决国际收支困难，而不愿意黄金频繁流动，所以，国际金本位体系的自动调节机制作用是有限的。

（3）为了实现投放货币的目的，需要花费大量的人力和资源，将黄金挖掘出来，窖藏在严密看守的国库中，这是不必要的资源浪费。

任务三　布雷顿森林体系

一、布雷顿森林体系的创建

动漫视频

布雷顿货币体系

国际金本位制彻底瓦解后，整个货币市场陷入一片混乱，各国国际收支深陷危机中，汇率极其不稳定，国际金融市场更是动荡不安。此时，第二次世界大战刚刚结束，战败国德国、意大利、日本的国民经济陷入崩溃境地，虽然英国和法国等国家取得了战争的胜利，但是付出了惨痛的代价，经济实力大大削弱。两次世界大战期间，尤其金本位制崩溃后的特殊时期，国际货币制度极其混乱和动荡，严重破坏了国际上正常的贸易和货币金融关系，尤其是一些国家为了各自的政治经济利益，竞相实行以邻为壑的货币贬值、外汇管制等政策，对世界经济和金融关系产生了极其不利的影响。这一切都使人们增强了对以往金本位制和固定汇率制的向往，希冀重建统一的国际货币体系，实现有效的国际经济合作及改变受战争影响的动荡不安的国际货币金融关系。为了重建国际金融市场新秩序，抚平各国的战争创伤，世界经济迫切需要新的国际货币制度出现。

在第二次世界大战中，美国靠大量提供军火给盟军，大发战争横财，经济实力大大提升，对外贸易额占当期世界贸易额的 1/3 以上，跃居英国之上，成为最大的债权国。此时，英国虽然身受战争重创，但经济实力仍不容小觑，于是英、美两国都希望在新的国际金融体系中占主导地位，以谋求更多的经济利益。1943 年 4 月 7 日，英、美两国各自在伦敦和华盛顿同时公布了英国财政部顾问凯恩斯提出的“国际清算同盟计划”(后称为“凯恩斯计划”)和美国财政部长助理怀特拟定的“联合国平准基金计划”(后称为“怀特计划”)。尽管两国对外都宣称新的货币计划的主要目的是战后各国的经济重建和复兴、为了促进国际经济合作奠定良好的基础，但究其本质都是为了在新的国际金融领域占统治地位。

“凯恩斯计划”和“怀特计划”提出后，在经济学界引起了激烈讨论，英、美两国也就此展开了旷日持久的争辩。最终美国以强大的经济与军事实力做后盾，迫使英国同意了“怀特计划”。1944 年 7 月 1 日至 22 日，44 个国家的 300 多位代表出席在美国新罕布什尔州布雷顿森林镇的“联合国和联盟国家国际货币金融会议”，史称“布雷顿森林会议”。在这个会议上，通过了以“怀特计划”为基础的《国际复兴开发银行协定》，总称布雷顿森林协定，其所形成的国际货币制度体系，即为布雷顿森林体系。根据协定成立的国际货币基金组织(IMF)是布雷顿森林体系赖以维持的基本运行机构。由于美国的“怀特计划”对布雷顿森林体系行程发挥了主导作用，形成了美国居主导统治地位的、具有浓厚的金融垄断色彩的新的国际货币体系。

二、布雷顿森林体系的主要内容

布雷顿森林体系的内容是以《国际货币基金协定》这一国际协定的形式规定下来的，主要有以下几个方面内容：

1. 建立了一个永久性的国际金融机构，以促进国际货币合作

根据布雷顿森林协定，设立“国际货币基金组织”和“国际复兴开发银行”。前者的宗旨在于稳定汇率，协助成员国改善国际收支，并成为战后国际货币体系的核心，是该体系赖以维持的基本运行机构，并在一定程度上起到了维持国际金融秩序稳定的作用。后者的宗旨在于以低利长期贷款协助推动成员国的经济发展。时至今日，国际货币基金组织作为调节国际货币、贸易和投资的三大国际经济机构之一，其协作功能不断增强，在全球范围协调和治理国际金融危机、经济危机等方面发挥了愈益重要的作用。

2. 规定以美元为主要的国际储备货币的双挂钩为基础的、可调整的固定汇率制

在该体系下，美元取代了黄金成为国际储备货币，美元直接与黄金挂钩，其他各国货币与美元挂钩。协定规定，每盎司黄金等于 35 美元，各国政府或中央银行可随时用美元向美国政府按这一比价兑换黄金。在汇率机制上，布雷顿森林体系采取了固定汇率制。IMF 规定，成员国的货币含金量一经确定，就不得随意变动。成员国在进行即期外汇交易及黄金买卖时，汇率和金价的波动幅度不得超过法定汇率和金价的上下各 1%(超过该界限，有关政府有义务进行干预)，使汇率始终保持在一个较为稳定的水平上。只有当国际收支发生根本性不平衡时，才允许贬值或升值，也即平价经 IMF 同意后才能加以改变。这种体系下的固定汇率制度，也称为可调整的钉住汇率制度。

3. 国际收支调节的安排

《国际货币基金协定》规定，每个成员国向国际货币基金组织缴纳的份额的25%为黄金，后改为以可兑换货币或特别提款权缴纳，其余部分则以本币缴纳。当成员国国际收支发生困难时，IMF通过三种方式帮助成员国渡过难关：①敦促成员国广泛协商，促进国际货币合作。②为成员国提供融通资金的便利，发生国际收支逆差的国家需要储备时，可用回购方式取得短期信贷，来弥补逆差，即逆差国以本币向基金组织购买一定数额的外汇，并在规定的期限内用所借的外汇购回本币，以此方式来偿还所借的款项。③规定各成员国实行多边支付与清算，不得限制经常项目的支付，也不许采取歧视性的货币措施，由此创造平衡国际收支的外在条件。

4. 取消对经常账户的外汇管制

《国际货币基金协定》规定，成员国不得限制经常项目的支付，不得采取歧视性货币政策，在可兑换的基础上实行多边支付。

总之，美元与黄金挂钩，其他国家货币与美元挂钩，保证了第二次世界大战以后的较长时间里国际货币制度有了一个较为有效和稳定的基础，同时也促进了国际贸易、国际投资和国际经济的迅速发展。

三、布雷顿森林体系的解体

布雷顿森林体系的建立对世界经济的恢复与发展起到了至关重要的作用，但由于其自身存在着无法克服的缺陷，最终布雷顿森林体系还是走上了解体的道路。其主要缺陷表现为：

首先，该体系是以美元为中心的国际货币制度，其存在的先决条件是美国经济占绝对优势和美元地位的稳固，把国际货币体系建立在美国经济地位的基础上，一旦美国经济发生变化，国际货币体系必然会动荡不安。因此，当美国国际收支不断恶化和短期对外债务不断增加时，国际上对美元作为主要国际储备货币的信心也就会不断降低。

其次，由于固定汇率制的限制，汇率缺乏弹性。成员国政府大多不愿以改变汇率的方法来应对"基本失衡"，待到非改不可时，投机者早已闻风而动，在外汇市场及黄金市场上掀起投机的浪潮，加剧金融危机。

再次，虽然IMF规定赤字国家和盈余国家都有调整国际收支失衡的责任，但事实上，采取纠正措施的多是赤字国家，盈余国家往往不愿以及时升值的举措来减少盈余，这就加大了调节国际收支的困难。

最后，在该体系下，大多数货币与美元保持固定汇率，而美元又与黄金挂钩，因此，其他国家可用本币对美元贬值来调节赤字，但美国却无法体面地使其货币贬值。从美国立场上看，这是美元作为国际储备所付出的代价，也就是难解的"特里芬悖论"。所谓"特里芬悖论"，即美国耶鲁大学教授罗伯特·特里芬在20世纪50年代末所指出的，基准通货国家美国的国际收支无论是出现顺差或者逆差都会给这一国际货币体系带来困难，而其他国家的看法是，美国尽可用美元直接支付其对外债务而不受外汇的约束，运用发行本币的方法，获取铸币利差(Seigniorage)。美国和其他主要工业国家既然对美元问题和国际金融问题各怀成见，在财经政策执行方面也就无法真诚合作。

到了20世纪60年代初，这一以美元为中心的固定汇率制度便开始呈现不稳迹象。美国国际收支开始出现逆差，短期对外债务增加，"美元匮乏"逐渐被"美元过剩"所取代。另一储备货币——英镑，也因英国国力的衰落而摇摇欲坠。这些酝酿已久的内在不稳定性，终于触发了1967年的英镑危机和1968年的黄金危机。1968年3月，美国黄金储备损失了14亿美元，1961年成立的"黄金总库"被迫解体，七国中央银行宣布实行"黄金双价制"，即官方黄金交易仍以每盎司35美元进行，私人黄金交易则由市场供求关系决定。然而，美国国际收支逆差不断扩大，国际社会对美元信心也大幅降低，成员国中央银行继续以剩余美元兑换黄金，使美国穷于应付。1971年8月尼克松政府宣布实行“新经济政策”，停止美元兑换黄金，同年12月在华盛顿史密森博物馆举行国际金融会议，决定美元对黄金贬值7.9%，即将黄金官价从每盎司35美元提至38美元，其他国家货币纷纷改变对美元和黄金的平价，这就是“史密森协议”下的美元第一次正式贬值。1973年2月，美元实行了第二次贬值，黄金官价提高到每盎司42美元。同年3月，欧共体及日本、加拿大等国宣布本区或本国货币对美元实行浮动。布雷顿森林体系就这样在一系列美元危机与1971年至1973年的国际金融危机中解体了。

四、对布雷顿森林体系的评价

布雷顿森林体系对战后的20世纪五六十年代世界经济的恢复和发展发挥了极其重要的作用。在它解体之前，世界经济发展处于人类历史上少有的黄金时代，国民生产总值增长很快，物价相对稳定，国际贸易和国际投资的发展速度都超过了世界生产速度，国际经济一体化程度显著提高。

（一）布雷顿森林体系对世界经济的积极作用

布雷顿森林体系对世界经济的积极作用主要表现为：

(1)战后的世界黄金产量停滞，以美元为世界货币，客观上起到了弥补黄金不足的作用，扩大了国际清偿的手段和世界购买力，大大促进了世界经济的发展。

(2)布雷顿森林体系建立了新的统一的国际货币秩序，把几乎所有的资本主义国家都囊括于这个新的国际货币制度之下，给世界经济发展创造了稳定的外部环境。

(3)布雷顿森林体系运行期间，各国汇率相对稳定，便利了国际贸易的发展和国际资本流动。

(4)国际货币基金组织在促进国际货币合作和建立多边支付体系等方面做出了积极贡献，在一定程度上促进了国际货币合作与世界经济的发展。

（二）布雷顿森林体系对世界经济的消极作用

布雷顿森林体系发展过程中的很多实际情况与设计者的初衷大相径庭。

(1)布雷顿森林体系难以调整世界经济失衡的局面。该体系的建立是由于美国战后取得了资本主义世界经济的支配地位，当时美国为了维护其利益，长期对外进行大量的援助和投资，一方面延缓了美国国内的资本投资和设备更新，另一方面对资本输入国的经济发展注入了有生力量，使美国经济和技术优势逐渐丧失，劳动生产率的增长落后于德国、日本、荷兰等国家。这种不平衡在国际金融领域表现为美元的霸权地位不断衰落，以美国国际收支赤字为主要矛盾的国际收支大面积失衡。各个资本主义国家出于各自的利益，不可能真正进行全面的政策协调。

(2)各国经济政策自主性受到削弱。布雷顿森林体系削弱了各国国内财政政策，导致通货膨胀的发生，各国通过国内财政政策和货币政策调整国际收支、稳定汇率。各国经济政策自主性受到削弱的表现为，逆差国的货币趋于贬值，为了维持与美元的固定汇率，中央银行必须在外汇市场抛出美元购进本国货币，等同于公开市场业务缩减了国内货币供给，导致衰退和失业；盈余国的货币趋于升值，为了维持与美元的比价，必须在外汇市场上抛售本币大量购买美元，这实际上是采取了扩张性的货币政策，往往导致通货膨胀。

(3)成员国货币通过美元与黄金间接挂钩。布雷顿森林体系中，每个成员方都按本币与美元的平价汇率，再通过美元与黄金间的固定比价间接地与黄金挂钩，进而决定各国货币之间的比价关系。国际货币基金组织有关条款规定，各成员方货币与美元的汇率如果发生波动，波动不得超过平价的1%，否则各成员方有义务在外汇市场上买卖美元或本国货币，来维持本币与美元间的汇率稳定。而且，当一国国际收支发生根本性失衡时，可以向国际货币基金组织申请调整其货币与美元的平价，而不必紧缩或者膨胀国内经济。然而，在汇率机制的运行中，难以按照实际情况进行调整，美元是基准货币，即使美元汇率偏高或偏低，也不便调整，而其他国家往往也是盈余国不愿意升值、赤字国不愿意贬值,所谓的可调整的汇率制度形同虚设。

任务四 牙买加体系

一、牙买加体系的建立

动漫视频

牙买加体系

布雷顿森林体系崩溃以后,国际金融秩序又复动荡,国际社会及各方人士也纷纷探析能否建立一种新的国际金融体系,并提出了许多改革主张,如恢复金本位、恢复美元本位制、实行综合货币本位制及设立最适货币区等,但均未能取得实质性进展。直至1976年1月,经过激烈争论,IMF理事会"国际货币制度临时委员会"在牙买加首都金斯敦达成了《牙买加协议》,同年4月,IMF理事会通过了《IMF协定第二修正案》,从而形成了新的国际货币体系,即牙买加体系。

二、牙买加体系的主要内容

牙买加体系是一个以美元为中心、国际储备多元化的浮动汇率体系。

(一)实行浮动汇率制度的改革,承认浮动汇率制度合法性

牙买加协议正式确认了浮动汇率制的合法性,承认固定汇率制与浮动汇率制并存的局面,成员国可自由选择汇率制度。同时,IMF继续对各国货币汇率政策实行严格监督,并协调成员国的经济政策,促进金融稳定,缩小汇率波动范围。在牙买加体系下,浮动汇率制与固定汇率制并存。一般而言,发达工业国家多数采取单独浮动或联合浮动,但有的也采取钉住自选的货币篮子浮动。对发展中国家而言,多数是钉住某种国际货币或货币篮子,单独浮动的很少。不同汇率制度各有优劣,浮动汇率制度可以为国内经济政策提供更大的活动空间与独立性,而固定汇率制则降低了本国企业可能面临的汇率风险,方便生产与核算。各国可根据自身的经济实力、开放程度、经济结构等一系列相关因素权衡得失利弊去选择。

(二)推行黄金非货币化

协议做出了逐步使黄金退出国际货币的决定,并规定:废除黄金条款,取消黄金官价,成员国中央银行可按市价自由进行黄金交易;取消成员国相互之间以及成员国与IMF之间须用黄金清算债权债务的规定,IMF逐步处理其持有的黄金。

(三)增强特别提款权的作用

牙买加体系一个重要的内容就是提高特别提款权的国际储备地位,国际货币基金组织在计算成员国份额和贷款上,使用特别提款权计值,扩大其在IMF一般业务中的使用范围,并适时修订特别提款权的有关条款。

(四)增加成员国基金份额,扩大信贷额度,以增加对发展中国家的融资

成员国的基金份额从原来的292亿特别提款权增加至390亿特别提款权,增幅达33.6%。IMF以出售黄金所得收益扩充"信托基金",用优惠条件向不发达国家提供贷款,帮助它们解决国际收支困难。同时扩大信用贷款部分的总额,由占成员方份额的100%增加到145%,并放宽出口波动补偿贷款,由50%提高到75%。

(五)多种渠道调节国际收支

(1)运用国内经济政策。国际收支作为一国宏观经济的有机组成部分,必然受到其他因素的影响。一国往往运用国内经济政策改变国内的需求与供给,从而消除国际收支不平衡。比如,在资本项目逆差的情况下,可提高利率,减少货币发行,以此吸引外资流入,弥补缺口。

【提示】运用财政或货币政策调节国际收支时，往往会受到“米德冲突”的限制，在实现国际收支平衡的同时，牺牲其他的政策目标，如经济增长、财政平衡等，因而内部政策应与汇率政策相协调，才不至于顾此失彼。

(2)运用汇率政策。在浮动汇率制或可调整的钉住汇率制下，汇率是调节国际收支的一个重要工具，其原理是：经常项目赤字→本币趋于下跌→本币下跌、外贸竞争力增加→出口增加、进口减少→经济项目赤字减少或消失。相反，在经常项目顺差时，本币币值上升会削弱出口商品的竞争力，从而减少经常项目的顺差。实际经济运行中，汇率的调节作用受到“马歇尔、勒纳条件”以及“J曲线效应”的制约，其效果往往令人失望。

(3)国际融资。在布雷顿森林体系下，这一功能主要由IMF完成。在牙买加体系下，IMF的贷款能力有所提高，更重要的是，伴随石油危机的爆发和欧洲货币市场的迅猛发展，各国逐渐转向欧洲货币市场，利用该市场比较优惠的贷款条件融通资金，调节国际收支中的顺逆差。

(4)加强国际协调。这主要体现在：①以IMF为“桥梁”，各国政府通过磋商，就国际金融问题达成共识与谅解，共同维护国际金融形势的稳定与繁荣。②新兴的七国首脑会议的作用。西方七国通过多次会议，在多个方面达成共识，多次合力干预国际金融市场，虽然主观上是为了各自的利益，但客观上也促进了国际金融与经济的稳定与发展。

三、牙买加货币体系的运行特征

(一)储备货币多元化

与布雷顿森林体系下国际储备结构单一、美元地位十分突出的情形相比，在牙买加体系下，国际储备呈现多元化局面，美元虽然仍是主导的国际货币，但美元地位明显削弱了，由美元垄断外汇储备的情形不复存在。日元、英镑、德国马克(1999年以后被欧元所取代)等所占的比重不断上升。黄金非货币化，其在国际储备中的地位下降。

(二)汇率安排多样化

牙买加体系确认了布雷顿森林体系崩溃后浮动汇率制的合法性，继续维持全球多边自由支付原则。在牙买加体系下，浮动汇率制与固定汇率制并存，允许汇率制度安排多样化，并试图在世界范围内逐步用更具弹性的浮动汇率制度取代固定汇率制度。一般而言，发达工业国家多数采取单独浮动或联合浮动，但有的也采取钉住自选的货币篮子。对发展中国家而言，多数是钉住某种国际货币或货币篮子，单独浮动的很少。不同汇率制度各有优劣，浮动汇率制度可以为国内经济政策提供更大的活动空间与独立性，而固定汇率制则减少了本国企业可能面临的汇率风险，方便生产与核算。各国可根据自身的经济实力、开放程度、经济结构等一系列相关因素去权衡得失利弊。

(三)多种渠道调节国际收支

国际收支主要是通过汇率机制、国内利率机制、资金融通机制等进行调节的。其中，汇率机制简单来说，就是通过汇率的升值或贬值来调节国际收支。利率机制是通过改变利率水平，影响货币供给量变动、影响相对物价水平来达到影响国际收支的目的。资金融通机制则是一种短期的缓解国际收支失衡的对策，在国际收支逆差时，通过国际信贷来平衡国际收支，包括国际货币基金组织的干预和贷款、国际金融市场的媒介作用和商业银行的活动，以及有关国家外汇储备的变动等因素。

四、对牙买加体系的评价

自从1976年1月牙买加体系开始形成至今已近50年了。在评价这一国际货币体系时，首先应该肯定其对维持国际经济运转、推动世界经济继续发展的积极作用。

(一)牙买加体系的积极作用

1. 摆脱了布雷顿森林体系的一些弊端

牙买加体系基本上摆脱了布雷顿森林体系时期基准通货国家与依附国家相互牵连的弊端,并在一定程度上解决了"特里芬悖论"。布雷顿森林体系是一种国际金汇兑本位货币制度,这种制度的一个弊端是各国货币与美元挂钩,从而使基准通货国家与依附国家相互牵连。而在形成牙买加体系后,实现了国际储备多元化和浮动汇率制,即使发生美元贬值,也不一定会影响各国货币的稳定性。由于美元早已与黄金脱钩,即使发生美元可能贬值的预兆,各国也不可能用自己的美元储备向美国联邦银行挤兑黄金,所以可以说已经基本上摆脱了基准通货国家与依附国家相互牵连的弊端。这对于世界经济的发展是比较有利的。布雷顿森林体系的致命弊端是"特里芬悖论",而在牙买加体系形成之后,实现了国际储备多元化,美元已经不是唯一的国际储备货币和国际清算及国际支付手段,即使美国的国际收支不断出现顺差、即使美国不向外投放美元,仍旧会有其他国际储备货币和国际清算及支付手段来缓解国际清偿力的不足。由于美元早已与黄金脱钩,即使美国的国际收支不断发生逆差、各国的美元储备超过美国的黄金储备,各国也不可能用美元储备向美国挤兑黄金,从而不会加重美国的经济困难。

2. 有利于国际经济运行和世界经济的发展

牙买加体系比较灵活的复合汇率体制能够灵敏地对不断变化的客观经济状况做出反应,有利于国际经济运行和世界经济的发展,具体表现为:①各个主要国家货币的汇率可以根据市场供求状况自发调整,可以灵敏地对瞬息万变的客观经济状况做出反应,这便使各国货币的币值得到充分体现和保证,有利于国际贸易与金融及其他经济交往的进行。②灵活的复合汇率体制可以使一国的宏观经济政策更具有独立性和有效性。一方面,与过去的固定汇率制不同,当国际收支出现严重逆差时,不一定必须采取紧缩的宏观经济政策来维持本国货币的汇率,因而不会引起国内严重失业的问题。另一方面,在这种汇率体制下,一国的宏观经济政策往往易于取得较好的效果。例如,由于汇率比较灵活,一国往往可以实行宽松的货币政策,通过降低利率促使资本外流,导致本国货币的对外汇率向下浮动,进而起到促进出口、改善国际收支的效应,并通过乘数作用增加国民收入。③在以浮动汇率为主导的混合汇率体制下,各国还可以减少为了维持汇率稳定所必须保留的应急性外汇储备,可以减少由于这部分资产脱离生产而造成的损失。

3. 纾解了布雷顿森林体系调节机制失灵的困难

牙买加体系采取多种调节机制相互补充的办法来调节国际收支,因而在一定程度上纾解了布雷顿森林体系调节机制失灵的困难。布雷顿森林体系调节成员国国际收支失衡的机制主要包括以下两条渠道:①当成员国发生暂时性国际收支失衡时通过基金组织来调节;②当成员国的国际收支出现根本性失衡时通过改变货币平价、变更汇率来调节。事实证明,由于调节渠道有限、调节机制失灵,曾长期出现全球性国际收支失衡现象。而在牙买加体系形成之后,除了依靠基金组织和汇率变动外,还能通过利率机制及国际金融市场的媒介作用、国际商业银行的活动、有关国际外汇储备的变动以及债权债务、投资等因素来调节国际收支。这样,多种调节机制结合起来相互补充,便在一定程度上纾解了布雷顿森林体系调节机制失灵的困难,从而对世界经济运转和发展起到一定的积极作用。

(二)牙买加体系的弊端

然而,也必须看到,这种被人们称作"无体制的体制"的牙买加体系弊端很多,随着复杂多变的国际经济关系的发展与变化,这一国际货币体系的弊端便日益明显地暴露出来。

1. 浮动汇率体系日益复杂、混乱和不稳定

随着美元地位的不断下降,这一以美元为中心的国际储备多元化和浮动汇率体系日益复杂、混

乱和不稳定。近年来,由于美国的经济实力相对削弱,财政赤字和贸易逆差得不到缓解,甚至增大,美元汇率不断下浮,已经不能很好地执行国际货币的各种职能。因此,国际货币多元化趋势日益增强;而多元化国际货币缺乏统一的稳定的货币标准,这本身便是一种不稳定因素。这种国际货币格局的错综复杂往往造成外汇市场的动荡混乱,无论是对于国际贸易与信用的正常运行,还是对于世界经济的健康发展,都会带来非常不利的影响。目前,国际金融剧烈变动、国际贸易障碍重重、债务纠纷不断发生、世界经济动乱加剧,绝不是偶然的。

2. 汇率波动频繁而剧烈

在牙买加体系以浮动汇率为主的混合汇率体制下,对世界经济有重大影响的主要工业国家全都采用浮动汇率制,汇率波动频繁而剧烈。例如,据美国联邦储备银行统计,美元汇率从 1980 年至 1985 年第一季度上升 60%以上,从 1985 年 2 月至 1987 年底下跌 50%以上,波动幅度之大,着实惊人。这便带来以下弊端:汇率波动频繁猛烈,使进出口商很难核算成本和利润,难免蒙受外汇风险损失,因而往往影响贸易成交额和世界贸易的发展。

3. 产生了新的问题,影响国际贸易和世界经济的发展

汇率变动不定,在国际借贷关系上不是债权方蒙受损失,便是债务方负担加重,甚至引发债务危机,因而势必影响国际信用的发展,而国际信用关系的缩小会影响期货贸易,从而影响国际贸易和世界经济的发展。一般来说,汇率下浮经过一定时期后,商品出口将会增加,商品进口将会减少,国内物价将会上涨;牙买加体系的汇率体制以浮动汇率为主,汇率可以比较自由地向下浮动,因而比较容易导致通货膨胀,事实上确实加剧了世界性通货膨胀。在汇率频繁剧烈波动的情况下,外汇投机商才有机可乘,通过倒卖外汇谋取暴利。因此,这一汇率体制助长了外汇投机活动,加剧了国际金融市场的动荡和混乱。

4. 国际收支调节机制不健全

正如前面分析,在牙买加体系调节机制中,汇率机制运转失灵,利率机制有副作用,国际货币基金组织又无力指导并监督顺差国与逆差国双方对称地调节国际收支等,致使逆差国储备锐减,债台高筑,有的顺差国则成为重要资本输出国,甚至是最大债权国,全球性国际收支失衡现象日益严重。国际收支调节机制并不健全,各种现有的渠道都有各自的局限,牙买加体系并没有消除全球性的国际收支失衡问题。国际货币基金组织并未对国际收支调节机制作出明确的规定,没有相应的制裁措施。各国都采取一些不利于国际收支平衡的经济政策,从而使整个国际货币体系无法形成一个有效的国际收支调节机制。发达国家为了实现本国经济目标,使本币汇率偏离均衡汇率而剧烈波动,严重影响了国际货币体系,发展中国家不得不采取各种贸易保护手段强制实现本国国际收支的平衡。

任务五　欧洲货币一体化

一、欧洲货币一体化的概念

欧洲货币一体化,是布雷顿森林体系崩溃后国际金融一体化的突出表现与勇敢尝试。1999 年 1 月 1 日,欧洲货币一体化结出硕果,推出了统一的货币——欧元,这是 20 世纪 70 年代以来国际金融领域最为重要的事件之一,其作用与意义十分重大而深远。

所谓欧洲货币一体化,是指欧洲经济共同体各成员国在货币金融领域进行合作,协调货币金融关系,最终建立一个统一的货币体系,其实质是这些国家集团为了货币金融领域的多方面合作而组成的货币联盟。这种货币一体化有三个典型象征:①汇率的统一,即货币联盟成员国之间实行固定

汇率制，对外则实行统一的浮动汇率；②货币的统一，即货币联盟发行单一的共同货币；③机构的统一，即建立统一的中央货币机关，发行共同的货币，规定有关货币联盟的国家以及保管各成员国的国际储备。

二、欧洲货币一体化的进程

欧洲货币一体化大致经历了以下几个演变阶段：

（一）魏尔纳计划

1970年10月，以卢森堡首相兼财政大臣魏尔纳为首的一个委员会，向欧共体理事会提交了专门报告，即魏尔纳计划。该计划建议从1971年到1980年分三个阶段实现欧洲货币一体化。然而，70年代动荡的金融形势以及欧共体国家发展程度的巨大差异，使得魏尔纳计划几乎完全落空。70年代一体化取得的唯一的重大成果是创设了欧洲计算单位（European Unit of Account，EUA）。

（二）欧洲货币体系（European Monetary System，EMS）

为了制止汇率剧烈波动，促进共同体国家经济的发展，在法、德两国推动下，1978年12月欧共体各国首脑在布鲁塞尔达成协议，决定建立欧洲货币体系。1979年3月，欧洲货币体系正式启动。其主要内容有：

(1)继续实行过去的联合浮动汇率机制。除了维持原有的±2.25%波动幅度以外，还规定了汇率波动的警戒线，一旦货币波动超出此线，有关国家就要进行联合干预。

(2)创设欧洲货币单位（European Currency Unit，ECU），即埃居。ECU实际上是EUA演变而来的，是欧洲货币体系的中心。在欧共体内部，ECU具有计价单位和支付手段的职能。

(3)成立了欧洲货币基金（European Monetary Fund，EMF），以增强欧洲货币体系干预市场的力量，为共同货币ECU提供物质准备以及给予国际收支困难的成员国更多的信贷支持。

（三）德洛尔计划与《马斯特里赫特条约》

1989年6月，以欧共体委员会主席雅克·德洛尔(J. Delors)为首的委员会向马德里峰会提交了德洛尔计划。该计划与魏尔纳计划相似，规定从1990年起，用20年时间，分三阶段实现货币一体化，完成欧洲经济货币同盟的组建。1991年12月，欧共体在荷兰马斯特里赫特峰会上签署了《关于欧洲经济货币联盟的马斯特里赫特条约》，简称《马斯特里赫特条约》（即《马约》）。

《马约》的目标是：最迟在1999年1月1日前建立"经济货币同盟"（Economic and Monetary Union，EMU）；届时将在同盟内实现统一货币、统一的中央银行（European Central Bank）以及统一的货币汇率政策；EMU的形成分为三个阶段。

经过不懈努力，欧共体各成员国议会于1993年10月底通过了《马约》，1993年11月1日，欧共体更名为欧盟。1995年芬兰、奥地利、瑞典加入欧盟，欧盟成员国增至15个。同年的《马德里决议》将单一货币的名称正式定为欧元（EURO）。欧洲货币一体化自此开始进入稳定的发展阶段。

（四）《马约》签订后的一体化进程与欧元的产生

《马约》规定，EMU应分三阶段实现：

第一阶段，从1996年到1998年底。该阶段为准备阶段，其主要任务是确定首批有资格参加货币联盟的国家，决定发行欧元的合法机构，筹建欧洲中央银行。

第二阶段，从1999年1月1日起到2002年1月1日。该阶段为过渡阶段。"欧元"一经启动，便锁定各参加国货币之间的汇率。各国货币仅在本国境内是合法支付手段。在此阶段，没有有形的欧元流通，但新的政府公债可以用欧元发行。另外，将由欧洲中央银行制定统一的货币政策。

第三阶段，从2002年1月1日起，欧元开始正式流通。欧洲中央银行将发行统一货币的硬币和纸钞，有形的欧元问世，并且各参加国原有的货币退出流通，欧元成为欧洲货币联盟内唯一的法定货币。届时，欧盟数十年的夙愿也将最终实现。

1996 年底，欧洲货币联盟的发展取得了重大的突破。12 月 13—14 日，欧盟首脑会议在爱尔兰首都都柏林举行。经过各国财长的反复磋商，终于打破僵局，欧元国与非欧元国之间就建立新汇率机制、欧元使用的法律框架、货币稳定与经济增长的原则及主要内容等达成妥协，并原则同意了欧洲货币局提供的欧元纸币的“样币”。至此，都柏林首脑会议获得成功，欧洲单一货币机制框架基本形成。

欧盟首脑会议第 1103 号条例正式对过渡期结束后的欧元的法律地位作了规定，明确指出，1999 年 1 月 1 日，欧元作为成员国范围内一种具有独立性法定货币地位的超国家性质的货币，开始启用。2002 年 7 月 1 日，创始国货币全部退出流通领域，欧元正式成为唯一的法定货币。在这三年半的过渡期内，欧元以记账单位、银行贷款、债券、旅行支票、信用卡和股票等形式使用，同时，发票、工资、单据、商品目录将实行欧元和本国货币的双重标准。

1997 年 10 月 2 日，欧盟 15 国代表在荷兰首都正式签订了 6 月达成的《阿姆斯特丹条约》，这是一个在《马约》基础上修改而成的新欧盟条约。新条约及先前已获批准的《稳定与增长公约》《欧元的法律地位》和《新的货币汇率机制》等文件，为欧元与欧洲经济货币联盟于 1999 年 1 月 1 日的如期启动，奠定了坚实的基础。

1998 年 5 月 2 日，欧盟 15 国在布鲁塞尔召开特别首脑会议，决定接受欧盟委员会和欧洲货币局的推荐，确认比利时、德国、西班牙、法国、爱尔兰、意大利、卢森堡、荷兰、奥地利、葡萄牙和芬兰这符合《马约》条件的 11 个国家为欧元创始国，首批加入欧洲单一货币体系。欧盟的其余 4 个国家，即英国、丹麦、瑞典和希腊，因暂时不愿加入欧元体系或未能达标，没有成为首批欧元国家。同时决定在原有的欧洲货币局基础上成立欧洲中央银行。1998 年 12 月 3 日，首批加入欧元体系的 11 个国家宣布联合降息，除意大利(利率 3 厘半)外，其余 10 国均把利率降至 3 厘，此举显示了这些国家准时启动欧元的决心和强烈的政治意愿。

1999 年 1 月 1 日，欧元准时启动。欧洲货币单位以 1∶1 的比率转换为欧元，欧元与成员国货币的兑换率锁定，欧洲中央银行投入运作并实施统一的货币政策，欧元可以以支票、信用卡等非现金交易的方式流通，各成员国货币也可同时流通，人们有权选择是否使用或接受欧元。2002 年 1 月 1 日起，欧元纸币和硬币开始全境流通，欧洲中央银行和成员国将逐步回收各国的纸币和硬币，届时人们必须接受欧元。2002 年 7 月 1 日，各成员国货币完全退出流通，欧盟货币一体化计划完成，欧元国际化启动。欧洲货币一体化的完成与欧元的产生，是世界经济史上一个具有里程碑意义的事件，它不仅对欧盟内部成员国的经济活动，而且对世界其他国家的经济往来以及国际金融市场、国际货币体系的运作与发展等方面，均产生重大而深远的影响。

三、欧元的特点及对现行国际货币体系的挑战

(一)欧元的特点

1999 年 1 月 1 日起正式启动，并于 2002 年 6 月 30 日之后成为欧洲货币联盟范围内唯一合法通货的欧元，其特点可以概括为以下两点：

1. 跨主权国家创造的信用本位货币

其信用将来自人们对欧洲货币联盟内高效率的协调能力、经济实力和经济增长潜力所抱有的信心。

2. 货币政策与财政政策的分离造成欧元的缺陷。

一国范围内的货币政策与财政政策是有矛盾情形的，该矛盾对具有上述第一个特点的欧元来讲显得更加突出，因为其统一的欧洲中央银行与分离的各国主权政府之间，并不能保证在必要时能

够完全协调一致。因此，分离的财政政策和货币政策也可能从内部动摇欧元的命根，即币值稳定。

(二)欧元对现行国际货币体系的挑战

欧元对现行国际货币体系的挑战具体表现在三个方面：

1. 对国际货币基金组织协调能力的挑战

从历史上看，IMF 在协助其成员国缓解 1973 年与 1979 年两次石油危机对世界经济的危害、救援 1982 年拉美债务危机、帮助发展中国家进行结构性改革并促进其经济稳定增长方面，表现出较强的协调能力。但在特别提款权问题、南北货币关系问题以及 IMF 的贷款条件等问题上，其协调能力却引人质疑。可以肯定的一点是，欧洲货币联盟作为同样的跨主权国家的国际货币机构，尽管它也将面临许多困难，但在保证欧元稳定方面将发挥出更完善的协调能力。另外，在货币问题上以一个声音说话的欧洲，代替原发达国家内部美、日、德三极上德国的位置，并大大增强这一极的力量，从而使 IMF 在协调西方发达国家内部立场的问题上难度更大。

2. 对国际储备体系的挑战

欧元诞生前的多元化国际储备体系可以概括为美元主导下的美元、日元、德国马克、SDR 及其他硬货币并存的体系。欧元的产生与运作，对美元在国际储备体系中的主导地位及 SDR 作为国际储备货币的地位，无疑带来严峻的挑战。从经济实力来看，统一货币后的欧盟国家 GDP 在 1996 年占经合组织的 38.3%，而美国只占 32.5%，日本则占 20.5%，因此，以这种经济实力为基础的欧元，在一定时期内有望在国际储备体系中挤占美元所占的一部分份额，并可能在中长期内动摇美元作为国际储备货币的主导地位，从而形成未来国际储备体系中非对称三极(美、欧两极强，日本一极弱)的局面。

3. 挑战所谓的“非体系”，为世界货币的发展起到示范作用

汇率制度安排多样化、黄金非货币化以及国际政策协调艰难，是牙买加体系之所以被称为“非体系”的重要原因。欧元将以其汇率稳定、跨国界的协调及统一的中央银行对这一“非体系”直接提出挑战。并且统一的欧元是人类历史上第一次可用于非官方结算的跨国界信用本位货币的一种创造，它的诞生及发展，将为未来统一世界货币的创造提供宝贵的经验，也将为其他区域性经济合作组织货币一体化起到示范作用。

许多学者已经预言，世界货币最终的统一将建立在几大区域性国际货币基础之上，并在广泛的国际协调上与制度框架内执行其世界货币的职能。我们认为，未来 IMF 货币的改革进程将与区域内国际货币一体化发展进程相交织，并最终创造出一种完善的世界货币。尽管这个过程是漫长的，但这或许是未来国际货币体系演化的最终趋势。

应知考核

一、单项选择题

1. 国际货币制度又称(　　)。

A. 国际金融制度　B. 国际货币体系　C. 国际货币规则　D. 国际经济制度

2. 金本位制度只以(　　)作为国际储备资产和国际本位货币。

A. 黄金　B. 美元　C. 外汇　D. 银行券

3. 世界经济史上最早实行金本位制度的国家是(　　)。

A. 美国　B. 英国　C. 法国　D. 意大利

4. 战后的国际货币体系即布雷顿森林体系，布雷顿森林位于美国的(　　)。

A. 华盛顿州　B. 新罕布什尔州　C. 加利福尼亚州　D. 佛罗里达州

5. 布雷顿森林协定以(　　)为基础。

A. 凯恩斯计划　　B. 道威斯计划　　C. 怀特计划　　D. 杨格计划

6. 根据欧洲经济与货币一体化的进程,欧元取代各成员国货币成为欧洲单一货币的日期是(　　)。

A. 2001/7/1　　B. 2002/7/1　　C. 2001/1/1　　D. 2002/1/1

7. 欧洲中央银行执行欧元区的货币政策,其办公所在地在(　　)。

A. 布鲁塞尔　　B. 巴黎　　C. 法兰克福　　D. 伦敦

8. 欧盟即欧洲经济与政治联盟,它的建立依据的国际法基础是(　　)。

A. 凡尔赛公约　　B. 马斯特里赫特条约

C. 马德里公约　　D. 里斯本宣言

9. 布雷顿森林体系的致命弱点是(　　)。

A. 美元双挂钩　　B. 特里芬难题

C. 权利与义务的不对称　　D. 汇率波动缺乏弹性

10. 1976 年 1 月国际货币基金组织的一百多个成员国达成的牙买加协议中不包括(　　)。

A. 黄金非货币化　　B. 浮动汇率长期化

C. 国际储备多元化　　D. 贸易自由化

二、多项选择题

1. 国际货币体系的构成要素有(　　)。

A. 确定关键货币或国际货币　　B. 确定汇率制度安排

C. 确定国际收支的调节机制　　D. 确定国际储备资产

2. 国际金本位制经历的发展阶段有(　　)。

A. 金铸币本位制　　B. 金银复本位制　　C. 金块本位制　　D. 金汇兑本位制

3.《牙买加协议》的要点是(　　)。

A. 浮动汇率制合法化　　B. 黄金非货币化

C. 提高 SDR 的国际储备地位　　D. 扩大对发展中国家的资金融通

4. 布雷顿森林协定包括(　　)。

A.《国际货币基金组织协定》　　B.《国际复兴开发银行协定》

C.《世界贸易组织协定》　　D.《关税与贸易总协定》

5. 欧洲货币体系的主要内容包括(　　)。

A. 创设欧洲货币单位

B. 继续实行过去的联合浮动汇率机制

C. 成立了欧洲货币基金

D. 建立欧洲中央银行

三、简述题

1. 简述国际金本位制的主要内容、主要特点及对国际金本位制的评价。
2. 简述布雷顿森林体系的主要内容。
3. 简述布雷顿森林体系崩溃的原因。
4. 简述牙买加体系的内容及其评价。
5. 简述欧洲货币体系的内容。

应会考核

■ 观念应用

【背景资料】国际货币制度自从产生以来，在100多年的发展中，经过了几次大的历史变革，每次变革都有不同的特点和原因。

【背景分析】

请分析其发展演变的最根本的原因。

■ 技能应用

【技能资料】

2009年3月，中国人民银行行长周小川公开提出，创建一种全新的超主权储备货币。在国际储备中扩大"特别提款权"(SDR)用途，从而降低对美元依赖的建议，得到了包括俄罗斯、巴西等新兴市场国家的积极响应。当时的法国总统萨科齐也呼吁就美元地位、改革国际货币体系问题等进行正式讨论。

【技能要求】

请根据上述资料，试分析超主权储备货币充当全球储备货币的益处及对美元本位的影响。

■ 案例分析

【案例背景】

非洲南部的津巴布韦共和国是全世界恶性通胀最严重的国家。2009年的首都哈雷拉，一位大妈抱着总值3万亿津巴布韦元的钞票搭乘公车，只为了支付约合3.5元人民币的车费。更有意思的是，司机大叔根本懒得清点，收下就对了。据报道，津巴布韦2008年7月的通胀率达到天文数字：2.31亿%。2009年1月，该国央行发行100万亿津巴布韦元的大钞，1的后头有14个0，也算是一项世界纪录。为了抑制犹如脱缰野马的通胀，津巴布韦政府在4月正式废掉国币，宣布以美元和南非币为流通货币，不过旧津巴布韦元还在民间继续流通。

自金本位制崩溃，尤其是1976年黄金非货币化以来，国际货币体系已不再具有相对稳定性。通货膨胀纸币贬值，汇率剧烈波动，使货币金融领域日益陷于动荡和混乱之中。人们把国际金融的动荡不安归结为国际货币问题，甚至是纸币本位体系问题，昔日关于黄金与美元的地位之争一直延续至今，而恢复金本位体系的辩论也从未停止过。尽管主流经济学认为，现代经济是信用经济，恢复金本位体系简直不可能，恢复金本位体系一定是"开历史倒车"，或者简直就是"把全世界的人都当成了傻瓜"。但还是有相当一部分学者或政府官员认为恢复金本位制才是解决当前国际金融秩序混乱的根本方法。

资料来源：今日头条，https://www.toutiao.com。

【背景思考】

根据以上资料，请思考：为什么人们留恋金本位体系？你认为金本位体系有没有可能恢复？

项目实训

【实训项目】

分析解读国际货币体系

【实训情境】

(1)对当前国际货币体系的基本内容和特点等进行正确把握。

(2)对布雷顿森林体系和牙买加国际货币体系的区别和作用进行对比分析。

(3)通过分析讨论形成自己对当前国际货币体系改革基本放心的研判。

【实训任务】

分析解释国际货币体系。通过实训使学生能够运用所学知识,加强对国际货币体系的认知。

《分析解读国际货币体系》实训报告		
项目实训班级:	项目小组:	项目组成员:
实训时间:　　年　　月　　日	实训地点:	实训成绩:
实训目的:		
实训步骤:		
实训结果:		
实训感言:		
不足与今后改进:		
项目组长评定签字:		项目指导教师评定签字:

项目六

国际金融市场

○ **知识目标**

理解：国际金融市场的概念和特点；国际金融市场的分类；欧洲货币市场的概念。

熟悉：国际金融市场的形成与发展；国际金融市场的形成条件；欧洲货币市场的产生和发展；欧洲货币市场的特点和类型。

掌握：国际金融市场业务；欧洲货币市场的组成；欧洲货币市场的作用和影响。

○ **技能目标**

具备运用国际金融市场理论熟练操作国际金融市场业务的能力。

○ **素质目标**

能够运用所学知识研究相关案例，培养和提高学生在特定业务情境中分析与解决问题的能力；具有国际金融市场方面的理论素养，能够掌握国际金融市场发展变化的最新动态。

○ **思政目标**

能够正确地理解"不忘初心"的核心要义和精神实质；树立正确的世界观、人生观和价值观，做到学思用贯通、知信行统一；通过国际金融市场知识，掌握操作国际金融市场业务的技能。

○ **课程思政**

国际金融市场将维持震荡走势

尽管2022年的全球经济"长卷"刚刚展开，但俄乌冲突这只"黑天鹅"却突然来袭。从表面上看，俄乌冲突是北约东扩与反推；但实质上却是美俄博弈的体现。在俄乌冲突升级之后，大宗商品价格出现异常反应，卢布大幅贬值，美元避险走高，全球股市坐上"过山车"……全球资产价格经历"恐慌避险、预期缓和、观望不安、再恐怖避险"多轮循环，这导致全球投资者情绪不稳，资产价格波动显著加大。俄乌冲突成为新冠肺炎疫情暴发以来，左右全球金融市场的又一大高风险事件。

事实上，从俄罗斯和乌克兰本身在全球经济的占比来看，俄乌冲突对全球经济增长负面影响相对有限。这也并非引发国际金融市场巨震的主要原因。目前来看，俄乌冲突直接经济受损方包括乌克兰——俄乌冲突所在地，俄罗斯——欧美制裁措施实施对象；主要间接经济受损方包括部分欧洲国家——俄乌冲突将导致边境贸易缩水，原材料、燃料供给缺口以及价格上涨等。在2020年全球经济总量中，俄罗斯占比为1.75%、乌克兰仅为0.18%、欧盟占比为17.94%、整个欧洲占比为24.8%。因此，考虑到俄乌经济体量小，欧洲虽然占比较大，但因为是间接受损，因而对2022年全球经济增长的负面拖累也将有限，并不足以撼动2022年全球经济复苏的大趋势。

2022年3月30日，中国银行研究院在北京发布《2022年二季度经济金融展望报告》。关于全球经济金融形势，《报告》认为，2022年一季度，受疫情反复和俄乌冲突等因素影响，全球供需失衡问题加剧，货物贸易增速放缓，通胀水平显著抬升，经济复苏进程有所放缓，国际金融市场大幅动荡，美元指数波动走强，主要股市震荡下行，大宗商品价格屡创新高。展望二季度，全球通胀将继续上行，在低基数效应带动下，经济增速可能有所回升。主要经济体货币政策紧缩将加速流动性收紧，提高社会融资成本，进一步抑制投资和消费。全年看全球经济"滞胀"风险加大，国际金融市场将维持震荡走势。

资料来源：金融时报，https://www.financialnews.com.cn。

○ **思政反思**

请分析俄乌冲突是否会造成全球金融市场的震荡走势。新冠肺炎疫情、通胀和供应链等问题不仅是全球经济软着陆的"拦路虎"，而且是国际投资者的"心病"。在此关键时期，妥善解决俄乌冲突不仅是国际金融市场稳定和健康发展不可或缺的一环，而且是助力2022年全球经济复苏的"推手"之一。作为新生代的大学生，我们要学以致用，善于用全面、发展、理性的观点看待世界经济新格局与新挑战。这需要我们不断地增长知识与才干，提出问题解决的新路径。

○ **知识精讲**

任务一　国际金融市场概述

一、国际金融市场的概念和特点

国际金融市场（International Financial Market）是指从事各种国际金融业务活动的场所或以现代化通信设施相联结的网络体系，包括国际货币市场、国际资本市场、国际外汇市场、国际黄金市场和金融衍生工具市场等。

国际金融市场实际上是国内金融市场的延伸和扩展。与国内金融市场相比，国际金融市场具有如下特征：①交易活动范围超出国界限制，实质上是跨国金融；②市场主体具有涉外因素，即存款者、投资者、借款人其中至少有一方是外国的居民或金融机构；③交易使用的货币不限于一国的货币；④交易活动很少受市场所在国法令政策的限制。

二、国际金融市场的分类

（一）按照性质不同，可分为传统的国际金融市场和新型的国际金融市场

1. 传统的国际金融市场

传统的国际金融市场又称在岸金融市场（Onshore Financial Market），是从事市场所在国货币的国际借贷，并受市场所在国政府政策与法令管辖的金融市场。传统的国际金融市场是国际金融市场的起点，一般都是以本国雄厚的综合经济实力为后盾，依靠国内优良的金融服务和较完善的银行制度发展起来的。传统的国际金融市场与国内金融市场存在密切的内在联系，是在国内金融市场的基础上自然形成的，世界上一些主要的国际金融市场如早期英国的伦敦、两次世界大战前后美国的纽约及第二次世界大战后日本的东京等都是如此。国内金融市场是本国居民之间发生金融资产交易的场所，交易的对象一般是本国货币，空间范围也仅限于本国境内。当金融资产交易的主体扩大到非居民，交易范围超越国境之外，国际金融市场就逐步形成了。

传统的国际金融市场之所以被冠以"在岸"名称，这个"岸"不是地理意义的概念，其主要特点是：①该市场要受到市场所在国法律和金融条例的管理和制约，各种限制较多，借贷成本较高；②交易活动是在市场所在国居民与非居民之间进行的；③通常只经营所在国货币的信贷业务，本质上是一种资本输出的形式。

【注意】传统的国际金融市场还称不上真正意义上的国际金融市场。

2. 新型的国际金融市场

动漫视频

离岸金融市场

新型的国际金融市场又称离岸金融市场(Offshore Financial Market)或境外市场(External Market),是指非居民的境外货币存贷市场。“离岸”不是地理意义上的概念,而是指不受任何国家国内金融法规的制约和管制。离岸金融市场是指在发行国以外,从事该国货币借贷或买卖业务的市场。欧洲货币市场最初是进行美元借贷或买卖业务的市场,因此是典型的离岸金融市场。

离岸金融市场有如下特征:①市场参与者是市场所在国的非居民,即交易关系是外国贷款人与外国借款人之间的关系;②交易的货币是市场所在国之外的货币,包括世界主要可自由兑换货币;③资金融通业务基本不受市场所在国及其他国家的政策法规约束。

离岸金融市场的产生主要是制度和政策推动的产物,它突破了国际金融市场首先必须是国内金融市场的限制,使国际金融市场不再限于少数发达国家的金融市场,而是向亚太地区、中东、拉美和全世界范围扩展。以上特征表明离岸金融市场是国际化的金融市场,是真正意义上的国际金融市场。欧洲货币市场作为离岸金融市场的总体,它的出现标志着新型的国际金融市场的诞生。

离岸金融市场按其业务特点可分为三种:

(1)一体型。一体型离岸金融市场是指境内金融市场业务与境外市场业务融为一体。市场的参与者既可以是居民也可以是非居民,经营的业务既可以是离岸业务也可以是传统国际金融市场业务。

【提示】伦敦和香港金融中心即属于此种类型。

(2)分离型。分离型离岸金融市场是指境内金融市场业务和境外业务严格分离。对外资银行和金融机构与本国居民之间的金融业务活动加以限制,只准许非居民参与离岸金融业务,其目的在于防止离岸金融交易活动影响或冲击本国货币政策的实施。

【提示】美国纽约离岸金融市场设立的“国际银行设施”(International Banking Facilities, IBF)、日本东京离岸市场和新加坡均属此类。

(3)簿记型。簿记型离岸金融市场几乎没有实际的离岸业务交易,只进行借贷、投资等业务的记账、转账或注册等事务手续,其目的是逃避税收和金融管制。

【提示】中美洲的一些离岸金融市场,如开曼、巴哈马、拿骚和百慕大等即属此类。

(二)按照功能的不同,可分为外汇市场、货币市场、资本市场和黄金市场

1. 外汇市场

外汇市场是由各类外汇供给者和需求者组成的,进行外汇买卖、外汇资金调拨、外汇资金清算等活动的场所。外汇交易的参加者有中央银行、进出口公司、经营外汇业务的各种机构和投机者等。

2. 货币市场

货币市场是指资金借贷期限在1年以内(含1年)的交易市场,或称短期资金市场。货币市场的参与者众多,商业银行是该市场的重要参加者,此外还有政府、证券交易商以及大的金融和非金融机构。

3. 资本市场

资本市场是指资金借贷期限在1年以上的中长期信贷或证券发行市场,或称长期资金市场。

【注意】资本市场是国际上资本流动的重要途径,也是在国际上融通长期资本的必要场所。

4. 黄金市场

黄金市场是指专门从事黄金交易的市场。20世纪初期,金本位制度在各国广泛流行,黄金市场蓬勃发展,逐步在金融领域取得重要地位。两次世界大战期间,随着纸币作用的加强,黄金市场在金融市场中的地位有所削弱。布雷顿森林体系时期，黄金市场与金融市场的联系建立在黄金与美元的固定基础之上。20世纪70年代中期黄金非货币化之后，黄金主要以商品形式出现，黄金市场的性质从以金融市场为主转变为以商品市场为主，黄金交易从现货交易转变为大力发展黄金期货交易，并且逐步融入全球一体化大市场中。

(三)按照融资渠道的不同，可分为国际信贷市场和国际证券市场

1. 国际信贷市场

国际信贷市场主要从事资金借贷业务，按照借贷期限长短，又可以分为短期信贷市场和长期信贷市场。①短期信贷市场是从事1年期以下借贷业务的市场。在短期信贷市场上汇集着大量的商业银行，汇集着大量的银行资金。存款增长大于贷款增长的银行可以提供资金，而存款增长小于贷款增长的银行可以借入资金。短期信贷市场业务以银行同业间拆放市场为主。②长期信贷市场从事1年期以上的中长期信贷业务，通常为1～10年，最长可达30年。中长期信贷的借款人主要有银行、公司企业、政府机构和国际机构等。由于中长期贷款期限长、风险大，往往不能由一家银行独立承担。现在，中长期贷款往往由一组银行形成银团，集体提供银团贷款，或称辛迪加贷款。辛迪加贷款的形式既扩大了资金来源，又分散了贷款风险。这种贷款形式已经被广泛采用。

2. 国际证券市场

国际证券市场是股票、公司债券和政府债券等有价证券发行和交易的市场，长期资本投资人与需求者之间的有效中介，是金融市场的重要组成部分。证券市场包括国际股票市场和国际债券市场，这两个市场又可以分别分成新证券的发行市场和已发行证券的交易市场。新证券的发行市场又称为一级市场或初级市场，已发行证券的交易市场又称为二级市场。股票是股东在股份公司中拥有股权的凭证。股票的种类很多，在不同国家发行应符合发行所在地国家的法律规定。国际债券市场是指一国政府、金融机构、企业为筹借外币资金而在国外发行的非本币计值债券。国际债券有外国债券和欧洲债券之分。外国债券是本国发行人在国外债券市场发行的以外币计值的债券，如美国人在日本发行的以日元计价的债券。欧洲债券是发行人在本国以外的市场上发行、以市场以外的第三国货币计值的债券。

(四)按照交易场所的形式，可分为有形的国际金融市场和无形的国际金融市场

有形的国际金融市场是指交易场所是现实的，看得见、摸得着，有固定地点，如证券交易所。

无形的国际金融市场是虚拟的，看不见、摸不着，没有固定地点。现代国际金融市场已逐步从有形市场发展为无形市场。无形的国际金融市场，是由众多的国际商业银行和其他金融机构组成的，其业务活动一般是通过电话、电报、电传和计算机网络等现代化手段进行。

三、国际金融市场的形成与发展

(一)传统的国际金融市场的形成和发展

传统的国际金融市场是国内金融市场的延伸。它是经营居民与非居民之间的金融业务，以市场所在国的货币借贷为主，而且交易活动要受市场所在国的金融政策和金融法令管辖与约束的国际金融市场，又称在岸国际金融市场、外国金融市场。伦敦、纽约、苏黎世、东京国际金融市场都属于传统的国际金融市场。

(1)伦敦国际金融市场的形成与衰落。第一次世界大战之前，伦敦是世界上最大的国际金融市场。这是因为这个时期：①英国的经济实力最强大。英国是世界上最大的工业品生产国和出口国，对外贸易和海上运输也居世界首位。②英国政局稳定。③英国从海外殖民地掠夺和积累了巨额利润，形成巨大资金力量，成为向外提供信贷的重要资金来源。④英国具有世界上最为发达的现代银行制度。⑤英镑是当时的国际储备货币，是国际贸易结算和国际信贷中使用最广泛、最主要的货币。但是，第一次世界大战以后，英国在工业生产和国际贸易上的世界强国地位被美国取代。英国于 1931 年宣布放弃金本位制，实行外汇管制。英国经济实力的衰落及金融管制措施使英镑作为国际储备货币和国际结算货币的地位大大下降，严重削弱了伦敦作为国际金融中心的作用。

(2)纽约、苏黎世国际金融市场的兴起。与英国在第二次世界大战中经济遭到重创的情况相反，美国积累了巨额资本，一跃成为世界上最大的经济强国和最大的资金供应者，这时世界经济的重心已由英国移到美国，美元也取代英镑成为最主要的国际结算货币和国际储备货币，其国际借贷、结算和资金筹措又大多集中在纽约，因而纽约国际金融市场乘机迅速崛起，继伦敦之后并超过伦敦成为世界上最大的国际金融市场。西欧各国经济遭受战争破坏的情况大体与英国相似，只有瑞士免受战争之害，其政局稳定、经济繁荣、环境优良，加上瑞士法郎始终保持自由兑换、自由外汇交易，而且黄金市场十分活跃，促进了苏黎世国际金融市场的形成和发展。这时伦敦国际金融中心地位虽说大不如前，但由于历史原因，它仍然是数得上的重要的国际金融市场。因此，这一阶段，纽约、伦敦、苏黎世并列成为世界三大国际金融市场。与此同时，德国法兰克福、卢森堡等欧洲的国际金融市场也相继发展起来了。

动漫视频

国际金融中心

(3)东京国际金融市场的兴起。日本是第二次世界大战的战败国，但日本战后的经济恢复和发展却是非常快速的。特别是进入 20 世纪 70 年代，日本经济完成战后重建和恢复调整期，国内经济、国际贸易、国际货运步入突飞猛进发展阶段，随之带动国际金融业务大量增长。80 年代中期后，日本实行金融自由化，日元成为最主要的国际结算货币和国际储备货币之一，从而逐步确立了东京国际金融市场的地位，使其成为继伦敦、纽约、苏黎世之后的世界第四大国际金融市场。

(二)新型的国际金融市场的形成和发展

新型的国际金融市场指的是离岸国际金融市场。离岸国际金融市场经营的是非居民之间非市场所在国货币的金融业务，是不受市场所在国财经政策和法令管制的国际金融市场。这个市场的形成不以市场所在国强大的经济实力和巨额的资金积累为基础，只要求市场所在国或地区政治稳定、交通方便、通信发达、环境优越，并实行较为突出的优惠政策。欧洲货币市场就是世界上最早、最大的离岸国际金融市场，也是新型的国际金融市场。离岸国际金融市场由于不受市场所在国政策的管制，是完全自由化的、真正意义上的国际金融市场，因此，目前已成为国际金融市场的核心和最主要部分。

欧洲货币市场(Eurocurrency Market)是指不同地域和不同币种的各个离岸金融市场的总称。这里的“欧洲”一词是习惯叫法，它已不是一个地理概念，而是被抽象为“境外”。进入 20 世纪 60 年代以后，美国国际收支出现持续巨额逆差，使大量的美元流向海外，美国政府被迫采取了一系列限制资本流出的措施，而一些西欧国家为防止美元泛滥引起外汇市场振荡，采取了限制资本流入的措施。在这种情况下，美国和西欧国家的银行纷纷在境外设立分支机构，把资金移至境外，以逃避这种金融管制，于是促成以伦敦为中心的境外美元市场的建立，这个市场被称为“欧洲美元市场”。欧洲美元市场形成后，规模迅速扩大，布雷顿森林体系崩溃后主要发达国家的货币纷纷实行自由浮动汇率制，并相继走出国界在伦敦等国际金融中心进行交易，这样欧洲美元市场逐渐变成由多种境外货币组成的“欧洲货币市场”。欧洲货币市场的出现，打破了国际金融中心必须是资金供应者的传统界限，把居民与非居民之间的借贷变成非居民与非居民之间的借贷，这就引致了国际金融中心的迅猛扩散和国际金融市场的迅猛发展。如 20 世纪 70 年代在欧洲出现的巴黎、法兰克福、布鲁塞尔、阿姆斯特丹、米兰、斯德哥尔摩、卢森堡、蒙特利尔等主要的离岸金融市场；在亚洲和加勒比地区也出现了东京、巴哈马、新加坡、中国香港、巴林、开曼群岛、巴拿马、安的列斯群岛等许多著名的离岸金融市场。

四、国际金融市场的形成条件

一国国内金融市场的发展达到一定条件时就可以成为国际金融市场，这些条件包括以下几方面的内容。

（一）稳定的经济和政治环境

国际金融市场的建立意味着一个连接各国金融交易者的业务网络的形成，而稳定的经济和政治环境是其形成最基本的条件。市场所在国或地区的政治、经济局势稳定情况，对投资者的利益保障、业务的发展、交易风险和费用等因素都对国际金融市场的建立有直接影响。

（二）健全完备的金融体系

一个高度成熟发达的国内金融市场能有效保障国际金融活动高效率、高质量地进行。它包括拥有一套完善、健全的信用制度、金融管理制度及法律法规，也包括拥有从事国际金融业务的专业人才，这些条件决定了是否具备组织起相当规模的金融资产交易的能力。

（三）宽松的外汇管理制度

国际金融市场需要国际资金能自由出入，从而成为国际资金的集散地。这就要求有一个开放的外汇市场。该外汇市场实施宽松的外汇管制，例如，货币能自由兑换、没有资金流动和信贷控制、金融管理较松、非居民参加金融业务活动享受与居民同等待遇等。

（四）现代化的通信设施和优越的地理位置

国际金融市场所处的地理位置优越以及时区适中，更能吸引各地投资者的参与。现代化的通信设施能保证国际信息通畅，更能适应国际金融业务活动的开展。

五、国际金融市场的作用

国际金融市场的形成和发展，一方面极大地推动了国际金融和国际贸易的发展，为世界各国经济发展做出了巨大贡献，另一方面也对世界经济的发展带来了一些消极影响。

（一）国际金融市场对世界经济的积极作用

（1）加速生产和资本的国际化进程。国际金融市场能在国际范围内把大量分散闲置资金聚集起来使其变成巨额有用的流动资本，并为职能资本提供国际获利机会，从而加速了生产和资本的国际化进程，并推动了跨国公司的发展壮大。

（2）促进各国国际收支平衡。有了国际金融市场以后，各国调节其国际收支的办法除了动用其国际储备外，又多了一条平衡国际收支的途径。第二次世界大战后，国际金融市场日益成为各国外汇资金的重要来源，而且国际收支逆差的国家也越来越多地利用国际金融市场上的贷款来弥补赤字。另外，还可以通过国际金融市场汇率变动来影响国际收支。

（3）支持世界各国的经济发展。国际金融市场的出现，使国际融资渠道更加畅通、更加灵活方便，使一些国家能比较顺利、方便地取得发展经济急需的资金，从而极大地支持了世界各国的经济发展。特别是对发展中国家，国际金融市场的这个作用显得尤为重要，因为发展中国家经济发展的绝大部分资金是从国际金融市场上筹集来的。

（4）推动国际贸易和国际投资的发展。因为有了国际金融市场，才使国际资金的运用、调拨和结算变得更加方便和快捷，也使其成本大大降低，时间大大缩短，这为扩大国际贸易发展，加速国际资本流动创造了极为有利的条件。

（5）有利于优化国际分工。在市场规律的作用下，国际金融市场上的资金流向经济效益最好、资金利用率最高、资金周转最快的国家或地区，从而有利于资源的全球优化配置，有利于建立合理科学的国际分工，促进经济全球化发展。

(二)国际金融市场对世界经济的消极影响

(1)国际金融市场在便利和促进国际资本流动的同时,也能使外汇汇率剧烈波动,从而增加了投资风险,导致投机行为发生,最终使国际金融形势出现动荡不安的局面。

(2)大量资本在国际快速流动,也会影响到一些国家国内金融政策实施的效用,从而不利于有关国家实现自己的货币目标。

(3)国际金融市场在为发展中国家提供资金支持的同时,也增加了这些国家的债务负担,从而埋下了国际债务危机的隐患。

(4)国际金融市场虽然有利于金融资源的全球优化配置,但是,如果这个市场是在无政府状态下的无序运作,那么也能使世界范围的贫富差距进一步扩大。

总之,我们在推动国际金融市场发展的同时,要注意扬长避短,化害为利,努力把它的消极影响减到最低限度。

任务二　国际金融市场业务

目前,国际金融市场上的业务主要有:国际货币市场业务、国际资本市场业务、国际外汇市场业务、国际黄金市场业务和金融衍生市场业务。

一、国际货币市场业务

国际货币市场是经营1年以内短期资金借贷业务的市场,又称国际短期资金市场。国际货币市场主体由商业银行、票据承兑公司、贴现行、证券交易商和证券经纪人等组成。

【提示】国际货币市场主要包括短期信贷市场、短期证券市场和票据贴现市场三种。

(一)短期信贷市场

短期信贷市场主要是指银行间同业拆放市场。该市场提供1年或1年以内的短期贷款,目的在于解决临时性的资金需要和头寸调剂。贷款的期限最短为1天,最长为1年,也提供3天、1周、1个月、3个月、半年等期限的资金;通常利率以伦敦银行间同业拆放利率(London Inter-Bank Offered Rate,LIBOR)为基准;交易通常以批发形式进行,少则几十万英镑,多则几百万、几千万英镑;交易简便,无需担保和抵押,完全凭信誉和电话电传进行。

银行间同业拆放市场是银行短期信贷市场的主要组成部分。拆放业务一部分通过货币经纪人办理,另一部分由银行之间通过货币交易部用电话直接进行。银行间同业拆放市场最初是用来平衡各银行每日的短期资金头寸的,后来逐渐发展成为营运性质的相互拆借。本国商业银行向国外商业银行拆入资金后,再转贷给本国的资金需求者即企业或机构,这已是国际上融通短期信贷资金的一种重要方式。

动漫视频

贴现与转贴现

【提示】伦敦的银行间同业拆放市场是世界上最早、最典型、最有代表性的短期信贷市场。

此外,商业银行也对各国政府和跨国公司提供短期信贷资金,以解决其短期资金的需要。这也是短期信贷市场的一项重要业务。

(二)短期证券市场

短期证券市场指的是1年期以内的短期金融工具交易的场所。交易对象有短期国库券(Treasury Bills)、可转让定期存单(Negotiable Certificate of Deposit,CD)、银行承兑汇票(Bank's Acceptance Bills)和商业承兑汇票(Commercial Acceptance Bills)。这些短期金融工具一般都具有信誉度高、流动性大、安全性好的特点,但它们只有符合金融当局有关法令时才能上市。

其中,国库券是西方各国财政部为筹集季节性资金需要,或是为了进行短期经济和金融调控而发放的短期债券，期限一般为 3 个月或半年，利率视情况而定，通常以按票面金额打折扣和拍卖(Auction)投标的方式销售。

可转让的银行定期存单是存户在银行的定期存款凭证，可以进行转让和流通。20 世纪 60 年代初，美国开始发行这种存单，定额为 100 万美元或 100 万美元以上，最少也有 50 万美元；英国于 60 年代末发行这种存单，金额从 5 万英镑到 50 万英镑不等。存单利率与伦敦银行同业拆放利率大致相同，到期后可向发行银行提取本息。

银行承兑汇票和商业承兑汇票都是一种信用支付工具，前者由银行承兑，后者由商号或个人承兑，承兑后可背书转让，到期可持票向付款人取款。由于银行信誉较高，银行承兑汇票比商业承兑汇票的流动性强。

（三）票据贴现市场

所谓贴现，是指将未到期的信用票据打个折扣，按贴现率扣除从贴现日至到期日的利息后向贴现行(Discount Houses)换取现金的一种方式。贴现市场就是对未到期的票据按贴现方式进行融资的场所。贴现交易使持票人提前取得票据到期时的金额(扣除支付给贴现行的利息)，而贴现行则向要求贴现的持票人提供了信贷。贴现业务是货币市场资金融通的一种重要方式。

【提示】贴现的票据主要有国库券、银行债券、公司债券、银行承兑票据和商业承兑票据，贴现率一般高于银行利率。

贴现行或从事贴现的公司可以用经贴现后的票据向中央银行要求再贴现(Rediscount)。中央银行利用这种再贴现业务来调节信用、调节利率进而调控宏观金融市场。转贴现是办理贴现的银行将其贴进的未到期票据，再向其他银行或贴现机构进行贴现的票据转让行为。

综上所述，国际货币市场是国际短期金融资产进行交换的场所。在这个市场上，资金暂时盈余的单位可以与赤字单位相互满足需求：一方面，该市场为短期资金的需求单位提供了从隔夜到一年的各种短期资金；另一方面，一些希望利用暂时闲置的资金获取收益的资金持有人获得了投资的渠道。由于该市场跨越国界，所以可在世界范围内进行短期资金的合理配置，增强了货币资金的利用效率。但是，由于该市场上的资金数额巨大而且流动性强，所以易对国际金融秩序造成猛烈的冲击，引发金融危机。

二、国际资本市场业务

国际资本市场是指期限在 1 年以上的资金借贷和资金筹集的市场，又称中长期资金市场。一般 1～5 年的为中期，5 年以上的为长期。国际资本市场主要是向跨国公司和各国政府提供进行固定资产投资所需的资金。该市场主体有银行、公司、证券商及政府机构。

【提示】目前，国际资本市场包括：银行中长期信贷市场、债券交易市场和股票交易市场。

（一）银行中长期信贷市场

银行中长期信贷市场是指政府机构和国际商业银行向客户提供中长期贷款的市场。充当国际信贷的货币必须是在国际上经常使用的可自由兑换的货币。政府中长期贷款的基本特征是期限长、利率低，并附带一定的条件。政府贷款的期限最长可达 30 年，利息最低可到零。附加条件一般为限制贷款的使用范围，例如规定贷款只能用于购买授贷国的商品，或规定受贷国必须在经济政策或外交政策方面做出某些承诺或调整。

动漫视频

银团贷款

【注意】政府贷款属于一种约束性贷款。

银行中长期贷款一般是无约束贷款，分为双边银行贷款和银团贷款两种。前者即独家银行贷款，后者又称辛迪加贷款或联合贷款，是指几家甚至十几家银行共同向某一客户提供贷款，由一家银行做牵头行，若干家银行做管理行，其余银行做参与行。牵头行通常也是管理行，收取牵头费和管理费，并与其他管理行一起承担贷款的管理工作。

【注意】辛迪加贷款是欧洲中长期银行信贷的主要方式。

银行中长期贷款的基本特征是：风险大，需提供担保；利率随行就市，但常以 LIBOR 为基础再加一定的加息率；贷款成本高，除支付利息外还需支付有关费用。这些费用主要有：付给贷款银团的管理费；付给代理行的代理费；借款人未按期提用贷款的赔偿费；贷款过程中发生的杂费，如交通费、宴席费、律师费。

（二）债券交易市场

债券是依照法定程序发行的约定在一定期限内还本付息的有价证券。债券发行人包括各国政府机构、企业、公司或金融机构。大多数债券的发行由银行或证券商作为中介，承销债券的发行。债券的购买者或资金的供方主要有保险公司、基金、信托公司、各种投资公司、各种金融机构，此外还有一些国家政府机构和个人也选择债券方式进行长期投资，以获取收益。债券作为一种直接融资的方式在 20 世纪 80 年代以后在世界范围得到迅速发展。

债券的发行市场又称为初级市场。大多数国家债券的发行没有固定场所。债券在不同投资者之间进行转手交易的市场称为二级市场，一般通过中介机构进行。证券交易所就是最典型的传统的有形二级证券市场。

目前，国际债券交易市场主要分为外国债券和欧洲债券两大部分。外国债券是指外国借款人到某一国家的债券市场上发行面值货币为市场所在国货币的债券。该债券由市场所在国机构承销，受市场所在国法律管辖。外国债券有许多俗称，例如在美国发行的美元债券称为“扬基债券”（Yankee Bond），在日本发行的日元债券称为“武士债券”（Samurai Bond），在英国发行的英镑债券称为“猛犬债券”（Bulldog Bond），等等。

欧洲债券（Euro-Bond）是指借款人到外国发行的不以市场所在国货币为面值的债券。例如，德国借款者在伦敦债券市场上发行的美元债券。欧洲债券市场是在欧洲货币市场的基础上发展起来的，起源于 20 世纪 60 年代，发展极为迅速。截至 2020 年 6 月，欧洲债券发行额突破 1 万亿欧元，达到一个新的里程碑。因此，欧洲债券市场是当前国际债券市场的主体和核心。欧洲债券市场已成为跨国公司、外国政府及发展中国家政府筹集资金的重要渠道。欧洲债券的面值货币主要有美元、英镑、日元、特别提款权等，并据此形成了几个主要的欧洲债券市场：欧洲美元债券市场、欧洲日元债券市场、欧洲英镑债券市场、欧洲特别提款权债券市场等。其中，欧洲美元债券市场的容量最大。欧洲债券市场的特点是资金规模大、流动性强、安全系数高、灵活性好、其利息收入可免所得税。近些年来，国际债券市场不断创新发展，又出现了一些新型的债券工具，主要有可转换债券、浮动利率票据、选择债券、零息债券、附有金融资产认购权的债券等。

外国债券与欧洲债券的主要区别是：①发行市场不同。前者是在债券标价货币发行国发行的债券，而后者是在发行人和面值货币所在国以外的第三国发行的债券。②发行货币的选择性不同。前者的面值货币仅限于债券发行国的货币，债券发行地一旦确定，面值货币自然就确定了，而后者的发行人可视各国不同的汇率、利率、股市行情等因素选择有利于发行人的一种货币。③税收政策不同。前者发行人必须依据债券市场所在国法律纳税，而后者是一种无国籍债券，发行人无须缴税。④发行方式不同。前者的发行由市场所在国的金融公司、财务公司、证券公司等组成承销团承购债券，常常采用公募和私募两种方式发行债券，而后者的发行往往是由一家或多家大银行牵头，联合多家金融机构在全球范围内配售，故多数采取公募方式发行，债券发售后可申请上市流通。⑤所受约束不同。前者的发行和交易一般受市场所在国相应法律法规的限制，而后者的无国籍性使其发行人可以绕过种种法规管制。

(三)股票交易市场

资本所有权的有价证券。股票的特点是:没期限、不返还、可流通、可分红利。股票市场有发行市场和交易市场之分。发行市场即发行新股票的市场;交易市场即买卖、转让已发行股票的市场。股票交易市场的核心是股票交易所,它是一个固定的、有组织地进行股票交易的场所。全球最大的股票交易所是纽约证券交易所,截至 2020 年 6 月,共有 1 956 家上市公司在纽约证券交易所上市,总市值 26.9 万亿美元。由于有大量外国公司的股票上市交易,投资者和筹资者都具有国际性,所以股票交易所已经成为具有高度国际化的国际金融市场。

三、国际外汇市场业务

外汇市场是专门从事外汇买卖的场所,它的参与者由买卖货币的所有机构和个人组成,主要包括政府主管外汇的机构、中央银行、商业银行、外汇经纪人、外汇交易商、外汇的实际供应者和需求者以及外汇投机者。

外汇市场交易包括即期交易、远期交易、期权交易。伦敦是世界外汇交易的最大中心,占世界外汇交易总额的 1/3。全世界外汇年交易额是世界贸易额的 10 多倍。纽约、苏黎世、法兰克福、东京、中国香港、新加坡等地是世界重要的外汇市场所在地。随着电子通信的发展,外汇买卖越来越多地通过传真、网络和电话来进行,交易主要发生在银行之间,因此,外汇市场实际上主要是银行之间的货币买卖市场。外汇交易的绝大多数是投机活动,利用异地异时微小的汇率差异进行营利性交易。通过电子手段,全世界各大时区的外汇市场已紧密地联系在一起,24 小时不间断地运作。

四、国际黄金市场业务

(一)国际黄金市场概述

国际黄金市场是各国集中进行黄金买卖的场所。目前,世界上共有 40 多个黄金市场。国际黄金市场的主体主要是:开采或销售黄金的企业、使用黄金的企业、各种金融机构以及为了保值或投机目的而参与黄金交易的企业和个人。国际黄金市场上的黄金供应有三个渠道:一是金矿开采者;二是各种金融机构、企业和私人出售的黄金;三是一些国家出售的金币或发行的黄金证券。国际黄金市场上的黄金需求也有三个方面:一是各国的国际储备需求;二是工业使用需求;三是私人保值储藏或投机的需求。随着黄金非货币化进程的发展,黄金在国际货币体系中所起的关键性作用正在逐渐消失,黄金市场越来越变成一种纯商品的交易。

黄金市场历史悠久。早在 19 世纪初,伦敦就成立了一个金条精炼、销售黄金和金币兑换中心,并于 1919 年 9 月开始实行按日报价制度,正式成为一个组织机构比较健全的黄金市场。20 世纪 70 年代以后,美国的纽约、芝加哥,亚洲的新加坡、中国香港都先后成为重要的国际黄金市场,连同伦敦、苏黎世市场,组成了国际黄金市场的统一整体。

【提示】目前世界最著名的四大黄金市场是伦敦、苏黎世、纽约和中国香港。

黄金市场分为实物黄金市场和黄金期货期权市场两部分。

(二)实物黄金市场

实物黄金市场主要以金条和金块的形式进行买卖,官方或民间铸造的金币、金质奖章、珠宝首饰也在该市场上买卖。其中,金条(Bullion)的形式有两种:纯度为 80%的沙金和经提炼纯度为 99.5%～99.9%的条状黄金。金条市场是黄金批发商(生产商、提炼商、中央银行)同小投资者及其他需求者之间的联系纽带。

实物黄金市场基本上是即期市场,为套期保值而作的远期交易是它的补充。交易在室内或场内进行,价格一般由买卖双方决定(但在金价定盘时,代理们一起商定一个价格)。由于一些黄金的巨额持有者直接进入即期市场会对黄金价格产生负面影响，因此就选择了黄金互换(Gold Swaps)的交易方式。

黄金互换交易是指黄金持有者把金条转让给交易商，换取货币，在互换协议期满时(一般为12～13个月)按约定的远期价格购回黄金。南非储备银行尤其喜欢采用这种交易方式。黄金互换交易与在卖出即期黄金的同时购入远期的交易方式在净效应上是相似的，区别是前者为两方交易，可以不通过交易商，因而对市场无直接影响。黄金互换交易也指交易商之间不同成色或不同地点的黄金互换，它可以减少交易成本，满足不同客户的需求和不同市场的要求。

伦敦是传统的黄金市场，它以 Rothschild & Sons、Mocatta & Glodsmid Ltd.、Samuel Montagu & Co.、Mase Westpec 和 Sharps Pixley 五个金行为核心。第二次世界大战爆发后，伦敦黄金市场曾经在 1939 年关闭，直到 1954 年以后才重新开放。布雷顿森林体系建立后，英格兰银行代理南非储备银行按每盎司 35 美元的官价在市场上买卖黄金。1960 年 10 月第一次美元危机爆发后，金价猛涨至每盎司 45.50 美元。为平抑金价，西方七国与美国达成了建立“黄金总库”的协议，英格兰银行代表总库买卖黄金，使金价维持在每盎司 35 美元。1968 年抢购黄金特大风潮爆发后，伦敦黄金市场于 3 月 15 日被迫关闭，黄金双价制因此出笼，英格兰银行不再干预金价定盘。为了吸引美国的投资者，伦敦黄金市场建立了一个以美元标价的下午金价定盘(Afternoon Fixing)。

虽然大部分世界新黄金供应量流经瑞士，但这对伦敦作为世界黄金定价中心的地位没有太大的影响。虽然瑞士的黄金进出口流量是世界最大的，但黄金市场交易规模不如伦敦。世界上主要黄金交易商的账户集中在伦敦，以及每天两次的金价定盘制度，促使伦敦黄金价格成为世界黄金市场上最有影响力的价格。几乎所有其他黄金市场，除了以当地价格标价，还以伦敦交易价格(Loco-London Price)标价。

尽管瑞士本身没有黄金供给，但它提供了特殊的银行制度和辅助性的黄金交易服务体系，为黄金买卖创造了一个既自由又保密的环境，因此，瑞士在世界实物黄金交易中保持了独特的优势。瑞士三大银行——瑞士信贷银行(Credit Suisse)、瑞士联合银行(Union Bank of Switzerland)和瑞士银行公司(Swiss Bank Corporation)——组成了苏黎世黄金总库(Zurich Gold Pool)。在伦敦黄金市场暂时关闭期间，总库同南非协商将以前运往伦敦的黄金直接运往苏黎世。到 1991 年，瑞士不仅成了世界上新黄金的最大中转站，而且成了世界最大的私人新黄金的存贮中心。瑞士年均黄金进口量占世界新黄金供应量的 60%，其中年均 15%的进口量留在瑞士国内，这表明每年大约 9%的世界新黄金供应量流入了瑞士的金库。而英国在 1960—1990 年的年均黄金净进口量(进口量与出口量之差)只占年均进口量的 0.6%。从 1968 年起，苏黎世成为实物黄金的主要中转站。

(三)黄金期货期权市场

自 20 世纪 70 年代早期以来，黄金期货期权市场就发展起来了。黄金期货期权交易大多出于投机或保值目的，很少有实物黄金的实际过户。

(1)黄金期货交易。它是指在合同规定的某个月的某个时间承诺交割或者接受和购买特定数额的黄金。期货合同由相关的交易所制定，其价格由竞价达成。期货买卖者可以做一个在同一月交割的相反交易停止(或放弃)期货，指令经纪人冲销原来的合同。没有被任何一方清算的合同被称为处于未清算(Open)状态，这些合同的总和称作未清算权益(Open Interest)。市场参与者把未清算权益看作市场状况的指示器。

最早的期货交易合同产生于 1972 年的温尼伯商品交易所(Winnipeg Commodity Exchange)。1974 年 10 月 31 日，美国撤销黄金管制后，美国的五大商品交易所(2 个在纽约，3 个在芝加哥)开始买卖黄金期货，其中纽约商品交易所(COMEX)居主导地位。黄金期货交易在 1981 年达到顶峰，成交量达 46 000 吨，几乎是当年新黄金供给的 44 倍，但 1992 年降至 21 000 吨，只有当年新黄金产量的10倍。其他国家(包括英国和瑞士)虽然也有黄金期货交易,但只有少数比较活跃。例如,东京工业品交易所(TOCOM)从1982年开始买卖黄金期货,成交量逐年增长。芝加哥商品交易所、中美洲商品交易所和香港期货交易所的期货交易市场也比较活跃。

(2)黄金期权交易。它是指期权购买者在协议价格(或实施价格)上买卖实物黄金或黄金期货合同的权利。与期货合同不一样,期权是指实施的权利,而不是执行的义务。买入期权(Call Option)的购买者有权从期权签发人处购得黄金,而卖出期权(Put Option)的持有者有权售出黄金。最近期权方面的创新有两种:一种称作平均期权(Average Option),它是指在期权的有效期内,当平均价格高于(低于)买入期权(卖出期权)的协议价格时,期权购买者将得到一笔补偿;另一种称作回望期权(Look-back Option),它把合同有效期内出现的最优价格作为协议价格,即买入期权的最低价或卖出期权的最高价。

最早的黄金期权合同也产生在温尼伯商品交易所。自纽约商品交易所在1982年10月开创自己的期权合同后,巴西的圣保罗也开始从事大量的期权交易。此外,中美洲商品交易所的期权交易也比较活跃。

2019年,纽约商品交易所(COMEX)黄金期货继续引领全球黄金期货交易,全年,包括"100盎司、50盎司、10盎司、1千克"4个合约的黄金期货量达150.1万吨,同比增长10.37%,仍在主要交易所中排名第一。

纽约商品交易所地处纽约曼哈顿金融中心,营业时间为周一至周五的9:00—14:30。纽约商品交易所的黄金期货、期权合同都以美元/盎司标价,合同规格为每份100盎司(成色99.5%),合同的最小价格变化(Tick Size)为每盎司0.1美元或每份合同10美元。期货、期权合同买卖可以在当月交割,也可以在接下来的两个月内交割,甚至可达22个月。月底交割时,必须办理纽约商品交易所账单的过户手续。

其他商品交易所是纽约商品交易所的补充,它们的黄金期货、期权交易的方式差不多。

黄金期货和期权交易也可以离开交易所进行,但是流动性要弱得多。美国的交易商发展了一种场外交易期权(Over-the-counter Option),它由商品期货代办行作担保。

【知识链接6—1】　　世界主要黄金市场

目前,世界上比较著名的黄金市场主要集中在伦敦、苏黎世、纽约和中国香港,此外还有新兴的迪拜等。

(1)伦敦黄金市场。伦敦黄金市场是世界上最重要的黄金现货市场,由5家大型黄金交易公司组成。受两次世界大战的影响,伦敦黄金市场走过一段开放—关闭—开放的历程。伦敦黄金市场交易的黄金数量巨大,多采用批发交易。该市场现货交易由美元计价,期货交易为英镑计价。

(2)苏黎世黄金市场。苏黎世黄金市场是第二次世界大战后发展起来的国际黄金市场。瑞士特殊的银行体系和辅助性的黄金交易服务体系,为黄金买卖提供了一个既自由又保密的环境。苏黎世黄金市场在国际黄金市场上的地位仅次于伦敦。

(3)美国黄金市场。纽约和芝加哥黄金市场是在1977年后美元贬值的影响下,美国人(主要是以法人团体为主)为了套期保值和投资增值获利而迅速发展起来。目前,纽约商品交易所和芝加哥商品交易所是世界上最大的黄金期货交易中心。

(4)中国香港黄金市场。中国香港黄金市场的形成以香港金银业贸易场的成立为标志。1974年,香港撤销了对黄金进出口的管制,此后香港金市发展极快。香港黄金市场在时差上刚好填补了纽约、芝加哥市场收市和伦敦开市前的空当,可以连贯亚、欧、美,形成完整的世界黄金市场。

(5)迪拜黄金市场 。迪拜黄金市场是一个新兴的黄金市场。在迪拜,有1 000多个分布在传统贸易中心的商店和贸易公司从事黄金交易。迪拜的黄金和珠宝集团是一个由500家店铺组成的协会，它不仅在阿联酋发挥着重要作用，而且在世界黄金再分配中心的进口黄金一项中排名第一。

五、金融衍生市场业务

（一）金融衍生工具的概念和分类

20世纪80年代以来，世界各国都出现了金融创新的浪潮。国际金融创新包括创造新的金融工具、交易技术、组织机构与市场等。其中，最为核心的是国际金融市场上金融工具的创新。由于这种创新是在市场上原有的金融工具的基础上创造出来的，所以它们被称为金融衍生工具（Financial Derivatives）或派生工具。金融衍生工具在现代国际金融市场上具有非常重要的地位。

金融衍生工具是一种双方或多方建立的合同，其合同价值取决于或派生自基础工具（Underlying Instrument）的价格及变化，即指依靠基础资产价格衍生出的新的交易工具。进行基础工具交易的市场就是基础市场，买卖经营衍生工具的市场就是衍生市场，两者是相对而言的。衍生市场受基础市场变化的影响，而其自身的变化反过来也会影响基础市场。衍生工具的作用是相同的，即转移风险，通过衍生工具，市场能把风险转移给那些有能力且愿意承担风险的机构和个人，而使企业和居民选择一种合适的风险水平。

根据基础资产价格，衍生工具分为利率类、汇率类和股指类三类；根据合约买方是否有选择权，衍生工具分为远期类（Forward-based）和期权类（Option-based）两类；而根据合约的标准化程度，衍生工具又可分为标准化合约和柜上交易（场外交易）合约两类。

（二）金融衍生市场业务的内容

金融衍生市场上主要进行四大类业务——期货、期权、远期和互换，并且这些基本业务还可以互相组合，形成更为复杂的新的衍生工具业务，比如互换与期权的组合即互换期权。目前，经营金融衍生工具业务的交易所主要包括芝加哥商品交易所（CME）、伦敦国际金融期货期权交易所（LIFFE）等10多家。在所有的衍生工具交易中，场外交易占绝大部分，场外市场主要参与者包括银行等金融机构。

（1）远期类合约。①远期合约（Forward Contract）：指买卖双方分别许诺在将来某一特定时间购买和提供某种商品，前者处于多方地位（Long Position），后者处于空方地位（Short Position）。远期合约的特征是，虽然实物交割在未来进行，但交割价格（Delivery Price）已在签约时确定。但是，由于其条款是针对具体的买卖而定的，很难找到第三者正好愿意接受合约中的条件，或者说二级市场的交易费用较高，所以远期合约的二级市场很难发展起来。②期货合约（Futures Contract）：这是一种标准化的远期交易，交易双方都必须在将来某一时间，在指定地点，以双方协商约定的价格购买或出售一定量的商品、货币或有价证券。这种合约的最大特点是标准化，只有价格是唯一变动的因素，此外合约其他的要素如期货的数量、交货期、交货地点等都是统一规定的。③互换（Swaps）：指交易双方通过远期合约的形式约定，在未来某一段时间内交换一系列的货币流量。货币流量可以是固定的，也可以是按基础工具价格的波动而调整的。按基础资产的种类，可分为利率互换、货币互换、商品互换、股权互换等。大多数互换是通过银行等金融机构进行的。

（2）期权类合约。①期权合约（Option Contract）：这是期权买卖双方的一个契约，它赋予合同的买方以权利而非义务，在某一天（即合同到期日）或在此之前，以一个事先约定的汇率（即合同交割价）向合同的卖方购买或出售约定的货币或其他资产。期权合约创始于1973年美国芝加哥商品交易所的股票期权，根据合同购买者的权利不同可分为买方期权（看涨期权）和卖方期权（看跌期权）；根据交割日不同可分为美式期权和欧式期权，前者可在到期日之前的任何一天交割，后者只能在交割日当天交割。期权合约的最大特征在于，它给予合约持有人选择执行合约或放弃的权利而非义务，作为代价，合约持有人付出期权费（或称保险费）。②利率上限和下限：利率上限（Interest Rate Caps）是用来保护浮动利率借款人免受利率上涨的风险而对借款利率设定了上限的合约；利率下限（Interest Rate Floors）是用来保护浮动利率贷款人免受未来利率下降的风险而设置了贷款利率下限的合约；利率上下限（又称利率区间，Interest Rate Collars）由利率上限和下限组合而成，在买入一个利率上限合约的同时又出售一个利率下限的合约，从而浮动利率借款人既可以固定利率成本又可以获得一定收入，进而降低购买上限合约的成本。③互换期权（Swaption）：这是一种二级衍生资产或称二级衍生工具，购买者获得的是在约定期限内实现互换交易的权利，同时必须支付一笔保证金作为取得合约的价格。互换期权适用于决定做互换又不确定互换时间的投资者。

任务三　欧洲货币市场

一、欧洲货币市场的概念

欧洲货币市场（Eurocurrency Market）是离岸金融市场的核心组成部分。欧洲货币（Eurocurrency）又称境外货币（Off Shore Currency），是在货币发行国境外被存储和借贷的各种货币的总称。它并非指欧洲国家的货币，“欧洲”一词也不是地理意义上的概念，而被赋予了经济上的概念，是“境外”“离岸”和“在货币所在国管辖之外”的意思。最早出现的欧洲货币是欧洲美元，即境外美元，后来扩展到欧洲英镑、欧洲马克、欧洲日元、欧洲瑞士法郎等。货币名称之前被冠以“欧洲”，是因为欧洲美元最初是在欧洲地区的银行被交易的。欧洲货币市场起源于 20 世纪 50 年代末的英国伦敦，其货币是欧洲美元（Euro-Dollars），因而又称欧洲美元市场。后来这个市场逐渐扩大，其主要借贷货币不仅有欧洲美元，而且有其他国家的货币，如英镑、马克、法国法郎、瑞士法郎和日元等。这些货币和美元一起形成范围广泛的欧洲货币市场。由于欧洲美元在欧洲货币市场的交易量中所占比重最大，一直是欧洲货币市场交易的主体。

二、欧洲货币市场的产生和发展

欧洲货币市场是因欧洲美元的出现而产生的。欧洲美元是指存放在美国境外银行的美元存款。第二次世界大战后，美国对西欧所提供的大量经济援助和军事援助，使大量的美元流入西欧。当时英国政府出于振兴第二次世界大战后经济和恢复英镑地位的考虑，准许伦敦的商业银行接受美元存款和办理美元信贷业务。另外，早在 20 世纪 50 年代初期，由于冷战期间东西方关系恶化，苏联和一些东欧国家鉴于美国冻结了中国在美国的存款这一情况，便把它们持有的美元转存到美国境外的银行中去，多数存在伦敦，这是最早的欧洲美元。于是首先在伦敦开始了以欧洲美元为主的外币交易，但数量不大。

1957 年发生英镑危机，英国政府为保卫英镑加强了外汇管制，禁止英国商业银行用英镑对英镑区以外的国家和地区进行贸易融资，致使英国商业银行纷纷转向经营美元，开始大量地吸收美元存款，利用美元存款贷给国际贸易商，这就使欧洲美元的数量大大增加起来。这样，一个在美国境外经营美元存放款业务的新兴欧洲美元市场即后来的欧洲货币市场便形成了。

1958 年以后，美国国际收支逆差逐渐扩大，对外负债逐年增加，获得国际收支盈余的国家将大量美元存放在西欧各国的银行，为欧洲美元市场提供了大量资金。同时，20 世纪 50 年代末，西欧一些国家取消了外汇管制，恢复了货币的自由兑换和资本的自由流动，于是不但美元在欧洲可以自由买卖，而且欧洲的境外货币种类也大为增加。这就为欧洲货币市场的顺利发展铺平了道路。

除了以上欧洲货币市场形成的原因之外，第二次世界大战后生产的国际化和资本的国际化发展，也是推动欧洲货币市场形成的重要原因。第二次世界大战后，国际贸易和国际直接投资迅猛发展，跨国公司和跨国银行的活动范围日益扩大，资本的国际化迅速发展。在跨国公司的经营活动中，一方面有大量的暂时闲置资金要获得收益，另一方面又要大量地筹集资金以满足国际经营和投资的需要。这就要求货币的国际化和金融市场的国际化，以便利资金可以在国际上灵活地运用和相互调拨，而不受一国政府的管制。这是欧洲货币市场产生和发展的最深厚的经济根源。

进入 20 世纪 60 年代，美国的国际收支逆差越来越大，美国为了平衡国际收支，采取了一系列限制资本外流的措施，如 1963 年 7 月实行的利息平衡税，规定美国购买国外有价证券所获得的高于本国证券利息的差额，必须作为税款上缴。1965 年 1 月的“自动限制贷款计划”限制美国银行对外国人的贷款数额。1968 年 1 月美国政府又对对外投资实行强制性控制。这些都使美元通过跨国公司和外国公司转向欧洲货币市场，以逃避管制。此外，美国联邦储备银行的“Q 条例”对银行定期存款利率规定了上限，但此项措施不适用于境外银行，境外银行的利率水平完全随市场的供求而浮动，不受任何法规的管制。在 20 世纪 60 年代中期，市场利率上升后，大量存款便从美国银行提出，转存于欧洲货币市场。美国联邦储备银行的“M 条例”规定，美国商业银行对国外银行的负债必须缴纳存款准备金，而美国国外分行不受此项条例的约束，国外的欧洲美元不必缴纳任何存款准备金，这又使大量的国内存款变成欧洲美元存款，而美国的海外企业也不愿意将海外经营利润汇回国内，而投向欧洲货币市场。

20 世纪 60 年代末 70 年代初，由于投机性短期资本的冲击，联邦德国、瑞士等国曾采取对非居民存款不付利息，甚至倒收利息的限制性措施，导致大量资金涌向欧洲美元市场。有的国家为遏制通货膨胀，采取鼓励持有外币的措施，以减少本国货币的流通和供应，从而造成境外居民的本币户改成境外居民的外币户，助长了欧洲美元市场的扩大。

20 世纪 70 年代以后，一些新的因素推动欧洲货币市场继续扩张。第一，美国持续巨额的国际收支逆差，使国际市场美元供给增多。1971 年美国宣布停止黄金与美元兑换，使各国中央银行及商业银行的美元大部分流入欧洲货币市场。第二，1973 年后，国际市场石油大幅提价，石油输出国获得巨额盈余资金，即石油美元，石油美元大量地投入欧洲货币市场生息获利，使欧洲货币市场存款总额急剧增加和市场规模迅速扩大。第三，跨国公司巨额资金的借贷活动继续成为欧洲货币市场发展的推动力。第四，发展中国家和社会主义国家为发展民族经济，也到欧洲货币市场筹措资金。

进入 20 世纪 80 年代，欧洲货币市场的资产总额继续成倍增长。但从 80 年代中期到 90 年代初，欧洲货币市场的增长速度因金融自由化的影响稍有回落，但 90 年代中期以后，其增长规模又有所扩大。欧洲货币市场经过几十年的发展，已从开始的欧洲地区扩展到世界各地。分布在西欧、加勒比和中美洲、中东、亚洲和美国等主要区域的离岸市场已有 40 多个，经营的币种已扩展到 20 多个。

三、欧洲货币市场的特点

欧洲货币市场是一个有很大吸引力的市场，这个市场与西方国家的国内金融市场以及传统的国际金融市场有很大的不同，关键在于这是一个完全自由的国际金融市场。

(1)欧洲货币市场经营自由。欧洲货币市场不受任何国家政府管制和税收限制，因此经营非常自由，例如，借款条件灵活、借款不限制用途等。

(2)欧洲货币市场资金规模庞大。资金来源广泛且数额庞大的欧洲货币市场能满足不同的国家及其银行、企业对不同期限和不同用途的资金需要。其资金来源逐渐由吸收短期资金到发行大额可转让存单。在资金运用上，中长期贷款、买方信贷及欧洲债券的业务量急剧增加。

(3)欧洲货币市场资金调度灵活、手续简便,有很强的竞争力。欧洲货币市场的资金不受任何管制,资金周转极快且调度灵便。

(4)欧洲货币市场具有独特吸引力。欧洲货币市场不受法定准备金和存款利率最高额的限制,有独特的利率体系,即相对较高的存款利率和较低的放款利率。此外,还有日益分散的国际借贷业务和向发展中国家渗透的国际金融垄断组织的活动。因此,欧洲货币市场对存款人和借款人都更具吸引力。

(5)欧洲货币市场是一个"批发市场"。欧洲货币市场银行同业间的资金拆借量非常巨大,并且欧洲货币市场大部分都是大客户,每笔交易数额很大,因而是一个资金批发市场。

四、欧洲货币市场的类型

(一)内外混合型

内外混合型是指离岸金融市场业务与所在国的在岸金融市场业务不分离。这一类型的市场允许非居民在经营离岸金融业务的同时也可以经营在岸业务和所在国的国内业务。内外混合型离岸金融市场是典型的国内市场和国际金融市场一体化的市场。这一点无论是在货币市场还是在证券市场或是外汇市场,表现都非常明显。随着管制的放松,不同市场的界限被打破,各类市场日益互相依存,它们之间的界限日趋模糊。内外混合型离岸金融市场的目的在于发挥两个市场资金和业务的相互补充和相互促进的作用。

【提示】内外混合型这种类型市场典型的地区是伦敦和香港。

(二)内外分离型

内外分离型是指离岸市场业务与在岸市场业务严格分离,这种分离可以是地域上的分离,也可以是账户上的分离,目的在于防止离岸金融交易活动影响或冲击本国货币金融政策的实施。美国纽约的离岸金融市场是一个典型代表,其主要特征是存放在离岸银行账户上的美元视同境外美元,与国内美元账户严格分开。此外,东京、新加坡也接近美国离岸市场的类型。

(三)分离渗透型

分离渗透型与内外分离型有相似的特征,它是在严格内外分离的基础上,允许部分离岸资金渗透到国内金融市场上来,目的在于利用地理优势更好地利用外资。典型的市场是马来西亚的纳闽岛和泰国的曼谷。但渗透到国内市场的离岸资金应取消作为离岸资金的一切优惠,以防止扰乱国内金融市场。一般来说,该类型的市场有较大管理难度,若管理不善,将会带来负面影响。1997 年泰国金融危机的发生,离岸资金的管理过于放松是原因之一。

(四)避税港型

避税港型离岸金融市场是指在不征税的地区,只是名义上设立机构,通过这种机构在账簿上中介境外与境外交易。实际上,资金的提供和筹集并不在那里进行,一些国际银行只是在那里开立账户,目的是逃避管理和避税,所以称为避税港型离岸市场,又称"账面上的离岸金融市场"。避税港型离岸金融市场大多位于北美、西欧、亚太等经济发达或投资旺盛、经济渐趋繁荣的地区附近,大多原系发达国家的殖民地或附属国。由于这些国家多为岛屿,与大陆分离,资源贫乏,制造业非常有限,对经济发展有许多制约和不利,为发展本国经济,改善国际收支状况,挖掘自身有利的条件,通过向非居民提供税收优惠,吸引非居民开展离岸金融业务。这些国家共同的特点,就是虽然政治经济不甚发达,但国家的政治经济稳定,一般有较充分的商务基础设施,特别是有较先进的交通设施和通信设施。同时,这些国家或地区汇集了一大批银行、保险公司、外汇及证券交易机构,形成了较完善的金融机构门类,同时还具有一大批有经验的专业金融服务人才,高效率地为非居民提供各种金融服务。另外,当地政府还对离岸金融市场业务提供一种较为宽松的管理氛围和优惠政策,对非居民外汇交易没有外汇管制,资金自由转移。

【提示】避税港型这类离岸金融市场的典型地区是加勒比海的巴哈马、开曼以及百慕大、巴拿马和西欧的海峡群岛。

五、欧洲货币市场的组成

欧洲货币市场按其业务可分为欧洲短期信贷市场、欧洲中长期信贷市场和欧洲债券市场。

(一)欧洲短期信贷市场

欧洲短期信贷市场形成最早、规模最大,其余两个市场都是在短期信贷市场发展的基础上衍生形成的。这个市场最主要有以下几个特点:①借贷期限短。欧洲短期信贷市场的交易大部分是按日计算的短期放款。一般为 7 天、30 天、90 天、180 天,最多不超过 1 年。3 个月期以内的借贷业务较多,3 个月至 1 年期的交易较少。其中隔夜交易比例相当大,虽然期限很短,但对维持银行资金周转与国际金融市场正常运行具有十分重要的意义。②借款数额较大。欧洲货币市场上每一笔交易额都很大,一般以 25 万英镑为起点,多者高达数百万英镑。因此,欧洲短期信贷市场的参与者主要是金融机构、跨国公司、政府机构及国际金融机构。③欧洲货币市场的伦敦银行同业拆放利率(LIBOR)是国际信贷市场的基础,许多国际借贷业务以 LIBOR 附加一定利息来确定。④欧洲货币市场上的存贷利差比较小,其存款利率一般略高于国内市场,贷款利率一般略低于国内市场,一般在 0.25%~0.5%。存贷款利差小的主要原因之一是经营境外货币的银行免交存款准备金。⑤条件灵活,选择性强。短期资金借贷的期限、货币种类、金额、交割地点以及利率均由借贷双方协商确定。⑥发生在银行同业之间拆借一般建立在信誉的基础上,无须提供抵押品。

(二)欧洲中长期信贷市场

欧洲中长期信贷市场主要从事借贷期限 1 年以上的业务活动。国际银团贷款或称辛迪加贷款,是欧洲资本市场上中长期信贷的典型形式。辛迪加贷款是由一家银行牵头,由几家甚至几十家银行组成银行集团,共同筹措并联合提供金额较大、期限较长的贷款。

1. 辛迪加贷款的形式

辛迪加贷款有两种形式:①直接银团贷款,即参加银团的各成员行直接向借款人提供贷款,贷款的具体工作由各贷款银行在贷款协议中指定的代理银行统一管理。②间接银团贷款,即辛迪加贷款。辛迪加贷款的银团由三部分构成,分别是牵头银行、代理银行和参加银行。牵头银行负责与借款人谈判,项目确立之后,由牵头银行将参加贷款份额分别转售给其他参与银行;这些参与银行负责提供一定比例的贷款;代理银行负责具体事务性工作,包括负责监督管理贷款项目的实施。

2. 辛迪加贷款的特点

辛迪加贷款具有很多优点:①由于参加辛迪加贷款的银行很多,每个参加行只需对某个项目提供贷款总额的一个百分比,如果该项目在运转过程中出现问题,每个银行个体只承担部分风险,有利于风险的分散,同时数家银行共同承担某一个项目,也减少了同业之间的竞争,达到参加银行共同分散风险、共同获取利润的目的。②对借款者来说,借款项目通常需要资金量大、期限长,这是某一家银行难以承担或不愿意承担的项目。辛迪加贷款的形式使贷款金额分割给不同的银行来承担,或者说从期限上分割成不同的银行提供不同时期的贷款额度,大大便利了借款人的筹资。③借款者只需委托牵头银行即可得到大笔借款,在整个贷款期间也只需同代理银行打交道,十分便利。④辛迪加贷款可以承担贷款数额巨大、期限长的项目,一般贷款期为 5~10 年,或 10 年以上,但要求贷款资金专款专用。

3. 辛迪加贷款的利息和费用

辛迪加贷款的成本由利息和费用两个部分构成。辛迪加贷款的利息是以伦敦银行同业拆放利率 LIBOR 为基础，再加上一个附加利率构成。一般而言，附加利率比较稳定，而 LIBOR 经常波动。由于伦敦各主要银行都提供出自己的 LIBOR，因此用哪种 LIBOR 作为辛迪加贷款利率要由借贷双方协商确定。通常确定方法有以下几种：①寻求各主要银行报价中的最优价格；②选择几家参考银行的报价，折算出平均利率；③将贷款银行与主要银行的平均利率作为贷款利率；④由贷款银行单独确定。国际银行中长期贷款利率一般采用可调整利率结构，即利率在一定时期保持不变，但每隔 3～6 个月就要按照市场利率进行调整，实际是按期调整的浮动利率。附加利率要根据借款人的信誉状况、贷款风险程度、贷款期限、市场资金供求、金额大小等具体情况来确定，一般为 1%左右。

辛迪加贷款的费用大体分为三个部分，分别为管理费、代理费和承担费。①管理费是借款人支付给辛迪加贷款牵头银行的佣金，是对牵头银行成功组织辛迪加贷款所支付的报偿。管理费一般按贷款总额的一定百分比一次或分次支付，费率一般为总额的 0.5%～2.5%。②代理费是支付给代理行的费用，通常情况下，辛迪加贷款有一家代理银行，负责贷款期间与借款人之间的各项具体事务，如邮政、通信等。具体业务费用实报实销，除此之外还要另外向代理行支付代理费，作为对代理银行提供服务的酬金。一般代理费按照事先商定的金额支付。③承担费是借款人未能按期使用银团或贷款银行已经按贷款合约准备好的资金，给贷款银行造成影响而支付的赔偿性费用，一般费率为贷款总额的 0.25%～0.75%。这是为了促使借款人积极有效地利用贷款，也不妨碍贷款银行有效地运筹资金。

（三）欧洲债券市场

欧洲债券市场是指从事由国际辛迪加承保的、在面额货币国家以外发行和交易国际债券的业务活动。欧洲债券是指发行人在本国之外的市场上发行的、以发行所在地国家之外的货币为面值的债券。例如，美国人在法国发行以英镑为面值的债券。

欧洲债券有以下特点：①欧洲债券是在国际资本市场上融资的一个重要途径。欧洲债券的发行人、发行地点和货币单位分别属于不同国家。②欧洲债券实际上是一种无国籍债券，它的发行人通常是政府机构、大公司和国际性金融机构。欧洲债券的发行不受任何政府的管辖，是一种完全自由的债券。欧洲债券可以同时在几个国家发行，多数国家对发行期限和数量没有限制，也不需要发行前的注册和信息披露手续。欧洲债券的出售通常是通过国际辛迪加承包后再进行分售。③欧洲债券市场有容量大、发行灵活、发行成本低、品种多、流动性高、利息不纳税等优点。

六、欧洲货币市场的作用和影响

欧洲货币市场形成以后，对世界经济发展的影响包括两方面。

（一）欧洲货币市场的积极作用

欧洲货币市场形成以后，对世界经济发展起到极大的推动作用。首先，欧洲货币市场作为战后最大的国际资金市场对发达国家和发展中国家的经济发展作出了巨大的贡献，很多国家正是依靠欧洲货币市场的资金，解决了国内生产建设资金短缺的难题，使经济得到迅速发展。其次，欧洲货币市场为国际收支逆差国提供了资金融通的便利，缓和了世界性的国际收支危机。由于世界性石油危机、国内的经济危机及产业结构等原因，有些国家常常出现国际收支逆差，而欧洲货币市场雄厚的资金可以在一定程度上满足各国为弥补国际收支赤字所需要的资金，从而缓和了世界性的国际收支危机。最后，欧洲货币市场的产生和发展打破了各金融中心之间相互独立的状态，形成了国际金融市场全球一体化，这种一体化有利于降低国际上资金流动的成本，有利于国际贸易的发展。

（二）欧洲货币市场的消极影响

欧洲货币市场对世界经济发展除了有推动作用之外，还有一定的消极影响。第一，削弱了各国货币政策的效力。欧洲货币市场的活动往往会使一些国家的金融政策不能收到预期的效果。如一国国内出现通货膨胀时,该国采取紧缩的货币政策以抑制投资和消费,但国内的银行和企业却能从欧洲货币市场获得信贷,从而使国内紧缩政策的威力减弱。第二,影响国际金融市场的稳定。欧洲货币市场资金流动不受管制的特性,为外汇投机活动提供了方便,加大了汇率的波动幅度,从而加剧了国际金融市场的动荡。第三,加大了国际金融市场的信贷风险。欧洲货币市场的资金来源中,短期资金和同业拆借资金占有相当大的比重,而欧洲货币市场中的很多贷款是中长期的。这种短借长贷的运作方式加大了国际金融市场的信贷风险。

应知考核

一、单项选择题

1.(　　)的产生标志着欧洲货币市场的形成。

A. 欧洲英镑　　B. 欧洲法郎　　C. 欧洲日元　　D. 欧洲美元

2. 货币市场是指借贷期限在(　　)以内的交易市场。

A. 2 年　　B. 半年　　C. 1 年　　D. 3 个月

3. 所谓外国债券,是本国发行人在国外债券市场上发行的以(　　)计值的债券。

A. 本国货币　　B. 外国货币

C. 市场所在国货币　　D. 有价证券

4. 欧洲货币市场发端于(　　)。

A. 欧洲美元市场　　B. 欧洲英镑市场

C. 欧洲法郎市场　　D. 欧洲日元市场

5. 欧洲债券是在(　　)以外的国家发行的,是一种境外债券。

A. 非面值国　　B. 美元　　C. 面值国　　D. 欧洲

6. 国际金融市场分为传统的国际金融市场和(　　)。

A. 国外金融市场　　B. 国内金融市场

C. 新兴的国际金融市场　　D. 美国金融市场

7.(　　)在国际金融市场上既是信用中介,又是最重要的融资者。

A. 中央银行　　B. 商业银行

C. 各国政府　　D. 国际金融机构

8. 目前,在美国的外国债券市场称为(　　)。

A. 扬基债券市场　　B. 武士债券市场

C. 猛犬债券市场　　D. 将军债券市场

9. 在欧洲货币市场上,银团贷款属于(　　)形式。

A. 欧洲短期信贷　　B. 欧洲中长期信贷

C. 欧洲债券业务　　D. 存款业务

10. 欧洲货币市场存贷利率差一般为(　　)。

A. 0.1%～0.4%　　B. 0.5%～0.8%　　C. 0.25%～0.5%　　D. 0.2%～0.3%

二、多项选择题

1. 离岸金融市场按其业务特点可分为(　　)。

A. 一体型　　B. 分离型　　C. 簿记型　　D. 混合型

2. 下列说法正确的有(　　)。
A. 欧洲货币市场是专指欧洲的货币市场
B. 欧洲货币市场交易的是境外货币
C. 欧洲债券市场是欧洲货币市场的一种短期借贷形式
D. 美国国际收支的巨额逆差是欧洲货币市场得以发展的重要原因
3. 国际金融市场具体包括(　　)。
A. 货币市场　　B. 资本市场　　C. 外汇市场　　D. 黄金市场
4. 货币市场的主要工具有(　　)。
A. 国库券　　B. 商业票据
C. 大额可转让定期存单　　D. 股票
5. 资本市场上的业务内容主要包括(　　)。
A. 银行中长期贷款　　B. 对外贸易中长期贷款
C. 中长期证券业务　　D. 政府信贷

三、简述题

1. 简述际金融市场的概念和特点。
2. 简述国际金融市场的形成条件。
3. 简述国际金融市场的作用。
4. 简述国际金融市场业务。
5. 简述欧洲货币市场的特点、作用和影响。

应会考核

■ 观念应用

【背景资料】

1967年6月,新加坡成立了货币委员会,从英国人手中收回了货币发行权,发行了自己的货币。1968年,新加坡政府创建了亚元市场,亚太地区特别是新加坡国际银行从事境外美元及其他可兑换货币的存贷款业务。1972年以后,新加坡政府取消了外汇管制。1990年又进一步放宽了对外资持有银行股份的限制。经过30多年的努力,新加坡亚元市场获得较大发展。新加坡由此成为全球性的国际金融中心。

【背景分析】

通过上述材料,试分析新加坡金融市场国际化的成功经验。

■ 技能应用

【技能资料】

2020年6月9日,国际资本市场协会(ICMA)继绿色债券原则和可持续发展债券原则之后又推出了新的指导文件——与可持续发展挂钩债券原则(Sustainability-Linked Bond Principles, SLBP)。该原则是对2019年出现的与可持续发展挂钩债券的回应,为此类债券提供了具体和明确的指导,旨在推动与可持续发展挂钩债券的发展。

【技能要求】

根据技能资料,请分析与可持续发展挂钩债券是什么。

■ 案例分析

【案例背景】

硅谷银行(Silicon Valley Bank,SVB)是全美排名第16位的商业银行,是一家位于美国硅谷地区的银行,规模属于中等,于1983年成立,主要服务于科技企业和创业公司。然而,近期该银行因为财务问题,宣布申请破产倒闭。硅谷银行的财务问题可以追溯到2017年,当时该银行的资本金不足以满足监管要求。为了满足监管要求,硅谷银行进行了一次私募股权融资,但并没有达到预期的筹资目标。此后,硅谷银行一直处于财务紧张状态,并多次收到美国银行监管机构的警告。

在2022年初时,硅谷银行的财务问题就已经愈发严重,导致其无法履行客户存款和贷款承诺。该银行向美国联邦存款保险公司(FDIC)申请了破产保护,并在破产程序中被迫关闭。截至2022年底,硅谷银行总资产约为2 090亿美元,其中存款规模1 754亿美元(包括约1 500亿美元的未投保存款)。而在其资产方,超过1 100亿美元配置于美国国债与机构债,贷款占比仅为30%。根据公开资料,在硅谷银行的债券资产中,仅有270亿美元的债券是以公允价值(AFS)计价的,高达900亿美元的债券是以持有至到期方式(HTM)计价的。

硅谷银行破产的直接原因在于:

第一,随着美国货币政策的收紧,以及移动互联网融资周期的下行,风险投资新增规模明显下降,导致创新企业不得不大量消耗自身存款,这导致硅谷银行负债方迅速收缩。

第二,为了匹配负债方的收缩,硅谷银行不得不大规模出售持有的美国国债与MBS。由于美联储持续加息导致存量美国国债与MBS的市场价值大幅缩水,一旦硅谷银行出售这些债券,原本不必披露市场价值亏损的HTM计价债券就会出现现实损失。数据显示,硅谷银行近期出售了210亿美元债券,发生了18亿美元的交易损失。

第三,硅谷银行披露的交易损失让硅谷银行投资者陷入了恐慌,因为后者担心硅谷银行超过1 000亿美元的债券投资一旦发生超过10%的损失,硅谷银行的资本金将被完全抹掉。

第四,在恐慌情绪驱动下,存款企业纷纷到硅谷银行提现,这就产生了经典的银行挤兑(Bank Run)现象。例如,在硅谷银行倒闭前一天,客户从该行提取了约420亿美元存款,导致该行现金余额不足10亿美元。而一旦大规模银行挤兑发生,硅谷银行陷入破产就难以避免。

资料来源:新浪财经,https://finance. sina. com. cn/jjxw/2023－03－14/doc-imykvkrx8379405. shtml。

【背景思考】

硅谷银行破产,对中国金融市场冲击的影响可能会有哪些?

项目实训

【实训项目】

分析解读国际金融市场

【实训情境】

(1)请运用国际金融市场划分原理,从不同角度对国际金融市场进行分类。

(2)结合实际谈谈国际金融市场的形成和发展对国际贸易、国际金融和各国经济发展所作出的巨大贡献。

【实训任务】

分析解释国际金融市场。通过实训使学生能够运用所学知识,践行社会主义核心价值观,增强贡献理念。

<table>
<tr><th colspan="3">《分析解读国际金融市场》实训报告</th></tr>
<tr><td>项目实训班级：</td><td>项目小组：</td><td>项目组成员：</td></tr>
<tr><td>实训时间：　　年　　月　　日</td><td>实训地点：</td><td>实训成绩：</td></tr>
<tr><td colspan="3">实训目的：</td></tr>
<tr><td colspan="3">实训步骤：</td></tr>
<tr><td colspan="3">实训结果：</td></tr>
<tr><td colspan="3">实训感言：</td></tr>
<tr><td colspan="3">不足与今后改进：</td></tr>
<tr><td colspan="3">项目组长评定签字：　　　　项目指导教师评定签字：</td></tr>
</table>

项目七

国际金融机构

○ **知识目标**

理解：国际金融机构的概念和分类；国际金融机构的产生与发展；国际金融机构的作用和特点。

熟悉：各国际金融机构的宗旨及其作用。

掌握：各国际金融机构的资金来源及其主要业务活动。

○ **技能目标**

具备运用国际金融机构的理论知识，积极开展我国与国际金融机构的合作，促进我国经济的发展。

○ **素质目标**

能够运用所学知识研究相关案例，培养和提高学生在特定业务情境中分析与解决问题的能力；具有国际金融机构方面的理论素养，能够把握各种不同金融机构之间的相互关系和作用。

○ **思政目标**

能够正确地理解“不忘初心”的核心要义和精神实质；树立正确的世界观、人生观和价值观，做到学思用贯通、知信行统一；通过国际金融机构知识，熟知各国际金融机构主要的国际金融业务和活动。

○ **课程思政**

人民币与周边国家及“一带一路”沿线国家本币结算面临新机遇

在市场需求的推动下，近年来人民币在周边国家及“一带一路”沿线国家的使用取得积极进展。2019 年，中国与周边国家跨境人民币结算金额约为 3.6 万亿元，同比增长 18.5%，其中：货物贸易项下人民币跨境收付金额合计 9 945 亿元，同比增长 15%；直接投资项下人民币跨境收付金额合计 3 512 亿元，同比增长 24%。与“一带一路”沿线国家办理人民币跨境收付金额超过 2.73 万亿元，同比增长 32%，其中：货物贸易收付金额 7 325 亿元，同比增长 19%；直接投资收付金额 2 524 亿元，同比增长 12.5%。人民币已与马来西亚林吉特、新加坡元、泰铢等 9 个周边国家及“一带一路”沿线国家货币实现了直接交易，与柬埔寨瑞尔等 3 个国家货币实现了区域交易。

我国金融市场开放为周边国家及“一带一路”沿线国家投资者提供了多元化的投融资渠道。周边国家及“一带一路”沿线国家投资者不仅可以通过 RQFII、沪深港通、直接入市投资、债券通等多种渠道投资我国金融市场，而且我国机构投资者也可以通过 RQDII 机制投资周边国家及“一带一路”沿线国家金融市场人民币计价的金融产品。

2019 年，菲律宾政府、葡萄牙政府、新开发银行、意大利存贷款集团等周边国家及“一带一路”沿线国家境外机构在我国债券市场共发行熊猫债超过 400 亿元，占 2019 年发行总金额的 68%。越来越多的周边国家及“一带一路”沿线国家投资者投资我国金融市场，获取人民币金融资产的高收益投资回报，分享中国经济增长的好处。

我国与周边国家及“一带一路”沿线国家的双边货币金融合作不断深化。2008 年以来，我国先后与越南、老挝、俄罗斯、哈萨克斯坦等 9 个周边国家及“一带一路”沿线国家签署了双边本币结算协议，与俄罗斯、印度尼西亚、阿联酋、埃及、土耳其等 23 个周边国家及“一带一路”沿线国家签署了双边本币互换协议。

资料来源：金融界，http://www.jrj.com.cn。

○ **思政反思**

请问 2016 年 10 月 1 日人民币加入 SDR 后对中国与周边国家及“一带一路”沿线国家带来哪些机遇与挑战？距离上一轮评估历时整整五年人民币终于加入 SDR，人民币资产逐渐成为周边国家及“一带一路”沿线国家央行分散投资及外汇储备的选择。韩国、新加坡、泰国、菲律宾、印度尼西亚等国家央行已将人民币纳入外汇储备。随着中国与周边国家及“一带一路”沿线国家经贸往来的不断深化，我国与周边国家及“一带一路”沿线国家已形成相互依存的新发展格局，人民币与周边国家及“一带一路”沿线国家本币结算面临新机遇。当代大学要清醒地认识到：困难与希望同在，挑战与机遇并存，在困难和压力面前，只要有良好的心态、坚忍不拔的毅力、不屈不挠的韧劲和冷静科学的处理方法，劣势总会变优势，不利总会变有利。

○ **知识精讲**

任务一　国际金融机构概述

一、国际金融机构的概念和分类

国际金融机构（International Financial Institution）是由一些国家政府之间通过签署国际条约或协定而建立的从事国际金融业务、协调国际金融关系、维系国际货币和信用体系正常运作的超国家金融机构。国际金融机构多以银行形式出现，少数采取基金组织、协会或金融公司等名称。

【提示】国际金融机构的名称大多数称为银行，也有的称为基金组织、公司、协会等。

国际金融机构的分类，如图 7—1 所示。

- 国际金融机构
  - 1. 按地区范围
    - 全球性的国际金融机构
      - 国际货币基金组织
      - 世界银行集团
    - 区域性的国际金融机构
      - 半区域性的国际金融机构
      - 地区性的国际金融机构
  - 2. 按业务职能
    - 主要从事国际金融业务的协调和监督的国际金融机构
    - 主要从事各种国际信贷业务的国际金融机构
    - 主要从事国际收支结算的国际金融机构

图 7—1　国际金融机构分类

【提示】半区域性的国际金融机构，是指其成员主要由区域内的国家组成，但也有少数区域外的国家参加，如国际清算银行、亚洲开发银行、非洲开发银行、泛美开发银行等。地区性的国际金融机构，是指其成员完全由区域内的国家组成，如欧洲投资银行、阿拉伯货币基金组织、伊斯兰发展银行等。

二、国际金融机构的产生与发展

国际经济的产生和发展，引出和带来了国际金融业务；国际金融业务的存在和发展，促使和诱发国际金融机构的产生和发展。

在第一次世界大战之前，国际经济相对落后和不发达，主要资本主义国家之间的结算关系和货币信用尚处于初始阶段，因而，客观上还没有建立国际金融机构的必要性。

第一次世界大战以后，战胜国集团为处理战后德国赔款问题，由英、法、意、德、比、日 6 国的中央银行和代表美国银行界的美国摩根银行，于 1930 年 5 月在瑞士巴塞尔成立了国际清算银行(Bank for International Settlements，BIS)。这是建立国际金融机构的重要开端，从而产生了世界上第一个国际金融机构。

第二次世界大战以后，美国凭借自己雄厚的经济实力，极力主张建立国际金融机构，以控制国际金融局势，为扩大其商品和资本输出创造有利条件。一些工业国家则急需"外援"来恢复战后经济发展，与此同时，许多新兴的发展中国家也迫切需要注入资金发展民族经济，它们都急切希望建立国际金融机构。

正是在这种历史背景下，1945 年 12 月，29 个国家的政府批准成立了国际货币基金组织(International Monetary Fund，IMF)、国际复兴开发银行(International Bank for Reconstruction and Development，IBRD)和世界银行(World Bank，WB)等全球性的国际金融机构。世界银行加上其后来又设立的两个附属机构，即国际开发协会(International Development Association，IDA)和国际金融公司(International Finance Corporation，IFC)，这三个机构统称为世界银行集团。

动漫视频

IMF

欧洲经济共同体为了抵制美国对国际金融事务的操纵和控制，加强本地区的经济发展，于 1957 年成立了欧洲投资银行(Europe Investment Bank，EIB)，这是最早的区域性国际金融机构。1960 年以后，亚洲、非洲、拉丁美洲、中东等地区的国家也通过互助合作方式先后成立区域性的国际金融机构，如 1964 年 9 月成立的非洲开发银行(African Development Bank，AFDB)和 1966 年 11 月成立的亚洲开发银行(Asian Development Bank，ASDB)。

三、国际金融机构的作用

第二次世界大战后国际金融机构的发展，特别是全球性的国际金融机构的建立，在促进世界经济和区域经济发展方面起到了重要作用。

(1)促进了国际间经济，特别是金融事务的协调与合作。

(2)通过对会员国提供短期资金，调节国际收支逆差，在一定程度上缓和了国际支付危机。

(3)提供长期发展建设资金，促进了各国经济的复兴和发展，特别是为发展中国家民族经济的发展提供了重要的资金帮助。

(4)调节国际清偿能力，特别是国际货币基金组织提供的普通提款权和特别提款权，增强了会员国的偿债能力，适应了世界经济发展的需要。

(5)稳定汇率，并在此基础上促进了国际贸易和国际投资的增长。

四、国际金融机构的特点

国际金融机构的特点是：①国际金融机构是超国家性质的，对任何国家而言都是非居民。②国际金融机构的经营管理不以营利为目的，其主要目标是协调国际货币关系，促进国际经济合作，推动全球经济发展。③国际金融机构不按某一国家的法律或惯例建立并运作，有自己独特的运营方式。④国际金融机构的基本业务多以贷款这种最基本的金融工具为主，但却并不完全按照市场经济原则来进行。⑤各国在国际金融机构中的地位并不是完全平等的。各国在国际金融组织内的发言权事实上是以其在世界经济中的经济实力为基础的。因此，西方发达国家在国际金融机构中占有较大的话语权，而发展中国家的地位和影响力十分有限。

任务二　国际货币基金组织

一、国际货币基金组织的建立及其宗旨

（一）国际货币基金组织的建立

国际货币基金组织（International Monetary Fund，IMF）是根据1944年在美国布雷顿森林召开的联合国货币金融会议上通过的《国际货币基金协定》而成立的全球性政府间国际金融机构。1946年3月，国际货币基金组织正式成立，总部设在华盛顿。1947年3月1日，国际货币基金组织开始正式运作，随后成为联合国的专门机构，在经营上有其独立性。

【提示】国际货币基金组织与世界银行集团、世界贸易组织共同构成战后国际经济秩序的三大支柱。

（二）国际货币基金组织的宗旨

IMF作为永久性机构的宗旨是：①促进国际货币合作，为国际货币问题的磋商和协作提供方法；②促进国际贸易的扩大与平衡发展，以提高和维持高水平就业和实际收入，以及开发成员国的生产资源；③稳定国际汇率，在成员国之间保持有秩序的汇价安排，避免竞争性的汇价贬值；④协助建立成员国经常性交易的多边支付制度，消除妨碍世界贸易的外汇管制；⑤向成员国提供临时性资金，帮助其纠正国际收支失衡。

二、国际货币基金组织的组织机构

国际货币基金组织的管理机构由理事会、执行董事会、总裁和业务机构组成。其成员实行会员制，包括初始成员国和其他成员国，二者在权利和义务上没有区别。参加基金组织的每个成员国都要认缴一定的基金份额。基金份额的多少决定着成员国投票权的多寡和向基金组织取得贷款权利的多少。国际货币基金组织的最高权力机构是理事会，由各成员国委派理事和副理事各1人组成。执行董事会是负责处理基金组织日常业务的机构，共由23人组成。国际货币基金组织的重大决策由成员国投票表决，每个成员国拥有250票的基本投票权。成员国每认缴10万美元份额（1970年后以特别提款权为计算单位）便增加1票。在表决时，对特殊重大问题采用7/10或85%多数通过原则。这种权利分配方式与股份公司十分相似。

三、国际货币基金组织的资金来源

（一）基金份额

基金份额是成员国向国际货币基金组织认缴的资金，是基金组织最主要的资金来源。在国际货币基金组织建立之初，以黄金和本币的形式来缴纳。每一成员国应缴纳的数量由国际货币基金组织理事会决定。1978年，该组织取消了份额的25%必须以黄金缴纳的规定，改为以外汇或特别提款权（SDRs）缴付，其余部分仍以本国货币缴付。份额中的外汇存放于有关国家的中央银行，本币则存放于本国中央银行在基金组织的账户中。国际货币基金组织创始初期份额总数为100亿美元。各成员国在基金组织份额的大小决定了其在基金组织的投票权、借款数额、分配的特别提款权

的多少。2006年在新加坡举行的国际货币基金组织和世界银行年会上，通过了中国、韩国、墨西哥、土耳其在国际货币基金组织中拥有更多份额的议案。

（二）借款

国际货币基金组织另一重要的资金来源是借款。国际货币基金组织通过成员国或其他途径对外借款弥补份额作为资金来源的不足，对外借款在紧急情况下向基金组织提供暂时性补充资金方面发挥了重要作用。

（三）信托基金

信托基金是一项临时性的资金来源。国际货币基金组织于1976年决定将其所持有黄金的1/6，即2 500万盎司分4年按市价出售，并将所获利润的一部分作为建立“信托基金”的资金来源，向低收入发展中国家提供优惠贷款，其总额有30亿美元特别提款权。

此外，捐款和经营收入也构成基金组织少量的资金来源。

四、国际货币基金组织的主要业务活动

（一）向成员国提供各种贷款

国际货币基金组织主要的日常业务活动是向国际收支出现困难的成员国提供不同类型的贷款。基金组织最初只发放普通贷款，后来陆续增加了中期贷款、补偿贷款、缓冲库存贷款和一些临时性贷款。

普通贷款又称基本信用贷款，是国际货币基金组织为解决成员国的暂时性国际收支困难，利用成员国认缴的份额形成的基金，对成员国提供的分步审批的贷款。基金组织对普通贷款的发放，以成员国所缴纳的份额为基础，最高额度为成员国所缴纳份额的125%。基金组织对这部分贷款实行分档管理的政策，即将成员国份额的125%五等分，每部分均为25%。第一个25%为储备部分，后面四部分统称信贷部分。

(1)储备部分贷款，即成员国申请的不高于本国份额25%的贷款。会员份额的25%由最初的用黄金缴纳变成现今的用SDRs或指定的外汇缴纳。这部分贷款实质上没有构成基金组织的债务，因而这部分贷款的获取无条件、无须批准、无须支付利息且可自动提用。

【注意】国际货币基金组织储备部分中未提取的部分，被视为成员国政府的自由储备，属于其国际储备。

(2)信贷部分贷款，即成员国申请的在其所缴纳份额的25%～125%的贷款。储备贷款使用完后，可依次使用第一、第二、第三、第四档信用部分贷款，档次越高，审批手续越严。申请第一部分信用贷款的成员国只有提交了克服国际收支困难的具体计划才能获得基金组织的批准。而申请高档信用部分贷款时，成员国既要提供完善的国际收支方案，也要制订全面的财政稳定计划和相对合理适当的财政、货币、汇率政策等。同时，在之后的贷款使用过程中，基金组织会对其有一定程度的监督。一旦发现没有履行计划，基金组织将采取进一步措施以保证目标实现。

（二）汇率监督与政策协调

除了提供贷款之外，国际货币基金组织的主要活动还包括：①通过发行特别提款权来调节国际储备资产的供应和分配；②通过汇率监督促进汇率稳定；③协调成员国的国际收支调节活动；④取消货币兑换限制；⑤促进国际货币制度改革。

（三）为成员国提供培训、咨询等服务

包括：①向成员国政府提供专家咨询、官员培训等技术援助；②收集和交换金融信息与统计。

五、我国与国际货币基金组织

我国于1945年加入国际货币基金组织，是该组织的创始国之一。1980年4月17日，该组织

正式恢复了我国的代表权。

我国自 1980 年恢复在货币基金组织的席位后，单独组成一个选区并派一名执行董事。1991 年，该组织在北京设立常驻代表处。

国际货币基金组织创立时我国在其中的份额是 5.5 亿美元，1980 年我国在国际货币基金组织的合法席位被恢复后，增加到 12 亿美元特别提款权。2006 年在新加坡举行的国际货币基金和世界银行年会结束后，我国在基金组织的特别提款权已经超过了 80 亿美元，居第六位。2010 年 11 月 5 日，国际货币基金组织执行董事会通过了份额改革方案。我国的份额从 3.72%升至 6.39%，我国在基金组织的投票权从 3.65%提高到 6.07%。截至 2014 年 3 月，中国占总投票权的 6.17%，超越德国、法国和英国，位列美国和日本之后，在这一国际组织中，中国得到了更大的话语权。

2010 年，国际货币基金组织将我国纳入全球五大系统稳定重要性经济体。

【知识链接 7—1】　　人民币正式加入 SDR 货币篮子

2016 年 10 月 1 日起，人民币正式纳入特别提款权(SDR)，成为美元、欧元、日元和英镑以外的第五个篮子构成货币，也是自欧元 1999 年取代法国法郎和德国马克以来首次加入的新货币。过去五年，人民币国际化稳步推进，SDR 价值显著提升。疫情之下，全球经济金融体系遭受严重冲击，流动性与储备需求急剧增加。2021 年 8 月 2 日，为了支持全球经济复苏，增加全球流动性，国际货币基金组织(IMF)理事会批准新一轮 SDR 分配，规模达 6 500 亿美元，创历史最高纪录，此轮分配将于 8 月 23 日生效。随着主要央行货币政策转向，货币竞争与金融波动加剧，SDR 重要价值将进一步凸显。受疫情冲击影响，下一轮 SDR 定值审查延期至 2022 年 7 月。

国际货币基金组织 2022 年发布的“官方外汇储备货币构成”数据显示，2021 年第四季度，人民币在全球外汇储备中的占比创新高，升至 2.79%。

环球银行间金融通信协会数据显示，2021 年 12 月，在基于金额统计的全球支付货币排名中，人民币在国际支付中的份额占比升至第四，跻身全球前四大活跃货币。

任务三　世界银行集团

一、世界银行

(一)世界银行的建立及其宗旨

世界银行集团(World Bank Group，WBG)，是一个不断发展的国际金融机构，由成立之初的国际复兴开发银行(International Bank for Reconstruction and Development，IBRD)不断发展到后来的国际开发协会(International Development Association，IDA)、国际金融公司(International Finance Corporation，IFC)、多边投资担保机构(Multilateral Investment Guarantee Agency，MIGA)和国际投资争端解决中心(International Centre for Settlement of Investment Disputes，ICSID)。目前，世界银行集团由五个相对独立的机构组成。

国际复兴开发银行简称世界银行，是根据布雷顿森林会议上通过的《国际复兴开发银行协定》于 1945 年成立的政府间国际金融机构，是世界银行集团中成立最早、提供贷款最多的金融机构，也是联合国下属的一个专门机构。

【注意】只有 IMF 的成员国才有资格申请加入世界银行。

世界银行的宗旨主要是通过向发展中国家提供中长期资金和投资来帮助发展中国家实现长期稳定的经济发展，具体包括：①为用于生产目的的投资提供便利，协助成员国恢复受战争破坏的经济；②通过提供担保和参与私人投资，促进私人对外投资；③鼓励开发生产资源，促进国际贸易长期均衡发展;④对有用的而急需的项目优先提供贷款和担保。

(二)世界银行的组织机构

1. 理事会

世界银行的最高权力机构是理事会,由每一成员国选派理事和副理事各一人组成。他们的任期为5年且可以连任,副理事在理事缺席时才有投票权。理事会每年举行一次会议,一般与国际货币基金组织的理事会联合举行。理事会的主要职权包括:批准接纳新成员国;增加或减少银行资本;停止成员国资格;决定银行净收入的分配,以及其他重大问题。

2. 执行董事会

世界银行董事会共有25位常驻执行董事,代表世界银行的188个成员国。执行董事按照理事会的授权,负责处理世界银行的日常业务。按照世界银行的章程规定,世界银行的25位执行董事中,5位由持股最多的美国、日本、英国、德国和法国委派,其余的20位由组成选区的成员国政府选举产生,选举每两年举行一次。执行董事们负责选举行长,行长同时担任执行董事会主席。

3. 行政管理机构

世界银行行政管理机构由行长、若干副行长、局长、处长、工作人员组成。行长是行政管理机构的首脑,其在执行董事会的有关方针政策的指导下,负责银行的日常行政管理工作,任免银行高级职员和工作人员。行长没有投票权,只有在执行董事会表决中双方的票数相等时,才可以投关键性的一票。

(三)世界银行的资金来源

1. 成员国实际缴纳的股本

参加世界银行的成员国都需认缴股份,认缴额按申请国的经济和财政力量分摊。与IMF一样,每个成员国拥有250票的基本投票权。此外,每认缴1股(10万美元,后改为10万美元特别提款权)增加1票投票权。世界银行成立之初,法定资本为100亿美元,分为10万股,成员国认缴的股份实缴20%,其余80%存于世界银行,等到催款时再行缴纳。

【注意】由于新的认股中实缴的股金比重较低,因此,股本资金不是其贷款资金的主要来源。

2. 借款

借款即世界银行以自身的名义通过发行债券的方式来筹集资金。在世界银行贷款中,约70%依靠发行债券作为资金来源。

3. 债权转让

世界银行将贷出的债权转让给商业机构为主的私人投资者,可以提前收回一部分资金,以扩大其贷款能力。商业机构也借此机会利用世界银行的投资能力,获得比较安全的投资渠道。

4. 留存的业务净收益

世界银行留存净收益一部分以赠款形式拨给国际开发协会,大部分作为留存的净收益而成为贷款的资金来源。

(四)世界银行的主要业务活动

1. 贷款

世界银行最主要的业务是向成员国尤其是向发展中国家发放贷款。

(1)世界银行的贷款原则。世界银行的贷款原则包括:①只有成员国才能申请贷款;②贷款可以贷给成员国政府或由成员国政府或中央银行所担保的借款人;③世界银行不与其他贷款机构竞争,世界银行只对经其确认,确实无法以合理的条件从其他来源获得资金的成员国,才给予考虑发放贷款;④申请贷款必须有项目计划,个别情况下才发放非项目贷款;⑤世界银行只向有偿还能力的成员国发放贷款;⑥世界银行的贷款总额一般不到借款国项目所需全部资金的一半,并且只满足项目建设中所需的外汇。

(2)世界银行的贷款种类。世界银行的贷款主要有项目贷款、部门贷款、结构调整贷款、联合贷款和第三窗口贷款 5 种类型。①项目贷款,又称为特定投资贷款,是世界银行最主要的贷款,是指贷款的发放用于资助成员国的某个具体的发展项目,目的在于支持各国经济的稳步发展。②部门贷款,由部门投资及维护贷款、部门调整贷款和中间金融机构贷款组成。③结构调整贷款,主要用于帮助借款国在宏观经济、部门经济和结构体制等方面进行必要的调整和改革,更有效地利用资金和资源。④联合贷款,是世界银行同其他贷款者一起,共同为借款国的项目融资,以帮助缓和世界银行有限的资金来源与不断增长的成员国资金需求之间的矛盾。联合贷款的具体方式主要是:世界银行确定了借款国家的项目后,即与其他贷款人签订联合贷款协议;然后,世界银行和其他贷款人按自己通常的贷款条件分别同借款国签订贷款协议。⑤"第三窗口"贷款。第三窗口贷款于 1975 年设立,其贷款条件介于世界银行硬贷款和国际开发协会软贷款之间的限于援助低收入国家的贷款。其贷款利率(4.5%)与世界银行一般贷款利率(8.5%)的差额由利息补贴基金弥补,该基金来源于发达国家和石油输出国的自愿捐助。该项贷款宽限期长达 25 年,人均国民生产总值低于 375 美元的发展中国家才可以申请此项贷款。

2. 提供投资担保

1988 年,世界银行推动发达国家向发展中国家进行直接投资而设立了多边投资担保机构。该机构的主要业务活动是对发达国家投资人所面临的非商业性风险提供担保。

第一,转移风险。因东道国政府限制货币兑换和转移而产生的转移风险。

第二,所有权和控制权风险。因东道国政府采取法律和行政行为而造成投资者丧失所有权和控制权的风险。

第三,违约风险。有关国家的政府撤销与投资者签订的合同而产生的违约风险。

第四,政治风险。东道国内的武装冲突和动乱所造成的政治风险。

3. 提供技术援助

世界银行提供各种培训和咨询服务,培训内容涉及经济政策、项目管理和金融知识。具体进行技术援助的形式有:派遣专家、代聘咨询人员;"政策对话",提供咨询意见;培训人员。

(五)我国与世界银行

中国是世界银行的创始国之一。1980 年 5 月 15 日,中国在世界银行和所属国际开发协会及国际金融公司的合法席位得到恢复。同年 9 月 3 日,该行理事会通过投票,同意将中国在该行的股份从原来的 7 500 股增加到 12 000 股。在世界银行的执行董事会中,中国单独派有一名董事。中国目前已成为世界银行第三大股东国,仅次于美国和日本。

中国自 1980 年 5 月恢复在世界银行集团的合法席位以来,一直与其保持着良好的合作关系,在贷款合作、知识合作和国际发展合作三个方面成果显著。中国与世界银行的合作,推动了中国交通运输、行业改造、能源、农业等国家重点建设以及金融、文卫环保等事业的发展,世界银行还通过本身的培训机构,为中国培训了大批了解世界银行业务、熟悉专业知识的管理人才。

二、国际开发协会

(一)国际开发协会的建立及其宗旨

动漫视频

国际开发协会

国际开发协会(International Development Association,IDA)于 1960 年设立,是世界银行专门为向发展中国家提供增款和长期优惠贷款而设立的附属机构。国际开发协会按股份公司方式组建,其投票权的分配与成员国认缴的股份挂钩。就经营活动而言,其与世界银行共用一套人员体系,其理事、执行董事、经理和工作人员都由世界银行的相应人员兼任。从这个意义上来说，国际开发协会可以被理解为世界银行的一套独立的账户体系。

国际开发协会的宗旨是专门向不发达国家提供比世界银行的贷款条件更为优惠的长期信贷，以促进其经济发展和国内居民生活水平的提高，并作为世界银行贷款的补充，推动世界银行目标的实现。

（二）国际开发协会的组织机构

国际开发协会在组织机构上与世界银行是“两块牌子，一套班子”，不过在财务上是独立分开的。国际开发协会的最高权力机构是理事会，理事会下设执行董事会，负责日常业务工作。不过，其正副理事、正副执行董事实际上就是世界银行的正副理事和正副执行董事；经理、副经理由世界银行行长、副行长兼任；办事机构各部门负责人也都由世界银行相应部门的负责人兼任。理事会每年召开年会一次，出席会议的法定人数应为过半数理事，并持有不少于 2/3 的总投票权。理事会第一创始成员国享有 500 票的投票权，另按其首次认缴额每 5 000 美元增加一票。首次认股以外的股金所在地应享有的投票权，由理事会视情况决定，除另有特殊规定外，协会一切事务均采取简单多数原则通过。

（三）国际开发协会的资金来源

第一，成员国认缴的股份。其中，发达国家必须用可兑换货币认缴，发展中国家可以用本国货币认缴 90%的股份，只有其余 10%需要用外汇认缴。

第二，由成员国政府定期提供的援助性的补充资金。

第三，世界银行每年的赠款。

（四）国际开发协会的主要业务活动

1. 发放贷款

国际开发协会主要针对低收入发展中国家发放贷款。贷款不收利息，仅收 0.75%的手续费，贷款期限长达 50 年，前 10 年不必还本，从第二个 10 年起每年还本 1%，其余 30 年每年还本 3%，贷款可以全部或部分用本国货币偿还。实际上，这是一种长期低利息贷款，一般称作软贷款。

2. 建立赠款制度

因许多发展中国家的高债务负担制约其发展，国际开发协会特意建立一个根据国家债务压力风险分配赠款的制度，以帮助借款国确保债务的可承受性。

3. 建立衡量效果的指标体系

衡量效果的指标体系能够适时监控借款国的发展进展，适时将效果和产出与国际开发协会的国家方案和项目相联系以便更好地完善项目方案。它可以更好地评估这些国家和国际开发协会的工作，加强捐赠资源使用问责制，并最终惠及贫困人口。为了解决现有数据的缺陷，国际开发协会的重点目标之一就是在国家战略中提高对效果的重视，扩大对国家提高衡量效果能力的直接支持。

4. 依据政策业绩分配资源

国际开发协会根据国家政策业绩分配资源，政策业绩的实力是有效利用资源的最佳指标。国际开发协会将大部分资源分配给制度有效、公共部门管理良好、腐败程度较低的国家。

5. 实现基础广泛增长

国际开发协会还通过改善公共部门治理、反腐败，以及加强制度与能力建设支持国家实现基础广泛的增长。国际开发协会在这一领域的战略包括经济政策改革、公共部门管理改革、法律和司法改革，以及加强公共资源使用的监督、透明度和问责制。

（五）我国与国际开发协会

中国于 1980 年恢复了在国际开发协会的席位，成为协会的第二类成员国，即借款国。中国在协会中的投票权为 219 696 票，占总投票权的 1.88%。截至 1999 年 9 月，协会共向中国提供了 102 亿美元无息贷款(软贷款)。国际开发协会向中国提供的长期低息贷款，用于中国基础设施的建设与完善，为中国经济的发展作出了一定贡献。

三、国际金融公司

(一)国际金融公司的建立和宗旨

国际金融公司(International Finance Corporation，IFC)也是世界银行下属机构之一，1956 年 7 月正式成立，总部设在华盛顿。它虽是世界银行的附属机构，但它本身具有独立的法人地位。国际金融公司是首个将推动私营企业发展作为其主要目标的政府间组织。

国际金融公司的宗旨主要是：配合世界银行的业务活动，向成员国特别是其中的发展中国家的重点私人企业提供无须政府担保的贷款或投资，鼓励国际私人资本流向发展中国家，以推动这些国家的私人企业的成长，促进其经济发展。

(二)国际金融公司的组织机构

国际金融公司的组织机构和管理办法与世界银行相同，其最高权力机构是理事会；理事会下设执行董事会，负责处理日常事务，正副理事、正副执行董事也就是世界银行的正副理事和正副执行董事。

(三)国际金融公司的资金来源

国际金融公司的资金主要来源包括：①成员国缴纳的股金；②从世界银行和其他来源借入的资金；③国际金融公司业务经营净收入。

(四)国际金融公司的主要业务活动

国际金融公司致力于促进发展中国家私营部门的可持续发展，且通过促进成员国生产企业和高效资本市场的成长来推动经济发展。国际金融公司的经营活动主要是投资和贷款，其基本特点是：

第一，以私人企业，特别是中小企业为经营对象。

第二，贷款发放无须政府担保，当然也以政府不反对为前提。

第三，以入股方式对私人企业投资，但是其股份不超过公司总资本的 25%，也不承担对被投资企业的经营管理责任。

第四，注重与国际金融市场上的私人金融资本合作，强调与私人金融机构共同为私人企业提供贷款。

第五，不优惠却利于借款人资金周转的信贷条件。其主要表现为：贷款金额较小，且不超过项目金额的 25%，每笔贷款通常为 200 万～400 万美元；采用固定利率形式且高于世界银行贷款利率；以 7～15 年的中长期贷款为主，但其宽限期较长。

(五)我国与国际金融公司

我国目前是国际金融公司投资增长最快的国家之一。国际金融公司在我国投资的重点是鼓励包括中小企业在内的我国本土私营部门的发展；支持我国西部和内陆省份的发展；促进基础设施、社会服务和环境产业的私营投资。国际金融公司对中小企业的支持可以减轻国企改革带来的压力。同时，我国对金融行业的开放将为国际金融公司进一步支持具有商业可行性的私营金融机构，尤其是银行业和保险业的发展带来新的机遇。

2013 年 12 月 26 日，中国人民银行与国际金融公司签署了《中国人民银行代理国际金融公司投资中国银行间债券市场的代理投资协议》。此协议的签署体现了国际金融公司对我国经济和金融市场发展的信心，也有利于国际金融公司实现资产多样化和加强流动性管理，将进一步增进我国与世界银行集团的金融合作。

任务四　区域性国际金融机构

区域性国际金融机构，是指其会员国仅限于某一地区范围内的金融机构，主要有国际清算银行、亚洲开发银行、非洲开发银行、泛美开发银行和欧洲投资银行。

一、国际清算银行

（一）国际清算银行的成立及其宗旨

第一次世界大战以后，战胜国集团为了处理战后德国赔款问题，根据 1930 年 1 月 20 日签订的《海牙国际协定》，由英、法、意、德、比、日六国的中央银行和代表美国利益的美国摩根银行，于 1930 年 5 月在瑞士巴塞尔联合成立了国际清算银行。这是世界上第一个国际金融机构。国际清算银行刚成立时，只有 7 个成员国，现在已发展到 30 多个成员国。

国际清算银行成立之初的目的是处理第一次世界大战后德国赔款的支付和解决德国国际清算问题。此后，该行的宗旨改为促进各国中央银行间的合作，为国际金融活动提供额外便利，在国际金融清算中充当委托人或代理人。随着世界经济和国际金融市场的发展，该行在国际金融领域发挥着越来越重要的作用。在某种意义上，甚至履行着"中央银行的银行"的职能。

动漫视频

国际清算银行

（二）国际清算银行的组成方式及其机构

国际清算银行是股份制的企业性金融机构，它的最高权力机构是股东大会。股东大会由认缴该行股金的各国中央银行代表组成，每年召开一次股东大会。董事会是该行的常设机构，负责处理日常事务。董事会由 13 名董事组成，其中董事长 1 名，副董事长 2～3 名。该行下设银行部、货币经济部、秘书处和法律处四个机构。

（三）国际清算银行的资金来源

国际清算银行的资金来源主要有三个方面：①成员国缴纳的股金。该行初建时，法定资本为 5 亿金法郎，之以后几经增资到 1983 年增至 15 亿金法郎，实收资本为 3 亿金法郎。该行资本的 4/5 以上掌握在各国中央银行手里，1/5 的私股只有在分享利润方面享有同等权利，但不得参加股东大会，也无投票表决权。②国际清算银行向成员国中央银行的借款。③吸收客户的存款。

（四）国际清算银行的主要业务活动

国际清算银行成立的最初目的主要是办理第一次世界大战后德国赔款的支付业务。资本主义世界经济大危机期间，德国赔款暂停，该行转而办理各国间的清算业务。第二次世界大战期间，该行业务大大缩减，但同交战国及中立国办理过少量黄金买卖业务。战后，该行的业务活动得以迅速扩展，主要有：①存款业务。目前全世界约有超过 137 多家中央银行在国际清算银行保有存款账户，各国约 10%的外汇储备和 3 000 多吨黄金存于该行。②国际清算业务。第二次世界大战以后，国际清算银行先后成为"欧洲经合组织""欧洲支付同盟""欧洲煤钢联营""黄金总库""欧洲货币合作基金"等国际机构的金融代理人，承担着繁重的国际结算业务。此外，还与各国政府或中央银行签订特别协议，代办各国的国际结算业务。③国际清算银行经营各国国库券及其他债券的贴现和买卖业务，是国际黄金市场和欧洲货币市场的重要参加者。④国际清算银行还是各国中央银行进行合作的理想场所。长期以来，该行每月第一个周末在巴塞尔举行西方国家中央银行行长例会，商讨有关国际货币金融方面的重要问题，对于协调发达国家之间的货币政策关系，解决国际金融领域的许多重大问题，起着重要的不可替代的作用，因此，也被称为"中央银行的银行"。

二、亚洲开发银行

（一）亚洲开发银行的建立和宗旨

亚洲开发银行（Asian Development Bank，ADB）简称“亚行”，是亚洲和太平洋地区的区域性金融机构。根据1963年12月在菲律宾首都马尼拉由联合国亚太经济社会委员会主持召开的第一届亚洲经济合作部长级会议的决议，1965年11月至12月在马尼拉召开的第二届会议通过了亚洲开发银行章程。该章程于1966年8月22日生效，11月在东京召开首届理事会，宣告该行正式成立，同年12月19日该行正式营业，总部设在马尼拉。

亚洲开发银行的宗旨是帮助发展中成员减少贫困，提高人民生活水平，以实现“没有贫困的亚太地区”这一终极目标。亚洲开发银行主要通过开展政策对话、提供贷款、担保、技术援助和赠款等方式支持其成员在基础设施、能源、环保、教育和卫生等领域的发展。

（二）亚洲开发银行的组织机构

1. 理事会

亚洲开发银行的最高权力和决策机构是由所有成员代表组成的理事会，通常每年举行一次会议。理事会一般由各成员国财长或中央银行行长组成，每个成员在亚行有正、副理事各一名。行长是该行的合法代表，由理事会选举产生，任期5年且可连任。亚洲开发银行在成立之初只有33个成员，如今成员数量已增至67个，其中48个成员来自亚太地区。理事会的主要职责是：接纳新会员；改变注册资本；选举董事和行长；修改章程。

2. 董事会

亚洲开发银行的董事会由12个董事和12个副董事组成，其67个成员分成12个选区，每个选区各派出1个董事和副董事。67个成员中，日本、美国和中国三大股东国是单独选区，各自派出自己的董事和副董事。其他成员组成9个多国选区，董事和副董事一职由选区内不同成员根据股份大小分别派出或轮流派出。

（三）亚洲开发银行的资金来源

1. 普通资金

亚洲开发银行最主要的资金来源是普通资金，它由股本、储备、净收益以及从国际资本市场的借款构成。亚洲开发银行从建行时的10亿美元法定股本增加到1996年底的501.3亿美元核定股本，其中493.68亿美元已被各成员认缴。认缴股本中包含7.03%的实缴股本和92.97%的待缴股本。实缴股本可用于普通资金贷款的拨付，而待缴股本则作为亚洲开发银行从国际资本市场筹集资金的后盾。目前，日本、美国和中国是亚洲开发银行主要的出资国，其认缴股本额占亚行总股份的比例分别为16.054%、16.054%、6.628%。

2. 开发基金

开发基金主要是来自亚洲开发银行发达成员国或地区成员的捐赠，用于向亚太地区贫困国家或地区发放优惠贷款。同时，亚洲开发银行理事会还按有关规定从各成员国或地区成员缴纳的未核销实缴股本中拨出10%作为基金的一部分。此外，亚洲开发银行还从其他渠道取得部分赠款。

3. 技术援助特别基金

1967年亚洲开发银行成立了技术援助特别基金，用以提高发展中国家会员或地区成员的人力资源素质和加强执行机构的建设。该项基金的一个来源为赠款，另一个来源是在为亚洲开发基金增资36亿美元时将其中的2%拨给技术援助的特别基金。

4. 日本特别基金和扶贫基金

亚洲开发银行理事会于1988年3月10日决定成立日本特别基金。这部分资金或以赠款的形式，资助成员国或地区成员的公营、私营部门的开发项目，或以单独或联合赠款的形式，对亚洲开发银行向公营部门开发项目进行贷款的技术援助部分予以资助。2000 年 5 月 23 日，亚洲开发银行决定建立“日本扶贫基金”，用以资助扶贫项目。扶贫基金重点支持那些直接向贫困人口提供经济和社会服务的项目，帮助贫困人口获得自我发展的能力，使贫困成员的脱贫计划能持续进行。

5. 联合融资

亚洲开发银行可通过联合融资这一形式为本地区的经济发展筹集更多的开发资金。联合融资是指一个或一个以上的外部经济实体与亚洲开发银行共同为某一开发项目融资。目前，亚洲开发银行最大的融资伙伴是官方机构，官方融资总数为 177.23 亿美元，占联合融资总额的 72.04%；商业融资 24.88 亿美元，占 10.11%；出口信贷为 43.9 亿美元，占 17.85%。

(四)亚洲开发银行的主要业务活动

1. 贷款

按贷款发放的条件划分，贷款有硬贷款、软贷款和赠款三类。硬贷款的贷款利率为浮动利率，每半年调整一次，贷款期限为 10～30 年(2～7 年宽限期)。软贷款也就是优惠贷款，只提供给人均国民收入低于 670 美元(1983 年的美元)且还款能力有限的成员国或地区成员，贷款期限为 40 年(10 年宽限期)，没有利息，仅有 1%的手续费。赠款用于技术援助，资金由技术援助特别基金提供，赠款额没有限制。

2. 股本投资

股本投资是对私营部门开展的一项业务，也不需要政府担保。除亚洲开发银行直接经营的股本投资外，还通过发展中成员的金融机构进行小额的股本投资。

3. 技术援助

技术援助可分为项目准备技术援助、项目执行援助、咨询技术援助和区域活动技术援助。

4. 联合融资和担保

亚洲开发银行不仅自己为其发展中成员的发展提供资金，而且吸引多边、双边机构以及商业金融机构的资金，投向共同的项目。我国上海南浦大桥项目是亚洲开发银行在中国开展的第一个联合融资项目，亚洲开发银行提供了 7 000 万美元的贷款，从商业渠道联合融资 4 800 万美元。亚洲开发银行对参加联合融资和私营机构所提供的贷款还提供担保服务。担保服务可以帮助发展中成员从私营机构那里争取到优惠的贷款。

(五)我国与亚洲开发银行

中国从 1986 年加入亚洲开发银行开始，双方在发展经济、消除贫困、保护环境等方面开展了广泛的合作，合作项目从最初的几个已发展到 2013 年的 90 多个。亚洲开发银行对华贷款全部为硬贷款，年利率为 6.5%～6.9%，贷款期限为 15～25 年，贷款涉及多个行业和领域。截止到 2013 年，中国已是亚行世界范围内第二大借款国、技术援赠款的第一大使用国以及第三大股东。中国积极参与亚洲开发银行的其他事务，如大湄公河次区域经济合作、中亚区域经济合作以及蒙古国的经济合作等区域合作项目。

三、非洲开发银行

非洲开发银行(African Development Bank，ADB)是在联合国非洲经济委员会帮助下主要由非洲国家政府合办的具有互助性质的半区域性国际金融机构。1963 年 7 月，非洲高级官员及专家会议和非洲国家部长级会议在喀土穆召开，会上通过了建立非洲开发银行的协议。1964 年，非洲开发银行正式成立。1966 年 7 月 1 日开业，总部设在科特迪瓦的经济中心阿比让。2002 年，因科特迪瓦政局不稳，临时搬迁至突尼斯至今。非洲开发银行是非洲最大的地区性政府间开发金融机构，其宗旨是促进非洲地区成员的经济发展与社会进步。

理事会为最高决策机构，由各成员国委派一名理事组成，一般为成员国的财政和经济部长，通常每年举行一次会议，必要时可举行特别理事会，讨论制定银行的业务方针和政策，决定银行重大事项，并负责处理银行的组织和日常业务。理事会年会负责选举行长和秘书长。董事会由理事会选举产生，是银行的执行机构，负责制定非行各项业务政策。董事会共有18名执行董事，其中非洲以外国家占6名，任期3年，一般每月举行两次会议。

非洲开发银行原本具有严格的地区性，成员国只限于非洲国家，为了广泛吸收资金和扩大贷款能力，非洲开发银行理事会在1980年5月举行的第15届年会上通过决议，允许区外国家加入，这些国家有美国、日本及西欧各国，我国于1985年5月正式加入该行。现在非洲开发银行的成员国除50个非洲国家外，还有25个区外国家。

非洲开发银行的宗旨是：向非洲成员国提供投资和贷款或给予技术援助，充分利用本地区的人力和资源，以促进各国经济发展和社会进步，帮助非洲大陆制定经济和社会发展的总体规划，协调各国的发展计划，从而达到非洲经济一体化。

该行的资金来源主要是成员国认缴的股本。最初的核定资本为2.5亿记账单位（与美元贬值前等值），以后逐年增加，到2008年年底，非洲开发银行的股本总额已达到450亿美元。

非洲开发银行经营的业务分普通贷款业务和特别贷款业务。普通贷款业务是该行用普通股本资金提供的贷款和担保；特别贷款业务是用非洲开发银行规定专门用途的特别基金开展的优惠贷款业务。非洲开发银行的贷款主要用于农业、交通运输、公用事业、工业和金融部门。

为了充分动员和利用资金，非洲开发银行还建立了非洲开发基金、非洲投资与开发国际金融公司、尼日利亚信托基金、非洲再保险公司四个机构。通过上述机构的经营活动，聚集了大量的资金。

四、泛美开发银行

泛美开发银行又称美洲开发银行（Inter-American Development Bank，IADB）成立于1959年4月，1960年10月开始营业。它是由美洲及美洲以外的国家联合建立向拉丁美洲国家提供贷款的半区域性国际金融机构。行址设在美国华盛顿。创办时，由美国和19个拉美国家组成，以后陆续增加，到2009年已发展到52个成员国，其中拉美国家有29个。

泛美开发银行的宗旨是：集中成员国的力量，对需要资金的拉丁美洲国家或地区的经济和社会发展计划提供资金及技术援助，以促进各国的经济和社会发展。

泛美开发银行的资金主要来源于成员国认缴的股本和借款。成员国认股比例的大小决定其表决权的多少。该行最初的核定资本为10亿美元，到2009年底，核准的资金已达680亿美元。

该行贷款主要有普通贷款和“特别业务基金”贷款。普通贷款是向政府、公私团体的特定经济项目贷款，期限为7～25年，利率为8%，借款须以借用货币偿还。“特别业务基金”贷款是以对公共工程为主的特别经济项目的贷款，期限为10～30年，利率为3%～4%，贷款可全部或部分用本国货币偿还。

参加该行的发达国家，如美国、德国、英国、瑞典、梵蒂冈、挪威、瑞士、加拿大等国，在银行的业务活动中主要是提供资金，以此带动对拉美地区的资本输出以及商品和劳务的出口。

五、欧洲投资银行

1957年3月，法国、原西德、意大利、荷兰、比利时、卢森堡等西欧六国在罗马签署《罗马条约》，该条约决定设立欧洲投资银行（Europe Investment Bank，EIB）。1958年1月该行正式成立，1959年正式营业，行址设在卢森堡首都卢森堡。它是第二次世界大战后世界上最早成立的区域性国际金融机构。该行最初成员国只有6个，目前，凡欧盟的成员国均为该行的成员国。

欧洲投资银行的宗旨是：利用国际资本市场和欧洲经济共同体内部的资金，对共同体内经济落后的国家或地区提供长期贷款和担保，从而促进欧洲经济的协调平衡发展。

欧洲投资银行的资金主要来源，一是成员国认缴的股金，截至2002年总计为923亿欧元；二是从欧洲货币市场上借入的资金。

欧洲投资银行的主要业务活动是为成员国提供长期贷款或担保。贷款的重点是工业、能源和基础设施建设。贷款期限通常都在7年以上，最长达20年，并且只收取较低利息或不收利息。

六、亚洲基础设施投资银行

亚洲基础设施投资银行（Asian Infrastructure Investment Bank，AIIB）简称亚投行，是一个政府间性质的亚洲区域多边开发机构。该行重点支持基础设施建设，其成立宗旨是为了促进亚洲区域的建设互联互通化和经济一体化的进程，并且加强中国及其他亚洲国家和地区的合作，是首个由中国倡议设立的多边金融机构，总部设在北京。截止到2020年7月，亚投行已有103个成员国。

2014年10月24日，包括中国、印度、新加坡等国在内的21个首批意向创始成员国的财政部长和授权代表在北京签约，共同决定成立亚投行。2015年12月25日，亚洲基础设施投资银行正式成立。2016年1月16日至18日，亚投行开业仪式暨理事会和董事会成立大会在北京举行。

亚投行的治理结构分理事会、董事会、管理层三个层次。理事会是最高决策机构，每个成员国在亚投行有正副理事各1名。董事会有12名董事，其中域内9名、域外3名。管理层由行长和5名位副行长组成。

2019年10月24日，北京亚洲金融大厦竣工，将成为亚洲基础设施投资银行总部的永久办公场所。

亚投行的宗旨是通过在基础设施及其他生产性领域的投资，促进亚洲经济可持续发展、创造财富并改善基础设施互联互通，同时，与其他多边和双边开发机构紧密合作，推进区域合作和伙伴关系，应对发展挑战。

应知考核

一、单项选择题

1. 国际货币基金组织于（　　）正式成立。

A. 1946年12月10日　　B. 1945年12月27日

C. 1966年11月10日　　D. 1966年12月27日

2. 世界银行的贷款期限一般为数年，最长可达（　　）年。

A. 20年　　B. 30　　C. 15　　D. 25

3. 国际开发协会的贷款对象是（　　）。

A. 发达国家　　B. 发展中国家　　C. 所有国家　　D. 不发达国家

4. 下列说法不正确的是（　　）。

A. 世界银行的贷款期限一般不超过3年

B. 世界银行的贷款对象只限于会员国

C. 世界银行的贷款必须专款专用，并接受世界银行的监督

D. 世界银行从营业收入中拨出的款项也是国际开发协会的资金来源之一

5. 下面四种提法中正确的是（　　）。

A. 国际金融公司是国际货币基金组织的附属机构
B. 国际开发协会主要向发达国家提供贷款
C. 世界银行的贷款对象只限于会员国
D. 国际货基金组织的贷款对象不仅仅是各会员国政府,还包括各会员国工商企业
6. 世界银行是(　　)的简称。
A. 国际货币基金组织　　B. 国际复兴开发银行
C. 国际开发协会　　D. 国际金融公司
7. 国际清算银行的行址设在(　　)。
A. 纽约　　B. 伦敦　　C. 巴黎　　D. 巴塞尔
8. 我国是在(　　)恢复在世界银行的合法席位的。
A. 1949 年　　B. 1950 年　　C. 1980 年　　D. 1985 年
9. 我国在国际货币基金组织中的投票权名次是由(　　)决定的。
A. 特别提款权　　B. 经济增长率
C. 国民生产总值　　D. 参加年份的前后
10. 向会员国中央银行提供短期贷款,旨在帮助它们克服暂时性国际收支不平衡的国际金融机构是(　　)。
A. 世界银行　　B. 国际开发协会
C. 国际货币基金组织　　D. 国际金融公司

二、多项选择题

1. 以下机构中属于区域性金融机构的有(　　)。
A. 国际清算银行　　B. 亚洲开发银行　　C. 泛美开发银行　　D. 国际开发协会
2. 以下机构中属于全球性国际金融机构的有(　　)。
A. 国际货币基金组织　　B. 国际复兴开发银行
C. 国际清算银行　　D. 国际金融公司
3. 世界银行集团包括(　　)。
A. 国际清算银行　　B. 国际开发协会　　C. 世界银行　　D. 国际金融公司
4. 以下属于国际货币基金组织的资金来源的有(　　)。
A. 成员国缴纳的份额　　B. 债权转让
C. 特别提款权限　　D. 信托基金
5. 世界银行的资金来源主要有(　　)。
A. 会员国缴纳的股金　　B. 借款
C. 债权转让　　D. 业务净收益

三、简述题

1. 简述国际金融机构的概念。
2. 简述国际货币基金组织的资金来源及其主要业务活动。
3. 简述世界银行的资金来源及其贷款特点。
4. 简述国际开发协会的主要业务活动。
5. 简述亚洲开发银行的资金来源及其主要业务活动。

应会考核

■ 观念应用

【背景资料】

俄罗斯加入国际货币基金组织和世界银行。国际开发协会向俄罗斯提供项目资助。投资保障多边代理公司为俄罗斯公司获得各种投资贷款提供担保，并建立了向"俄罗斯私有化"提供无偿援助的机制。国际金融公司主要向私有经济部门投资，鼓励发展俄罗斯的资本市场。

【背景分析】

查阅相关信息，探讨各种国际金融机构对世界经济的发展产生的影响。

■ 技能应用

【技能资料】

2014年7月15日，中国、巴西、俄罗斯、印度和南非5个国家签署了成立金砖国家新开发银行的协议。金砖国家新开发银行初始资本为1 000亿美元，由5个创始成员平均出资，总部设在中国上海。各国派人轮流担任该银行总裁，首任总裁来自印度。在金砖国家应急储备安排中，将建立达1 000亿美元应急基金。金砖银行的建立将会推动金砖国家积极参与国际金融治理，加强其与世界其他国家的交流合作，推动国际金融体制改革，促进世界金融新秩序的形成。

【技能要求】

分析金砖银行可能会对世界银行和IMF产生什么样的冲击。

■ 案例分析

【案例背景】

2016年10月1日，人民币以10.92%的权重正式纳入SDR货币篮子，标志着人民币跻身国际权威机构认可的主要货币和"可自由使用"货币行列，有利于促进人民币国际化发展以及我国金融改革开放进程。2018年4月，IMF执董会首次将SDR按照作用划分为结算SDR(M-SDR)、储备SDR(O-SDR)和计价SDR(U-SDR)，分别与国际货币职能中的交换媒介、价值储藏和价值尺度相对应。

在国际结算方面，人民币使用量稳步增长。加入SDR以来，人民币国际化经历了汇率贬值、离岸市场低迷、中美贸易摩擦、疫情冲击等诸多挑战，国际结算使用总体保持稳步发展态势。2020年，我国跨境人民币收付金额合计28.4万亿元，同比增长44%，较加入SDR前(2015年)增长134.6%。特别是，全球资金主动或被动增持人民币资产，我国金融市场加速开放，并被纳入国际主流指数。截至2021年3月末，境外机构和个人持有境内人民币金融资产规模达9.39万亿元，较加入SDR前增长逾1.5倍。

在国际储备方面，人民币夯实全球第五大货币地位。加入SDR以来，人民币从不列入COFER统计的小币种逐步发展成为全球外汇储备的重要选项。据不完全统计，全球超过70个国家和地区的货币当局将人民币纳入外汇储备。截至2020年年末，共有71家境外央行类机构进入我国银行间债券市场，人民币储备持有意愿显著上升。根据IMF最新统计，截至2021年第一季度，全球人民币外汇储备规模达2 874.6亿美元，在全球可识别外汇储备总额中的占比为2.45%，较加入SDR之初(2016年第四季度)的1.08%增长超过1倍。

在计价职能方面，人民币市场认可度不断提升。随着我国综合竞争力提升，人民币加入SDR后国际信心进一步增强，越来越多的境内外企业选择以人民币计价签约。根据中国银行2020年《人民币国际化白皮书》，受访境内企业中以人民币报价的企业占比较2016年提升了4个百分点。近年来，我国成功推出了原油、铁矿石、黄金、白银、PTA、20号胶、棕榈油等8个特定品种国际板交易期货或期权，实现大宗商品人民币国际计价的突破。

在软硬件方面，人民币国际化政策体系与基础设施更加完善。加入SDR以来，我国汇率、利率市场化改革有序推进，资本项目开放水平提升，跨境人民币使用政策不断完善。人民币国际化基础设施加快建设，资金清算效率显著提高，清算网络进一步夯实。当前，人民币清算行已覆盖全球25个国家和地区，人民币跨境支付系统(CIPS)连接42家直接参与者、1 050家间接参与者，覆盖全球六大洲94个国家和地区，提供高效、便捷、安全的人民币支付结算服务。

资料来源：新浪财经，http://finance.sina.com.cn。

【背景思考】

(1)人民币加入SDR带来的机遇与挑战？

(2)跨境人民币支付的现实意义？

项目实训

【实训项目】

分析解读国际金融机构

【实训情境】

(1)利用所学知识，对世界银行的宗旨与主要业务进行正确把握。

(2)对当前世界银行的贷款类型和业务特点进行正确把握。

(3)对当前在我国经济发展中可用世界银行贷款的领域进行分析。

【实训任务】

分析解释上述国际金融机构。通过实训使学生能够运用所学知识，结合经济发展对国际金融机构现状进行分析。

《分析解读国际金融机构》实训报告		
项目实训班级：	项目小组：	项目组成员：
实训时间：　　年　　月　　日	实训地点：	实训成绩：
实训目的：		
实训步骤：		
实训结果：		
实训感言：		
不足与今后改进：		
项目组长评定签字：		项目指导教师评定签字：

项目八

国际资本流动

○ **知识目标**

理解:国际资本流动的基本概念;国际资本流动的类型;外债的概念和国际债务的衡量指标。

熟悉:国际资本流动的原因;国际资本流动管理;国际资本流动的具体影响因素。

掌握:国际资本流动的经济影响;国际投资与国际融资;国际资本流动与国际金融危机;国际资本流动与国际债务危机。

○ **技能目标**

能够根据企业实际情况,给出合适的国际投资、国际融资建议;结合我国外债实际情况进行分析,得出适合我国的外债管理对策。

○ **素质目标**

能够运用所学知识研究相关案例,培养和提高学生在特定业务情境中分析与解决问题的能力;能够根据国际资本流动知识,分析国际资本流动的现实意义。

○ **思政目标**

能够正确地理解"不忘初心"的核心要义和精神实质;树立正确的世界观、人生观和价值观,做到学思用贯通、知信行统一;通过国际资本流动知识,提高专业素养和职业成就。

○ **课程思政**

跨境资本流动保持平稳有序

国家外汇管理局发布的《2021年中国国际收支报告》(简称《报告》)显示,2021年,跨境双向投融资保持活跃,非储备性质的金融账户顺差达382亿美元。2022年,跨境双向投资有望保持合理有序、总体均衡的发展态势。

具体来看,2021年,直接投资顺差处于高位,主要是外资继续看好中国市场和经济的良好发展潜力;证券投资双向交易活跃并延续顺差,说明我国金融市场对外开放逐步加深,人民币资产对外资吸引力增强;其他投资为逆差,主要是境内主体增加对外存款、贷款等。2021年末,我国对外金融资产和负债较2020年末分别增长5%和11%,对外净资产达2.0万亿美元。

展望2022年,《报告》认为,全球经济增长将有所放缓,主要发达经济体货币政策继续调整,外部环境存在较多不稳定不确定因素。但我国经济运行将保持在合理区间,金融市场改革开放稳步推进,外汇市场成熟度不断提升,有助于我国国际收支保持基本平衡,预计经常账户维持合理顺差格局,跨境资本流动保持平稳有序发展态势。近日,美联储加息"靴子"落地,有不少观点担忧其对新兴市场带来的外溢效应,特别是对新兴市场国家而言,美元走强将导致新兴市场面临外债成本高企和资本外流压力加大的风险。

资料来源:中华人民共和国中央人民政府,http://www.gov.cn。

○ **思政反思**

如何理解跨境资本流动平稳有序是经济金融运行稳健的重要指征？美联储加息将对我国带来什么样的影响？知识与技能并存，是当代大学生应具备的素质，我们在学习基本理论知识的同时，也要不断提高自身的专业技能素养，为今后的人生生涯储备力量。

○ **知识精讲**

任务一　国际资本流动概述

一、国际资本流动的概念

动漫视频

国际资本流动

国际资本流动(Intenational Capital Movements)是指资本基于经济或政治目的的需要，从一个国家或地区(政府、企业或个人)向另一个国家或地区(政府、企业或个人)的流出和流入，即资本在国际范围内的转移。一个国家或地区在一定时期内的资本流动状况，集中反映在该国国际收支平衡表中的资本与金融账户上。

国际资本流动是资本跨越民族国家的界限而在国际范围内运动的过程，是资本要素在不同主权国家和法律体系管辖范围之间的输出与输入。资本的本质决定了资本跨国流动的本质，是居民的一部分储蓄或社会剩余劳动积累在不同社会再生产体系、不同社会经济分配体系、不同政府宏观决策体系之间的运动。

【注意】国际资本流动不同于以所有权的转移为特征的商品交易，它是以使用权的转让为特征的，但一般仍以营利为目的。一国或地区的国际收支平衡表中的资本与金融账户，集中反映了该国或地区在一定时期内与他国或地区的资本流动的综合情况。

在把握“国际资本流动”概念时，还必须清楚地界定几个与其相关的概念。

(1)国际资本流动与资本输出的关系。资本输出是只与投资和借贷等金融活动相关联，并且以谋取利润为目的的资本流动，因而不能涵盖国际资本流动的全部内容，也就是说，国际资本流动不一定就是资本输出。比如，一国用黄金外汇来弥补国际收支赤字，属于国际资本流动，而不属于资本输出，因为这部分黄金外流不是为了获取高额利润，而只是作为国际支付的手段以平衡国际收支。

(2)国际资本流动与资金流动的关系。资金流动是指一次性的、不可逆转的资金款项的流动和转移，相当于国际收支中经常账户的收支。资本流动即资本转移，是可逆转的流动或转移，如投资或借贷资本的流出伴随着利润、利息的回流以及投资资本和贷款本金的返还。因此，是否具有可逆转性是这组概念的主要区别所在。

(3)国际资本流动与国内资本流动的关系。国际资本流动与国内资本流动的差异性最主要体现在资本拥有者和使用者的居民属性上。首先，国际资本流动是资本拥有者和使用者跨越国界的分离情况下出现的；其次，国际资本流动表现为资金形式的跨国运动，而金融资本流动的结果必然引致以商品和服务为主要内容的实际资源的移动，即实际资本在国家间的流动。

二、国际资本流动的类型

(一)按照资本跨国界流动的方向，可分为资本流入和资本流出

(1)资本流入，是指外国资本流入本国，即本国资本输入，主要表现为：①本国对外国的债务增加；②外国在本国的资产增加；③本国在外国的资产减少；④外国对本国的债务减少。资本输入意味着本国收入外汇或本国货币，属于收入项目，故应记入本国国际收支平衡表的贷方，或用“+”号

表示。

(2)资本流出，是指本国支出外汇，是本国资本流到外国，即本国资本输出，主要表现为：①本国在外国的资产增加；②外国对本国的负债增加；③本国对外国的负债减少；④外国在本国的资产减少。资本输出意味着本国付出外汇或本国货币，属于支付项目，故应记入本国国际收支平衡表的借方，或用“－”号表示。

(二)按照资本流动与实际生产和贸易的关系，可分为实物性资本流动与金融性资本流动

(1)实物性资本流动，是指与贸易、生产等实物经济发生直接联系的资本流动，如进出口贸易融资及其结算所产生的国际资本流动、与国际直接投资相联系的国际资本流动等。

(2)金融性资本流动，是指与实际贸易、生产没有直接联系的国际资本流动，如在国际存贷市场上进行的与国际贸易支付不发生直接联系的银行存贷活动、在国际债券市场和股权市场上发生的不以获取企业控制权和管理权为目的的证券投资或间接投资、在外汇市场上与商品进出口没有直接联系的外汇买卖、在衍生品市场上与套期保值无关的衍生品交易等。

实物性资本流动与金融性资本流动的主要区别在于：①从资本流动的主体看，前者多以跨国公司为主，后者多以跨国金融机构为主。②从资本流动的形式看，前者可以是货币形式，也可以是专有技术、专利权和商标权等形式，而后者仅限于货币形式。③从资本流动的成因看，前者与企业理论有着密切的联系，属于国际投资学的范畴，而金融性资本始终在国际金融市场上活动，始终保持货币金融形态。近年来，国际金融资本的发展非常快，而且越来越呈现出脱离实物经济的特点。

【提示】国际金融研究国际资本流动的重点在于国际金融资本的流动。

(三)按照资本使用期限的长短，可分为长期资本流动与短期资本流动

1. 长期资本流动

长期资本流动是指使用期限在一年以上，或者规定使用期限的资本流动。它主要包括三种类型：国际直接投资、国际证券投资和国际贷款。

(1)国际直接投资，是指一个国家的企业或个人对另一国企业部门进行的投资。直接投资可以取得某一企业的全部或部分管理和控制权，或直接投资新建企业。按照IMF的定义，通过国际直接投资而形成的直接投资企业是“直接投资者进行投资的公司型或非公司型企业，直接投资者是其他经济体的居民，拥有(公司型企业的)10%或10%以上的流通股或投票权，或拥有(非公司型企业)相应的股权或投票权”。其特点是投资者能够控制企业的有关设施，并参与企业的管理决策。

【注意】直接投资往往与生产要素的跨国界流动联系在一起，这些生产要素包括生产设备、技术和专利、管理人员等。因此，国际直接投资是改变资源分配的真实资本的流动。

国际直接投资一般有五种方式：①在国外创办新企业，包括创办独资企业、设立跨国公司分支机构及子公司；②与东道国或其他国家共同投资，合作建立合营企业；③投资者直接收购现有的外国企业；④购买外国企业股票，达到一定比例以上的股权；⑤以投资者在国外企业投资所获利润作为资本，对该企业进行再投资。

(2)国际证券投资，又称间接投资，是指通过在国际债券市场上购买外国政府、银行或工商企业发行的中长期债券，或在国际股票市场上购买外国公司股票而进行的对外投资。

【提示】证券投资与直接投资存在区别，主要表现在：证券投资者只能获取债券、股票回报的股息和红利，对所投资企业无实际控制和管理权。而直接投资者则持有足够的股权来承担被投资企业的盈亏，并享有部分或全部管理控制权。

(3)国际贷款，是指一个国家的居民对另一个国家的居民提供的贷款，包括国际机构贷款、政府援助贷款和其他贷款。

①国际机构贷款包括国际金融机构和其他国际组织提供的贷款。国际金融机构贷款又可分为

全球性国际金融机构贷款和区域金融机构贷款，如国际货币基金组织和世界银行对会员国的贷款就属前者，而欧洲投资银行、亚洲开发银行、非洲开发银行等地区会员国提供的贷款则是后者。其他国际组织提供的贷款，如联合国下设的发展基金提供的贷款。

②政府援助贷款是指各国政府或政府机构之间授受的贷款。这种贷款一般利率较低，有的甚至无息，故带有援助性质，多由发达国家政府向发展中国家政府提供。一些国家往往设立专门机构来办理政府贷款事宜，如美国设有国际开发署、日本设有海外经济协力基金组织。

【提示】政府贷款一般都有指定用途，如用于向贷款提供国进口资本货物，或用于已制定的开发援助项目，有时还附有一定的政治条件。

③其他贷款即上述两种形式以外的其他国际性贷款，包括出口信贷、租赁信贷、补偿贸易信贷以及银行贷款等。

2. 短期资本流动

短期资本流动是指期限在一年或一年以内即期支付的资本流动。它主要包括如下四类：

(1)贸易资本流动，是指由国际贸易引起的货币资金在国际上的融通和结算，是最为传统的国际资本流动形式。国际贸易活动的进行必然伴随着国际结算，引起资本从一国或地区流向另一国或地区。各国出口贸易资金的结算，引致出口国或代收国的资本流入；各国进口贸易资金的结算，则引致进口国或代付国的资本流出。随着经济开放程度的提高和国际经济活动的多样化，贸易资本在国际流动资本中的比重已经大为降低。

(2)银行资金调拨，是指各国外汇专业银行之间由于调拨资金而引起的资本国际转移。各国外汇专业银行在经营外汇业务过程中，由于外汇业务或谋取利润的需要，经常不断地进行套汇、套利、掉期、外汇头寸的抛补和调拨、短期外汇资金的拆进拆出、国际上银行同业往来的收付和结算等，都要产生频繁的国际短期资本流动。

(3)保值性资本流动，又称为“资本外逃”(Capital Flight)，是指短期资本的持有者为了使资本不遭受损失而在国与国之间调动资本所引起的资本国际转移。保值性资本流动产生的原因主要有国内政治动荡、经济状况恶化、加强外汇管制和颁布新的税法、国际收支发生持续性的逆差，从而导致资本外逃到币值相对稳定的国家，以期保值，免遭损失。

(4)投机性资本流动，是指投机者利用国际金融市场上利率差别或汇率差别来谋取利润所引起的资本国际流动。具体形式主要有：对暂时性汇率变动的投机；对永久性汇率变动的投机；与贸易有关的投机性资本流动；对各国利率差别做出反应的资本流动。由于金融开放与金融创新，国际投机资本的规模越来越庞大，投机活动也越来越盛行。

三、国际资本流动的基本原因

(一)过剩资本的形成或国际收支大量顺差

过剩资本的形成与国际收支大量顺差是早期也是现代国际资本流动的一个重要原因。大量的过剩资本被输往国外追逐高额利润，早期的国际资本流动由此产生。近年来，国际经济关系发生了巨大变化，国际资本、金融、经济等一体化趋势有增无减，加之现代通信技术的发明与运用，资本流动方式的创新与多样化，使当今世界的国际资本流动频繁而快捷。

(二)利用外资策略的实施

无论是发达国家，还是发展中国家，都会不同程度地通过不同的政策和方式来吸引外资，以达到一定的经济目的。美国目前是全球最大的债务国。而大部分发展中国家，经济比较落后，迫切需要资金来加速本国经济的发展，因此，往往通过开放市场、提供优惠税收、改善投资软硬环境等措施吸引外资的进入，从而增加或扩大了对国际资本的需求，引起或加剧了国际资本流动。

（三）利润的驱动

增值是资本运动的内在动力，利润驱动是各种资本输出的共有动机。当投资者预期到一国的资本收益率高于他国，资本就会从他国流向这一国；反之，资本就会从这一国流向他国。此外，当投资者在一国所获得的实际利润高于本国或他国时，该投资者就会增加对这一国的投资，以获取更多的国际超额利润或国际垄断利润，这些也会引致或加剧国际资本流动。在利润机制的驱动下，资本从利率低的国家或地区流向利率高的国家或地区，这是国际资本流动的又一个重要原因。

（四）汇率的变化

汇率的变化也会引起国际资本流动，尤其20世纪70年代以来，随着浮动汇率制度的普遍建立，主要国家货币汇率经常波动，且幅度很大。如果一个国家货币汇率持续上升，则会产生兑换需求，从而引致国际资本流入；如果一个国家货币汇率不稳定或下降，资本持有者可能预期到所持有的资本实际价值将会降低，则会把手中的资本或货币资产转换成他国资产，从而引致资本向汇率稳定或升高的国家或地区流动。

在一般情况下，利率与汇率呈正相关关系。一国利率提高，其汇率也会上浮；反之，一国利率降低，其汇率则会下降。

（五）通货膨胀的发生

通货膨胀往往与一个国家的财政赤字有关系。如果一个国家出现了财政赤字，该赤字又是以发行纸币的方式来弥补的，必然会增加通货膨胀的压力，一旦发生严重的通货膨胀，为减少损失，投资者会把国内资产转换成外国债权。如果一个国家发生了财政赤字，而该赤字以出售债券或向外借款来弥补，也可能会引致国际资本流动，因为当某个时期人们预期到政府会通过印发纸币来弥补债务或征收额外赋税来偿付债务时，则会把资产从国内转往国外。

（六）政治、经济及战争风险的存在

政治、经济及战争风险的存在，也是影响一个国家资本流动的重要因素。政治风险是指由于一国的投资气候恶化而可能使资本持有者所持有的资本遭受损失。经济风险是指由于一国投资条件发生变化而可能给资本持有者带来的损失。战争风险是指可能爆发或已经爆发的战争对资本流动造成的可能影响。

（七）国际炒家的恶性投机

所谓恶性投机，包含两种含义：第一，投机者基于对市场走势的判断，纯粹以追逐利润为目的，刻意打压某种货币而抢购另一种货币的行为。这种行为的普遍发生，毫无疑问会导致有关国家货币汇率的大起大落，进而加剧投机，汇率进一步动荡，形成恶性循环，投机者则在“乱”中牟利。这是一种以经济利益为目的的恶性投机。第二，投机者不是以追求盈利为目的，而是基于某种政治理念或对某种社会制度的偏见，动用大规模资金对某国货币进行刻意打压，由此阻碍、破坏该国经济的正常发展。但无论哪种投机，都会导致资本的大规模外逃，并会导致该国经济的衰退。

（八）其他因素

如政治及新闻舆论、谣言、政府对资本市场和外汇市场的干预以及人们的心理预期等因素，都会对短期资本流动产生极大的影响。

四、国际资本流动的具体影响因素

在基本原因之外，国际资本流动还受到很多具体因素的影响，主要有以下几个因素。

（一）利率

利率水平的高低不仅制约着资本的收益率，也直接影响资本流动的方向。当今世界各国经济发展与富裕程度不一，各国之间的利率水平不同，因而存在利差。这样资本就会在利润机制的驱动下，从利率较低的（可能资本比较充裕）的国家或地区流向利率较高（可能资本比较短缺）的国家或地区，直到利差消失为止，投资的利润在这个过程中达到最大化。

（二）汇率

汇率的高低和稳定与否也决定着资本的流动，尤其是短期资本的流动。20 世纪 70 年代初以来，世界普遍实行浮动汇率制，各国货币汇率经常波动，且幅度较大。如果一国汇率不稳定，本国资本所有者预期到所持的资本价值可能发生贬值，就会把手中的资本或货币资产转换成另一种货币资产而存于国外，从而使资本向汇率较为稳定的国家或地区流动。

【提示】为了避免贬值所造成的损失或为了获得升值所带来的收益，投资者会根据自己对汇率的预期，将自己的资金进行不同货币之间的转换，从而使资本在国际上发生流动。

（三）财政赤字与通货膨胀

财政赤字和通货膨胀在一定条件下是相通的，这两者都会引起国际资本流动。如果一国发生财政赤字，而这个赤字又以发行纸币来弥补，这必然对通货膨胀造成压力。一旦发生严重的通货膨胀，居民为避免持有的资产贬值，减少通货膨胀所带来的损失，就会把国内资产转化为外国债券。如果财政赤字是以出售债券或向外国借款来弥补的，也可能引致国际资本流动。因为居民可能预期到在将来某个时期，政府会靠发行纸币来抵偿债务或征收额外赋税来偿付债务，这样会促使居民把手中的资产从国内转移到国外。

（四）政府的经济政策

一国的国际资本流动与该国家的宏观经济政策有着很大的关系。例如，当一国采取金融自由化政策时，意味着对资本的流入流出不加过多干预，此时国际资本在该国的流出与流入往往比较频繁，规模也较大。如今，许多发展中国家为了弥补本国储蓄不足，制定了许多鼓励外资流入的政策，这对加快国际资本流动产生了极大的影响。在世界经济处于萧条或国际经济关系不稳定的时候，国家经济政策对国际资本流动的影响作用就更加明显了。

（五）政治、经济以及战争风险的存在

政治风险是指由于一国的投资气候恶化而可能使投资者所持有的资本遭受损失。这里所指的投资气候，是针对被投资国的政局是否稳定、法律是否健全以及政治态度是否友好等方面而言的。投资气候好坏是判断政治风险程度的一个重要标准。经济风险是指由于一国投资条件发生变化而可能给资本所有者招致的损失。这里所指的投资条件，涉及被投资国的经济状况是否良好、经济前景是否广阔、基础设施是否完善、居民与非居民的资产是否安全等方面的内容。投资条件的好坏，是判断投资经济风险大小程度的一个重要标准。战争风险是指可能爆发或已经爆发的战争对资本造成的可能影响。例如海湾战争就是国际资本流动发生了重大变化，在战争期间许多资金流往以美国为主的几个发达国家，战争结束后又使大量资本涌入中东，尤其是科威特等国。

任务二　国际资本流动的经济影响

国际资本流动在资本输入国、资本输出国以及国际金融市场上都存在着广泛的影响，与利益的分配、风险的产生都有密切关系。

一、国际资本流动产生的经济效益

（一）国际资本流动有利于促进国际贸易的发展

随着国际资本流动在国际上越来越频繁、规模越来越庞大，国际金融活动的角色已经从国际贸易活动的附属物转变为其基础，国际资本流动，特别是国际投资，对国际贸易产生了巨大的影响。

（1）对外援助和投资，有利于促进接受国的经济发展，改善其国民经济的薄弱环节，加速基础设施建设，使其发展对外贸易的基础与能力增强。同时，这也改善了直接投资的环境，以吸引更多的资金流入。

（2）对外援助和投资，有利于改善投资国的政治、经济与贸易环境，有利于其贸易的扩大，同时带动其商品输出。此外，通过对外投资，便于投资者更好地吸收商业情报，提高产品的竞争能力，从而进入东道国的贸易渠道。

（3）对外直接投资部门对国际贸易的商品结构起着优化作用。国际直接投资转向制造业、商业、金融、保险业，尤其是新兴工业部门，使贸易商品结构出现以下变化：①国际服务业在迅速发展；②国际贸易中间产品增多；③发达国家和发展中国家出口商品结构进一步优化，发展中国家出口制成品所占比重大大提高。

（4）国际资本流动有利于贸易方式的多样化。随着各大跨国公司的对外投资日益扩大，许多跨国公司纷纷设立自己的贸易机构甚至贸易子公司，专营进出口业务，从而有效地降低了贸易成本。这种做法打破了传统的贸易由商人作为生产者和消费者中介人的形式，降低了贸易中间商和代理商的地位。

（5）国际资本流动推动了第二次世界大战后贸易的自由化。对外直接投资的发展加速了生产国际化的进程，跨国公司在世界各地组织生产，其内部贸易也不断扩大。因此，产品的国际自由流动对于跨国公司的国际经营活动是十分必要的。这种切身利益决定了跨国公司的贸易自由化程度。

（6）以出口信贷形式存在的国际资本流动，有利于出口商资金周转与进口商解决支付困难，从而直接推动了国际贸易的扩大。

（二）国际资本流动有利于促进国际金融市场的发展

（1）国际资本流动加速了全球经济和金融的一体化进程。所谓一体化，就是指若干部分按照一定的方式有机地联系在一起。当前世界经济金融一体化已经成为不可抵挡的潮流，国际资本流动既随着一体化的发展而壮大，也对世界经济金融一体化产生了巨大的推动作用。主要体现在以下几个方面：①国际资本流动在一定程度上促进了贸易融资，推动了国际贸易的发展，并进而推动了世界经济和金融一体化；②国际投机资本在世界各主要金融市场的套汇、套利活动，使国际金融交易中存在的汇率差异和利率差异被迅速拉平，引致世界主要金融市场的价格呈现一体化趋势；③国际流动资本在世界各金融市场之间追逐高额利润的流动过程，使得一国的经济、金融与世界经济和金融的相关性增强，从而加速了世界经济、金融一体化的进程。

（2）国际流动资本极大地增加了国际金融市场的流动性。利用现代化的通信和交易手段，国际资本迅速地从一国流向另一国，可以有效地满足国际金融市场的资金需求尤其是短期资金需求，并能降低国际金融交易成本。此外，随着保证金交易、透支交易以及金融衍生工具的广泛运用，国际资本流动对国际金融的影响日益扩大。在获取巨额利润的同时，国际资本在客观上增大了国际金融市场的流动性。事实上，国际资本流动在得益于金融衍生工具的同时，也推动了金融衍生工具的创造和运用。

（3）适量的金融投机，有利于减少金融商品的价格波动幅度，确保市场价格的稳定性；投机者进入金融市场承担并分散了原始金融市场的价格风险，使真正建立风险规避为主的理性金融投资市场成为可能；投资者进入金融市场，大大提高了金融市场的流通性和资金营运率。

（三）国际资本流动有利于促进不发达国家的资本形成

不发达国家在经济增长过程中面临的最为突出的困难是资本不足，因此资本形成问题是不发达国家经济发展的核心问题。资本的供给取决于储蓄能力与储蓄愿望，资本的需求取决于投资的需求。在不发达国家,资本形成的供求两方面都存在着恶性循环关系。对不发达国家来说,影响资本形成的市场需求不足,是实际购买力的不足,而不是"有效需求"的不足,这种实际购买力的不足压制了对个人投资的刺激。

因此,不发达国家往往以引进外资作为其自身资本形成的一条有效途径。巨额资金流入不发达国家,对其发展本国经济、增加出口贸易和提高国民收入产生了积极作用。对外资的引进和有效利用,可以拉动对不发达国家本地区的人力资源和自然资源的需求,提高这些资源的利用程度和利用需求,拓展不发达国家的市场,提高其市场化程度,这不仅对引进外资的不发达国家而言是有利的,而且对作为主要资本输出国的发达国家也是有利的。

一般来说,不发达国家引进外资的形式主要有外国直接投资、国际借款(官方和非官方)以及赠予,其中以外国直接投资为主。外国直接投资的决策由外国投资者作出,虽然不同于直接以国内发展为目的的资本形成,但也还是直接用在资本形成上,因为它总会给生产产品的国家增添真正的新的生产力。国际借款和国际捐款作为一国的外国投资,可以由不发达国家统筹使用,建设公共服务事业和作为社会经营资本,从而奠定一国经济发展的基础。

但是,以外资代替国内储蓄总会相应地引起消费的增加。国际投资和捐赠若用于消费,则不利于不发达国家的资本形成,因此不发达国家对外资和本国资源的利用必须作出全面的计划和预算,以保证在分配国内外全部可用资源时首先用于资本形成。

(四)国际资本流动会引发财富效应

对于资金富裕的单位,金融工具提供了一个资产保值增值的方式。人们可以将资金用实物的形式保存下来,但往往会因为折旧等种种因素贬值,从而带来损失。但是以股票、债券和其他金融工具的形式进行保存和流通的资金则不会随着时间而贬值,反而通常会创造收入、增加财富。这里的财富是指个人、企业和政府所有的资产总值,净财富则是其所有的资产总额与负债总额之差。在数值上,财富总量等于当前存款以及其他金融资产加上因此而产生的收益(利息、股息、债息等)。目前,世界范围内以股票、债券和其他金融工具形式持有的财富是巨大的。财富的持有量代表着人们当前和未来的购买力,是衡量社会福利状况和国民生活水平的重要指标。由于国际资金在各国金融市场之间的流动会使单个国家的证券市场的财富效应扩散,所以重要的金融市场所在国的经济增长通常会通过财富效应推动整个世界经济的繁荣。

(五)国际资本流动在一定程度上有利于解决国际收支不平衡问题

国际收支不平衡的国家,因国际金融市场的发展而得到了利用其国内盈余资金或弥补国际收支赤字的便利条件。据世界银行统计,广大非石油输出国的不发达国家、中等发达国家甚至发达国家的国际收支赤字,大部分是通过从国际金融市场筹集资金来弥补的。而像石油输出国、日本等国际收支顺差的国家,也是由于国际金融市场的发展才得到了利用其巨额收支顺差的机会。

二、国际资本流动产生的风险和危害

国际资本流动固然能够为世界各国和国际金融市场带来便利和经济效益,但是伴随着国际资本流动也产生着种种风险,而这些风险一旦处理得不好,可能会引起危害和损失。

(一)国际资本流动中的外汇风险

外汇风险是指一个经济实体或个人,在涉外经济活动中因外汇汇率的变动,使其以外币计价的资产或负债发生变化而蒙受损失的可能性。根据外汇风险的表现形式,又可以将外汇风险分成以下五类,即外汇买卖风险、交易结算风险、会计风险、经济风险和外汇储备风险。

从微观上看,国际资本流动中的外汇风险,通过汇率的不正常波动,加大企业成本与收益核算的难度,从而影响企业的涉外业务;通过改变企业债权债务的外汇价值,加大企业的偿债负担,从而造成企业不能按时偿还到期债务的风险。通过上述两方面的影响，外汇风险可能最终影响企业的经营战略。

从宏观上看，国际资本流动中的外汇风险可能会因改变贸易商品的国际价格而造成一国贸易条件的恶化。由于汇率的变化，外汇风险会造成一国旅游业的大幅波动，影响一国资本流动的状况，改变一国经常项目状况，影响一国货币当局外汇储备的结构和数量，进而影响一国的国际收支，最终对一国国民收入和国内就业及经济发展造成不良影响。

(二)国际资本流动中的利率风险

国际资本流动中，利率是国际货币使用权的价格。国际资本流动中的利率风险，总体来说就是由于国际金融市场的利率变动使借贷主体遭受损失的可能性。国际银行贷款和国际债券是涉及利率风险的国际资本流动的两种主要形式。

1. 国际银行贷款

在国际银行贷款中，对借方而言，若借方按照固定利率从国际商业银行借款，在国际商业银行贷款借入日到贷款偿清日的整个借款有效期内，如果国际市场上商业银行贷款利率下跌，则借方按照固定利率支付的利息额，必定高于逐期按市场利率所可能支付的利息总额；相反，若借款人是按照浮动利率从国际商业银行借款，在整个借款的有效期内，若国际市场利率上涨，则借方按照浮动利率逐期支付的利息总额，就会高于按照贷款发放日利率水平所确定的利率所可能支付的利息额。这就是借方所面临的利率风险。

对贷方而言，若国际商业银行以固定利率发放贷款，但日后市场利率上升，则其按固定利率所收取的利息总额会低于按浮动利率所可能收取的利息总额；若国际商业银行以浮动利率发放贷款，但日后市场利率下降，则其按浮动利率所收取的利息总额会低于按发放日当天利率可能收取的固定利率计算的利息总额。除此之外，由于国际商业银行的资金往往来源于吸收存款或发放金融债券所获得的借款，在其借款与对外放款之间存在利率不匹配的问题。这种不匹配，表现在浮动利率与固定利率的不匹配，也表现在利率期限的不匹配。市场利率的变化，可能造成国际商业银行在支付借款利息和收取贷款利息两方面同时蒙受损失。

【提示】作为贷方的国际商业银行，其所面临的利率风险要比借方更为复杂。

2. 国际债券

对债券的发行方来说，面临着与国际银行借款方类似的风险。如果国际债券发行人以固定利率发行国际债券，在其债权有效期内，若市场利率下降，发行人将不能享受这种利率下降带来的好处；相反，若发行人以浮动利率发行国际债券，如果市场利率在债券有效期内上升，发行人将不得不按不断上涨的利率支付债券利息，其支付额将大于按发行日市场利率以固定利率发行所可能发生的支付额。

对债券投资者来说，若投资者将债券持有至到期，其面临的风险与发行人类似。但是，如果投资人在债券未到期时在市场上出售变现，若是固定利率债券，那么在国际债券购买日到转让日的时间里，市场利率的上涨将会造成两个方面的损失：①购买者将要蒙受在此期间内由于少收利息而带来的经济损失；②由于市场利率上涨，国际债券的流通价格会下跌，低于债券的发行价格，投资者在变现时会遭受由于债券价格下跌而带来的损失；两种损失之和就是投资者所面临的利率风险。若是浮动利率债券，在购买日到转让日之间，市场利率的下跌也会造成两方面的影响：①购买者要蒙受在此期间少收利息的损失；②市场利率的下降会造成债券流通价格的上升，债券投资者在转让债券时会获得价格收益；两者之差就是投资者面临的利率风险。

此外，国际金融市场利率的变动还会对国际股票市场、国际衍生品市场产生影响，这种影响也是利率风险的一部分。

(三)国际资本流动对流入国银行体系的冲击

在大多数发展中国家,银行机构作为金融中介占有优势地位。流入这些国家的国际资本,有相当部分是首先流入这些国家的银行体系。进入 20 世纪 90 年代,国际资本大量流入发展中国家,对这些国家的银行体系造成巨大影响,并由此带来相当大的风险。

对资本流入国的商业银行来说,巨额国际资本的流入,最直接的影响有两个:①商业银行的规模得以扩大;②商业银行对这些资本的运用使得其资产负债表的结构发生变化。

资本流入有不同的目的。当资本流入是用于弥补相应的经常账户逆差时,即当一个非居民从居民那里购买了国内资产后,居民又反过来利用这些外汇收入去进口国外商品,外汇收入又流入本国,这就不会引致银行信贷的扩大。当本地银行贷款给进口商时,同时在进口商的账户上贷记外币借款和借记外币存款两笔账。本地银行通过外国银行提取存款完成这一交易。交易最后,本地银行发生了对外国银行的负债和给进口商的贷款,但其国内资产并不增加。另一种情况下,资本净流入完全由中央银行进行中和。不管在哪种情况下,资本净流入都不会影响本币私人部门的信贷水平。

当国际资本以增加国内银行对外负债的形式流入一国时,对银行资产最直接的影响是,国内商业银行的外币负债增加,同时该银行在某外国银行的外币存款增加。如果本国中央银行从接受资本流入的商业银行购入外汇资产,则本币的银行储备相对于本币储蓄会增加。如果中央银行没有针对这种流动性的增加而采取措施中和其基础货币,商业银行便会利用其在中央银行的超额准备金增加贷款,这种贷款的增加在货币乘数的作用下会创造出数倍于其超额准备的货币。对商业银行来说,表现为资产的增加;对中央银行来说,表现为流通中货币的增加,国内通货膨胀的压力加大。

国际资本的流入在影响流入国商业银行资产规模的同时,也会通过一些较重要的渠道使银行的资产负债表结构发生变化。资本流入国的银行会更加依赖外国资本,并利用这些资本扩大其国内贷款和证券投资。具体分析流入国资产负债结构的变化,有着更为重要的意义。

商业银行对外负债的增加如果只引致国外资产的增加,即银行投资于国外证券或把资金贷给国外,那它的扩张效果将较小。但实际上这种情况很少发生。分析一些发展中国家商业银行的资产负债表不难发现,绝大多数国家商业银行的外币负债要比外币资产增加得更快。与此同时,其国内非政府存款也急剧上升。这些现象表明,对国外的净负债并没有被中和,这将直接或间接地引致国内贷款、消费或投资的增加。

在这种情况下,银行部门是否可靠、银行贷款或投资的决策过程是否完善,将直接影响国际资本流入对当事国的经济效应。在不断变化的环境下,许多国家银行系统的问题往往是低劣的贷款决策以及对贷款风险管理不当造成的。如果银行过分地陷入这种风险,有可能招致较大的亏损。

总体来说,国际资本流动对流入国商业银行资产负债表的影响可以归纳为:①高资本净流入时期往往与银行部门负债的增加一致,银行负债的增加往往是由外国资金的介入引致的;②在中央银行进行中和操作的前提下,虽然在商业银行资产负债表上来自中央银行和政府的资金有所下降,但银行仍然能够扩大其业务规模;③国际资本的流入使商业银行增加的资金,大部分变成了国内贷款,对私人部门的证券投资也有所增加。

任务三　国际投资与国际融资

一、国际投资

国际投资(International Investment),又称对外投资(Foreign Investment)或海外投资(Overseas Investment),是指跨国公司等国际投资主体,将其拥有的货币资本或产业资本通过跨国界流动和营运，以实现价值增值的经济行为。

（一）国际直接投资

动漫视频

国际直接投资

国际直接投资（International Direct Investment）是指为了在国外投资获得长期的投资效益，并拥有对公司的控制权和企业经营管理权而进行的，在国外直接建立企业或公司的投资活动。

国际直接投资是投资者以控制企业部分产权、直接参与经营管理为特征，以获取利润为主要目的的资本对外输出。国际直接投资往往与生产要素的跨国界流动联系在一起，这些生产要素包括生产设备、技术和专利、管理人员等，因而国际直接投资是改变资源分配的真实资本的流动。

1. 国际直接投资的特点

国际直接投资与其他投资相比，具有实体性、控制性、渗透性和跨国性的重要特点。具体表现在：

（1）国际直接投资是长期资本流动的一种主要形式。不同于短期资本流动，它要求投资主体必须在国外拥有企业实体，直接从事各类经营活动。

（2）国际直接投资表现为资本的国际转移和拥有经营权的资本国际流动两种形态，既有货币投资形式又有实物投资形式。

（2）国际直接投资是取得对企业经营的控制权，不同于间接投资，它通过参与、控制企业经营权获得利益。

除此之外，当代的国际直接投资又有以下几个特点：规模日益扩大；由单向流动变为双向流动；发展中国家国际直接投资日趋活跃；区域内相互投资日趋扩大；国际直接投资部门结构的重大变化；跨国并购成为一种重要的投资形式等。

2. 直接投资的方式

国际直接投资一般有以下 5 种方式：①在国外创办新企业，包括创办独资企业、设立跨国公司分支机构及子公司；②与东道国或其他国家共同投资，合作建立合营企业；③投资者直接收购现有的外国企业；④购买外国企业股票，达到一定比例以上的股权；⑤以投资者在国外企业投资所获利润作为资本，对该企业进行再投资。

（二）国际间接投资

国际间接投资（International Indirect Investment）是指以资本增值为目的，以取得利息或股息等为形式，以被投资国的证券为对象的跨国投资，即在国际债券市场购买中长期债券，或在外国股票市场上购买企业股票的一种投资活动。国际间接投资者并不直接参与国外企业的经营管理活动，其投资活动主要通过国际资本市场（或国际金融证券市场）进行。国际间接投资又称对外间接投资（Foreign Indirect Investment）。

1. 国际间接投资的特点

国际间接投资与国际直接投资相比，其特点如下：

（1）对经营活动无控制权。国际间接投资对筹资者的经营活动没有控制权，而国际直接投资对筹资者的经营活动拥有控制权。

（2）流动性大，风险性小。国际间接投资与企业生产经营无关（因为无控制权），随着二级市场的日益发达与完善，证券可以自由买卖，流动性大、风险性小。

【提示】国际直接投资一般都要参与一国企业的生产，其生产周期较长，一般在 10 年以上，由企业的利润直接偿还投资。资金一旦投入某一特定的项目，要抽出投资比较困难，其流动性小、风险性大。

(3)投资渠道为证券交易所。国际间接投资必须通过证券交易所才能进行投资,国际直接投资只要双方谈判成功即可签订协议进行投资。

(4)投资内涵相对狭窄。国际间接投资又称国际金融投资,一般只涉及金融领域的资金,即货币资本运动,运用的是虚拟资本。

【提示】国际直接投资是生产要素的投资,它不仅涉及货币资本运动,而且涉及生产资本和商品资本运动及对资本使用过程的控制,运用的是现实资本。

(5)表现为自发性和频繁性。国际间接投资受国际利率差异的影响而表现为一定的自发性,往往自发地从低利率国家向高利率国家流动。国际间接投资还受到世界经济、政治局势变化的影响,经常在国际间频繁移动,以追随投机性利益或寻求安全场所。第二次世界大战后,随着国际资本市场的逐步完善,国际间接投资的规模越来越大,流动速度也越来越快。国际间接投资具有较大的投机性。

(6)获取收益不同。国际间接投资的收益是利息和股息,而国际直接投资的收益是利润。

2. 国际间接投资的种类

(1)国际证券投资。国际证券投资,即在国际债券市场购买中长期债券,或在外国股票市场上购买企业股票的一种投资活动。从一国资本流出和流入的角度来看,购买国际证券意味着资本流出,发行国际证券则意味着资本流入。

(2)国际信贷投资。国际信贷投资是指由一国政府、银行或国际金融组织向第三国政府、银行及其他自然人或法人提供借贷资金,后者要按约定时间还本付息的一种资金运动形式或投资形式。

二、国际融资

(一)国际信贷融资

国际信贷融资是一国借款人在国际金融市场上向外国金融机构借入外币资金的一种信用活动和融资方式,是国际融资的主体。

【提示】国际信贷融资方式主要包括国际贸易信贷融资、国际商业银行贷款、国际金融机构贷款和政府贷款。

1. 国际贸易信贷融资

国际贸易信贷融资是指与贸易有直接关系的信贷融资。在整个进出口贸易过程中,进出口商都想获得资金融通。这种融资行为可以看作对国际贸易的金融支持。国际贸易信贷对加速进出口商品流通,减少其资金积压,促成进出口顺利完成具有重要作用。

(1)国际贸易短期信贷融资

短期出口融资是指对出口贸易提供的、期限在一年以下的融资。它主要有以下几种形式:

①出口信用证押汇。出口信用证押汇是指在出口贸易中,以信用证方式结汇,出口商(受益人)以信用证项下的出口单据作抵押,请求出口地银行在收到开证行支付的货款之前,向出口商垫付信用证金额的一种融资方式。这种融资方式的融资比例通常为信用证金额的全额,以信用证项下的收汇作为还款资金来源。但若出口商无法从开证行获得货款,出口商必须以自有资金偿还押汇银行的本金和利息。

【注意】由于押汇银行在垫付信用证金额时预先扣除利息和有关的费用,将其余额贷给出口商,因此,出口商获得的融资金额将低于信用证金额的全额。

②出口托收押汇。出口托收押汇是指在跟单托收方式下,出口商发货后将货运单据提交给出口地托收行,请求托收行预先支付部分或全部货款,待托收款收妥后偿还银行垫款的一种出口贸易融资方式。在这种融资方式下,托收银行买入出口商开立的以进口商为付款人的跟单汇票和随附

的商业单据，将货款扣除利息和有关费用后，余额付给出口商，其还款资金为进口商支付的货款。若出口商无法从进口商处收回货款，则出口商必须使用自有资金偿还本金和利息。

在跟单托收中，交单的方式有付款交单(D/P)和承兑交单(D/A)。在付款交单方式下，进口商必须在付款后才能取得货运单据提货。若不存在进口国的政治风险，出口商收汇的风险相对较小，因而比较容易取得托收银行的融资。在承兑交单方式下，由于只要进口商承兑了汇票即可取得货运单据提货，汇票到期日进口商是否支付货款则存在较大的风险。因此，承兑交单方式下，托收银行的押汇若没有其他措施配合，银行通常不愿接受。

【提示】出口托收押汇与信用证押汇的主要区别在于，它没有银行的信用保证，能否收回货款完全取决于进口商的资信，因此，风险较大，押汇利率也较高。

③打包放款。打包放款是指在国际贸易中，银行凭以该出口商为受益人的信用证为抵押，向该出口商提供的用以生产、备货、装船的贷款。由于最初这种贷款是以处于打包阶段的货物为抵押品的，故又称打包贷款。现在，从接到订单到货物上船，出口商收购商品、租用运输设备等所需流动资金，都可以凭出口订货凭证申请打包贷款。公司获得短期资金周转，办理出口备货、备料、加工等，使出口贸易得以顺利进行。

【注意】打包放款的金额一般不超过信用证总金额的70%，期限从银行放款之日起至信用证寄单后20天，一般控制在90天以内，利率根据银行同档次流动资金贷款利率执行。

④透支和定期放款。透支是指银行在客户的往来账户上核定一个透支额度，允许客户随时动用这笔款项，以后由客户的销售收入自动冲减透支余额的融资方式。与贷款方式相比，透支的特点在于：当客户动用透支额度时，不必负担利息；动用的款项可以随时偿还，具有高度的灵活性。但是，它的利率通常较高。采用这种融资方式，要求出口商与银行有密切的业务关系，并且出口商要有良好的资信。

定期放款是指银行将一笔固定期限的资金转入客户的往来账户，并从贷放之日起开始计算贷款利息的融资方式。在客户未动用贷款时，它作为客户的存款而产生利息，但是，客户仍要承担存放款利息的差额费用。定期放款通常不允许提前偿还，除非客户愿意支付罚金，罚金相当于银行在该笔贷款上损失的收益。定期放款可分为抵押放款和无抵押放款。

⑤远期票据贴现。远期票据贴现是指银行或贴现公司等金融机构对未到期的已承兑的远期票据有追索权地买入，为客户提供短期融资业务。其中，最常见的是远期信用证贴现，即出口商以远期信用证项下的远期汇票办理贴现，申请人办理贴现业务应向银行提交贴现申请书，并承认银行对贴现垫款保留追索权。

【提示】贴现利率将按规定执行并计收外币贴现息，贴现息将从票款中扣除。

⑥进口商对出口商的商业信用。进口商对出口商的商业信用是指进口商通过预付款的形式对出口商提供商业信用。预付款是进口商在收到货物之前支付给出口商的款项。进口商对出口商的预付款有两种情况：一种是作为进口商执行合同的保证，称为定金，一般预付款的期限很短，占交易金额的比重不大，不被视为融资方式；另一种是进口商对出口商提供信贷，一般预付款期限较长，金额较大，并且一般要收取利息，因此这种融资方式目前并不常见。这种融资方式一般用于两个场合：一是发达国家采购发展中国家的某些初级产品时采用，以缓解对方生产和出口资金紧张；二是发展中国家采购发达国家的某些设备时采用，以减少发达国家对出口风险的顾虑。

短期进口融资是指对进口商提供的、期限不超过一年的融资。它主要有以下几种方式：

①信用证业务。信用证是银行根据进口商的申请，对出口商开出的保证在收到信用证规定的单据后承兑和付款的银行保证文件。它是一种有条件的银行支付承诺。信用证是一项凭合同开立但不依附于贸易合同而独立存在的文件。只要汇票和单据符合信用证条款的要求，开证行就承担

起第一性付款的责任。银行把开立信用证作为一种授信业务。在开证时,银行可能要求进口商提供一定数量的押金,或者以出口商发来的货运单据为抵押,要求进口商付款赎单。

【提示】信用证业务具有进口押汇的性质。

②信托收据业务。信托收据是进口商以被信托人的身份将自己货物的所有权转让给银行以获取银行提供短期融资的确认书,持有该收据意味着银行对该货物享有所有权,进口商仅作为银行的受托人代其处理货物(包括加工、转卖、存仓、代购保险、销售等),从而从银行获取短期融资的一项业务。

③透支和定期放款。进口商也可以利用透支和定期放款方式进行短期融资。按照贷款的用途,可分为:a. 预付货款信贷,即进口方银行应进口商支付预付款的融资需要而向进口商提供的贷款;b. 原料采购信贷,即在本国政府的支持下,进口方银行应进口商原料采购的融资需要,令其国外分支机构向本国制造商驻外采购人员垫付资金的贷款;c. 商品购运信贷,即进口方银行应进口商支付到港货物货款和国内运费的融资需要,向进口商提供的贷款。

④承兑信用。承兑是指付款人在汇票上签字,表示承担汇票到期时付款责任的行为。由进口商承兑的远期汇票称为商业承兑汇票;由银行承兑的远期汇票称为银行承兑汇票。在进出口贸易中,若出口商怀疑进口商的支付能力,便会要求进口商开展承兑信用业务。承兑信用是指银行应进口商的申请,对出口商开出的远期汇票进行承兑,从而向进口商提供信用。承兑行并不负责垫付资金,它所贷出的是自己的信誉,以换取承兑手续费。

⑤出口商对进口商的商业信用。为了提高出口商品的竞争能力,出口商可向进口商提供商业信用,即向进口商提供延期付款的融资便利。它又称公司信贷,其基本类型是:a. 往来赊欠账户信贷,即根据赊销协议,进出口商分别将应付和应收账款贷记和借记在相应的往来账户上的融资方式。出口商在货物上船后,将应收账款借记在进口商的账户上。进口商则同时将应付款项贷记在出口商的账户上。在约定的期限,进口商向出口商支付货款。b. 票据信贷,即由进口商承兑出口商开立的远期汇票,并于汇票到期日支付票面金额的融资方式。

⑥提货担保。提货担保是指进口商开出信用证后,由于货物已抵港而正本提单尚未收到,要求银行为其开出提货担保书,交承运人先行提货。在担保书中,银行保证日后补交正本提单,负责向海运公司缴付有关费用,并赔偿海运公司由此可能产生的各种损失,待正本提单收到后向承运人换回提货担保书的一种融资方式。

(2)国际贸易中长期信贷融资

动漫视频

出口信贷

①出口信贷。出口信贷(Export Credit)是一种国际贸易中长期信贷方式,它是一国政府为支持和扩大本国大型设备等产品的出口,增强国际竞争力,对出口产品给予利息补贴、提供出口信用保险及信贷担保,鼓励本国的银行或非银行金融机构对本国的出口商或外国的进口商(或其银行)提供利率较低的贷款,以解决本国出口商资金周转的困难,或满足国外进口商对本国出口商支付货款需要的一种国际信贷方式。出口信贷名称的由来就是因为这种贷款由出口方提供,并且以推动出口为目的。

出口信贷具有以下主要特点:

第一,利率较低。对外贸易中长期信贷的利率一般低于相同条件资金贷放的市场利率,由国家补贴利差。

第二,与信贷保险相结合。由于中长期对外贸易信贷偿还期限长、金额大,发放贷款的银行存在着较大的风险,为了消除出口国家银行的后顾之忧,保证其贷款资金的安全发放,国家一般设有信贷保险机构,对银行发放的中长期贷款给予担保。

第三,由专门机构进行管理。发达国家提供的对外贸易中长期信贷,一般直接由商业银行发放,商业银行资金不足时,则由国家专设的出口信贷机构给予支持。某些国家还对一定类型的对外贸易中长期贷款，直接由出口信贷机构承担发放的责任。

出口信贷的基本类型分为卖方信贷和买方信贷两种。

1)卖方信贷。卖方信贷是指在大型机械设备或成套项目贸易中，为便于出口商以延期付款方式出售商品，出口商所在地银行对出口商提供的中长期信贷。延期付款的货价一般高于以现汇支付的货价。

卖方信贷的流程具体如下：

a. 双方签订合同后，出口商以延期支付方式向进口商出售大型设备；

b. 进口商先付10%～15%的定金，在分批交货验收中，再分期付给10%～15%的货款，其余货款在出口商全部交货后由进口商在规定的期限内分期偿还；

c. 出口商向其所在地银行申请卖方信贷的贷款，取得所需资金；

d. 出口商以进口商分期偿还的货款向银行偿还贷款本金和利息。

其操作过程如图8—1所示。

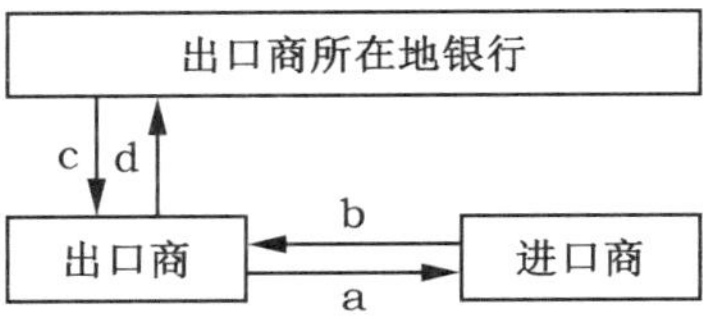

图8—1　卖方信贷流程

2)买方信贷。买方信贷是指在大型设备或成套项目贸易中，为了扩大本国设备的出口，由出口商所在地银行向外国进口商或进口商所在国的银行提供的中长期贷款。买方信贷是目前国际上出口信贷中的主要类型，其可以贷给进口商，也可以贷给进口方银行。

买方信贷通常的做法是：

a. 进出口商签订合同后，进口商先付货价15%的定金；

b. 进口商或进口方银行与出口商所在地银行签订贷款协议；

c. 进口商取得所需资金；

d. 进口商用取得的贷款支付出口商的货款；

e. 进口方银行根据贷款协议分期偿还出口方银行贷款；

f. 进口商按贷款协议分期偿还银行的欠款。

其操作过程如图8—2所示。

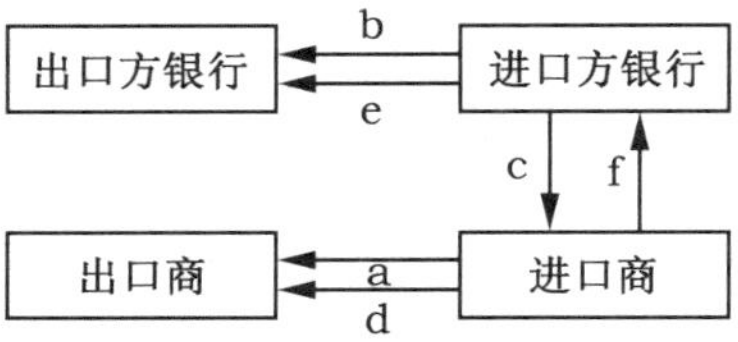

图8—2　买方信贷流程

②福费廷。福费廷(Forfeiting，原意为放弃，音译为福费廷)，又称包买、买单信贷或是无追索权的贴现，是指在国际贸易中进行资本性物资交易，如大型成套机械设备，当出口商以赊销方式出售商品后，需要经过预先选定的贴现行或大金融公司认可的担保行担保过的本票(汇票)卖断给贴现行或大型金融公司，从而提前得到现款的一种资金融通的形式。

其特点是：远期票据应产生于销售货物或提供技术服务的正当贸易；办理包买票据业务后，出口商放弃对所出售债权凭证的一切权益，将收取债款的权利、风险和责任转嫁给包买商，而银行作为包买商也必须放弃对出口商的追索权；出口商在背书转让债权凭证的票据时均加注“无追索权”字样，从而将收取债款的权利、风险和责任转嫁给包买商。

福费廷业务主要提供中长期贸易融资，利用这一融资方式的出口商应同意向进口商提供期限为6个月至5年甚至更长期限的贸易融资，同意进口商以分期付款的方式支付货款。除非包买商同意，否则债权凭证必须由包买商接受的银行或其他机构无条件地、不可撤销地进行保付或提供独立的担保。福费廷业务是一项高风险、高收益的业务，对银行来说，可带来可观的收益，但风险也较大；对企业和生产厂家来说，货物一出手，可立即拿到货款，占用资金时间很短，无风险可言。因此，银行做这种业务时，关键是必须选择资信十分可靠的进口地银行。

福费廷业务的具体操作流程如下：

a. 出口商与进口商在洽谈设备、资本货物贸易时，如欲使用这一信用方式，应事先与其所在地的银行或金融公司约定，以便做好各项信贷安排。

b. 出口商与进口商签订贸易合同，表明进行福费廷，出口商向进口商索取为货款而签发的远期汇票，应取得进口商往来银行的担保；进口商往来银行对远期汇票的担保形式是在汇票上签字盖章，保证到期付款或出具保函。

c. 进口商的担保银行要经出口商所在地银行认可；担保行确定后，进出口商才能签署贸易合同。

d. 出口商发运设备后，将全套货物单据按合同规定通过银行的正常途径寄送进口商，以换取经进口商承兑的附有银行担保的承兑汇票(或本票)。

e. 出口商取得承兑汇票(或本票)后，按照与买进这项票据的银行或大型金融公司的约定，依照放弃追索权的原则，办理票据的贴现手续，取得现款。

③其他形式的出口信贷。在这里简要介绍一下混合信贷和信用安排限额。

a. 混合信贷。出口国为扩大本国设备的出口，在出口国银行发放卖方信贷或买方信贷的同时由出口国政府从预算中提出一笔资金，作为政府贷款或给予部分赠款与卖方信贷或买方信贷一并发放，以满足出口商(如为卖方信贷)或进口商(如为买方信贷)支付当地费用和设备价款的需要。这种以满足某项大型设备出口需要，将政府贷款、赔款与买方信贷和卖方信贷混合在一起发放的方式就称为混合信贷。

b. 信用安排限额。信用安排限额是指出口商所在国银行给予进口商所在国银行以中期贷款限额的便利，并与进口方银行配合，组织较小贸易和金融业务的成交，以促进本国一般消费品或基础工程的出口。这是20世纪60年代后期发展起来的一种出口信贷形式。

2. 国际商业银行贷款

国际商业银行贷款，简称国际银行信贷，是指一国借款人为了本国经济建设的需要，支持某一个建设项目或其他一般用途而在国际金融市场上向外国银行借入货币资金。外国银行既包括资金雄厚的大银行，也包括中小银行及非银行的金融机构；外国银行可以是独家银行，也可以是由多家银行组成的贷款银团。

国际商业银行贷款的特点主要有：①贷款利率按国际金融市场利率计算，一般由伦敦银行间同业拆放利率再加上加息率组成，利率水平远比其他国际信贷形式高，而且其他费用也较高。②贷款可以自由使用，一般不受贷款银行的限制。政府贷款有时对采购的商品加以限制，出口信贷必须把贷款与购买出口设备项目紧密地结合在一起，项目借款与特定的项目相联系；国际金融机构贷款有专款专用的限制。而国际银行贷款不受银行的任何限制，可由借款人根据自己的需要自由使用。

③贷款方式灵活,手续简便。政府贷款不仅手续相当烦琐,而且每笔贷款金额有限;国际金融机构贷款,由于贷款多与工程项目相联系,借款手续也相当烦琐;出口信贷受许多条件限制。相比之下,国际银行贷款比较灵活,每笔贷款可多可少,借款手续相对简便。④资金供应充沛,允许借款人选用各种货币。在国际市场上有大量的闲散资金可供运用,只要借款人资信可靠,就可以筹措到自己所需要的大量资金。

国际商业银行贷款的种类主要包括:

(1)按贷款期限长短,国际商业银行贷款可分为短期信贷、中期信贷和长期信贷三种。

(2)根据贷款银行的不同,国际商业银行贷款可分为单一银行贷款和银团贷款。①单一银行贷款,又称双边贷款,是指仅由一家银行提供的贷款。由于国际贷款风险较大,一旦发生损失难以挽回,所以单一银行贷款一般数额较小,期限较短。②银团贷款,又称辛迪加贷款,是指多家商业银行组成一个集团,由一家或几家银行牵头,联合向借款人提供长期巨额资金。这是国际商业银行贷款的主要形式。

【注意】银团贷款具有贷款金额巨大,且期限较长,借款人能自由地使用贷款等特点。

3. 国际金融机构贷款

国际金融机构贷款是指国际金融机构作为贷款人向借款人以贷款协议方式提供的优惠性国际贷款。国际金融机构贷款的贷款人不仅限于全球性国际金融机构,如国际货币基金组织、世界银行(国际复兴开发银行)、国际开发协会、国际金融公司,而且包括区域性国际金融机构,如亚洲开发银行、泛美开发银行、非洲开发银行、欧洲投资银行等。

【注意】国际金融机构贷款也是一种具有非商业性质的优惠性贷款。

国际金融机构贷款的基本特征如下:

(1)国际金融机构贷款的贷款人为特定的国际金融机构,而其借款人通常也受到特定范围的限制。例如,世界银行贷款的借款人仅限于基金成员国政府、政府机构、由政府机构提供担保的公私企业,国际开发协会贷款的借款人仅限于贫困发展中国家的开发项目当事人,亚洲银行贷款的借款人仅限于其成员国的开发本地区项目的投资人。

(2)国际金融机构贷款的资金主要来源于各成员国缴纳的股金、捐款以及国际金融机构从资本市场的筹资,其资金放贷宗旨通常包含鼓励成员国从事开发项目、援助发展中国家特别是贫困国家经济发展的内容,不完全等同于仅以营利为目的的商业贷款。

(3)国际金融机构贷款的条件通常较为优惠,其利息率普遍低于商业银行贷款,其优惠性贷款的利息率可低于3%甚至为无息,其附加费通常也包括承诺和手续费。

【提示】国际金融机构贷款不完全等同于政府间的"软贷款",但其贷款条件的整体优惠性往往并不亚于政府贷款。

(4)国际金融机构贷款通常为中长期贷款,期限较长,其贷款期一般为10~30年(最长可达50年),宽限期多为5年左右。

(5)国际金融机构贷款大多为开发性贷款,主要用于经济复兴或开发性项目,非项目性贷款通常为配套性使用,这与商业银行贷款也有很大的不同。

(6)国际金融机构贷款对贷款用途往往设有严格的限制,不仅贷款协议要求借款人严格遵守贷款目的和贷款用途条款,而且贷款方通常也对借款人的资金运用进行严格的监督和检查。

4. 政府贷款

政府贷款是一国政府以其预算内资金向另一国政府以特定协议方式提供的优惠性贷款。此种贷款通常依据国家间的双边协定或国家间双边关系而提供。政府贷款一般采取三种方式:①以出口信贷方式提供的贷款;②以单纯的中长期贷款协议方式(基本形式)提供的贷款;③以上述两种方式提供的混合贷款。

典型的政府贷款具有以下基本特征：

（1）政府贷款的借款人与贷款人均为特定的政府组织，贷款资金主要来自贷款人的国家财政预算收入。此类贷款本质上为国家行为和国家财政收入信贷，因而较少受商业原则的支配。

（2）政府贷款具有利率低、附加费用少的优惠性质。根据国际惯例，此种优惠性贷款至少应含有不低于25%的“赠与成分”，这是根据贷款利率、偿还期限、宽限期间和综合贴现率等数据计算出的一种综合性指标。政府贷款的利息率一般为1%～3%，有的甚至为无息；其附加费通常限于承诺费和手续费或其中之一种。

（3）政府贷款一般为中长期贷款。其贷款期通常为10～30年，其宽限期通常为5～7年，最长的可达10年。

（4）政府贷款大多带有一定的附加条件。例如，要求借款人以贷款之部分向贷款国购买设备、物资、技术成果或技术服务，以此增加贷款国的出口贸易；或者在政府贷款的同时，要求借款人连带使用一定比例的贷款国出口信贷，以带动贷款国民间金融资本的输出。

（5）政府贷款主要为项目贷款。其贷款用途多限于符合双边协定或双方经贸关系的重要项目，超越这一范围将可能造成贷款申请上的困难，在通常情况下，贷款国的有关机构还将按协议对借款国的项目实施过程进行监督管理。

（6）政府贷款的订约程序较为复杂。首先，此类贷款通常由借款国选定项目，准备项目文件，并向贷款国提出申请；其次，由贷款国对贷款项目的可行性、项目效益和贷款偿还计划进行审查和评估；再次，在贷款国初步同意贷款的基础上，将通过使领馆将书面承诺递交借款国，然后双方就贷款基本条件进行“换文”谈判；最后，由借款国与贷款国放贷机构具体商定贷款协议的详细内容，并由双方签署，在贷款协议签署的同时往往还须签署相关的物资采购协议和其他附属文件。

（二）国际项目融资

国际项目融资是一种特殊的融资方式，是指以境内建设项目的名义在境外筹措资金，并以项目自身的收入资金流量、自身的资产与权益，承担债务偿还责任的融资方式，也是无追索权或有限追索权的融资方式。

【提示】国际项目融资由于金额大、期限长、风险大，往往采用银团贷款方式。

国际项目融资的特点是：

（1）贷款人不以主办单位的资产和信誉作为发放贷款的依据，而以该工程项目预期的经济效益和承办单位资产状况作为发放贷款的依据。

（2）项目融资的还款来源是该项目未来的收益，而不像传统融资那样，以借款人的所有财产和收益作为偿债来源。项目的成败对贷款人能否收回贷款具有决定性的意义。

（3）国际项目融资风险大，需要与工程项目有利害关系的更多单位提供担保以回避风险。

（4）工程所需资金来源多样化，除从银团贷款取得资金外，还能够得到政府、国际组织的支持。

（5）项目融资以“有限追索权”筹资方式为主，利率较高。有限追索权项目融资除了以项目经营收益作为还款来源和取得物权担保外，贷款人还要求有项目以外的第三方（如项目主办人、项目产品购买人或项目设施使用人、项目工程承包人等）提供担保。当项目收益不佳或经营失败时，贷款人有权向第三方担保人追索，但担保人承担债务的责任，以他们各自提供的担保金额为限。

动漫视频

BOT融资模式

国际项目融资的典型方式是BOT（Build-Operate-Transfer）方式，即建设—经营—移交方式。它是政府将一个基础设施项目的特许权授予承包商（一般为国际财团），承包商在特许期内负责项目设计、融资、建设和运营，并回收成本，偿还债务，赚取利润，特许期结束后将项目所有权移交政府。

【提示】BOT 融资方式是政府与承包商合作经营基础设施项目的一种特殊运作模式，在我国又称为“特许权融资方式”。

BOT 的通常做法，是外国投资者与东道国政府部门或其指定的国有公司（公营部门）签订合同，由外国投资者出资、引资建设这些大型基础设施项目；东道国允许其建成后经营若干年，以收回投资和获取必要的利润。合同对建设和经营的条件（例如项目建成时间、项目建成后的收费原则、政府合理承担一定期限内不建竞争性项目的义务等），有比较具体的约定，合同期满时，项目、设施无偿移交政府部门或公营部门。BOT 通常与无追索权或有限追索权融资（即项目融资）相结合，贷款银行（银团）或债权持有人主要关注项目的预期现金流量，作为贷款偿还和利息收入的保证，对项目发起人（项目公司股东）无追索权或只有有限追索权。BOT 方式具体实施中还会涉及建造承包商、设备供应商、保险公司等。

采取 BOT 方式，对东道国而言有如下好处：①项目由外国投资者投资而不需本国政府投资，无需资金投入而只要授权，若干年后即可无偿得到基础设施项目，因此，BOT 投融资方式很受各地政府的青睐；②国家无须对项目投资的偿还提供担保，因而该项目的债务不会构成国家债务；③项目的绝大多数财政和投资回收风险均由投资者自己承担。东道国在这种条件下建成社会需要的基础设施，无疑对本国是有利的。当然，东道国政府对自己所做出的收费标准等承诺，也需慎重考虑，以免对社会公众造成不合理的负担。

对投资者而言，其最大的特点是可以直接进入东道国具有长期发展潜力的基础建设项目，并由此获得其他种种商业机会。在项目建设阶段，可以获得承担项目建设的工作并推销一些设备，带动劳务和贸易的输出。以项目的运营必须产生足够利润为前提，在项目运营阶段，能够从所拥有的项目公司获得红利收入。在项目的运营期满阶段，还可能从项目公司以高价出售的股份中获得投资回报。

（三）国际证券融资

国际证券融资是指资金需求者在国际金融市场上通过发行各种债务性证券和股票，直接向公众筹集资金的融资活动。国际证券融资包括国际债券融资和国际股票融资两种形式。

1. 国际债券融资

国际债券融资是指一国政府当局、金融机构、工商企业、地方社会团体以及国际组织机构等单位，通过在国外市场发行以某种货币作为面值的债券而进行的融资活动。

国际债券融资包括外国债券融资和欧洲债券融资两种。外国债券是一种传统的国际债券，是指在发行者所在国家以外的国家发行的、以发行地所在国的货币为面值的债券。欧洲债券是指在别国发行的不以该国货币为面值的债券。

欧洲债券与外国债券的区别如下：①发行方式方面。外国债券一般由发行地所在国的证券公司、金融机构承销，而欧洲债券则由一家或几家大银行牵头，组成十几家或几十家国际性银行在一个国家或几个国家同时承销。②发行法律方面。外国债券的发行受发行地所在国有关法规的管制和约束，并且必须经官方主管机构批准，而欧洲债券在法律上所受的限制比外国债券宽松得多，它不需官方主管机构的批准，也不受发行地所在国有关法令的管制和约束。③发行纳税方面。外国债券受发行地所在国的税法管制，而欧洲债券的预扣税一般可以豁免，投资者的利息收入也免缴所得税。

国际债券融资与其他融资形式相比，具有如下特点：

（1）能够为资金使用者筹措到期限较长的资金。

（2）对发行人的资信要求较高。与国内债券相比，国际债券对其发行人的要求更高，因此能够顺利发行国际债券也是发行人信誉的一种证明。

(3)发行人可以筹措到各种货币资金，除了美元还有欧元、英镑、日元等，也可筹集复合货币单位资金，如特别提款权。

2. 国际股票融资

国际股票融资是指符合发行条件的公司组织以筹集资金为直接目的，依照法律和公司章程的规定向境外投资者出售代表一定股东权利的股票的国际融资方式。根据多数国家证券法的规定，国际股票发行应当符合公开、公平与公正的基本原则，可以采用公开发行或私募发行两种方式发行。

国际股票融资具有如下特点：

(1)永久性。这是由股票融资这一方式决定的，由于股票没有期限的限定，股东在任何情况下都不得要求退股，因此，引进的外资能够成为永久的生产性资金留在企业内，而不会像一般合资或合作企业一样，会因合同到期或意外变故，外方抽回资金而使企业陷入困境。

(2)主动性。通过股票吸引外资，筹资国可运用法律和政策性手段约束投资者的购买方式、购买种类、资金进出的方式、税率等。

(3)高效性。国际股票融资有利于对外发行股票的企业在更高层次上走向世界。国外股票持有者从自身的利益出发，会十分关心企业的经营成果，有利于企业改善经营管理，提高盈利水平。而企业因股票向外发行，无形中提高了国际知名度和信誉度，有利于企业开拓产品销售市场，开展国际化经营。

国际股票融资依照其发行与上市结构可分为不同的类型，我国的国际股票融资中较普遍采用的方式和渠道主要有以下 5 种：

(1)境外直接上市(IPO)。中国内地的企业法人通过在香港首次发行股票(简称 H 股)，或者在纽约首次发行股票(简称 N 股)，或者在新加坡首次发行股票(简称 S 股)的方式直接在境外获得上市的方式。H 股如青岛啤酒、S 股如中新药业等。

(2)涉及境内权益的境外公司在境外直接上市(IPO、红筹股形式)。中国大陆之外的法人公司或其他股权关联公司直接或间接享有中国大陆企业的股权权益或者资产权利，并且在中国境外直接上市的方式，如裕兴电脑在香港创业板上市等。中国企业在新加坡市场上市也大多采用这种方式，如大众食品等。

(3)境外买壳上市或反向兼并中国大陆或大陆之外的企业法人。在香港市场买壳上市案例如中信泰富，在新加坡市场买壳上市案例如浙江金义，北美特别是加拿大市场一般采用反向收购(RTO)的方式实现挂牌上市。

(4)国内 A 股上市公司的境外分拆上市。案例如 A 股公司同仁堂、托普软件、复旦微电子、青鸟环宇等分拆子公司以 H 股方式在香港创业板上市。

(5)存托凭证(DR)和可转换债券(CB)。中国公司第一次在美国股市上露面是在 1993 年 7 月的青岛啤酒，随后还有上海石化、马鞍山钢铁、仪征化纤等 8 家。它们通过全球存股证方式(GDR)和美国存股证方式(ADR)分别在全球各地和美国纽约证券交易所上市。

(四)国际租赁融资

1. 国际租赁融资的概念及特点

国际租赁又称跨国租赁或离岸租赁，是指处于不同国家(或地区)的出租人与承租人之间的租赁活动。由出租人在一定期限内以收取租金为条件，将资本货物等租赁物交付承租人使用的一种融物和融资相结合的活动。

国际租赁融资的特点：租赁期限较长，一般接近租赁物的寿命，且租赁期满后，承租人可以选择将租赁物退回出租人或者按残值购买。但是，国际融资租赁的租金较高。

国际租赁租期届满后，有三种处置方式：①承租人将设备退还给租赁公司；②用户可要求续租，即按原租约继续租用（续租应减少租金）；③按双方商定的较低价格将租赁设备买下来（称为留购，有时也可无偿取得）。

利用国际租赁融资方式扩大再生产，有利于资金周转，可以很快形成生产能力，并可保证经常使用先进设备，减少自购所带来的过时风险，降低企业的经营成本，提高经济效益。国际租赁融资方式对使用年限大大短于设备有效寿命的通用设备，如工程建筑机械、大型电脑等尤为适用。近年来，国际租赁融资已经成为企业扩大再生产的一种重要方式。

2. 国际租赁融资的主要形式

（1）金融租赁。金融租赁又称融资租赁，是指当项目单位需要添置技术设备而又缺乏资金时，由承租人选定机器设备，出租人代其购置后出租给承租人使用，承租人按期交付租金，租赁期满后租赁设备退租、续租或拍卖给承租人的一种租赁类型。这种租赁方式以租赁机器设备为主，出租人从租金中全部收回垫付的资本，期限较长，一般为3～5年。

【注意】金融租赁实质上是给予承租人以长期信贷的一种租赁方式，它的一个重要特点是在合同期内承租人无权取消合同。在合同期满后，可以延长租赁期限，或者由承租人以低价收购租赁的设备，取得所有权。

（2）经营租赁。经营租赁又称服务性租赁，即出租人除租赁物品外，还承担机器设备的保养、维修，提供燃料、原料、部件以及负责培训技术人员。承租人所支付的租金包括上述各种费用在内。在合同到期前，承租人有权发出书面通知取消合同，退还设备。这种租赁方式一般为中期租赁。

（3）维修租赁。维修租赁是在金融租赁的基础上附加多种服务条件的租赁形式。它的特点与金融租赁基本一致，但租赁公司要向用户提供一切所需服务。以租赁汽车为例，出租人需提供有关购货、登记、上牌、保险、维修保养、事故处理和人员培训等方面的服务，因此租金较高。

（4）杠杆租赁。杠杆租赁又称平衡租赁，是指在一项租赁交易中，出租人提供租赁设备所需资金的20%～40%，其余60%～80%的资金由其他银行或财团借贷，出租设备的所有权属于租赁公司。出租设备由租赁公司（出租人）租赁给承租人，租金较低。这种租赁方式通常适用于大型设备的租赁交易。

（5）回租租赁。回租租赁是指设备所有者将自己原来拥有的部分财产卖给租赁公司，以后再以支付租金为代价，从该公司租回已售出财产的一种交易。回租租赁主要适用于已使用的设备，是当一个公司资金特别缺乏时，采取的一种周转资金的财务安排。

（6）综合租赁。综合租赁是将金融租赁业务与某一贸易方式相结合的租赁形式。它不仅可以减少承租人的资金支出，还可以扩大承租人与出租人之间的贸易往来，促进贸易和租赁的共同发展。

租赁与补偿贸易结合时，出租人把机器设备出租给承租人，而承租人则利用所租赁设备生产的产品偿付租金；租赁与包销结合时，承租人用所租赁设备生产出来的产品由出租人包销，出租人从包销价款中扣取租赁费；租赁与加工装配结合时，承租人用租赁方式引进设备来进行加工装配业务，用工费抵交租金。

任务四　国际资本流动与国际金融危机

国际资本流动在逐利动机下迅速发展的过程中，实现了资源在更大范围内的合理配置。对于资金匮乏的发展中国家，通过外资注入可以提高经济发展水平、促进国内金融市场成长，但国际资本流动也会对相关国家，尤其是发展中国家产生负面影响，特别是短期投机资本更被视为引发金融危机的原因之一。

一、国际金融危机类型

《新帕尔格雷夫经济学大辞典》将金融危机定义为全部或部分金融指标——短期利率、资产价格(证券、房地产、土地)、商业破产数和金融机构倒闭数——的急剧、短暂和超周期的恶化。

根据国际货币基金组织在1998年《世界经济展望》中的分类,金融危机大致可以分为以下四种类型。

(1)货币危机。货币危机又被称为国际收支危机,它的含义有广义与狭义两种。从广义来看,一国货币的汇率变动在短期内超过一定幅度(有学者认为该幅度为15%~20%),就可以被称为货币危机。从狭义来看,货币危机是与对汇率波动采取某种限制的汇率制度相联系的,主要发生于固定汇率制下。它是指市场参与者在对一国固定汇率失去信心的情况下,通过外汇市场抛售该国货币,导致该国固定汇率制崩溃、外汇市场持续动荡的带有危机性质的事件。有些研究对货币危机与金融危机不加以区分,但学者一般认为二者之间是有区别的。货币危机主要发生在外汇市场上,体现为汇率的变动。金融危机的范围更广,还包括发生在股票市场上和银行体系等国内金融市场上的价格波动以及金融机构的经营困难与破产等。货币危机可以诱发金融危机,一国国内因素引起的金融危机也会导致该国货币危机的发生。

(2)银行危机。银行危机是指银行过度涉足高风险行业,从而导致资产负债严重失衡,呆账过多而使资本运营呆滞,从而破产倒闭的危机。银行危机按照不同的标准可以有不同的分类。按危机的性质,可分为银行体系危机和单个银行危机;按危机的起因,可分为内生性银行危机和外生性银行危机;按危机的程度,可分为以流动性紧张为特征的银行危机和以丧失清偿力为特征的银行危机,大多数发展中国家,银行危机通常是一种流动性危机。随着2007—2009年美国金融危机的爆发,在金融危机的生成和传导中,非银行的金融机构同样扮演着重要的角色,因此在对金融危机类型进行划分时,可将银行危机延伸为金融机构危机。

(3)债务危机。债务危机是指一国内部的支付系统严重混乱,不能按期偿付所欠外债。所欠外债既包括主权债,也包括私人债等。衡量一个国家外债清偿能力有多个指标,其中最主要的是外债清偿率指标,即一个国家在一年中外债的还本付息额与当年或上年出口收汇额的比率。

【注意】一般情况下,这一指标应该保持在20%以下,超过20%就说明外债负担过重。

(4)系统性金融危机。系统性金融危机,也被称为全面金融危机,是指主要的金融领域都出现严重混乱,如货币危机、银行业危机、债务危机同时或相继发生。

二、国际资本流动与国际金融危机的关系

从20世纪90年代以来发生的几次金融危机来看,国际资本流动与金融危机的关系主要表现在如下几个方面。

(一)国际资本大量流入加剧经济内外失衡

20世纪90年代金融危机的共性是危机爆发前都出现了巨额外资的流入。在墨西哥金融危机爆发前的1993年,墨西哥外资流入占其国内生产总值比例高达8%,为历史最高水平。在亚洲金融危机爆发前的1994—1995年,泰国、马来西亚、印度尼西亚、菲律宾和韩国等亚洲五国外资流入为各自国内生产总值的6%~8%。巨额资本流入新兴市场后,刺激其经济发展,资本急剧增加,良好的示范效应吸引了更多的资本流入。

相对于国际资本流入的规模而言,一些新兴市场容量过于狭小,国内工业体系不够完整,巨额外资流入后,只能大量流向房地产等非生产和贸易部门,导致房地产的价格迅速攀高,形成泡沫,侵

蚀实体经济。

在一些新兴市场国家，金融监管相对滞后，对金融机构的约束力薄弱。国际金融市场有利的融资条件和大量国际资本的涌入，刺激银行积极参与国际金融市场活动，金融资产总量迅速扩张，并过度投入畸形繁荣的证券市场和房地产市场，出现贷款质量不高、坏账居高不下的现象。在其他突发事件的影响下，金融领域的问题打击了市场信心，加速资本抽逃。

因此，对经济和金融市场体量狭小的新兴市场来说，在宏观调控机制及金融监管手段不完备的情况下，放任巨额私人资本的自由流入，对其结构和期限不进行适当控制，必然增加国内外宏观经济失衡的可能性，在一定条件下为外部冲击导致金融危机埋下伏笔。

（二）资本大量抽逃打破国内金融市场平衡

各类资本流动性的提高，使国际资本在不同国家的调整变得非常容易，国际资本可以因微小利差而迅速进入一个国家，也可以因内外部环境的突然变化而迅速撤离。但是，对长期习惯大量资金流入的国家来说，突然出现的外资流入减少甚至净流出，将导致其经济体的应变能力下降，进而打击其实体经济。

私人资本流动的逆转破坏了原来建立在外资流入基础上的金融市场供求平衡，打击了金融市场信心，导致资金紧张，利率攀升。此外，在一些新兴市场国家，由于外债管理松弛，外债总量和结构失控，债务水平过高，短期资金比例过大，外债与国内投资期限错配，借短放长。这样，在内部经济基本因素恶化、外来冲击加剧的背景下，国内部门又必须偿付短期债务，从而成为打破外汇市场供求均衡的关键因素，导致货币突然贬值，出现货币危机。

例如，2015 年美国经济复苏向好，加息预期高企，美元指数一度飙升，突破 100。新兴市场国家资本加速流出，出现自 1988 年以来的首次资本净流出，流动性急速收紧，货币随之大幅度贬值。2015 年 9 月 29 日，马来西亚林吉特暴跌至 1997 年以来最低水平，之前一年林吉特对美元贬值近 30%，成为全球表现最糟糕的货币。在美国加息预期、原油价格暴跌的国际环境下，除林吉特外，俄罗斯卢布、巴西雷亚尔、南非兰特、土耳其里拉等新兴市场国家货币普遍贬值至历史低位，系统性金融风险上升。

金融市场环境的恶化及汇率、利率的剧烈变动，加剧了新兴市场金融机构的经营困难，导致其资产质量恶化，流动性降低，甚至陷入金融危机。

（三）投机资本冲击成为金融危机爆发的导火索

1997 年的亚洲金融危机起源于泰铢在投机资本冲击下的大幅度贬值，国际投机资本对新兴市场的冲击成为引发金融危机的导火索。

国际投机资本，也被称为游资或热钱，是指投资者意图在短期内改变或扭转资本移动方向的短期国际资本，其目的是获取正常投资收益之外的资本利得。投机资本具有规模大、停留时间短、反应灵敏、破坏性强等特点。

国际投机资本冲击一国金融市场主要体现在外汇市场上。在固定或有限灵活钉住汇率制下，国际投机资本借助一些突发性经济金融事件冲击一国货币汇率，通过大量抛售该国货币，压低其货币汇率，动摇货币持有者对货币汇率稳定的信心，最后引发货币持有人把该货币资产全面转换为外币资产。因此，投机资本对一国货币的冲击表现在国际金融市场上投机力量与被冲击国的中央银行围绕一个相对固定的汇率水平或一个确定的汇率波动幅度进行冲击与反冲击的争夺。这种冲击的直接结果是投机者的无功而返或是固定水平或固定波动幅度的被迫放弃。当相对固定的钉住汇率水平或波动幅度难以为继而不得不与强势货币脱钩时，通常会引起货币信心动摇及整体经济的巨大震荡。

投机资本冲击容量狭小的新兴市场具有很强的破坏性，导致汇率风险的直线上升。在汇率由相对固定转向浮动的过程中，外汇交易商及其他金融机构面临巨大的市场交易风险。

显然，资本流动的国际化在为世界经济和贸易发展带来前所未有发展机遇的同时，也带来了全球化的风险，导致金融危机在世界范围的快速蔓延。

（四）国际资本流动增强金融风险传染链条

伴随着国际间的资本流动，各国金融市场中的交易者不再局限于本国的居民。当作为非居民的金融机构大量持有本国的金融资产时，本国金融市场中的风险事件就可能会传导到其他国家。在美国的次贷危机中，大量欧洲银行持有的次贷产品遭受巨大的损失，使得肇始于一国局部市场的风险迅速传导到全球。

任务五　国际资本流动与国际债务危机

国际资本的流入与流出，势必对一个国家在一定时期的债务问题产生影响。长期以来，人们对“外债”这一概念并没有统一的定义，不同国家或机构在使用这一概念时，往往具有不同的概念。

一、外债的概念

外债是一国居民向境外法人或自然人借用且尚未偿还的、由债务人承担契约性偿还义务的全部债务。

1984 年 3 月，在国际货币基金组织、世界银行、经济合作与发展组织和国际清算银行等国际金融组织组成的关于外债统计的国际审计员工作会议上，对外债的定义达成了共识：外债是在任何给定的时刻，一国居民所欠非居民的、已使用而尚未清偿的、具有契约性偿还义务的全部债务。这一概念包含四个要素：①外债是以居民和非居民为标准的，是居民对非居民的债务，这里的居民和非居民都包括自然人和法人；②必须是具有契约性偿还义务的外债，通过具有法律效力的文书明确偿还责任、偿还条件、偿还期限等，而不包括由口头协议或意向性协议所形成的债务；③必须是到一个时点的外债余额；④所谓“全部债务”，既可以是外币表示的债务，也可以是本币表示的债务，还可以是以实物形态构成的债务。

二、国际债务的衡量指标

（一）偿债率

偿债率是指一国的偿债额（年偿还外债本息额）与当年该国外汇总收入的比率。这是衡量一国外债偿还能力的最主要的指标，其公式如下：

$$偿债率=\frac{本年度应偿还外债本息额}{本年度出口商品劳务收汇额}\times 100\%$$

国际上一般认为偿债率指标在 20%以下是安全的，即一个国家的外债本息偿还额不宜超过外汇总收入的 20%，超过这一警戒线，就有发生债务危机的可能性。但这并不是绝对的，一国的偿债能力除了取决于外汇收入和外债的数额、期限、品种等因素外，还取决于一国的进口状况、外汇储备状况、经济和贸易的增长速度等多种因素。

【提示】一般国家该指标控制在 20%以内为宜，发展中国家为 25%，危险线为 30%。当偿债率超过 25%时，说明该国外债还本付息负担过重，有可能发生债务危机。

【注意】负债率衡量的是一国对外债的承受能力，债务率和偿债率衡量的是一国对外债的偿还能力。

（二）负债率

负债率是一国的外债余额与经济总规模（GNP 或 GDP）的比率，用于测度一国经济增长对外债的依赖程度，或一国外债的整体风险。国际公认的标准是负债率应该控制在20%以下，即20%是所谓的“警戒线水平”。

$$负债率=\frac{外债余额}{经济总规模}\times 100\%$$

（三）债务率

债务率是指一国当年外债余额与当年外汇总收入的比率。其公式为：

$$债务率=\frac{本年年末外债余额}{本年商品和劳务出口收汇额}\times 100\%$$

国际上公认的债务率参照系数为100%，但这也不是绝对的，因为即使一国的外债余额很大，如果长、短期债务分布合理，当年的还本付息额也可保持在适当水平。

（四）短期债务比率

短期债务比率是指当年外债余额中，1年以下（含1年）短期债务所占的比重，一般参照系数为25%。这是衡量一国外债期限结构是否安全合理的重要指标，它关系到一国当年还本付息额的大小。

（五）其他指标

（1）外债总额与本国黄金外汇储备额的比率，应按制在3倍以内。

（2）外债饱和后外债余额增长速度小于GNP增长速度。

（3）外债余额增长速度小于外汇收入增长速度。

（4）外债饱和后，年偿还外债本息增长速度小于年外汇收入增长速度。

在衡量一国债务负担时，要注意综合考察各项指标，因为每项指标只反映某一方面的问题，都存在局限性，单纯考虑某项指标，其结果可能会出现偏差，即便是综合考虑各项指标，也要注意同长期经济形势结合起来分析。上述指标显示的是过去的情况，缺乏对未来形势发展的预见性，如进出口情况的变化、商品价格的升降、经济增长速度的高低以及能否持续地、有保证地借入外债等，这些也是构成一国偿债能力的主要因素。

【知识链接8－1】　　我国外债风险总体可控

国家外汇管理局近日公布数据显示，2021年年末，我国外债负债率（外债余额与国内生产总值之比）为15.5%，债务率（外债余额与贸易出口收入之比）为77.3%，偿债率（外债还本付息额与贸易出口收入之比）为5.9%，短期外债与外汇储备的比率为44.5%。上述指标均在国际公认的安全线（分别为20%、100%、20%和100%）以内，我国外债风险总体可控。

“当前，新冠肺炎疫情仍在全球蔓延，外部环境更趋复杂严峻和不确定。我国坚持稳字当头、稳中求进，国民经济持续稳定恢复，金融市场双向开放稳步推进，预计我国外债将继续保持平稳运行态势。”

近年来，我国外汇市场成熟度不断提升，人民币汇率双向波动、弹性增强，调节宏观经济和国际收支自动稳定器作用增强。从根本上看，我国经济基本面稳中向好的长期趋势不会改变，将继续支持跨境资本流动基本稳定。

资料来源：国家外汇管理局。

三、国际债务危机

国际债务问题产生于20世纪70年代末期。从20世纪70年代前半期开始，一些发展中国家，特别是拉美和非洲的发展中国家，为了实现工业化而大量举借外债。20世纪80年代的债务危机就是一些国家盲目引进外资后出现的一场金融危机。1973年石油价格上涨后，许多非石油出口国的国际收支严重恶化，这些国家本应降低国内经济发展速度，减少进口，以改善对外收支状况，但由于这些国家继续采取高增长战略，进口继续增长，只能靠举债来弥补国际收支逆差。正好 70 年代国际资金供应量过剩，利率较低，1977—1979 年美元汇率又不断下跌，引致很多发展中国家筹措大量外资。

20 世纪 80 年代美元利率的提高，导致了发展中国家还本付息额的不断提高。1973—1982 年 10 年中，发展中国家的外债总额增加了 5 倍。外债总额在 1973 年相当于国民生产总值的 22.4%，而到 1982 年，这个比重提高到 34.7%，外债总额在 1973 年相当于出口收入的 115.4%，而到 1982 年则提高到 143.3%。同时外债结构也发生了变化，官方贷款的比重降低了，短期贷款的比重提高了，长期债务中私人债务的比重提高了。

在 100 多个发展中国家中，主要债务国和地区不过 25 个，但它们占发展中国家外债总额的 4/5。其中，巴西、墨西哥、阿根廷、韩国、委内瑞拉、印度尼西亚、土耳其、菲律宾、智利和哥伦比亚是重债国，这些国家外债额占外债总额的 1/2 以上。这些国家发生债务危机的原因各有不同，但其中一个共同点就是，均在过去一些年中大量利用外资发展经济，在经济发展取得令人瞩目成绩的同时，由于过度借债，这些债务国家在遇到工业化国家经济陷入危机与低迷，西方国家纷纷提高利率的情形时，陷入不能按期偿还债务的严重危机困境中。债务危机产生后，作为重灾区的拉丁美洲，出现了大量的资本外逃现象，国民经济的增长出现严重下滑。

四、国际债务危机的成因

20 世纪 80 年代国际债务危机形成的原因，主要应从债务国国内的政策失误和世界经济外部环境的冲击两方面加以分析。债务国国内经济发展战略的失误和外债管理方针的不当，使外债规模的膨胀超过了国民经济的承受能力，这是危机形成的内因；而世界经济的衰退、发达国家的贸易保护主义，以及国际金融市场的动荡等，则是诱发债务危机的直接原因。

1982 年 8 月，墨西哥宣布无力偿还到期债务，一时风云突变，触发了债务危机。从债务国本身的失误来分析，国际债务的成因主要有以下四点：

(1)发展中国家政策失误。20 世纪 70 年代中期以后，许多发展中国家盲目地追求工业化和高增长速度，盲目地举借外债扩大投资规模，过高地估计了本国的生产能力和出口创汇能力。首先，许多债务国自 20 世纪 70 年代以来一直采取扩张性的财政和货币政策，再加上不适当的汇率和外汇管制措施，造成了一系列不良后果。

(2)所借外债未形成合理的债务结构。发展中国家应当尽力设法吸引外资来推动国内经济建设，但是外资只能作为内资的补充，对外资的过分依赖必将造成不良后果。陷入债务危机的主要国家无不是在国际资金市场蓬勃发展之时，借入了超出自身偿还能力的大量贷款，未形成合理的债务结构。此处所说的债务结构，主要是指债务的期限结构、利率结构、来源结构等。在期限结构上，世界银行公布的 17 个重债国均出现债务短期化趋势，即短期债务比重迅速上升。这样的债务安排，使得这些国家在借入的资金尚未或者未能及时产生效益的前提下，又要面临偿还贷款本息的问题，这势必加重这些国家短期债务偿还的负担。

(3)对所借外债未有效地加以运用。更重要的是，重债务国的外债资金利用效率低，未能把外债资金有效地用于生产性和创汇营利性项目，不能保证外债资金投资项目的收益率高于偿债付息率。一些重债国将外债资金投向规模庞大而又不切实际的长期建设项目，有的项目最终没有形成任何生产能力。这样，在世界经济环境突变之时，自然难以应付，无法如期偿还债务。

(4)债务国在一定程度上存在着资本外逃的现象。债务国一方面通过在国际金融市场上借取大量的外债来筹措资金，发展本国经济；另一方面却又面临着国内资金出于各种原因在一定程度上出现外逃的难题。这势必影响债务国资金的使用安排,加重其偿还外债的负担。

五、国际债务危机的解决办法

(一)债务的重新安排

由债权债务双方协商修订原有的贷款协定,延长还款的期限。官方债务的重新安排由国际货币基金组织协调在"巴黎俱乐部"进行,私人债务由国际货币基金组织成立专门委员会进行重新安排。重新安排有三种基本形式:①由债权债务双方协商延长偿还本息的期限;②减免债务国的利息或本金负担;③把已有的债务重新转换债权人,即把对私人商业银行的债务转换为某个债权国官方或某个国际金融机构的债务。

(二)债务资本化

债务资本化是指由债权银行将债务国所欠债务以一定的折扣出售给有意在债务国投资的外国公司或本国公司,然后由这些公司将其购买的债权凭证(债券)在债务国银行将外币兑换成债务国货币并在债务国进行投资,债务资本化的目的在于使外币债务转化成本币债务,最终转化为国内投资。债务资本化对债权银行、债务国以及债权凭证的购买者都有利可图,债权银行能够以低于账面的价格卖出到期未能实现的债权,收回大部分本金,以缓解由于债务拖欠造成的资金周转不灵;对债务国来说,能够将外币债务以本币购回,减少了外债,促进了投资;对债权凭证购买者而言,以低于账面额的价格买入债权,且按面值转换之后就增加了投资金额。

(三)债务证券化

债务证券化是指经济较发达的发展中国家将外债转换为在国际金融市场上可以流通转让的有价证券,也可以转换为国外有价证券。这种方式涉及以现存债务工具交换成以本币或外币计值的新债务工具。新旧债权的条件完全不同,例如,新债权的面值可在旧债权的面值基础上打一个折扣;或者面值不变,但新债权规定的利率比旧债权低。这种交换要求新债权是较为可靠或附有担保品的资产,并具有流动性,可以转让交易,而且债务人全部偿还这笔债务的可能性要比偿还旧债的可能性更大。

应知考核

一、单项选择题

1. 以下表述不正确的是(　　)。

A. 国际资本流动是以使用权的有偿转让为特征的

B. 国际资本流动包括国际间流出与流入两个方面

C. 国际资本流动主要是指货币资本的流动

D. 国际资本流动指资本从一个国家或地区流向另一个国家或地区

2. 资本流出意味着(　　)。

A. 本国对外国的负债减少　　B. 外国对本国的资产增加

C. 本国对外国的资产减少　　D. 外国对本国的负债减少

3. 外债余额与国内生产总值的比率,称为(　　)。

A. 负债率　　B. 债务率　　C. 偿债率　　D. 外债结构指针

4. 以下我国利用外资的主要形式中,不会构成外债负担的是(　　)。

A. 出口信贷　　B. BOT 投资方式　　C. 证券融资　　D. 商业银行贷款

5. 在考察一国外债规模的指标中,(　　)是指一定时期偿债额占出口外汇收入的比重。

A. 债务率　　B. 负债率　　C. 偿息率　　D. 偿债率

6. 收购外国企业的股权达到一定比例以上称为(　　)。

A. 股权投资　　B. 证券投资　　C. 直接投资　　D. 债券投资

7. 下列对"软贷款"的描述错误的是(　　)。

A. 贷款期限相对较长　　B. 贷款利息低廉

C. 一般可从国际金融机构获得　　D. 一般只有 IMF 才能提供

8. 国际上采用的偿债率参照系数为(　　)。

A. 100%　　B. 50%　　C. 80%　　D. 20%

9. 金额较大的、由多家商业银行组成的、向同一贷款人提供贷款的贷款方式称为(　　)。

A. 辛迪加贷款　　B. 卡特尔贷款　　C. 托拉斯贷款　　D. 康采恩贷款

10. 在我国,人民币特种股票又可称为(　　)。

A. A 股　　B. B 股　　C. H 股　　D. 蓝筹股

二、多项选择题

1. 引起国际资本流动的原因有(　　)。

A. 过剩资本的形成或国际收支大量顺差　　B. 利用外资策略的实施

C. 利润的驱动　　D. 汇率的变化

2. 我国对外债所下的定义中包含的意思有(　　)。

A. 外债的偿还责任必须具有契约性

B. 外债是指发生在非居民与非居民之间的债务部分

C. 外债包括用外币和本国货币所表示和承担的债务

D. 发生在居民与居民之间的债务也应列在外债之列

3. 对欧洲债券表述正确的有(　　)。

A. 以发行地所在国的货币为面值

B. 在欧洲范围内流通的债券

C. 使用欧洲货币作为计价货币的债券

D. 以债券发行地以外其他国家的货币为面值的债券

4. 资本流出意味着(　　)。

A. 本国在外国的资产减少　　B. 本国对外国的负债减少

C. 外国在本国的资产减少　　D. 外国对本国的负债增加

5. 资本流入意味着(　　)。

A. 外国对本国的负债减少　　B. 外国在本国的资产增加

C. 本国在外国的资产减少　　D. 本国对外国的负债减少

三、简述题

1. 简述国际资本流动的概念,及引起国际资本流动的原因。

2. 简述国际资本流动的经济影响。

3. 简述国际间接投资与国际直接投资的区别。

4. 简述国际融资的概念,国际融资具体方式。

5. 简述外债的概念和衡量外债的指标种类。

应会考核

■ 观念应用

【背景资料】

我国某出口企业拟向国外出口大型机器设备，但国外进口商无法用现汇付款。为保证贸易实现，请为该企业设计解决方案。

【背景分析】

请根据上述资料，分析确定解决方案。

■ 技能应用

【技能资料】

某国外债余额为 1 612 亿美元，当年外债还本付息额为 846 亿美元，当年国民总收入为 8 945 亿美元，当年货物、服务出口总额为 5 472 亿美元。

【技能要求】

请计算该国年末的负债率、偿债率和债务率各是多少，并判断是否在国际公认的安全线内。

■ 案例分析

【案例背景】

某国际租赁公司根据承租企业的选择，向设备制造商购买一设备，并将其出租给承租企业使用，承租人按期交付租金，租赁期满后，设备归承租企业所有。请判断该国际租赁融资方式的类型。

【背景思考】

请判断该国际租赁融资方式的类型。

项目实训

【实训项目】

分析解读国际资本流动

【实训情境】

(1)登录中华人民共和国商务部网站(http://www.mofcom.gov.cn)，查询利用外资统计简表、我国对外投资简明统计表，了解我国实际使用外资情况及对外投资状况。

(2)登录国家外汇管理局网站(http://www.safe.gov.cn)，查询中国外债数据表，中国长期外债与短期外债的结构和增长表，中国外债流动与国民经济、外汇收入表，了解我国外债及外债流动情况，解读我国外债管理方式和手段。

【实训任务】

分析解释该年的国际资本流动情况。通过实训使学生能够运用所学知识，分析理解国际资本流动的必要性。

《分析解读国际资本流动》实训报告		
项目实训班级：	项目小组：	项目组成员：
实训时间：　年　月　日	实训地点：	实训成绩：
实训目的：		

续表

实训步骤：
实训结果：
实训感言：
不足与今后改进：
项目组长评定签字：　　　　项目指导教师评定签字：

项目九

国际结算

○ **知识目标**

理解:国际结算的产生与发展;国际结算清算系统。

熟悉:信用证处理实务;信用证风险及其防范。

掌握:国际结算工具;国际结算方式;票据行为;结算方式的业务流程。

○ **技能目标**

能根据所给资料制作国际票据;能够熟练操作汇款、托收、信用证结算业务流程;具有运用国际结算原理,熟练进行国际结算操作的能力。

○ **素质目标**

能够运用所学知识研究相关案例,培养和提高学生在特定业务情境中分析与解决问题的能力;根据国际结算原理,树立国际结算中基本业务人员应具有的基本道德修养。

○ **思政目标**

能够正确地理解"不忘初心"的核心要义和精神实质;树立正确的世界观、人生观和价值观,做到学思用贯通、知信行统一;通过国际结算知识,夯实专业技能,具备最基本的职业道德修养与业务能力素质。

○ **课程思政**

人民币跨境支付系统(CIPS)

2018 年 5 月 2 日,人民币跨境支付系统(CIPS)(二期)全面投产,符合要求的直接参与者同步上线。CIPS 向境内外参与者的跨境人民币业务提供资金清算结算服务,为人民币国际化铺设"高速公路",是符合国际标准的重要金融基础设施。截至 2018 年 3 月底,CIPS 共有 31 家境内外直接参与者,695 家境内外间接参与者,实际业务范围已延伸到 148 个国家和地区。

CIPS(二期)在功能特点上进行了改进和完善:一是运行时间由 5×12 小时延长至 5×24 小时+4 小时,实现对全球各时区金融市场的全覆盖;二是在实时全额结算模式的基础上引入定时净额结算机制,满足参与者的差异化需求,便利跨境电子商务;三是业务模式设计既符合国际标准,又兼顾可推广可拓展要求,支持多种金融市场业务的资金结算;四是丰富参与者类型,引入金融市场基础设施类直接参与者;五是系统功能支持境外直接参与者扩容,为引入更多符合条件的境外机构做好准备。

资料来源:中国人民银行,http://www.pbc.gov.cn。

○ **思政反思**

人民币跨境支付系统(Cross-border Interbank Payment System),是专司人民币跨境支付清算业务的批发类支付系统,您能解释它在现实经济中的意义吗?目前,SWIFT 系统为全球提供金融信息服务，涵盖了全球25%的跨境支付。人民币跨境支付系统(CIPS)，可以在一定程度上确保国家经济金融安全，推动人民币国际化，便于加入该系统的金融机构轻松进行以人民币结算的贸易支付和汇款等业务。尽管目前人民币境外的流通并不等于人民币已经国际化了，但人民币境外流通的扩大最终必然引致人民币的国际化，使其成为世界货币。作为新生代的大学生，我们要思想解放，勇于探索，开拓进取，富有改革和创新精神。特别是在大学学习期间的学习和实践，要拓宽思路，开阔眼界，增强大局观念，丰富宏观管理经验，提高分析、综合、决策能力。

○ **知识精讲**

任务一　国际结算概述

一、国际结算的产生与发展

动漫视频

国际结算

国际结算(International Clearing/Settlement)又称国际清算，是指为清偿国家间债权、债务关系而办理的资金收付、划拨，或为国家间的非债权债务性质的资金转移而进行的业务活动。国际结算包括两部分内容：①国际贸易结算，又称有形贸易结算(Visible Trade Settlement)，是指由国际实物贸易而产生的结算业务；②国际非贸易结算，又称无形贸易结算(Invisible Trade Settlement)，是指由不同国家间的经济、政治、文化等交流而产生的货币收付业务，包括国际金融服务、跨国旅游、国际运输等方面的结算。

国际结算的产生和发展的基本内容：

(1)国际结算的产生和发展源于国际贸易的产生和发展。世界上最早出现的国际贸易，是在“货币制度”形成以前，各国之间采用“物物交换”的方式进行商品交易。货币出现以后，国际贸易以金银作为结算工具来清偿彼此之间的债权债务。但由于其使用的不便和所承担的较大风险，国际贸易的发展受到了一定限制。

(2)票据的产生和推广，使国际结算由现金结算发展到非现金结算。12世纪以后，地中海沿岸国家开始在交易中采用“兑换证书”形式的票据。随后，票据形式的结算得到很大的发展，票据制度的日趋完善，使得票据能以简便的方式实现转让，由最初的证据性证券演变成流动性证券。非现金票据的广泛使用，克服了金银铸币等现金结算方式的不便，推动了国际贸易的发展。

(3)单据证券化，使付款方式从“凭货”发展到“凭单”付款。资本主义的进一步发展，保险业、航运业、商业有了明确的分工，提单、保单条款的逐步定型化，使其由一般性的收据发展成为可转让的“物权凭证”，变成可以买卖和抵押的物品。卖方交付单据即代表交付货物，买方付款赎单即代表买到货物。这样，国际贸易的结算方式也由“凭货付款”发展成为“凭单付款”。

(4)从交易商双方直接结算发展到以银行为中介的结算。最初，国际贸易中非现金结算的票据授受，由交易双方直接办理，但由于买卖双方处在不同国家，直接结算很不方便，即便以汇票作为支付工具，也必须以两地存在两笔同等贸易额的交易为前提。随着银行业的兴起，银行网点的普遍建立，国际银行代理业务的广泛开展，国际结算便从以商业汇票为主转换为以银行汇票为主，商人间的直接结算关系逐步被以银行为中介的间接结算关系所替代。银行逐渐成为国际、国内贸易结算的中心。

(5)国际结算向电子化方向发展。随着国际贸易的巨大发展，银行成为自由外汇多边国际结算的中心，而大量的国际结算凭证的寄发和信息传递，主要依靠航空邮递和电报联系，手续多、费用贵、速度慢、效率低。随着现代电子通信技术和大数据的发展，无纸化贸易在全球范围内得到推广。银行电子国际清算系统的产生，使得国际结算业实现了电讯快速处理。现今，随着电子数据交换

(EDI)的发展,银行的单据也正向着电子数据交换方向发展。

二、国际结算清算系统

随着电子通信技术的发展,国际结算中已构成银行电子国际清算系统,大大提高了工作效率。目前,我国银行的国际结算和国际金融业务已经分别同纽约、伦敦和环球三大电子国际清算系统建立了联系,为我国对外经贸和国际金融业务的发展提供优质高效的服务。

世界三大银行电子国际清算系统简介如下:

(1)纽约银行同业电子清算系统(简称CHIPS)。该系统于1970年在纽约建立,是由100多家美国银行和外国银行机构自愿组织的协会团体,实际上是一个国际美元收付的电脑网络。1981年,美国联邦储备银行为CHIPS开立了一个特别清算账户,纽约的美国清算银行通过这个账户利用联邦储备银行的电脑网络,当日即可完成结清,在纽约以外的其他城市收付结算,需要通过美国联邦储备系统的FEDWIRE进行。中国银行纽约分行为CHIPS和FEDWIRE两个清算系统的成员银行。凡通过上述系统的清算业务,如发生纠纷时,将依据纽约的法律解决。同时,经上述两个系统转汇的业务,每笔另计手续费。

(2)伦敦银行同业自动清算系统(简称CHAPS)。该系统于1984年建立于伦敦,沿用的是英国银行双重清算体制。在该系统中,所有商业银行都通过与其往来的清算银行进行清算(初级清算);由国家银行与清算银行之间进行集中的清算(终极清算)。因此,所有商业银行都必须在清算银行开立账户,在初级清算时折算差额;各清算银行在英格兰银行开立账户,在终极清算时折算差额。

(3)环球银行金融电讯协会(简称SWIFT)。该清算系统始建于1977年,总部设在比利时首都布鲁塞尔;另外,分别在比利时、荷兰和美国设立了三个操作中心,在90多个国家设有分理站或通信网点。该清算系统有2 000多家会员银行,分布于世界各地,连接4 000多家用户。该系统具有以下功能:业务覆盖面广,可以应用于国际银行之间的资金调拨、国际汇兑、外汇买卖、信用证业务和托收业务,以及账目核对等;每日连续24小时高效工作,电讯发出后2分钟左右就会收到收电银行的反馈;保密性能好,可以自动编制和核对密押,对所有电讯负责,不会发生丢失;格式标准化,规定收发电讯须符合统一的标准化格式,可以防止会员银行间在文字上或翻译上的误解或差错。

随着现代信息网络技术的发展,在我国几家大型国有商业银行,都有自己开发的国际结算系统;一些地区考虑到资源共享和开发成本,当地各银行成立地区的资金票据结算中心,国际结算只是其中一部分。

【知识链接9—1】　拟支持贸易新业态跨境人民币结算

跨境人民币业务迎来政策红利的持续释放。2020年9月18日,人民银行等六部门联合印发《关于进一步优化跨境人民币政策 支持稳外贸稳外资的通知(征求意见稿)》(下称《意见稿》),提出在全国范围内开展更高水平贸易投资便利化试点,支持贸易新业态跨境人民币结算,放宽部分资本项目人民币收入使用限制,取消外商投资相关业务专户管理要求。

此次《意见稿》中提及,要在全国范围内开展更高水平贸易投资便利化试点。境内银行可在"展业三原则"的基础上,凭优质企业提交的《跨境人民币结算收/付款说明》或收付款指令,直接为优质企业办理货物贸易、服务贸易跨境人民币结算,以及资本项目人民币收入在境内的依法合规使用。

《意见稿》还指出,支持贸易新业态跨境人民币结算。境内银行在满足交易信息采集、真实性审核的条件下,可按相关规定凭交易电子信息为跨境电子商务等贸易新业态市场主体提供经常项下跨境人民币结算服务。支持境内银行与非银行支付机构在依法合规的前提下合作为跨境电子商务、市场采购贸易方式、外贸综合服务等市场主体提供跨境人民币收付服务。有业内人士表示,这将利好跨境支付，促成银行与持牌跨境支付机构的合作。

在业内看来，此次《意见稿》中最大的变化当属境外放款重大调整。金融监管研究院副院长、外汇研究部负责人王志毅表示，一是取消此前政策中规定的跨境人民币境外放款如果提前还款仍需占额度的要求，二是将币种因子由 0 调整为 0.5，这意味着跨国企业使用外币进行境外放款，将多占 0.5 的额度。他表示，按照人行现在的公式，外币境外放款将不能放足 30%所有者权益，而只能放款 20%(30%÷1.5)。同外债一样，人民币境外放款将在额度上更有优势。

任务二　国际结算工具

国际结算，是使用支付工具，通过相互抵账的办法，来结算国外债权债务关系的，这种支付工具即为票据。票据有广义和狭义之分。广义票据泛指一切使用商业交易的权利单据，代表对商品的所有权和资金的请求权。狭义的单据仅代表对资金请求权的权利单据。

【提示】国际结算中的票据是指狭义的票据，包括汇票、本票、支票。在国际结算中，以汇票为主，本票和支票占次要地位。

一、汇票

(一)汇票的概念

动漫视频

汇票

各国的法律对汇票(Bill of Exchange 或 Draft)的定义并无统一规定，大陆法系国家的法律中一般不对汇票的定义作规定，大多英美法系的国家则在法律中对汇票进行定义。英国的《票据法》规定：汇票，就是由一人签发给另一人的无条件书面支付命令，要求受票人在即期或定期或可以确定的将来时间，支付确定数额的货币给予特定之人或其指定之人，或持票人。我国的《票据法》对汇票的定义为：汇票，是出票人签发的，委托付款人在见票时或者在指定的日期无条件支付确定的金额给收款人或者持票人的票据。

(二)汇票的内容

汇票上所记载的项目，根据其性质及重要性不同，可分为三类：

(1)绝对必要记载项目，是指汇票必须记载的内容，必要项目记载是否齐全，直接关系到汇票是否有效。我国《票据法》规定，汇票必须记载以下项目：

①“汇票”字样。汇票上应注明“汇票”字样，并且应当写在汇票本身，而不得写在粘单上。

②无条件支付的委托。因为汇票是出票人指定无条件支付委托，所以支付不能受到限制，也不能附带任何条件，以维护票据权利人的利益。如果汇票上出现附条件付款，如对支付方式加以限制，则这类票据无效。

【注意】在我国，无条件支付的委托，通常用“凭票付”或“请于到期日无条件支付”等文字表示。

③汇票金额。汇票上必须表明确切的金额数目，如果以货币以外的物作为给付标的物，则该汇票不发生票据效力。汇票金额要用文字大写和数字小写同时表明。在支付金额以外，允许带有支付利息条款，但条款须载明利率、计息起讫日期。汇票也可载明按照某种汇率付款的条款。

④出票人签章。签章，是出票人担负出票责任的表示，汇票上的签章可为签名、盖章或签名加盖章，没有签章的出票行为视为无效。法人和其他使用汇票的单位在汇票上的签章，为其法人或该单位的盖章加其法定代表人或其授权的代理人的签章。

【注意】按规定，若两人以上共同签章，则对票据上的义务负连带责任。

⑤付款人名称。付款人，是受出票人委托支付一定款项的人，写明付款人的名称、地址，以便持票人向其提示承兑或付款。从严格意义上讲，汇票的付款人不会是出票人，但有时一家银行的分行

作为出票人，而以其总行作为付款人，虽然出票、付款同为一家银行，但位居两地，称为“已付汇票”。

⑥收款人名称。收款人，是票据的初始债权人，必须明确记载。但英美法系国家准许汇票是无记名的。依照我国《票据法》的规定，不记载收款人姓名或商号的汇票是无效的。

⑦出票日期，是指汇票上签发的日期，而不是汇票发出去的时间。出票日期的载明，有如下作用：判明出票人在出票当时有无行为能力，如果签发人是法人，则可以判断该法人当时是否已经成立，从而判断其是否有行为能力；决定提示期间；对出票后定期付款的汇票而言，是付款日期的确定和利息起算日的依据。

（2）相对必要记载项目。除了以上必须记载的内容外，还有三个“相对必要记载项目”，这些项目十分重要，但若不记载，也不会影响汇票的法律效力。

①出票地点，指出票人签发汇票的地点。票据是否成立是以出票地法律来衡量的，但票据如不注明出票地，并不会影响其生效。

【提示】我国《票据法》规定，汇票上未记载出票地，则出票人的营业场所、住所或经常居住地为出票地。

②付款地点，指持票人提示票据请求付款的地点。根据国际私法的“行为地原则”，到期日的计算及在付款地发生的承兑、付款等行为都要适用付款地法律，但不记载付款地的票据仍然成立。我国《票据法》规定，汇票上未记载付款地的，付款人的营业场所、住所或经常居住地为付款地。

③付款日期，指付款到期日，是付款人履行付款义务的日期。汇票的付款期限有：即期付款，见票即付，在持票人向付款人做付款提示时，付款人应马上付款；定日付款，规定确切的付款日，付款人按期付款；出票后定期付款，又称出票远期付款，此种汇票是以出票日为基础，一段时期后付款；见票后定期付款，又称见票远期付款，须首先由持票人向付款人做承兑提示，然后以承兑日为起点，推算到期日。

（3）汇票的任意记载项目。任意记载项目是指除以上两类项目以外的项目，它是由出票人根据需要记载的限制或免除责任的内容。这些项目一旦被接受，即产生约束力。

（三）汇票的种类

在实际应用中，从不同角度，汇票可分别做如下分类：

1. 按出票人不同，汇票分为银行汇票（Banker's Draft）和商业汇票（Commercial Draft）

银行汇票是出票人和付款人均为银行的汇票。商业汇票是出票人为企业法人、公司、商号或者个人，付款人为其他商号、个人或者银行的汇票。

2. 按有无附属单据，汇票分为光票（Clean Draft）和跟单汇票（Documentary Draft）

光票指汇票本身不附带货运单据，银行汇票多为光票。跟单汇票又称信用汇票、押汇汇票，是需要附带提单、仓单、保险单、装箱单、商业发票等单据，才能进行付款的汇票。在国际贸易中经常使用的商业汇票多为跟单汇票。

3. 按付款时间不同，汇票分为即期汇票（Sight/Demand Draft）和远期汇票（Time/Usance Draft）

即期汇票是持票人向付款人提示后对方立即付款，又称见票即付汇票。远期汇票是在出票一定期限后或特定日期付款。

4. 按承兑人不同，汇票分为商业承兑汇票（Commercial Acceptance Draft）和银行承兑汇票（Banker's Acceptance Draft）

商业承兑汇票是以银行以外的任何商号或个人为承兑人的远期汇票；银行承兑汇票是以银行为承兑人的远期汇票。

二、本票

（一）本票的概念

动漫视频

本票

英国《票据法》对本票（Promissory Note）的定义为：本票，是一人向另一人签发的，约定即期或定期或在可以确定的将来时间，向指定人或根据其指示向来人无条件支付一定金额的书面付款承诺。我国《票据法》规定：本票，是出票人签发的，承诺自己在见票时无条件支付确定的金额给收款人或持票人的票据。

本票的出票人必须具备以下条件：

（1）出票人必须具有可靠资金来源。本票是承诺见票即付的票据，因此，本票的出票人必须具有支付本票金额的可靠资金来源。不具备这个条件的，无资格签发本票。

（2）出票人必须保证支付本票票款。银行本票多为即期本票，见票即付；若签发远期本票，则应严格限定其付款期限，如我国规定，本票的付款期限最长不超过两个月。

（二）本票的内容

（1）绝对应记载事项：①表明"本票"的字样；②无条件支付的承诺；③确定的金额；④收款人名称，不允许签发无记名本票；⑤出票日期；⑥出票人签章。

（2）相对应记载事项：①出票地，本票上没有记载出票地的，出票人的营业场所视为出票地；②付款地，本票上没有记载付款地的，出票人的营业场所视为付款地。

（三）本票的种类

（1）即期本票。根据本票付款期限的不同，国际上本票可分为即期本票和远期本票。所谓即期本票，是见票即付的本票；远期本票包括定日付款本票、出票后定期付款的本票和见票后定期付款的本票。我国《票据法》第 73 条第 1 款只规定了"本票是出票人签发的，承诺自己在见票时无条件支付确定的金额给收款人或者持票人的票据"。

【提示】我国《票据法》只调整"见票时无条件支付"的即期本票，而不调整远期本票。

（2）银行本票。根据签发本票的主体不同，国际上本票可分为企事业单位和个人签发的商业本票和银行签发的银行本票。

【提示】我国《票据法》第 73 条第 2 款规定"本法所称本票，是指银行本票"，因此，我国票据法只调整银行本票，而不调整商业本票。

（3）记名本票。根据本票上是否记载收款人的名称，国际上本票可分为记名本票和无记名本票。我国《票据法》第 76 条规定，本票必须记载收款人名称，否则，本票无效。

【注意】我国《票据法》只调整记名本票。

我国《票据法》之所以只调整即期本票、银行本票和记名本票，而不调整远期本票、商业本票和无记名本票，是因为我国的社会主义市场经济尚处于起步阶段，信用制度还很不成熟。本票具有通过信用进行融资的功能，如果利用不当，流通中的本票没有相应的货币或商品作为保障，有可能产生信用膨胀，并扰乱经济秩序，特别在目前我国信用制度尚不健全的阶段，上述情况更有可能发生。所以，我国《票据法》在现阶段只调整信用度较高的即期本票、银行本票和记名本票。

三、支票

（一）支票的概念

动漫视频

支票

英国《票据法》对支票（Check）定义为：支票是以银行为付款人的即期汇票。我国《票据法》规定：支票，是由出票人签发的，委托办理支票存款业务的银行或其他金融机构在见票时无条件支付确定金额给收款人或者持票人的票据。

支票的出票人必须具备以下条件：①出票人必须在银行有存款；②要与存款银行订有使用支票的协议；③支票的出票人必须使用存款银行统一印制的支票，而不能像汇票和本票一样由出票人自制。

（二）支票的内容

我国《票据法》规定，支票必须载明以下事项：

（1）绝对应记载事项：①表明“支票”的字样；②无条件支付命令；③确定金额；④收款人名称；⑤出票日期；⑥出票人签章。

（2）相对应记载事项：①付款地：支票上未载明付款地的，以付款人的营业场所为付款地；②出票地：支票上未载明出票地的，以出票人的营业场所、住所或经常居住地为出票地。

（三）支票的种类

（1）划线支票，即划有两条横跨票面的平行线的支票，只可转账，不可取现。划线支票又分为两类：①普通划线支票，支票上的划线之间是空白，或写有“不可议付”字样；②特别划线支票，两条划线之间写有一家银行的名称，这是对该银行的特别划线。受票行根据特别划线支票的提示，必须付款给划线上的银行或其代收银行。

划线支票的受票银行若违反划线规定，由此使支票的真正所有人遭受损失，该受票行要承担责任。未划线支票的持票人可以将该支票加上普通划线或特别划线，普通划线支票的持票人可以在该支票的线内加注他的开户银行成为特别划线支票，但两者不可反向操作。

（2）一般支票，与划线支票相对，又称未划线支票或开放支票，这类支票可转账，也可取现。

（3）保付支票，是由付款银行在支票上加盖“保付”戳记，以表明在支票提示时，一定付款。支票一经保付，付款责任即由银行承担。

任务三　国际结算方式

一、汇付

（一）汇付的概念

动漫视频

汇款

汇付（Remittance），又称汇款，是指银行接受客户（付款方）的委托，通过银行间的资金划拨、清算、通汇网络，使用合适的支付凭证，付款方委托银行将款项汇交收款方，以完成收、付款方之间债权债务的清偿的一种结算方式。

在汇款业务中有四个基本当事人：汇款人（Remitter）、收款人（Payee /Beneficiary）、汇出行（Remitting Bank）、汇入行（Paying Bank）（或解付行）。四个当事人之间的关系为：

（1）汇款人与汇出行。汇出行一接受汇款人的汇款申请书，双方便构成以汇款申请书为基础的契约关系。汇出行一经受理汇款，就有义务按申请书内容汇出汇款，若未按申请书指示办理，发生损失，汇出行应负责任；但若不属银行过失，如邮递过程中遗失、错漏、延误而造成损失，汇出行不负责任；对于国外银行的失误，汇出行也不负责任。如果由于客观原因，汇出行无法将汇款交收款人，银行应把款项退回汇款人。

（2）汇出行与汇入行。汇入行一旦接受汇出行委托，便构成了双方契约关系，其依据是汇出行开出的付款委托书和汇票。但汇入行可以接受也可以不接受汇出行的付款委托，若不接受，应立即通知汇出行；若接受委托，则有责任按汇出行指示办理。

（3）汇入行与收款人。两者间无契约关系。若收款人对收到的款项有异议，应与汇款人交涉，不涉及双方银行。

(二)汇付方式的种类

汇付方式主要有三种:电汇、信汇、票汇。

(1)电汇(Telegraphic Transfer,T/T),是指汇出行应汇款人的申请,通过报发加押电报、电传(或其他通信工具)给在国外的分行或代理行,指示其解付款项给收款人的汇款方式,其突出优点就是"快"。现在电汇的方式绝大多数是电传和 SWIFT,而且 SWIFT 也大有取代电传之势。在银行,电汇的优先级最高,一般均在当天处理,而且其差错率很低,但由于汇出行占压汇款资金时间极短,因此银行收费较高,通常适用于金额大、收款急的汇款。

(2)信汇(Mail Transfer,M/T),是指汇出行以航空邮件的形式,将信汇委托书或支付委托书寄给汇入行,授权其解付款项给收款人的方式。信汇收费低廉,但速度较慢,而且邮寄过程的中间环节过多,容易被耽搁或遗失,常用于金额不大、收款不急的汇款。与票汇相比,信汇方式下收款人必须在收到银行的汇款通知书后才能前来领款,其主动性、灵活性较差。现在银行已较少使用此方式。

(3)票汇(Remittance by Banker's Demand Draft,D/D),是指汇出行应汇款人的要求,开立以其分行或代理行为解付行的银行即期汇票,由汇款人将此汇票寄送收款人,凭票取款的一种方式。像信汇一样,票汇方式结算所需时间也较长,收费较低。但此即期汇票可背书转让,收款人也不必只向汇入行一家取款。通常,国外银行只要能核对汇票上的签字,就可买入此汇票,这使得收款人有较大的主动性。票汇方式常用于金额小、收款不急的汇款。

(三)汇付方式在国际贸易中的作用

在国际贸易中,汇付结算方式的运用主要有以下三种:

(1)预付货款(Payment in Advance),即进口商先将货款的部分或全部汇交出口商,出口商收到货款后,立即在一定时间内发货。

(2)货到付款(Payment after Arrival of the Goods),进口商收到货物后,当即或一定时期后付款给出口商。其包括:①售定,即"先出后结",进口商与出口商达成协议,规定出口商先发货,再由进口商按合同规定的货物售价和付款时间进行汇款。②寄售,出口商将货物运往国外,委托国外商人按事先商定的条件在当地市场上代为销售,待货物售出后,国外商人将扣除佣金和有关费用后的货款汇给出口商。

(3)凭单付汇(Cash Against Documents,CAD),进口商通过银行将款项汇给出口商所在地银行,并指示凭出口商提供的某些商业单据或某种装运证明即可付款给出口商。

汇款是可以撤销的,在汇款尚未被支取之前,汇款人随时可以通知汇款行将汇款退回,所以出口商在收到银行的汇款通知后,应尽快发货,尽快交单,尽快收汇。汇款方式的使用完全依赖双方的信用,通常只对进出口双方中的一方有利,对另一方不利。

二、托收

(一)托收的概念

动漫视频

托收

托收(Collection),是指出口方开立汇票(或连同货运单据),委托当地往来银行,通过进口商当地银行向进口方提示单据、收取货款的结算方式。国际商会第 522 号出版物《托收统一规则》中对托收的定义为:就本规则而言,托收是指银行根据所收到的指示对下述条款中所限定的单据进行处理,以求获得付款和/或承兑,或凭付款和/或承兑交单,或凭其他条款和条件交单。

单据(Documents)是指金融单据和商业单据:金融单据(Financial Documents)是指汇票、本票、支票或其他用来获得现金付款的类似凭证;商业单据(Commercial Documents)是指发票、运输单据、所有权单据或其他类似单据，或任何其他不属于金融单据的单据。

托收业务中的当事人有：①委托人（Principal 或 Consignor），又称出票人（Drawer），是指开出汇票委托当地银行向国外付款人收取款项者，一般是出口商（Exporter）。②付款人（Payer），又称受票人（Drawee），是指根据托收指示被提示单据并被要求付款者。③托收行（Remitting Bank），是指接受委托人的委托，通过国外银行向付款人托收款项的银行。④代收行（Collection Bank），指接受托收行的委托，向付款人收取款项的银行。它包括除托收行以外的任何参与办理托收的银行。向受票人提示票据的代收行又称为提示行。

各托收当事人之间存在着如下相互关系：

(1)委托人与托收行。托收行一旦接受了委托人的委托申请书，双方就构成以托收申请书为基础的契约关系。托收行有责任按申请书所列条件和指示代委托方向国外收款。

(2)托收行与代收行。代收行一旦接受委托行寄来的托收委托书，便与托收行构成以托收委托书为依据的契约关系。代收行有责任按委托书所列条件和指示代托收行向付款方收款；代收行若不接受委托，应立即通知托收行，并寄回委托书及所附汇票和单据。

(3)代收行与进口方。两者之间不是委托与被委托关系，无契约关系，也无责任和义务。

（二）托收的种类

托收结算方式按照托收汇票是否附有商业货运单据，分为光票托收和跟单托收。光票托收（Clean Collection），是指汇票不附带货运单据委托银行收款的方式，通常用于收取出口货款尾数、样品费、佣金、代垫费用等其他贸易从属费用，进口索赔款以及各非贸易项目的收款等。跟单托收（Documentary Bill for Collection），是指附带货运单据委托银行收款的方式。有些国家为避免印花税的负担，不使用汇票，而使用即期付款的托收。按照方向不同分为进口托收与出口托收。

（三）托收的交单条件

凭单付款，意指当出口方委托银行向进口方提示汇票及所附符合合同要求的单据时，进口方应立即付款。但实际业务中，在双方协议的前提下，进口商的付款承诺可代替立即付款，进口商凭其承诺获单，再在约定的期限满时付款；也可以一方面取得进口商的付款承诺，一方面保留单据，待到约定期限再单款两清。因此，根据实际情况，出口方委托银行收款时，可能有两种不同交单条件。

(1)付款交单（Documents against Payment，D/P）。付款交单是指被委托的代收行必须在进口商付清票款以后，才能将货运单据交给进口商的一种托收方式。付款交单的特点是先付款后交单，付款人付款之前，出口商仍然掌握着对货物的支配权，因此其风险较小。

根据付款时间不同又分为即期付款交单和远期付款交单。①即期付款交单（D/P at Sight）：当代收行向进口商提示汇票和单据时，立即付款赎单。②远期付款交单（D/P after Sight）：出口商开出远期汇票，附带单据通过托收行一并寄代收行，代收行收到单据后，立即向出口商提示远期汇票和单据，进口商审核后随即予以签字承兑，代收行收回汇票及单据，待汇票到期时再向进口商提示，要求其付款，在收到其货款后将单据交进口商。

(2)承兑交单（Documents against Acceptance，D/A）。承兑交单是指代收行于进口方（付款人）承兑汇票后，即将货运单据交给出口商，待汇票到期时，进口方履行付款责任。

远期付款交单较之承兑交单对出口商更有利，因为在付款交单条件下，出口商在汇票承兑后货未脱手，遭受违约损失的可能性较小。而承兑交单则对进口商有利，因为进口商仅凭承兑汇票就可获单提货，但对出口商而言，万一进口商到期拒付，则将货款两空。因此，出口商以承兑交单方式进行交易，只能限于少数比较可靠的客户，并且每笔金额也不会很大。

（四）托收的作用

托收业务依靠商业信用，托收银行与代收银行对托收的汇款能否收到不负责任。跟单托收中，出口商以控制物权单据来控制货物，以交付物权单据代表交货，而交单又以出口商付款或承兑为条件，因此，出口商一般不会受到货款两空的损失，比赊销安全。对进口商而言，只要付款或承兑就可获得物权单据，从而得到货物，比预付货款安全。因此，无论是对出口商还是对进口商而言，跟单托收都比汇款安全。托收结算方式中，出口商的资金负担较重，在进口商付款之前，货物占用的资金主要由出口商来承担，进口商基本不负担资金。但是，出口商有物权单据，他可以通过出口押汇从银行融通资金，因而可在一定程度上减轻资金负担压力，不仅出口商可以从银行融资，而且进口商也可以通过信托收据和担保提货向银行融资。总体来说，托收相对较利于进口商。

三、信用证

（一）信用证的概念

动漫视频

信用证

信用证（Letter of Credit，L/C），是银行根据出口商的请求，向出口商开立的承诺在一定期限内凭规定的单据支付一定金额的书面文件。信用证以其是否跟随单据，分为光票信用证和跟单信用证两类。在国际贸易中主要使用跟单信用证。国际商会第600号出版物《跟单信用证统一惯例》（UCP600）中规定：信用证是一项不可撤销的安排，是构成开证行对相符交单予以承付的确定承诺（Credit means any arrangement，however named or described，that is irrevocable and thereby constitutes a definite undertaking of the issuing bank to honour a complying presentation）。

信用证业务中的相关定义有：①通知行，指应开证行的要求通知信用证的银行。②申请人，指要求开立信用证的一方。③银行工作日，指银行在其履行受本惯例约束的行为的地点通常开业的一天。④受益人，指接受信用证并享受其利益的一方。⑤相符交单，指与信用证条款、本惯例的相关适用条款以及国际标准银行实务一致的交单。⑥保兑，指保兑行在开证行承诺之外做出的承付或议付相符交单的确定承诺。⑦保兑行，指根据开证行的授权或要求对信用证加具保兑的银行。

信用证方式涉及的当事人较多，主要有以下几个：①开证申请人（Applicant）。开证申请人又称开证人（Opener），指向银行申请开立信用证的人，即进口人或实际买主。②开证银行（Opening Bank/Issuing Bank）。开证银行指接受开证申请人的委托，开立信用证的银行，它承担保证付款的责任，开证行一般是进口人所在地的银行。③通知银行（Advising Bank/Notifying Bank）。通知银行指受开证行的委托，将信用证转交出口人的银行。它只证明信用证的真实性，并不承担其他义务。通知银行通常是出口人所在地的银行。④受益人（Beneficiary）。受益人指信用证上所指定的有权使用该证的人，即出口人或实际供货人。⑤议付银行（Negotiating Bank）。议付银行指愿意买入受益人交来的跟单汇票的银行。它可以是指定的银行，也可以是非指定的银行，此项根据信用证的条款来决定。⑥付款银行（Paying Bank/Drawee Bank）。付款银行指信用证上指定的付款银行。一般是开证银行，也可以是它指定的另一家银行，此项根据信用证的条款来决定。⑦保兑银行（Confirming Bank）。保兑银行指根据开证银行的请求在信用证上加具保兑的银行。保兑银行在信用证上加具保兑后，即对信用证独立负责，承担必须付款或议付的责任。⑧偿付银行（Reimbursement Bank）。偿付银行指接受开证银行在信用证中的委托，代开证行偿还垫款的第三国银行，即开证行指定的对议付行或代付行进行偿付的代理人。⑨受让人（Second Beneficiary）。受让人又称为第二受益人，指接受受益人转让使用信用证权利的人，大多是提供货物的实际生产者。

信用证业务中当事人之间的关系为：

（1）申请人与开证行。开证行一接受申请人的开证申请书，就构成双方契约关系，其依据便是开证申请书。开证申请人一般为进口商，其主要责任有：①按照合同规定，申请开立信用证，并保证信用证在规定的装船期以前到达出口地；②只要单据正确，应及时付款赎单；③开出不可撤销信用证，申请人不能擅自要求开证行修改或撤销。

开证行是开立信用证的银行，其主要权责有：①根据开证申请书及时正确地开立信用证；②按信用证规定向受益人付款；③在进口商无力付款赎单时，有权处理单据或货物，以抵偿所垫付款项，若出售货物的价款不足以抵偿其垫款，有权向开证申请人追回不足部分。

(2)开证行与受益人。开证行一经开出不可撤销的信用证，便与受益人构成以信用证为基础的契约关系。受益人的主要权责有：①若发现信用证与合同不一致，有权要求进口商修改信用证；②提交正确单据后，获取贷款权；③一旦接受信用证，就应按信用证条款办事，在规定装期内装货，并在规定的有效期和交单期内提交规定的单据；④同时对单据的正确性和货物合格负责。

(3)开证行与通知行。通知行一接受开证行关于通知信用证的要求，便构成双方契约关系，信用证就是双方契约。通知行的权责有：鉴别信用证的真伪；准确及时地把信用证通知给受益人。

(4)开证行与议付行。议付行一接受开证行的议付邀请，便构成双方契约关系，其依据为信用证和议付通知书。议付行，指根据受益人的请求和开证行的邀请，同意买进可议付信用证下的单据，垫付做押汇的银行。其主要权责有：①仔细审核单据，保证安全及时收汇；②享有付款请求权；③对受益人享有追索权。

(5)议付行与受益人。议付行一接受受益人的质押书或议付申请书，双方便构成契约关系，受益人的质押书或议付申请书便是双方的契约。

(6)开证申请人与受益人。出口商与进口商之间交易的基础是买卖合同，双方一经在合同上签字，买卖双方便构成了契约关系，买卖合同便是双方的契约。

(二)信用证的特点

根据 UCP600 的规定，信用证的特点可归纳如下：

(1)开证行承担第一性的付款责任。在信用证结算方式下，不是由付款人，而是由开证行负第一性的付款责任。就买卖关系来看，承担付款责任的应是进口商，但使用了信用证后，银行就代进口商承担了付款责任。出口商只要按信用证的要求提交了相符的单据，开证行就必须付款，即使进口商倒闭破产，开证行的责任也不能免除，且这种付款责任是第一性的，并不是进口商不能付款时才由开证行来付，相反地，出口商直接要求开证行付款，开证行安排付款后，再与进口商结算。

(2)信用证是独立于贸易合同的自足性文件。信用证是独立的文件，不依附贸易合同，虽然信用证的开立是以合同为依据的，但信用证开出并被受益人接受后便独立于合同，信用证的当事人只受信用证条款的约束，银行也只对信用证负责。合同条款与信用证条款是否一致，所交单据是否符合合同要求，银行一律不予过问。

UCP600 第四条规定，就其性质而言，信用证与可能作为其开立基础的销售合同或其他合同是相互独立的交易，即使信用证中含有对此类合同的任何援引，银行也与该合同无关，且不受其约束。因此，银行关于承付、议付或履行信用证项下其他义务的承诺，并不受申请人与开证行之间或与受益人之间在已有关系下产生的任何请求或抗辩的影响。受益人在任何情况下不得利用与银行之间或申请人与开证行之间的合同关系。

这个独立性从议付行、开证行及受益人的立场看是非常重要的。如果信用证与合同挂钩，那么银行在办理结算和议付时，势必要对每一合同的内容进行审查，有时为确认货物是否符合合同或检查货物是否装运，要亲自到装运港去检查，这样做，银行在技术上、人力上都不能胜任。独立性对开证行也举足轻重，如果进口商可以以出口商违背合同为理由拒绝履行对开证行的偿付义务，开证行也会随时被卷入买卖双方的纠纷之中，这样的话，银行为保证自身的利益，一定不会轻易开出信用证。对受益人来说，信用证独立于合同，才使之能真正获得信用证提供的保障。如果开证行可以以买卖合同为依据向受益人抗辩，即使受益人完全履行了合同项下的义务，受益人的货款仍然没有保障。

(3)信用证业务只处理单据,不涉及货物。《UCP600》第五条规定:银行处理的是单据,而不是单据所涉及的货物、服务或履约行为。第三十四条规定:银行对任何单据的形式、充分性、准确性、内容真实性、虚假性或法律效力,或对单据中规定或添加的一般或特殊条件,概不负责。

显然,银行在信用证业务中处理的是单据,而不是货物。买卖双方虽是以货物为交易对象,但在国际结算中,当事人只关心单据是否符合信用证条款,而不管货物是否与信用证条款一致,只要单据没问题,开证行不能以任何借口推卸付款责任。银行确认单据是否符合信用证要求时,只审查其表面,而不关心单据背后的货物,即决定是否接受单据时不能以单据外的事项为理由。同样,受益人要实现信用证项下的权利,必须提交符合信用证规定的单据,而不能以完全履行了买卖合同项下的义务为由要求开证行付款。

(三)信用证的种类

(1)信用证根据用途、性质、期限、流通方式的不同可分为跟单信用证与光票信用证。跟单信用证(Documentary L/C),是指凭附有货运单据的汇票或仅凭货运单据付款的信用证。光票信用证(Clean L/C),是指仅凭汇票而不附货运单据的信用证。

(2)保兑信用证与不保兑信用证。保兑信用证(Confirmed L/C),是指另外一家银行接受开证行的要求,对其开立的信用证承担保证兑付责任的信用证。不保兑信用证(Unconfirmed L/C),是指未经另一家银行加保的信用证。

(3)即期付款信用证、议付信用证、承兑信用证、延期付款信用证与假远期信用证等。

①即期付款信用证(Sight Payment L/C),是指受益人(出口商)根据开证行的指示开立即期汇票,或无需汇票仅凭运输单据即可向指定银行提示请求付款的信用证。

②议付信用证(Negotiation L/C),是指议付行开立的、对受益人提交的符合信用证规定的汇票/单据进行议付的信用证。如果信用证不限制议付行,可由受益人(出口商)选择任何愿意议付的银行,提交汇票、单据给所选银行,请求议付,这类议付信用证称为自由议付信用证;反之,为限制性议付信用证。

③承兑信用证(Acceptance L/C),是指信用证规定开证行对受益人开立的、以开证行或其他银行为付款人的远期汇票,在审单无误后,应承担承兑汇票并于到期日付款责任的信用证。

④延期付款信用证(Deferred Payment L/C),是指开证行在信用证上规定于货物装运后或交单后若干天付款的信用证。此类信用证不需汇票,仅凭受益人交来单据,审核相符,指定银行从承担延期付款责任起,延长至到期日付款。该信用证除了能够为欧洲地区进口商避免向政府缴纳印花税而免开具汇票外,其他都类似于远期信用证。

⑤假远期信用证(Fake L/C)(又称买方远期信用证),是指买方(进口商)为获得票据贴现市场的资金融通,申请开立以票据贴现市场所在地银行为汇票付款人的信用证。信用证规定出具的远期汇票经承兑后,到贴现市场贴现,出口方可即期得到款项,而申请人则于到期日付款。

⑥可转让信用证(Transferable L/C)与不可转让信用证。可转让信用证,是指信用证的受益人(第一受益人)可将信用证金额的部分或全部转让给另一个或另几个受益人的信用证。可转让信用证只能转让一次,第二受益人不得转让,而且转让费用由第一受益人承担。不可转让信用证是指受益人不能将信用证的权利转让给他人的信用证。

⑦对背信用证(Back to Back L/C)与对开信用证(Counter L/C)。对背信用证,又称第二信用证,是以中间商作为开证申请人,要求原通知行或指定银行以原信用证条款为基础向第二受益人开立的信用证。对开信用证,是指交易双方互为开证申请人和受益人、金额大致相等的信用证。第一张信用证的受益人(出口商)和申请人(进口商)分别是第二张信用证的申请人和受益人,第一张信用证的通知行往往是第二张信用证的开证行。

⑧备用信用证(Standby L/C),是代表开证行对受益人承担一项义务的凭证,在此凭证中,开证行承诺偿还开证申请人的借款,或在开证行申请人未能履约时保证为其支付,一般有借款担保和履约担保。

⑨循环信用证(Revolving L/C),是指其金额被全部或部分使用,无须经过信用证修改,根据一定条件就可以自动、半自动或非自动地更新或还原再被使用,直至达到规定的使用次数、期限或规定的金额用完为止的信用证。

⑩预支信用证(Advance L/C),是指允许出口商在装货交单前,可以支取全部或部分货款的信用证。应申请开证的进口商要求,开证行在信用证上加列条款,授权出口地的通知行在出口商交单以前,向出口商预先自行垫付全部或部分金额的款项。待出口商交单议付时,出口地银行再从议付金额中扣还预先垫款的本息,将余额付给出口商。如果出口商届时不能装货、交单,出口地银行可向开证行提出还款要求,开证行保证立即偿还出口地银行的垫款本息,然后向开证申请人追索此款。

(四)信用证的作用

信用证有两大作用:一是保证作用,即对出口商来说,保证只要按照信用证规定交单就一定会取得货款;对进口商来说,保证按信用证规定取得物权单据,并可通过信用证条款控制交货期、货物数量和质量等。二是资金融通作用,即对出口方来说,装船前,可凭信用证向其往来银行借取打包贷款;装船后,可凭装运单据向其往来银行申请押汇取得货款;对进口方来说,开证时不占压资金或只交部分押金,单据到达后才付款赎单。

四、保函

(一)保函的概念

保函,又称银行保函(Banker's Letter of Guarantee)或银行保证书,是指银行办理代客担保业务时,应申请人要求,向受益人出具的保证文件,凭提交与承诺条件相符的书面索款通知和其他类似单据即行付款。

保函有三个基本当事人:申请人或称委托人、担保行、受益人。这三个基本当事人之间的责权关系有:

(1)申请人义务。在担保行按保函规定向受益人付款后,申请人应立即偿还担保行所垫款项;负责保函项下一切费用及利息。

(2)担保行责权及免责。担保行一旦接受了申请人交来的申请书,便有责任按照申请书所列条款及时向受益人开立保函;担保行一开出保函,在受益人按保函规定向担保行索偿时,担保行一定向受益人付款;若申请人不能立即偿还担保行所垫款项时,担保行有权向申请人追索垫款;担保行对保函项下的所有文件的真伪、是否与事实相符以及邮电传送过程中的延误、遗失、错漏均不负责。

(3)受益人责权。受益人按保函规定提交有关文件,并向担保行索偿,取得付款。

(4)通知行责任义务。核对担保行的签字、密押相符;及时将保函通知受益人;对保函内容是否准确,以及邮电传送过程中的延误、遗失、错漏均不负责。

(二)保函的特点

保函主要是用银行信用代替或补充商业信用,使交易的一方避免或减少因另一方未履行交易合约而使自己遭受损失的风险,促进交易的顺利进行,推动国际贸易及各种国际经济交往的开展。它有如下特点:①独立于委托人与受益人之间的合同或标的物条件之外;②依据其规定的条件生效,由担保人以保函中规定的任何单据为基础做出决定;③不可撤销。

(三)保函的种类

商业银行保函广泛应用于国际经济交易的各种领域,其形式灵活、种类繁多,这里只简单介绍常见的几种形式。

（1）投标保函。随着国际贸易的发展，越来越多的买卖合同和劳务承包合同是在招标竞买的基础上达成的。投标保函，就是指担保银行应申请人（投标人）的委托，向招标人开出的书面保证文件，以保证在投标人中标而不签约的情况下向招标人赔偿其所受损失。若招标人未中标，则投标保函失效；若招标人收到中标通知，则保函的效力延续到投标人与招标人签订合同并提交规定的履约保函时。投标保函的赔偿金额通常为项目金额的2%～5%。

（2）履约保函。履约保函是指担保银行应申请人的要求向受益人开出的保证文件，以保证在申请人不履行合同条款的情况下向受益人赔偿其所受损失。履约保函的金额通常为合同金额的10%。

（3）预付款保函。预付款保函又称还款保函，或退款保函，是指银行应申请人（接受预付款的一方）的要求，向受益人（支付预付款的一方）开出的担保文件，以保证在申请人不履行合同义务的情况下向受益人赔偿一定金额的款项。预付款保函在申请人履行了合同规定的义务或预付款全部扣减完毕时失效，担保金额通常为合同金额的10%。

（4）付款保函。付款保函是指担保银行应申请人（进口方）的要求向受益人（出口方）开出的保证进口方在收到符合合同规定的货物后向出口方支付全部货款的书面保证文件，若进口方违约，担保行将赔偿出口方损失。付款保函的金额就是贸易合同金额，保函有效期一般长于合同规定付款日期半个月。

（5）来料加工保函。来料加工保函是指担保银行应进口方要求向出口方开出的担保文件，保证进口方在收到符合合同规定的生产设备、原材料及相关技术和资料后，在合同规定期限内保质保量地将产品交到出口方或其指定的第三者，否则由担保方负责赔款。来料加工保函自进口方收到设备、零部件之日起生效，至设备价款清偿完毕之日失效。

（6）补偿贸易保函。补偿贸易保函是指进口方银行向出口方保证在合同规定期限内，进口方以其产品或款项偿还所欠设备款，否则由担保方负责赔付。补偿贸易保函自进口方收到设备并进行试生产时开始，至保函项下全部价款清偿或双方约定的具体日期止。

（7）留滞金保函。在国际承包及大型设备交易中，一般规定先支付合同金额的90%～95%，待设备安装调试合格后再支付剩余5%～10%的留滞金。若承包方或卖方要求业主或买方支付合同的全部金额，承包方或卖方可以向业主或买方提供名为“留滞金保函”的付款保证承诺，如遇设备存在质量问题、零部件短缺等问题，担保行将承包方或卖方预支的留滞金退还业主或买方。

（8）借款保函。借款保函是指担保银行应借款人的要求，向贷款银行或其他贷款人出具的付款担保书，以保证借款人按借款合同的规定按期向贷款方归还所借款项及由此产生的利息。

（9）透支保函。透支保函是指担保银行应申请人要求向透支银行开出的保证文件，以保证借款人按期偿还透支金额及相应利息，否则由担保行负责赔偿。

（10）租赁保函。租赁保函是指担保银行应承租人的要求向出租人开立的保证文件，以保证承租人按照合同的规定支付租金，否则将由担保行负责赔偿。

任务四　国际结算实务

一、票据行为

票据行为是依票据上规定的权利和义务所确定的法律行为，包括出票、背书、承兑、付款等。其中，出票是主票据行为，其他票据行为都是以出票所设立的票据为基础，在出票行为完成之后的行为。汇票的基础票据行为如图 9—1 所示。

图 9—1 汇票的基础票据行为

(一)出票(Issue)

出票是把汇票投入流通的第一个环节。出票包括两部分内容:①由出票人制作汇票,并在其上签名;②将票据交给收款人。两部分内容缺一不可,如果已制好票据却不把它交给收款人,则该出票过程只完成了一半。

出票人在制作时必须按有关国家票据法的规定,把法定内容记载于汇票之上,才能产生法律效力。它基本上应包括以下项目:

(1)标明"汇票"字样。这是为了表明票据的性质和种类,以区别于本票、支票等其他票据,汇票在英语中也有不同的表示方法,如:Bill of Exchange,Exchange,Draft 均可。

(2)必须无条件支付一定金额。汇票是一种无条件的支付命令,如果夹带某种附加条件付款人才予以付款,那这就不能算作汇票。

(3)必须载明付款人的姓名。汇票上付款人的记载要有一定的确定性,实务中一般都注明详细地址,特别是以同一城市有许多机构的银行为付款人时一定要详细注明。

(4)汇票的收款人(抬头)。通常有以下三种写法:①限制性抬头(即收款人)。例如,汇票上载明"仅付给 A 公司"(Pay to A Co. Only)或"付给 A 公司,不可转让"(Pay to A Co not Transferable)。②指示性抬头。例如,汇票上载明"付给 A 公司或其指定人"(Pay to the Order of A Co.)。这是使用最广泛的一种写法。③来人抬头。汇票上不写明收款人的姓名,只写上"付与持票人"(Pay Bearer)字样。

(5)汇票的出票日期及地点。出票日期,指汇票签发的具体时间。出票日期的作用:①决定汇票的有效期。持票人如不在规定时间内要求票据权利,票据权利自动消失,《日内瓦统一票据法》规定汇票的有效期是从出票日期 1 年,我国《票据法》规定见票即付的汇票有效期为 2 年。②决定到期日。出票后定期付款的汇票到期日的计算是以出票日为基础的。③决定出票人的行为效力。若出票时,法人已宣告破产或清理,就丧失了行为能力。则该汇票不能成立。我国《票据法》规定:汇票上未记载出票地,则出票人的营业场所、住所或者经常居住地为出票地。出票地点应与出票人的地址相同。若汇票上未记载地点,根据《日内瓦统一票据法》规定,则以出票人姓名旁的地点为出票地点。

(6)汇票的到期日,即汇票金额的支付日期。它可以有以下四种规定方式:①定日付款,这种形式极少使用;②见票即付,即于持票人提示汇票时付款;③出票日后定期付款,即从出票日起算,于一定期间内(如一个月)付款;④见票后定期付款,即从持票人提示汇票后起算,于见票后的一定时期内付款。

(7)必须由出票人在汇票上签名。签字原则是票据法最重要和最基本的原则,票据责任的承担以签字为条件,谁签字谁负责,不签字就不负责,票据必须经出票人签字才能成立。出票人签字时承认了自己的债务,收款人才因此有了债权。如果汇票上没有签字或签字是伪造的,票据都不能成立。因此,出票人签字是汇票最重要的和绝对不可缺少的内容。

由于目前尚无一被广泛承认的国际性汇票公约,故各国对汇票的内容仍有很大分歧。为保险起见,最好将以上七项内容都载入汇票。

（二）背书（Endorsement）

（1）背书的作用。“背书”是因签字多在汇票背面得名。背书是受款人在票据的背面签字或做出一定的批注，表示对票据做出转让的行为。转让人称为“背书人”，被转让人称为“被背书人”。被转让人可以再加背书，再转让出去，如此，一张票据可以多次被转让。按照各国的法律规定，除无记名式汇票（来人抬头汇票）外，记名汇票和指示性汇票都必须以背书的方式进行转让。

背书有两种效力：①通过背书，汇票上的权力便转移给了被背书人；②如果汇票被拒付或拒绝承兑，任何后手都有权向前手背书人进行追索，请求偿还票据的金额。

（2）背书的方式：①空白背书：又称无记名背书，背书人仅在汇票背面签上自己的名字，而不填写被背书人的姓名和商号名称。经空白背书的汇票可仅凭交付而转让，其结果与来人抬头的汇票相同。这是国际贸易结算中最为常见的一种票据背书方式。②记名背书：持票人在背书时，在汇票背面写上被背书人的姓名、商号，并签上自己的名字，然后将汇票交付给被背书人，汇票的转让即告完成。③限制性背书：指背书人对支付给被背书人的指示带有限制性的词语，如“付给S银行，不可转让”（Pay to S bank，not transferable）。

（三）提示（Presentation）

提示是指持票人向付款人出示汇票，请其承兑或付款的行为。持票人如要取得汇票金额的支付或承兑，必须向付款人做出正式的汇票提示。

提示一般分为付款提示和承兑提示。一般而言，远期汇票都应先向付款人进行承兑提示，到期时再进行付款提示。即期付款的汇票，则只需进行付款提示，无须进行承兑提示。

（四）承兑（Acceptance）

（1）承兑的含义：承兑是指汇票的付款人为了表示接受出票人的付款提示，同意承担支付汇票金额的义务，而将此意愿以书面文字形式记载于汇票之上的行为。承兑的方式通常是由付款人在汇票正面横写“承兑”字样，注明承兑日期，并签上自己的名字。

（2）承兑的作用：承兑的作用在于确定付款人对汇票金额的付款义务。因为汇票是出票人（通常是卖方）的单方面行为，付款人对汇票的内容一无所知，所以未在汇票上签名前的付款人是毫无责任的。只有当付款人在汇票上签字承兑之后，他才对汇票的付款承担法律上的责任。如果付款人拒绝承兑，持票人不能对付款人起诉，只能对其前手背书人或出票人进行追索。

前文已提到，只有远期付款的汇票需要承兑，尤其是属于见票后定期付款（如见票后30天付款）的汇票，持票人必须向付款人提示承兑。因为只有经过承兑之后才能确定具体的付款日期。

（五）付款（Payment）

付款是指汇票的持票人于汇票到期日，向汇票的付款人提示汇票，要求支付汇票金额的行为。持票人必须在法定时间内向付款人进行付款提示。如果持票人不及时进行付款提示，即丧失了对出票人及其前手的追索权。汇票经付款人如数照付后，汇票上的一切债权债务关系即告消灭。付款人在付款时要求持票人在汇票上签名并注明“收讫”字样，并把汇票交给付款人。

（六）拒付（Dishonour）

持票人提示汇票要求承兑时，遭到拒绝承兑（Dishonour by Non Acceptance），或持票人提示汇票要求付款时，遭到拒绝付款（Dishonour by Non Payment），均称拒付，又称退票。除拒绝承兑或拒绝付款外，付款人死亡或宣告破产以致付款事实上已不可能时，也可拒付。当汇票被拒付时，最后的持票人有权向所有的“前手”直至出票人追索，因此，持票人应及时做成拒付证书（Protest），以作为向其“前手”进行追索的法律依据。

（七）追索权（Right of Recourse）

汇票遭到拒付，持票人对其前手、出票人有请求其偿还汇票金额及费用的权利。追索的对象：

票款。

二、结算方式的业务流程

（一）汇款方式的业务流程

（1）电汇业务流程。①汇款人填具电汇申请书，连同汇款一并交给汇出行，并支付相关费用；②汇出行接受申请，并将电汇回执交给汇款人；③汇出行根据申请人的指示，用电传或 SWIFT 方式向国外代理行发出汇款通知；④汇入行收到电传或 SWIFT，核对密押无误后，即可缮制电汇通知书，通知收款人收款；⑤收款人持通知书前去取款，并在收款收据上签字；⑥汇入行核对相关凭证无误，解付款项；⑦汇入行将付讫借汇通知书邮寄汇出行；⑧汇出行与汇入行之间进行头寸清算。电汇业务流程如图 9－2 所示。

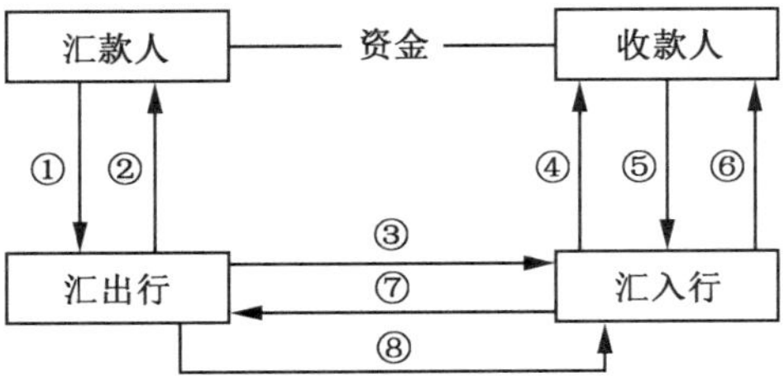

图 9－2　电汇业务流程

（2）信汇业务流程。①汇款人填写信汇申请书，连同汇款一并交给汇出行，并支付相关费用；②汇出行接受申请，给予客户信汇回执；③汇出行邮寄信汇委托书通知汇入行（国外代理行），委托书上载明汇款人、收款人、金额等内容；④汇入行收到信汇委托书后，向收款人发出汇款通知书，通知其前来取款；⑤收款人凭有效证件前来取款，汇入行核对无误后予以解付；⑥收款人收款后在收款收据上签字；⑦汇入行向汇出行发出付讫借记通知书；⑧汇出行与汇入行之间进行头寸清算。信汇业务流程如图 9－3 所示。

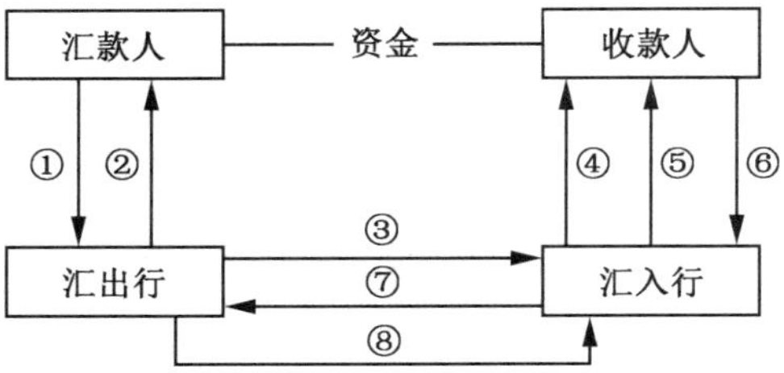

图 9－3　信汇业务流程

（3）票汇业务流程。①汇款人填写票汇申请书，连同汇款一并交给汇出行，并支付相关费用；②汇出行开立银行即期汇票交给汇款人；③汇款人自行邮寄汇票给收款人或亲自携带汇票出国；④汇出行开立汇票后，将汇款通知书（票根）邮寄给国外代理行；⑤收款人持汇票向汇入行取款；⑥汇入行验核汇票与票根无误后，解付票款给付款人；⑦汇入行把付讫借记通知书寄给汇出行；⑧汇出行与汇入行之间进行头寸清算。票汇业务流程如图 9－4 所示。

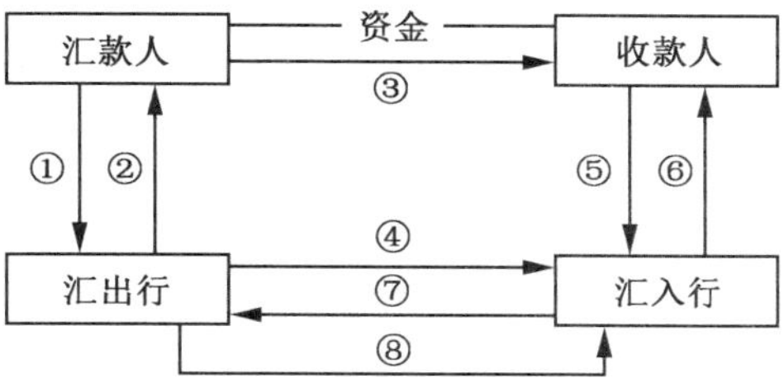

图 9—4　票汇业务流程

(二)托收方式的业务流程

(1)出口托收业务处理流程。出口方填制托收申请书,注明交单条件及其他各种条件和指示,连同汇票及单据委托其银行收款;托收行审核托收申请书及所附汇票和单据,给予客户回执;托收行根据申请书缮制托收委托书,选择代收行,加注索汇办法及路线;托收行将托收委托书连同汇票及单据寄给国外代收行,委托其收款;代收行寄来贷记通知书后,付款给出口方。

托收行应注意事项:严格按出口方指示办事,若国外代收行要求更改托收条件或指示,必须经委托人同意;对国外代收行的任何意见或要求或托收项下任何变动均应立即通知委托人(出口方),委托人的任何新的指示或更改托收条件均应立即转告代收行。

(2)进口代收业务处理流程。代收行收到托收委托书后,审核其签字是否相符,并审核托收委托书所列汇票及单据的名称、份数与实际所附汇票及单据是否相符;代收行接受委托后,向付款人(进口方)提示付款;付款人见票后,审核单据与合同一致后,付款赎单或承兑汇票;进口方提货;代收行将收妥贷记通知书寄给托收行。

代收行应注意事项:严格按托收委托书办事,如付款人要求更改托收条件或指示,须经委托人同意后方能更改;付款人的任何意见或要求或代收项下任何变动均应立即通知托收行转告委托人;若付款人只付部分货款,须经托收行同意后方能放单。

托收业务流程如图 9—5 所示。

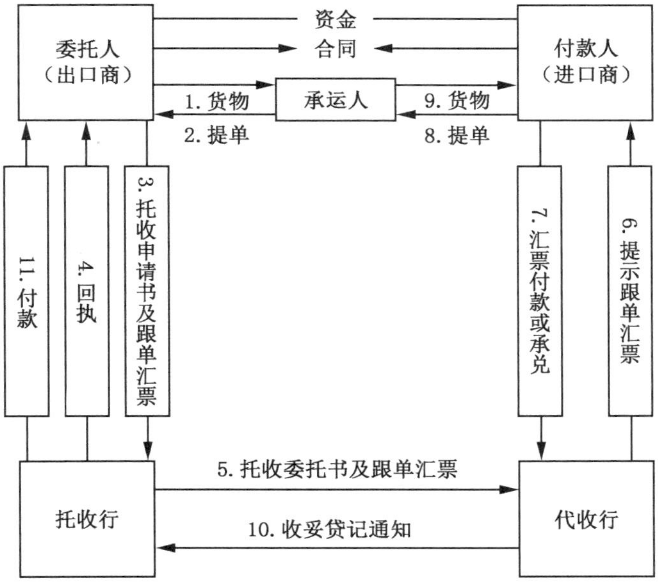

图 9—5　托收业务流程

(三)信用证的业务流程

信用证业务的具体操作流程如下:进口方向银行提交书面申请书,申请开证,申请书包括信用证应具有的内容,开证申请人的责任义务,承认开证行权利并说明开证行责任;进口方银行审核开证申请书,开出信用证,并委托国外联行或代理行将信用证通知受益人;出口方银行鉴别信用证表面真实性,及时将信用证通知给受益人;出口商审核信用证与合同一致后,向其往来银行交单议付;出口方银行审单议付,寄单索汇;开证行审单付款,进口方付款赎单。

信用证的流程如图 9—6 所示。

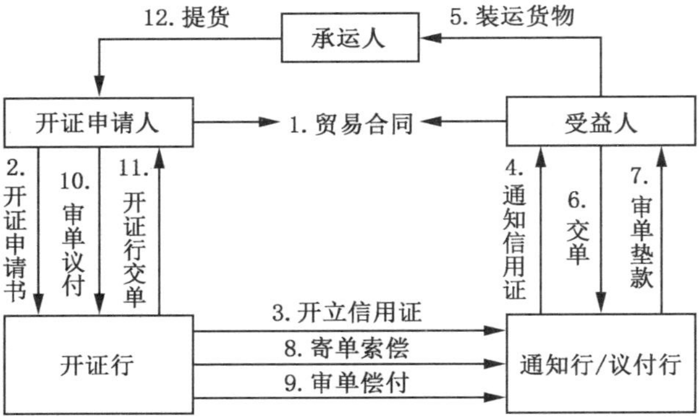

图 9—6 信用证业务流程图

三、信用证处理实务

信用证结算是目前国际结算中最完善、使用最普遍的一种结算方式,此处将具体介绍银行如何处理信用证业务。

(一)信用证的开立

开证行在接受了开证人的开证申请书后,若同意开证,则信用证必须严格按照开证申请书规定的内容开立。世界各国银行都有自己的信用证格式,但以国际商会的 UCP600 的最新标准跟单信用证格式最为正规。

信用证的开证方式有两种:信开和电开。前者指通过书信格式缮制信用证,并航寄通知行;后者指开证行将信用证内容加注密押,并选择电报、电传或 SWIFT 系统等方式发送通知行。用电报或电传方式开证,有简电本和全电本两种情况。前者是将信用证金额、有效期等主要内容用电文预先通知出口商,由于其内容不完整,简电本不是有效的信用证,通常附注“随寄证实书”字样,证实书即为随后寄来的信开信用证;后者是以电文形式开出的完整信用证,全电本是有效的信用证,可凭以交单议付。SWIFT 方式是根据环球银行金融电讯协会提供的标准电文格式——MT700/MT701 来开立跟单信用证。由于 SWIFT 方式传递速度快、成本低,并使信用证具有标准化、固定化和统一格式的优点,渐渐取代电报、电传方式而成为广泛使用的开证方式。

通常银行会根据开证申请人的资信状况给予不同的授信额度,并对开证金额中大于授信额度的部分收取保证金或抵押品。信用证开立后,必须经过严格审证并确定无误后才能签发。

(二)信用证的通知

实际业务中,开证行开出信用证后,会选择出口商所在地的一家银行(一般为其分支机构或代理行)作为通知行,由通知行验明信用证的真实性后再通知出口商。

信用证可经另一家银行(通知行)通知受益人,而通知行无须承担责任。但若该行决定通知该信用证，则应合理谨慎地审核所通知信用证的表面真实性。如果该行决定不通知该信用证，应无迟延地通知开证行。

通知行在进行鉴别时，按照银行的常规，在正常的时间内核对电开信用证的密押或信开信用证的印鉴。若密押、印鉴无误，则可以确认信用证的表面真实性；若密押、印鉴不符或无法核对，通知行应毫不迟延地通知开证行自己无法鉴别，若通知行仍决定通知受益人，则应告之受益人自己“未能鉴别该证的真实性，仅供受益人参考”。

通知行在确认信用证的真实性并将有关信用证的情况记录在案后，向受益人通知信用证：若是信开信用证，通知行缮制信用证通知书，说明信用证的真实性，将通知书、正本信用证交给受益人。若是电开信用证，通知行照来电复印，保留原本，复印本随附函（Cover Letter）通知受益人。

（三）信用证的审核

在具体业务中，通知行为了维护受益人的利益而审核信用证，对信用证的可靠性和有效性进行审查，重点内容有：

（1）审查开证行资信。

（2）审查信用证的有效性。对于电开信用证，若其中申明“详情后告”（DETAILS TO FOLLOW）之类语句，或声明邮寄证实书为有效信用证文件，则该电开证不能视为有效信用证文件。

（3）审查信用证的责任条款。若开证行为减轻其应负责任而附加各种保留或限制条款，这种信用证对出口商的安全收汇没有保证，应要求开证行将其删除后才能接受。

（4）审查索汇路线和索汇方式。信用证的索汇路线必须正常、合理，若索汇路线迂回、环节过多，应与开证行联系进行修改。凡大额信用证，其索汇方式应要求加列电索汇条款（T. T. REIMBURSEMENT CLAUSE）。

（5）审查费用问题。指示另一方服务的一方，有责任负担被指示方为其服务而产生的与其指示有关的任何费用，包括手续费、成本费或其他开支。因此，信用证项下一切费用一般均应由进口商负担。

若信用证存在有问题的条款，必须尽快通知开证人做必要修改，修改后才能使用；若无问题，可按信用证规定制单托运。

（四）审单

出口商收到信用证，确认其条款与合同相符并可接受后，则按规定发货，制作相关单据向信用证的指定银行或开证行交单。信用证的指定银行或开证行收到单据后须首先审单，只有单据符合信用证要求，才能按信用证规定进行付款、承兑或议付。

银行审单，应遵照银行惯例的国际标准，以 UCP600 中的规定作为审单标准，以单单一致、单证相符为审单原则。

（1）审核信用证各个日期的时效性：在审单之前，先确认信用证与货物出运、单据交付是否过期；确保议付在信用证有效期内，否则视为信用证过期；确保货物出运在最迟装运期内，否则视为过装期；确保交来的单据在信用证规定的交单期内，否则视为迟交单。

（2）单据审核要点：

①汇票。确保汇票载有正确的信用证号码、开证行名称、开证日期；确保签字或出票人名称与受益人名称一致；确保汇票做成正确的付款人，不应以申请人作为汇票付款人；确保汇票期限就是信用证所要求的；确保金额大小写一致；确保它包含信用证所要求的条款；如有更改，应由受益人签章证实。

②商业发票。确保发票是受益人出具的，有受益人名称与地址；除非信用证另有规定，确保发票做成以申请人的名称为抬头人；确保货物描述与信用证的商品描述相符；确保发票上包括了信用

证所提及的货物细节、价格和价格条款；确保发票上提供的其他资料如 SHIPPING MARK、号码、包装、重量、运输资料等与其他单据一致；确保发票日期不得迟于装船日期；确保发票上的货币与信用证的一致，金额不得超过信用证的规定；确保按照信用证要求，发票已被签字、公证人证实、合法化、被证明等；确保提交正确张数的正本和副本；确保它包含信用证所要求的条款；如果有更改，确保应由受益人签章证实。

③运输单据（尤指海运提单）。确保提交正本单据的张数符合信用证规定；除非信用证准许，确保它不是"租船合约"的运输单据；确保收货人、被通知人、地址符合信用证规定；确保如果运输单据需要背书，要适当背书；确保货物描述一般地符合信用证所说明的货物描述、SHIPPING MARK、号码以及其他规格，并与其他单据上的相同；确保运输单据出现"运费已经预付"或"运费待收"的表示，应符合信用证的要求；确保运输单据上没有能够使其"瑕疵"或"不清洁"的条款；确保符合UCP600 适当的运输条文规定的一切其他条件；如有更改，确保由船运公司或承运人签章证实。

④保险单据。确保根据信用证要求交来保险单、保险凭证、保险申明；确保提交开立的全套保险单据；确保保险单据是由保险公司或保险商或其代理人签发的；确保发出日期或保险责任生效日期最迟应在已装船或已发运或接受监管之日；除非信用证另外允许，确保保险单据必须使用与信用证相同的货币出具；确认货物描述一般地符合发票的货物描述；确保承保的商品是从指定装载港或接受监管点到卸货港或交货点；确保已投保了信用证指定的险别，并已明确表示出来；确保保险单据表现的其他资料与其他单据一致；如果单据有更改，确保应由保险公司证实。

⑤产出地。确保它是独立的单据，不要与其他单据联合起来；按信用证要求，确保它已被签字、公证人证实、合法化、签证等；确保产地证上的资料与其他单据一致；确保产地证上载明的产地国家符合信用证的要求。

⑥装箱单。确保它是独立的单据，不要与其他单据联合起来；确保它符合信用证的要求，一张详细的装箱单要列出每件包装、纸板箱等内容的清单和其他有关资料；确保装箱单上的资料与其他单据一致。

(3)审单注意事项：在审单时应填写审单记录，发现不符点，应详细记载，并及时通知客户取回更正。审单必须经过初审和复审，或经特别授权出单才能寄单索汇，以确保审单质量。

（五）不符点单据处理

当单据出现不符点时，信用证的开证行可以免除付款责任，而受益人将面临极大的风险，因此，在受益人提交的单据不符合信用证要求时，应针对不同情况分别处理：将所有单据退还受益人更改，以便在信用证有效期内和最迟交单期内再交单；对于无法更改的单据，可应受益人要求向开证行电提不符点，要求凭不符单据授权付款、承兑或议付，开证行加押回电授权寄单或付款、议付后，再寄单或议付；在交单人书面授权下将信用证项下不符单据以等待批准方式寄送开证行，要求其审查和批准接受单据或拒绝接受单据。

（六）寄单索汇

若信用证对寄单方法、索汇目标、索汇传送载体、索汇路线等有明确规定，要严格按照信用证规定办理，对于无明确规定的事项，也要按照银行惯例，遵循高效、安全的原则进行办理。

(1)寄单。单据经初审、复审并确认后，应背书于汇票和正本信用证的背面。信用证背面背书应注明议付日期、编号、金额、信用证余额，并由背书人签字。须缮制致开证行的寄单面函，根据出单的不同处理情况向开证行做收款指示。复核寄单面函所列单据种类、份数是否与寄出的单据相一致，索汇条款是否正确，寄单银行名称、地址是否无误，复核正确后由有权签字人签署寄单面函。

若信用证规定分两次寄单，应将一份副本单据及 1/3 提单（如果存在）与寄单面函第二联装订后用挂号信寄出。次日航邮寄副本。

寄单时应注意寄单地址，不能寄错或串单。寄单面函的收款指示应正确明了，收汇单位应与账户行名称及账号相对应。

（2）索汇。信用证指示有偿付银行和索汇条款的，应视单据的不同情况分别作索汇：若单据无不符点，可于出单时同时按照信用证要求向偿付行发电或出汇票索汇，并在寄单面函上向开证行申明单据无不符点。若单据有不符点，可在寄单面函上申明，待开证行来电授权索汇后，再通过发电或出汇票向偿付行索汇。

四、信用证风险以及防范

（一）信用证风险

虽然信用证方式比较能被买卖双方所共同接受，但由于它所固有的独特性质（特别是它的机械的"严格一致"原则），常为不法商人所利用，客观上也存在一定的风险。从出口贸易业务的角度分析，出口方的风险主要有以下几个方面：

（1）进口商不依合同开证。信用证条款应与买卖合同严格一致，但实际上由于多种原因，进口商不依照合同开证，从而使合同的执行发生困难，或者使出口商遭受额外的损失。最常见的是：进口商不按期开证或不开证（如在市场变化和外汇、进口管制严格的情形下）；进口商在信用证中增添一些对其有利的附加条款（如单方面提高保险金额、变换目的港、更改包装等），以达到企图变更合同的目的；进口商在信用证中作出许多限制性的规定；等等。

（2）进口商故设障碍。进口商往往利用信用证"严格一致"的原则，蓄意在信用证中增添一些难以履行的条件，或设置一些陷阱，如规定不确定、有字误以及条款内容相互矛盾的信用证。信用证上存在字误，如受益人名称、地址、装运船、地址、有效期限等打错字，不要以为是小瑕疵，它们将直接影响要求提示的单据，有可能成为开证行拒付的理由。此外，信用证中规定禁止分批装运却又限定每批交货的期限，或既允许提示联运提单却又禁止转船，或者要求的保险种类相互重叠等，这些无疑是相互矛盾的。

（3）进口商伪造信用证，或窃取其他银行已印好的空白格式信用证，或与已倒闭或濒临破产银行的职员恶意串通开出信用证等寄送出口商，若未察觉，出口商将遭受货款两空的损失。例如，河南某外贸公司曾收到一份以英国渣打银行伯明翰分行（STANDARD CHARTERED BANK LTD. BIRMINGHAM BRANCH. ENGLAND）名义开立的跟单信用证，金额为USD3 720 000，通知行为伦敦国民西敏寺银行（NATIONAL WEST MINSTER BANK LTD. LONDON）。因该证没有像往常一样经受益人当地银行通知，真实性未能确定，故该公司在发货前拿该证到某中行要求鉴别真伪。经银行专业人员审核，发现几点可疑之处：信用证的格式很陈旧，信封无寄件人地址，且邮戳模糊不清，无法辨认从何地寄出；信用证限制通知行伦敦国民西敏寺银行议付，有违常规；收单行的详细地址在银行年鉴上无法查证；信用证的签名为印刷体，而非手签，且无法核对；信用证要求货物空运至尼日利亚，而该国为诈骗案多发地。根据以上几点，银行初步判定该证为伪造信用证，后经与开证行总行联系查实，确实如此，从而避免了一起伪造信用证诈骗。

（4）进口商规定要求不易获得的单据的信用证。如要求有某特定人签字的单据，或注明货物配船部位或装在船舱内的货柜提单，或明确要求FOB凭保险公司回执申请议付，这些对作为受益人的卖方来说根本无法履行或非卖方所能控制。例如，信用证规定，要求受益人提供由海关出具品质、数量和价格检验证明的条款，根据海关的规定，海关只能出具品质和数量的检验证明，但不能出具价格的检验证明。因此，此信用证非卖方所能获得，应及时要求买方通过银行修改，取消有关价格检验的词句。

（5）涂改信用证诈骗。进口商将过期失效的信用证刻意涂改，变更原证的金额、装船期和受益人名称，并直接邮寄或面交受益人，以骗取出口货物，或诱使出口方向其开立信用证，骗取银行融资。例如，江苏某外贸公司曾收到一份由我国香港客商面交的信开信用证，金额为318万美元，当地中行审核后，发现该证金额、装船期及受益人名称均有明显涂改痕迹，于是提醒受益人注意，并立即向开证行查询，最后查明此证是经客商涂改后，交给外贸公司，企图以此要求我方银行向其开出630万美元的信用证，以便在国外招摇撞骗。事实上，这是一份早已过期失效的旧信用证。幸亏我方银行警惕性高，才及时制止了这一起巨额信用证诈骗案。

(6)伪造保兑信用证诈骗。所谓"伪造信用证诈骗"，是指进口商在提供假信用证的基础上，为获得出口方的信任，蓄意伪造国际大银行的保兑函，以达到骗取卖方大宗出口货物的目的。

如果信用证规定必须在货物运至目的地后，货物经检验合格后或经外汇管理当局核准后才付款；或规定以进口商承兑汇票为付款条件，如买方不承兑，开证行就不负责任。这些已非信用证交易，对出口商也没有保障可言。

(二)信用证风险防范

在国际贸易与金融中，信用证方式客观上存在着一定的风险，必须采取适当的预防措施。

(1)慎重选择贸易伙伴。在寻找贸易伙伴和贸易机会时，应尽可能通过正式途径(如参加广交会和实地考察)来接触和了解客户，不要与资信不明或资信不好的客户进行交易。在签订合同前，应设法委托有关咨询机构对客户进行资信调查，以便心中有数，做出正确的选择，以免错选贸易伙伴，自食苦果。

(2)预先在买卖合同中明确信用证的内容。买卖合同是信用证的基础，对于出口商日后收到的信用证内容，可预先在买卖合同里作出明确规定，大致包括：开证日期(以开立日期为准)；信用证的有效期(装船后15天在出口地到期)；规定开证行、保兑行(在一定条件下)；指定信用证的种类(即期、可转让等)；说明单据名称与份数；允许分批转运(不应限定每批装运间隔期间，如每批间隔30天)；规定出口商有权依照合同修改信用证条款，若进口商不按其要求修改，出口商有权提出损害赔偿。

(3)慎重安排信用证的开立方式及条件。在信用证交易中，卖方必须严格按照信用证规定的条件去装船交单，才能取得款项。因此，卖方在订立买卖契约时，对于有关信用证的开立方式及其条件，必须做慎重的安排与选择，尽可能做到按自己认为满意的方式来安排信用证的开立，并对所接受的信用证条件都有绝对的把握履行，对于没有把握履行的条件不要订立或要求修改。例如，应要求买方在买卖契约订立以后尽快开立信用证，以便有充分的时间来安排生产、购货或装船。

出口方及银行均需对信用证进行认真审查，审查范围及内容主要有两个方面：首先，核对信用证的内容与买卖合同是否一致，发现有出入的内容及无法执行的条款必须迅速要求进口商改正，而且只有收到开证行的改正通知书后方能装运货物，万不可轻信客户的允诺。其次，审查信用证的可靠性，如信用证的真伪、开证行的信用、信用证的种类、信用证的生效等。对开证行的名称、地址和资信情况与银行年鉴进行比较分析，发现疑点，立即向开证行或代理行查询，以确保来证的真实性、合法性和开证行的可靠性。通知行应合理谨慎地核验所通知的信用证表面真实性。因此，通知行有责任鉴别所通知信用证的真伪。实务中，通知行往往要掌握开证银行的签字样本。

应知考核

一、单项选择题

1. 持票人向(　　)出示汇票，请求承兑或付款的行为称为提示。

A. 出票人　　B. 付款人　　C. 背书人　　D. 保证人

2. 汇款是(　　)委托银行,用某种信用工具将款项汇交收款人的结算方式。

A. 收款人　　B. 付款人　　C. 汇出行　　D. 汇入行

3. 信用证是银行根据(　　)的请求,向出口商开立的承诺在一定期限内凭规定的单据支付一定金额的书面文件。

A. 进口商　　B. 出口商　　C. 进口商银行　　D. 出口商银行

4. 在托收业务中,以下关系中不属于委托代理关系的是(　　)。

A. 委托人与委托行　　B. 委托行与代收行

C. 代收行与付款人　　D. 委托人与“需要时的代理”

5. 信用证的第一付款人是(　　)。

A. 开证行　　B. 通知行　　C. 议付行　　D. 开证申请人

6. 光票托收一般不用于(　　)的收取。

A. 出口货款尾款　　B. 出口货款　　C. 佣金　　D. 样品费

7. 汇票的付款期限的下述记载方式中,(　　)必须由付款人承兑后才能确定具体的付款日期。

A. at sight　　B. at * * days after sight

C. at * * days after date　　D. at * * days after shipment

8. 承兑是(　　)对远期汇票表示承担到期付款责任的行为。

A. 付款人　　B. 收款人　　C. 持票人　　D. 受益人

9. 以下关于支票的说法,正确的是(　　)。

A. 是一种无条件的书面支付承诺　　B. 付款人可以是银行,工商企业或个人

C. 可以使即期付款或远期付款　　D. 是以银行为付款人的即期汇票

10. 支票的出票人与付款人的关系是(　　)。

A. 债务人与债权人　　B. 债权人与债务人

C. 银行的存款人与银行　　D. 供应商与客户

二、多项选择题

1. 国际结算中的票据包括(　　)。

A. 汇票　　B. 本票　　C. 支票　　D. 信用证

2. 国际结算中的结算方式包括(　　)。

A. 电汇　　B. 票汇　　C. 跟单托收　　D. 跟单信用证

3. 汇票出票日期的作用包括(　　)。

A. 判明出票人在出票当时有无行为能力

B. 决定提示期间

C. 是付款日期的确定和利息起算日的依据

D. 确定汇票的背书日期

4. 按有无附属单据,汇票可分为(　　)。

A. 光票　　B. 跟单汇票　　C. 银行承兑汇票　　D. 商业汇票

5. 本票中(　　)是同一人。

A. 出票人　　B. 收款人　　C. 付款人　　D. 承兑人

三、简述题

1. 简述目前使用的国际结算系统。
2. 简述汇票、本票、支票的基本概念和区别。
3. 简述信用证的特点。
4. 简述银行审单一般原则。
5. 简述汇付、托收、信用证的基本概念和区别。

应会考核

■ 观念应用

【背景资料】

2022年1月10日,芝加哥F银行向A银行开立了一笔金额为15 783美元的即期信用证。该证装船期分别为2月25日和3月8日,受益人为B市某外贸公司,货物名称为铁钉。

2月12日,A银行收到该信用证项下第一次修改,要求将装船期分别提前至2月15日和2月24日,并修改货物描述等内容。A银行立即与受益人联系,请求答复。受益人于2月19日向A银行发出书面确认,拒绝修改,A银行即向F银行发出同样内容的电报。3月3日受益人交单,A银行经审核无误后议付单据,并按开证行要求寄单索汇。A银行编号为BP95I1327/97。3月13日,A银行收到F银行电报,称该单据迟装并超过有效期,以此拒付并准备退单。

经查,此笔单据的装船日为2月25日,交单日为3月3日,完全符合修改前信用证的要求。据此,A银行据理力争,反驳F银行提出的不符点。此后,F银行又多次来电坚持上述不符点,并两次将单据退回A银行,但A银行毫不退让,又两次将单据重寄开证行。由于A银行有理有力的反驳,F银行最终于4月25日付款。

【背景分析】

请根据上述资料,从中可以得到什么启发?

■ 技能应用

【技能资料】

刚毕业的张磊同学毕业于某财经大学,初次到公司应聘时,HR要求张磊绘制下列流程图和进行辨析:

(1)电汇、信汇、票汇业务流程图。

(2)托收和信用证业务流程图。

(3)国际结算工具和国际结算方式中,哪些属于顺汇,哪些属于逆汇。

【技能要求】

请根据技能资料,回答上述问题。

■ 案例分析

【案例背景】

卖方与美国的买方签订了一份合同,约定若干月内出运某设备,以形式发票上的价格为基础,但规定价格能随材料和成本的增加而提高,凭英国银行开列的、以卖方为受益人的、保兑的、不可撤销信用证进行付款结算。卖方每出运一批货物后,即可得到货款。

卖方根据信用证的规定出运了两批货物,收到了被告支付的货款。后来买方发现信用证上的货价比原形式发票上的货价高,因此他就通知买方银行,以后不管商业发票如何开列,只能按原形式发票上的价格付给卖方。当卖方向买方银行提示第三批货运单据时,被拒绝支付全部发票金额。卖方因未获付款，保留了单据。接着，卖方便以买方银行未履行信用证上规定的合同义务为由，向买方提出索赔，要求赔偿本批及未出运各批货物在货价上的损失。一方面，买方坚持认为他并未拒绝履行信用证中合同条款，因为信用证上所指的合约上规定，上涨之价格，应在以后调整；另一方面，买方银行还认为卖方应接受该行所建议支付的减低后的金额以减少损失，而只对差价部分进行索赔。

资料来源：李志慧，张梅. 国际金融[M]. 3 版. 大连：东北财经大学出版社，2020.

【背景思考】

你认为法院应怎样判决，为什么？

项目实训

【实训项目】

分析解读国际结算

【实训情境】

(1)请登录汇天国际结算网(http://www.10588.com/forum/forum.php)，查询国际结算、外汇管理、贸易实务，了解我国国际贸易和国际结算业务相关动态及业务操作。

(2)调查了解目前我国商业银行主要开展哪些国际结算业务。

【实训任务】

分析解释国际结算。通过实训使学生能够运用所学知识，结合我国外贸业务实践，分析国际结算工具和国际结算方式的区别及具体应用。

《分析解读国际结算》实训报告		
项目实训班级：	项目小组：	项目组成员：
实训时间：　　年　　月　　日	实训地点：	实训成绩：
实训目的：		
实训步骤：		
实训结果：		
实训感言：		
不足与今后改进：		
项目组长评定签字：		项目指导教师评定签字：

参考文献

[1] 人力资源和社会保障部人事考试中心. 经济基础知识(初级、中级)[M]. 北京:中国人事出版社,2022.

[2] 人力资源和社会保障部人事考试中心. 金融专业知识与实务(初级、中级)[M]. 北京:中国人事出版社,2022.

[3] 陈雨露. 国际金融[M]. 6 版. 北京:中国人民大学出版社,2019.

[4] 杨娟,王晓东,付书科,等. 国际贸易与国际金融[M]. 北京:清华大学出版社,2019.

[5] 李志慧,张梅. 国际金融[M]. 3 版. 大连:东北财经大学出版社,2020.

[6] 耿明英. 国际金融[M]. 2 版. 北京:北京大学出版社,2020.

[7] 王月溪,贺铟璇. 国际金融[M]. 4 版. 大连:东北财经大学出版社,2021.

[8] 李军燕. 国际金融[M]. 3 版. 大连:东北财经大学出版社,2021.

[9] 刘玉操,曹华. 国际金融实务[M]. 6 版. 大连:东北财经大学出版社,2021.

[10] 吴志明,杨胜刚. 国际金融[M]. 6 版. 北京:高等教育出版社,2021.

[11] 姜波克,刘沁清. 国际金融新编[M]. 6 版. 上海:复旦大学出版社,2021.

[12] 李贺,张丹. 货币银行学[M]. 上海:上海财经大学出版社,2021.

[13] 保罗 · R. 克鲁格曼(Paul R. Krugman). 国际金融[M]. 北京:中国人民大学出版社,2021.

[14] 米什金. 货币金融学[M]. 12 版. 郑艳文,译. 北京:中国人民大学出版社,2021.

[15] 沈立君,薄文雅. 国际金融实务[M]. 大连:东北财经大学出版社,2022.

[16] 李贺. 国际金融[M]. 2 版. 上海:上海财经大学出版社,2023.

[17] 王晓光. 国际金融[M]. 6 版. 北京:清华大学出版社,2022.

[18] 李贺,王箐彤. 金融市场学[M]. 3 版. 上海:上海财经大学出版社,2022.

[19] 李贺. 国际结算[M]. 上海:上海财经大学出版社,2016.